ŒUVRES COMPLÈTES

DE

LAMARTINE

PUBLIÉES ET INÉDITES

HISTOIRE DES GIRONDINS

III

TOME ONZIÈME

PARIS
CHEZ L'AUTEUR, RUE DE LA VILLE-L'ÉVÊQUE, 43

M DCCC LXI

ŒUVRES COMPLÈTES

DE

LAMARTINE

TOME ONZIÈME

HISTOIRE

DES

GIRONDINS

III

HISTOIRE

DES

GIRONDINS

LIVRE VINGT-TROISIÈME

L'Assemblée et le peuple. — Le pouvoir à l'hôtel de ville. — Les chefs sortent de leurs retraites. — Le conseil de la commune, germe de la Convention. — Aspect de l'Assemblée. — Les pétitionnaires à la barre. — Dépouilles du château apportées par les combattants. — La royauté suspendue. — La Convention décrétée. — Camp sous Paris. — Roland, Clavière et Servan réintégrés. — Danton ministre de la justice. — Ses paroles à l'hôtel de ville. — Paris le soir du 10 août. — Le peuple et la bourgeoisie. — Santerre et La Fayette. — Le roi et la famille royale couchent aux Feuillants. — Le peuple demande encore des meurtres. — Danton ajourne les vengeances populaires. — La famille royale conduite au Temple.

I

Retournons à l'Assemblée. N'ayant su prendre ni le parti de la Révolution ni le parti de la constitution, elle subissait en silence tous les contre-coups du dehors, et ne semblait en permanence que pour accepter les actes du peuple. Attitude passive et dégradée; juste punition d'un corps souverain qui craignait la république sans oser lui résister, et qui la désirait sans oser la servir ! Le peuple, qui sentait la faiblesse de ses représentants, faisait tout seul la république ; mais comme le peuple fait tout quand il est sans gouvernement, par le désordre, par la flamme et par le sang. Il ne conservait envers l'Assemblée qu'une apparence de respect légal, comme pour avoir l'air de respecter quelque chose ; mais au fond il avait pris la dictature en prenant les armes. Les hommages qu'il affectait de rendre à la représentation n'étaient que les ordres respectueux qu'il lui donnait. Le véritable pouvoir était déjà à l'hôtel de ville, dans les commissaires de la commune. Le peuple l'avait senti. Il leur prêtait sa force. Il a le sentiment du droit suprême : le droit de ne pas périr. Les commissaires de la commune étaient plus que ses représentants : ils étaient le peuple de Paris lui-même. Aussi, la victoire à peine décidée par la retraite du roi et par l'assaut des Tuileries, tous les hommes populaires, mais prudents, qui avaient attendu le signe du destin pour se déclarer, volèrent à l'hôtel de ville, et s'installèrent au nom de leur opinion dans le conseil des vrais souverains de la circonstance.

Robespierre, qui réservait toujours, non sa personne, mais sa fortune, et qui s'était tenu caché à ses amis comme à ses ennemis pendant la conjuration et pendant le combat, parut dans la journée au conseil de la commune. Il y fut accueilli par ses disciples, Huguenin, Sergent, Panis, comme l'homme d'État de la crise et l'organisateur de la victoire.

Danton, après avoir rassuré sa femme et embrassé ses

enfants, vint s'enivrer aux Cordeliers des applaudissements des conjurés de Charenton, et imprimer à ses complices l'attitude, le ton, la volonté du moment.

Marat lui-même sortit du souterrain où il était enfermé depuis quelques jours. Aux cris de victoire, il s'élança dans la rue à la tête d'un groupe de ses fanatiques et d'une colonne de fédérés de Brest. Il se promena dans Paris un sabre nu à la main et une couronne de laurier sur la tête. Il se fit proclamer commissaire de sa section au nom de ses haillons, de ses cachots et de ses fureurs. Il se transporta avec ces mêmes satellites à l'imprimerie royale, et s'empara des presses, qu'il ramena chez lui comme la dépouille due à son génie.

Tallien, Collot d'Herbois, Billaud-Varennes, Camille Desmoulins, tous les chefs des Jacobins ou des Cordeliers, tous les agitateurs, toutes les têtes, toutes les voix, toutes les mains du peuple se précipitèrent à la commune, et firent d'un conseil municipal le gouvernement provisoire d'une nation. A ces hommes vinrent s'adjoindre Fabre d'Églantine, Osselin, Fréron, Desforgues, Lenfant, Chénier, Legendre. Ce conseil provisoire de la commune fut le germe de la Convention. Il prit son rôle, il ne le reçut pas ; il agit dictatorialement.

II

L'Assemblée ne comptait pas trois cents membres présents dans la journée du 10 août. Les membres du côté droit et les membres du parti constitutionnel, pressentant qu'ils n'auraient qu'à sanctionner les volontés du peuple ou à périr, s'étaient abstenus de se rendre à la séance. Les Girondins et les Jacobins y assistaient seuls. Mais les rangs dégarnis de la représentation étaient peuplés d'étrangers, de pétitionnaires, de membres des clubs, d'hommes de travail, qui, assis pêle-mêle avec les députés, offraient à l'œil l'image de la confusion du peuple et de ses représentants, parlant, gesticulant, consultant, se levant avec les députés, comme sous l'empire d'un péril public qui identifiait l'Assemblée et les spectateurs. Dans une catastrophe qui intéresse au même degré toutes les âmes, personne ne regarde, tout le monde agit. Tel était l'aspect de l'Assemblée pendant et après le combat. Aucun discours; des gestes soudains et unanimes; des cris d'horreur ou de triomphe; des serments renouvelés à chaque instant, comme pour se raffermir par le bruit d'une acclamation civique contre l'ébranlement du canon qui retentissait aux portes; des députations nommées, essayant de sortir, refoulées dans la salle; enfin des appels nominaux qui usaient l'heure en apparences d'action, et qui donnaient aux événements le temps d'éclore et d'enfanter une résolution décisive.

Aussitôt que le peuple fut maître du château, les cris de victoire pénétrèrent du dehors par toutes les issues dans la salle. L'Assemblée se leva en masse et s'associa au triomphe du peuple par le serment de maintenir l'égalité et la liberté. De minute en minute, des hommes du peuple, les bras nus, les mains sanglantes, le visage noirci de poudre, entraient aux applaudissements des tribunes, s'avançaient à la barre, racontaient en paroles brèves les perfides embûches de la cour, qui avaient attiré les citoyens par des apparences de trêve sous le feu des Suisses pour les immoler. D'autres, montrant du geste la loge du logographe, offraient leur bras à la nation pour exterminer le tyran et l'assassin de son peuple. « C'est cette cour perfide, s'écria un de ces orateurs en découvrant sa poitrine frappée d'une balle et ruisselante de sang, c'est cette cour perfide qui a fait couler ce sang. Nous n'avons pénétré dans le palais qu'en marchant sur les monceaux de cadavres de nos frères massacrés! Nous avons fait prisonniers plusieurs de ces satellites d'un roi parricide. C'est le roi seul que nous accusons. Ces hommes n'étaient que les instruments de sa trahison; du moment qu'ils ont mis bas les armes, dans ces assassins soudoyés nous ne voyons plus d'ennemis, nous ne voulons voir que des frères! » A ces mots, il embrasse un Suisse désarmé, qu'il avait amené par la main, et il tombe évanoui au milieu de la salle, épuisé de fatigue, d'émotions, de sang. Des députés se précipitent, l'emportent, le rendent à la vie. Il reprend ses sens, il se relève, il rentre à la barre : « Je sens renaître mes forces, dit-il, je demande à l'Assemblée de permettre à ce malheureux Suisse de demeurer chez moi; je veux le protéger et le nourrir. Voilà la vengeance d'un patriote français ! »

La générosité de ce citoyen se communique à l'Assemblée et aux tribunes. On envoie des députations au peuple pour arrêter le massacre. On fait entrer dans la cour des Feuillants les Suisses qui stationnaient encore sur la terrasse, exposés à la fureur du peuple. Ces soldats déchargent leurs fusils en l'air en signe de confiance et de sécurité. Ils sont introduits dans les couloirs, dans les cours et jusque dans les bureaux de l'Assemblée. Des combattants apportent successivement et déposent sur la table du président la vaisselle d'argent, les sacs d'or, les diamants, les bijoux précieux, les meubles de prix et jusqu'aux portefeuilles et aux lettres trouvés dans les appartements de la famille royale. Des applaudissements saluent ces actes de probité. Les armes, l'or, les assignats trouvés dans les vêtements des Suisses, sont accumulés au pied de la tribune. Le roi et la reine assistent du fond de leur loge à l'inventaire des dépouilles trouvées dans leurs plus secrets appartements.

III

Le président remet tous ces objets sous la responsabilité d'Huguenin, commissaire de la nouvelle commune. Le canon se tait. La fusillade se ralentit. Les pétitionnaires demandent à grands cris ou la tête ou la déchéance du roi : « Vous n'arrêterez la vengeance du peuple qu'en lui faisant justice. Représentants, soyez fermes ! Vous avez l'obligation de nous sauver ! Osez jurer que vous sauverez l'empire, et l'empire est sauvé ! » Ces voix imploraient comme on ordonne.

Les Girondins, indécis jusque-là entre l'abaissement et la chute du trône, sentirent qu'il fallait ou le précipiter eux-mêmes ou être entraînés avec lui. Vergniaud laissa la présidence à Guadet, pour que l'Assemblée, pendant son absence, restât sous la main d'un homme de sa faction. La commission extraordinaire, où les Girondins avaient la majorité du nombre, de l'importance et du talent, s'assembla séance tenante. La délibération ne fut pas longue. Le canon délibérait pour elle. Le peuple attendait. Vergniaud prend la parole et rédige précipitamment l'acte de suspension provisoire de la royauté. Il rentre et lit, au milieu d'un profond silence et à quatre pas du roi, qui l'écoute, le plébiscite de la déchéance. Le son de la voix de Vergniaud était solennel et triste, son attitude morne, son geste abattu. Soit que la nécessité de lire la condamnation de la monarchie en présence du monarque imposât à ses lèvres et à son cœur la décence de la pitié, soit que le repentir de l'impulsion qu'il avait donnée aux événements le saisît, et qu'il se sentît déjà l'instrument passif d'une fatalité qui lui demandait plus que sa conscience ne consentait, il semblait moins déclarer la victoire de son parti que prononcer sa propre sentence.

« Je viens, dit-il, au nom de la commission extraordinaire, vous présenter une mesure bien rigoureuse ; mais je m'en rapporte à la douleur dont vous êtes pénétrés pour juger combien il importe au salut de la patrie que vous l'adoptiez sur l'heure. L'Assemblée nationale, considérant que les dangers de la patrie sont parvenus à leur comble ;

que les maux dont gémit l'empire dérivent principalement des défiances qu'inspire la conduite des chefs du pouvoir exécutif, dans une guerre entreprise en son nom contre la constitution et contre l'indépendance nationale; que ces défiances ont provoqué de toutes les parties de l'empire le vœu de la révocation de l'autorité confiée à Louis XVI; considérant néanmoins que le corps législatif ne veut agrandir par aucune usurpation sa propre autorité, et qu'il ne peut concilier son serment à la constitution et sa ferme volonté de sauver la liberté qu'en faisant appel à la souveraineté du peuple, décrète ce qui suit :

» Le peuple français est invité à former une Convention nationale;

» Le chef du pouvoir exécutif est provisoirement suspendu de ses fonctions; un décret sera proposé dans la journée sur la nomination d'un gouverneur du prince royal;

» Le payement de la liste civile est suspendu;

» Le roi et sa famille demeureront dans l'enceinte du Corps législatif jusqu'à ce que le calme soit rétabli dans Paris; le département fera préparer le Luxembourg pour sa résidence, sous la garde des citoyens. »

Ce décret fut adopté sans discussion. Le roi l'entendit sans étonnement et sans douleur. Au moment du vote, il s'adressa au député Coustard, placé au-dessus de la loge du logographe, avec lequel il s'était entretenu familièrement pendant la séance : « Ce que vous faites là n'est pas très-constitutionnel, lui dit le roi d'un ton d'ironie qui contrastait avec la solennité de la circonstance. — C'est vrai, Sire, répondit Coustard, mais c'est le seul moyen de sauver votre vie. » Et il vota contre le roi en s'entretenant avec l'homme.

IV

Mais ce décret, qui laissait la question de la monarchie ou de la république en suspens, et qui même préjugeait en faveur de la monarchie en indiquant la nomination d'un gouverneur du prince royal, n'était qu'une demi-satisfaction à l'urgence de la situation. Désiré avec passion la veille, il était accepté avec murmure le lendemain.

A peine Vergniaud avait-il achevé de lire, que des pétitionnaires plus exigeants se présentèrent à la barre et sommèrent l'Assemblée de prononcer la déchéance du roi perfide dont le règne finissait dans le sang de ses sujets. Vergniaud se reprit et justifia les termes et la portée du décret ambigu des Girondins : « Je suis bien aise, dit-il, de pouvoir m'expliquer devant les citoyens qui sont à la barre. Les représentants du peuple ont fait tout ce que leur permettaient leurs pouvoirs quand ils ont décrété qu'il serait nommé une Convention nationale pour statuer sur la question de déchéance. En attendant, l'Assemblée vient de prononcer la suspension. Cette mesure doit suffire au peuple pour le rassurer contre les trahisons du pouvoir exécutif. La suspension ne réduit-elle pas le roi à l'impossibilité de nuire ? J'espère que cette explication satisfera le peuple, et qu'il voudra bien entendre et connaître la vérité. »

Les tribunes et les pétitionnaires écoutèrent froidement ces paroles. Le député Choudieu fit voter d'urgence la formation d'un camp sous Paris et la permanence des séances de l'Assemblée. L'Assemblée procède à la nomination des ministres.

Roland, Clavière et Servan, les trois ministres girondins renvoyés, furent réintégrés sans scrutin, sur la proposition de Brissot. Leur nomination était une vengeance de leur destitution par le roi. Danton fut nommé ministre de la justice, Monge ministre de la marine, Lebrun des affaires étrangères, Grouvelle secrétaire du Conseil des ministres. Monge était un mathématicien illustre, Lebrun un homme de chancellerie versé dans la diplomatie, Grouvelle un lettré subalterne et ambitieux. A neuf heures du soir le gouvernement fut constitué. Les Girondins y dominaient par Roland, Clavière, Servan, Lebrun. La commune les contre-balançait par Danton seul.

A peine nommé, Danton courut au conseil de l'hôtel de ville faire hommage à ses complices du pouvoir qu'il venait de conquérir pour eux : « J'ai été porté au ministère par un boulet de canon, dit-il à ses affidés. Je veux que la Révolution entre avec moi au pouvoir. Je suis fort par elle; je périrais en m'en séparant. » Il appela Fabre d'Églantine et Camille Desmoulins aux deux premiers emplois du ministère : Fabre d'Églantine, complaisant de son esprit; Camille Desmoulins, courtisan de sa force!

L'Assemblée fit rédiger l'analyse de ses décrets du jour et envoya des commissaires les publier, aux flambeaux, dans toutes les rues de Paris.

V

Le ciel était serein ; la fraîcheur du soir et l'émotion fébrile des événements du jour engageaient les habitants à sortir de leurs demeures et à respirer l'air d'une nuit d'été. La curiosité de savoir ce qui se passait à l'Assemblée et de visiter le champ de bataille de la matinée poussait instinctivement vers les quais, vers les Champs-Élysées et vers les Tuileries, les oisifs, les jeunes gens et les femmes des quartiers éloignés de la capitale. De longues colonnes de promeneurs paisibles erraient dans les allées et sous les arbres des Tuileries rendues au peuple. Les flammes et la fumée des meubles dévorés par l'incendie, dans les cours, flottaient sur les toits du château et illuminaient les deux rives de la Seine. Les abords du palais brûlaient du côté du pavillon de Flore. Un foyer de quinze cents toises, cerné par les pompiers et les sapeurs, lançait ses gerbes par-dessus la galerie du Louvre et menaçait à chaque instant d'embraser le château dévasté. Le feu, qui se reflétait, entre le Pont-Neuf et le pont Louis XVI, dans la Seine, donnait aux eaux l'apparence du sang. Des tombereaux, accompagnés d'agents envoyés par la commune, ramassaient, dans les Champs-Élysées, sur la place Louis XV, dans le jardin, dans les cours, les quatre mille cadavres des Suisses, des Marseillais, des fédérés, qui marquaient par l'amoncellement de leurs corps les places où le combat avait été le plus meurtrier. Les femmes, parées comme pour un jour de fête, ne craignaient pas de s'approcher de ces tombereaux et de contempler ces restes de la boucherie du matin. Ce peuple, où la tristesse ne dure pas tout un jour, laissait entendre le murmure sourd, les chuchotements enjoués, et les bourdonnements des conversations ordinaires dans ses lieux publics. Les spectacles étaient ouverts; les spectateurs se pressaient aux portes des théâtres, comme si la chute d'un empire n'eût été pour la ville qu'un spectacle de plus déjà oublié.

Les Marseillais, les Brestois, les masses des faubourgs, se replièrent dans leurs quartiers lointains et dans leurs casernes. Ils avaient fait leur journée. Ils avaient payé de plus de trois mille six cents cadavres leur tribut désintéressé à cette Révolution, dont le prix ne devait être recueilli que par leurs enfants.

VI

Ces soldats et ce peuple n'avaient pas combattu pour le pouvoir, encore moins pour les dépouilles. Ils rentraient les mains vides, les bras lassés, dans leurs ateliers. Ouvriers de la liberté, ils lui avaient donné un jour. Ils combattaient pour elle sans la bien comprendre : indifférents à la fortune du pouvoir, à la monarchie, à la république; incapables de définir les mots pour lesquels ils mouraient, mais poussés comme par un pressentiment divin des destinées qu'ils conquéraient pour l'humanité. La bourgeoisie combattait pour elle-même; le peuple combattait pour les idées. Chose étrange, mais vraie, il y avait plus de lumière dans la bourgeoisie, plus d'idéal dans le peuple. La nuance entre ces deux classes s'était trop bien caractérisée par leur attitude dans la journée. La garde nationale, composée de la bourgeoisie, parti de La Fayette, des Girondins, de Pétion, n'avait su ni empêcher ni faire, ni attaquer ni défendre. Redoutant d'un côté par peur la victoire du peuple, de l'autre par envie le triomphe de la cour et de l'aristocratie, elle n'avait pris parti que pour elle-même. Rassemblée avec peine, indécise dans ses mouvements, refusant son initiative à la république, son appui au roi, elle était restée l'arme au bras entre le château et les faubourg, sans prévenir le choc, sans décider la victoire; puis, passant lâchement du côté du vainqueur, elle n'avait tiré que sur les fuyards.

Maintenant elle rentrait humiliée et consternée dans ses boutiques et dans ses comptoirs. Elle avait justement perdu le pas sur le peuple. Elle ne devait plus être que la force de parade de la Révolution, commandée pour assister à tous ses actes, à toutes ses fêtes, à tous ses crimes : décoration vivante et vaine aux ordres de tous les machinistes de la République.

VII

Dès le soir du 10 août, la garde nationale avait disparu. Les piques et les haillons avaient remplacé les baïonnettes et les uniformes civiques dans les postes et dans les patrouilles qui sillonnaient Paris. Les Marseillais et les fédérés rendaient seuls quelque appareil martial à ces détachements du peuple armé. Santerre, affectant dans son extérieur la simplicité cynique d'un général des faubourgs, pour contraster avec le luxe militaire de La Fayette, parcourait Paris monté sur un lourd cheval noir, bête de travail plutôt que cheval de bataille. Deux ou trois ouvriers de sa brasserie l'accompagnaient et lui servaient d'aides de camp, à la place de ce brillant état-major de jeunes officiers de l'aristocratie ou du haut commerce, dont le général du Champ de Mars était toujours décoré. Le chapeau écrasé de Santerre, ses épaulettes noircies, son sabre au fourreau de cuivre, son uniforme râpé et débraillé, sa poitrine nue, son geste trivial, flattaient la multitude. Elle aimait dans Santerre son égal. Westermann, dans une tenue plus militaire, visita les postes des fédérés et des Marseillais, accompagné de Fournier l'Américain, de Barbaroux et de Rebecqui.

Les agents de la commune de Paris, pressés de faire disparaître les traces de sang et les corps des victimes, de peur que l'aspect des cadavres ne rallumât, le lendemain, la colère du peuple et ne perpétuât les massacres qu'on voulait arrêter, avaient envoyé des escouades d'hommes de peine au Carrousel pour balayer le champ de bataille. Vers minuit, ces hommes dressèrent d'immenses bûchers avec les charpentes enflammées, les bois de lit des gardes-suisses de l'hôtel de Brionne, les meubles du palais. Ils y jetèrent des centaines de cadavres qui jonchaient le Carrousel, les cours, le vestibule, les appartements. Rangés, en silence, autour des feux, ces balayeurs de sang attisaient le bûcher en y jetant d'autres débris et d'autres corps. Ces flammes lugubres, réverbérées sur les murs et allant éclairer, à travers les vitres brisées, l'intérieur même du palais, furent la dernière illumination de cette nuit. A l'aube du jour, Suisses et Marseillais, royalistes et républicains, nobles et peuple, tout était consumé. On lava ces pavés, on balaya cette cendre à la Seine. La nuit, l'eau, le feu, avaient tout englouti. La ville reprit son cours, sans apercevoir d'autres traces de la catastrophe de la monarchie qu'un palais désert, des portes sans gardes, des fenêtres démantelées, et les déchirures de la mitraille sur les vieux murs des Tuileries.

VIII

L'Assemblée suspendit sa séance à une heure du matin. La famille royale était restée jusque-là dans la loge du logographe. Dieu seul peut mesurer la durée des quatorze heures de cette séance dans l'âme du roi, de la reine, de Madame Élisabeth et de leurs enfants. La soudaineté de la chute, l'incertitude prolongée, les vicissitudes de crainte et d'espérance, la bataille qui se livrait aux portes et dont ils étaient le prix sans même voir les combattants, les coups de canon, la fusillade retentissant dans leur cœur, s'éloignant, se rapprochant, s'éloignant de nouveau comme l'espérance qui joue avec le mourant, la pensée des dangers de leurs amis abandonnés au château, le sombre avenir que chaque minute creusait devant eux sans en apercevoir le fond, l'impossibilité d'agir et de se remuer au moment où toutes les pensées poussent l'homme à l'agitation, la gêne de s'entretenir même entre eux, l'attitude impassible que le soin de leur dignité leur commandait, la crainte, la joie, le désespoir, l'attendrissement, et, pour dernier supplice, le regard de leurs ennemis fixé constamment sur leurs visages pour y surprendre un crime dans une émotion ou s'y repaître de leur angoisse, tout fit de ces heures éternelles la véritable agonie de la royauté. La chute fut longue, profonde, terrible, du trône à l'échafaud. Nulle part elle ne fut plus sentie que là. C'est le premier coup qui brise, les autres ne font que tuer.

Si l'on ajoute à ces tortures de l'âme les tortures du corps de cette malheureuse famille, jetée, après une nuit d'insomnie, dans cette espèce de cachot; l'air brûlant exhalé par une foule de trois ou quatre mille personnes, s'engouffrant dans la loge et intercepté dans le couloir par la foule extérieure qui l'engorgeait; la soif, l'étouffement, la sueur ruisselante, la tendresse réciproque des membres de cette famille multipliant dans chacun d'eux les souffrances de tous, on comprendra que cette journée eût dû assouvir à elle seule une vengeance accumulée par quatorze siècles.

IX

A l'exception de l'accès machinal et spasmodique d'appétit que le roi avait satisfait au commencement de la séance, les personnes de la famille royale ne prirent aucune nourriture pendant cette journée et la moitié de cette nuit. Les enfants même oublièrent la faim. La pitié attentive de quelques députés et des inspecteurs de la salle envoyait de temps en temps quelques fruits et quelques verres d'eau glacée pour les désaltérer. La reine et sa sœur ne faisaient qu'y tremper leurs lèvres; elles ne paraissaient occupées que du roi.

Ce prince, accoudé sur le devant de la loge comme un homme qui assiste à un grand spectacle, semblait déjà familiarisé avec sa situation. Il faisait des observations judicieuses et désintéressées sur les circonstances, sur les motions, sur les votes, qui prouvaient un complet détachement de lui-même. Il parlait de lui comme d'un roi qui aurait vécu mille ans auparavant; il jugeait les actes du peuple envers lui comme il aurait jugé les actes de Cromwell et du long parlement envers Charles Ier. La puissance de résignation qu'il possédait lui donnait cette puissance d'impartialité, sous le fer même du parti qui le sacrifiait. Il adressait souvent la parole à demi-voix aux députés les plus rapprochés de lui et qu'il connaissait, entre autres à Calon, inspecteur de la salle, à Coustard et à Vergniaud. Il entendit sans changer de couleur, de regard, d'attitude, les invectives lancées contre lui et le décret de sa déchéance. La chute de sa couronne ne donna pas un mouvement à sa tête. On vit même une joie secrète luire sur ses traits à travers la gravité et la tristesse du moment. Il respira fortement, comme si un grand fardeau eût été soulevé de son âme. L'empire pour lui était un devoir plus qu'un orgueil. En le détrônant on le soulageait.

Madame Élisabeth, insensible à la catastrophe politique, ne cherchait qu'à répandre un peu de sérénité dans cette ombre. La triste condoléance de son sourire, la profondeur d'affection qui brillait dans ses yeux à travers ses larmes, ouvraient au roi et à la reine un coin de ciel intérieur où les regards se reposaient confidentiellement de tant de trouble. Une seule âme qui aime, un seul accent qui plaint, compensent la haine et l'injure de tout un peuple : elle était la pitié visible et présente à côté du supplice.

La reine avait été soutenue au commencement par l'espérance de la défaite de l'insurrection. Émue comme un héros au bruit du canon, intrépide comme les vociférations des pétitionnaires et des tribunes, son regard les bravait, sa lèvre dédaigneuse les couvrait de mépris ; elle se tournait sans cesse avec des regards d'intelligence vers les officiers de sa garde, qui remplissaient le fond de la loge et le couloir, pour leur demander des nouvelles du château, des Suisses, des forces qui leur restaient, de la situation des personnes chères qu'elle avait laissées aux Tuileries, et surtout de la princesse de Lamballe, son amie. Elle avait appris en frémissant d'indignation, mais sans pâlir, le massacre de Suleau dans la cour des Feuillants, les cris de rage des assassins, les fusillades des bataillons aux portes de l'Assemblée, les assauts tumultueux du peuple pour forcer l'entrée du couloir et venir l'immoler elle-même. Tant que le combat avait duré, elle en avait eu l'agitation et l'élan. Aux derniers coups de canon, aux cris de victoire du peuple, à la vue de ses écrins, de ses bijoux, de ses portefeuilles, de ses secrets étalés et profanés sous ses yeux comme les dépouilles de sa personne et de son cœur, elle était tombée dans un abattement immobile mais toujours fier. Elle dévorait sa défaite, elle ne l'acceptait pas comme le roi. Son rang faisait partie d'elle-même ; en déchoir c'était mourir. Le décret de suspension, prononcé par Vergniaud, avait été un coup de hache sur sa tête. Elle ferma un moment les yeux et parut se recueillir dans son humiliation ; puis l'orgueil de son infortune brilla sur son front comme un autre diadème. Elle recueillit toute sa force pour s'élever, par le mépris des coups, au-dessus de ses ennemis : elle ne les sentit plus que dans les autres.

X

Cinquante hommes choisis et fidèles avaient pénétré avec le roi dans l'enceinte. Ils formaient une garde immédiate autour de la famille royale, dans le couloir, à la porte du logographe. Les ministres, quelques officiers généraux, le prince de Poix, M. de Choiseul, M. des Aubiers, M. de Maillardoz, M. d'Aubigny, M. de Vioménil, Carl, commandant de la gendarmerie, et quelques serviteurs personnels du roi, se tenaient là, debout, attentifs à ses ordres, prêts à mourir pour lui faire un dernier rempart de leurs corps, si le peuple parvenait à envahir les corridors de la salle. Ces généreux confidents des angoisses de la famille royale lui communiquaient, à voix basse, les nouvelles du dehors. Les uniformes de la garde nationale et de l'armée dont ils étaient revêtus leur permettaient de circuler dans les alentours de l'Assemblée et de rapporter à leurs maîtres les événements de la journée.

Vers six heures, les anciens ministres, mandés par un décret, prirent tristement congé du roi et se retirèrent pour aller remettre le dépôt de leur administration et pour se rendre le lendemain à la haute coùr d'Orléans. Un peu après, Maillardoz, commandant des Suisses, appelé par des commissaires de la commune, fut traîné à l'Abbaye. D'Aubigny, s'étant mêlé aux groupes qui abattaient les statues des rois sur la place Louis XV et ayant laissé parler son indignation sur ses traits, fut immolé sur le monument même dont il déplorait la profanation. M. de Choiseul courut deux fois risque de la vie en sortant pour rallier les Suisses et en rentrant pour couvrir le roi de son épée. Un moment après, un grand bruit s'étant fait aux portes, le roi tourna la tête et demanda avec inquiétude la cause de ce tumulte. Carl, commandant de la gendarmerie de Paris, s'élança au bruit. Il ne revint pas. Le roi, qui se retournait pour entendre sa réponse, apprit sa mort avec horreur. La reine se couvrit le visage de ses deux mains. Chacun de leurs ordres portait malheur à leurs amis. Le vide se faisait, le massacre décimait autour d'eux, la mort frappait toujours plus près de leur âme.

Combien de cœurs qui battaient pour eux le matin étaient glacés le soir ! L'obscurité de l'enceinte, les lueurs de l'incendie des Tuileries qui se répercutaient sur les fenêtres et sur les murs du Manége, les agitations d'une séance prolongée, la nuit, toujours plus cruelle que le jour, les plongeaient dans les plus sombres pensées. Le silence du tombeau régnait depuis quelques heures dans la loge du logographe. On n'y entendait que le bruit des plumes pressées des rédacteurs qui couraient sur le papier, inscrivant minute par minute les paroles, les gestes, les émotions de la salle. La lueur fétide des chandelles qui éclairaient leur table montrait le jeune Dauphin couché sur les genoux de la reine et dormant au bruit des décrets qui lui enlevaient l'empire et la vie.

XI

A une heure après minuit, les inspecteurs de la salle vinrent prendre le roi et sa famille pour les conduire dans le logement qu'on leur avait préparé à la hâte depuis la promulgation du décret de déchéance. Des commissaires de l'Assemblée et le détachement de la garde nationale qui veillait depuis le matin sur leurs jours les escortaient. Un officier de la maison du roi prit le Dauphin des mains de la reine et l'emporta tout assoupi derrière elle.

Ce logement, plus semblable à un cloître ou à une prison qu'à un palais, régnait dans l'étage supérieur du vieux monastère des Feuillants, au-dessus des bureaux et des comités de l'Assemblée. Il était composé de quatre chambres à la suite les unes des autres, ouvrant toutes par une porte semblable sur le vaste corridor qui desservait les cellules des religieux. Ces chambres, inhabitées depuis la destruction des ordres monastiques, étaient nues comme des murs dont les hôtes sont depuis longtemps dispersés. L'architecte de l'Assemblée, sur l'ordre des inspecteurs de la salle, y avait fait porter précipitamment les meubles qui s'étaient rencontrés sous la main dans son propre logement : une table à manger, quelques chaises, quatre bois de lit sans ciels, pour le roi, la reine, le Dauphin et sa sœur; des matelas étendus sur les carreaux de brique étaient la couche de Madame Élisabeth et de la gouvernante des enfants de France : campement sur le champ de bataille entre deux journées de crise, aux portes du palais saccagé, sous la main du peuple vainqueur, et qui annonçait trop par sa nudité à la famille royale qu'elle était désormais plus près d'un cachot que d'un palais! MM. de Briges, des Aubiers, de Goguelat, le prince de Poix et le duc de Choiseul occupèrent la première pièce, qui servait d'antichambre. Étendus sur des manteaux à la porte du roi, ils veillèrent les derniers sur son sommeil.

Le roi coucha à demi habillé dans la seconde chambre. Dépourvu de vêtement de nuit et des meubles de toilette pillés au château, une serviette ceignit sa tête sur l'oreiller sans rideau. La reine occupa avec les enfants la troisième chambre. Madame Élisabeth, madame de Tourzel, et la princesse de Lamballe, qui était venue dans la soirée rejoindre la famille royale, se réunirent dans une pièce qui suivait la chambre de la reine, et passèrent la nuit à veiller, à pleurer, à prier à sa porte.

Le cloître élevé et vaste sur lequel ouvraient ces chambres servit de camp aux officiers supérieurs, aux cinquante hommes de garde et aux serviteurs du roi, Huc et Chamilly. Louis XVI, sa famille et sa suite ne touchèrent pas, ce soir-là, au souper qui leur avait été préparé. Après une conversation intime et sans témoins, entre ce prince, la reine et Madame Élisabeth, ils allèrent chercher quelques moments de sommeil. Une veille de trente-six heures avait épuisé à la fois leur âme et leur corps. Ce sommeil fut court, le réveil terrible.

XII

La reine, en rouvrant les yeux aux rayons d'un soleil brûlant qui pénétrait, sans voile, jusque sur sa couche, en voyant ces toits sombres, cette fenêtre sans tenture, cette chambre nue, ces chaises de paille, ces vêtements en désordre jetés sur des meubles presque indigents, referma les yeux pour se tromper elle-même un moment de plus et pour se persuader que les événements de la veille et l'horreur du jour étaient un songe. Elle fut arrachée à ce demi-sommeil par la présence, par la voix et par les caresses de ses enfants. Madame Élisabeth les amenait au pied de son lit. On avertit la reine que l'heure de la séance approchait, et que l'Assemblée exigeait que la famille royale y reprît sa place de la veille. Quelques-unes de ses femmes, à qui les inspecteurs de la salle avaient permis le matin de pénétrer jusqu'à leur maîtresse, furent introduites en même temps dans l'appartement. En traversant la cellule du roi, elles trouvèrent ce prince assis près de son lit et faisant réparer le désordre de sa coiffure. On lui coupait les cheveux. Il en prit quelques mèches et les donna à ces fidèles suivantes de la reine : munificence de cœur, la seule désormais qui fût en sa puissance. Elles voulurent lui baiser la main; il la retira et les embrassa. La familiarité du malheur avait effacé les distances entre cette famille et ses serviteurs.

Ces femmes fondirent en larmes en voyant la reine de France couchée sur un lit de camp et servie par une étrangère, gardienne de ce cloître abandonné. Cette pauvre servante, intimidée et attendrie par la grandeur et par l'infortune qu'elle avait sous les yeux, s'efforçait de racheter par ses soins et par ses respects l'inhabileté de ses services. Marie-Antoinette tendit les bras à ses amies et éclata en sanglots. Elle resta longtemps sans pouvoir ni regarder ni parler, confuse et rougissant de son abaissement et de sa dégradation, devant celles qui l'avaient vue la veille dans son luxe et dans sa splendeur. « Venez, malheureuses femmes, leur dit-elle enfin, venez voir une femme plus malheureuse que vous, puisque c'est elle qui fait votre malheur à toutes. » Puis embrassant sa fille et le Dauphin, que lui présentait madame de Tourzel : « Pauvres enfants, ajouta-t-elle, qu'il est cruel de leur avoir promis un si bel héritage et de dire : Voilà ce que nous leur laissons, tout finit avec nous ! » Elle s'informa ensuite, dans les plus intimes détails, du sort de mademoiselle Pauline de Tourzel, de madame de La Roche-Aymon, de la duchesse de Luynes et de toutes les personnes de sa cour qu'elle avait laissées aux Tuileries.

XIII

La mort de ses serviteurs tués sur le seuil de son appartement déchira son cœur. Elle leur donna des larmes. Elle raconta, en s'habillant, ses impressions pendant la séance de la veille. Elle se plaignit à demi-mot de ce défaut de dignité naturelle qui ne donnait pas au roi, depuis qu'il était entre les mains de l'Assemblée, toute la majesté qu'elle aurait désiré lui voir devant ses ennemis. Elle regrettait qu'il eût satisfait sa faim en public et offert ainsi aux regards du peuple une apparence d'insouciance et d'insensibilité si loin de son cœur. Des députés attachés à son parti l'avaient fait prévenir du fâcheux effet de cet oubli de sa situation; mais sachant, disait-elle, l'inutilité de ces avertissements, impuissants contre sa rude nature, elle les avait épargnés au roi, pour ne pas ajouter une humiliation à tant de peines. La montre et la bourse de la reine s'étant perdues dans le tumultueux trajet du château à l'Assemblée, elle emprunta la montre d'une de ses dames, et pria madame Augié, sa première femme de chambre, de lui prêter vingt-cinq louis pour les hasards de sa captivité.

A dix heures, la famille royale rentra à l'Assemblée et y

resta jusqu'à la nuit. Le triomphe de la veille avait rendu le peuple exigeant, et les motions plus sanguinaires. Des pétitionnaires assiégeaient la barre, demandant à grands cris le sang des Suisses de l'escorte du roi, réfugiés dans l'enceinte des Feuillants. L'Assemblée disputait aux assassins ces deux cents victimes. Santerre, mandé par Vergniaud pour protéger les prisonniers, annonçait le massacre imminent de ceux qu'on avait arrêtés dans le bois de Boulogne. Des voix féroces hurlaient aux portes qu'on leur livrât leur proie! « Grands dieux, quels cannibales! » s'écria Vergniaud.

Des traits de générosité populaire se mêlèrent à ces rugissements de brutes avides de carnage. Des combattants vinrent prendre les vaincus sous leur responsabilité et se dévouer à leur salut. Mailhe et Chabot, envoyés pour haranguer les rassemblements, furent accueillis par les cris : « A bas les orateurs! » Il y eut un moment où la terreur s'empara de l'Assemblée, l'enceinte extérieure était forcée. Vergniaud, intrépide pour lui-même, craignit pour les jours du roi. Les inspecteurs de la salle accoururent et firent retirer la famille royale dans le couloir, afin que si le peuple entrait les armes à la main dans la salle il ne trouvât pas ses victimes sous sa main. Le roi, qui crut le moment suprême arrivé pour lui et pour sa famille, songea seulement au salut de ses serviteurs. Il les conjura de l'abandonner à son sort et de penser à leur propre sûreté. Aucun d'eux ne pesa sa vie contre son devoir. Ils restèrent où l'honneur et l'attachement leur commandaient de vivre ou de mourir. La consigne fit reculer le peuple. Danton accourut, fendit cette foule avec l'autorité de son nom et la terreur de son geste. Il demanda patience et non générosité aux assassins. A sa voix, les hommes à piques ajournèrent leur soif de sang. « Législateurs, dit Danton en entrant à l'Assemblée, la nation française, lasse du despotisme, avait fait une révolution. Mais, trop généreuse, ajouta-t-il en lançant un regard menaçant sur la place où le roi l'écoutait, elle a transigé avec les tyrans. L'expérience lui a prouvé qu'il n'y a aucun retour à espérer des anciens oppresseurs du peuple. Elle va rentrer dans ses droits... mais là où commence la justice doivent s'arrêter les vengeances populaires. Je prends, devant l'Assemblée nationale, l'engagement de protéger les hommes qui sont dans son enceinte. Je marcherai à leur tête et je réponds d'eux ! »

Il jeta, en prononçant ces derniers mots, un coup d'œil rapide et fier sur la reine, comme si une intelligence secrète ou une compassion superbe eussent été cachées sous la rudesse de son discours et sous le dédain de son attitude.

XIV

L'Assemblée, les tribunes applaudirent. Le peuple ratifia au dehors, par ses acclamations, la promesse de son favori, et les Suisses furent sauvés jusqu'au 2 septembre. Pétion succéda à Danton. Délivré de sa feinte captivité, il venait de reprendre à la commune le simulacre d'une autorité qu'il n'avait plus que de nom. Utile la veille aux factieux, il leur était importun désormais. Il affecta devant l'Assemblée de croire encore à sa puissance qui lui échappait.

Quand l'œuvre est faite, on brise l'instrument. Pétion n'était que le complice timide d'une conspiration accomplie; mannequin populaire élevé contre le roi, le jour où le roi disparaissait Pétion n'était plus. Il tentait en vain de modérer les exigences des commissaires de la commune et de reporter le pouvoir à son centre légal, c'est-à-dire à l'Assemblée. La commune impérieuse envoyait des ordres, sous la forme de prières, au corps législatif. Les Girondins n'étaient, comme Pétion, que les souverains honoraires d'une révolution qui les dépassait.

Ils avaient décrété la veille que Louis XVI habiterait le palais du Luxembourg pendant la suspension. Ce palais rappelait trop le pouvoir suprême dont la commune voulait écarter l'image des yeux du peuple. Elle représenta au corps législatif qu'elle ne pouvait répondre du roi dans une demeure aussi vaste, et sous laquelle des souterrains immenses pouvaient favoriser les évasions ou les complots. L'Assemblée, pour sauver l'apparente indépendance de ses résolutions, renvoya à une commission le pouvoir de prescrire l'habitation du roi. Cette commission décréta que la famille captive occuperait l'hôtel du ministre de la justice, sur la place Vendôme. Cet hôtel, au centre de Paris et sur la place où l'on passait en revue les troupes, attirait encore trop les pensées vers une puissance dangereuse à montrer aux soldats et au peuple. La commune refusa d'exécuter ce décret. Manuel vint en son nom demander que l'habitation du roi otage fût fixée au Temple, loin des souvenirs, loin des émotions de la ville. L'Assemblée céda. Le choix du Temple indiquait l'esprit de la commune dans l'interprétation des événements de la veille : au lieu d'une demeure, c'était une prison.

XV

Les Girondins avaient suspendu seulement, la commune dégradait la royauté. Roland et ses amis voulurent se préparer un appui contre l'omnipotence de l'hôtel de ville en constituant le conseil du département, et en rendant à ce conseil l'ascendant et la surveillance que la constitution lui donnait sur le corps municipal. Ils firent proposer cette motion par un de leurs adhérents les plus obscurs, pour cacher la main qui portait le coup. La commune reconnut la main et la prévint. Trois fois dans la journée le conseil municipal envoya demander humblement d'abord, fermement après, insolemment enfin, la révocation du décret attentatoire à sa toute-puissance. La dernière injonction fut brève et menaçante comme un ordre souverain. Le conseil municipal fut obéi.

D'autres députations de la commune vinrent ensuite demander la création d'une cour martiale pour venger le sang du peuple. L'Assemblée ayant éludé de répondre : « Si ce décret n'est pas porté, reprit froidement l'orateur de la commune, notre mission est de l'attendre ! » Robespierre, au nom de la section de la place Vendôme, parut à la barre : « Peuple, dit-il, en faisant allusion aux statues des rois qu'on abattait sur les places publiques, quand la tyrannie est couchée à terre, gardez-vous de lui donner le temps de se relever. Nous avons vu tomber la statue d'un despote; notre première pensée est d'élever à sa place un monument à la liberté. Les citoyens qui meurent en défendant la patrie sont au second rang. Ceux-là sont au premier qui meurent pour l'affranchir au dedans. »

Enfin le Prussien Anacharsis Clootz, philosophe errant pour semer sa doctrine sur la terre avec sa parole, sa fortune et son sang, fit entendre au nom du genre humain à l'Assemblée nationale le premier écho du 10 août dans l'âme des peuples impatients de leur servitude. Clootz poussait la passion de l'humanité jusqu'au délire. Mais ce délire était celui de l'espérance et de la régénération. Les sceptiques le trouvaient ridicule, les patriotes le trouvaient banal, les politiques l'appelaient utopiste. Cependant Clootz ne se trompait que d'heure. Les utopies ne sont souvent que des vérités prématurées. Les âmes, ébranlées par la secousse du moment et fanatisées d'espérance, s'ouvraient aux perspectives les plus idéales. Le philosophe fut écouté avec complaisance, et les idées consolantes qu'il faisait briller comme un arc-en-ciel sur cet horizon de sang suspendirent quelques instants la lutte des partis et la hache des assassins.

XVI

Après cette seconde journée, la famille royale fut reconduite aux Feuillants. Les témoignages de pitié et d'attachement des hommes de son escorte alarmèrent la commune et les Jacobins. Santerre releva ce poste, et choisit pour la garde du roi des cœurs inaccessibles à l'indulgence et irréconciliables avec un *tyran* détrôné. La rudesse des gestes, la rigueur des consignes, apprirent au roi ce changement. Le Girondin Grangeneuve, membre du comité de surveillance dont le bureau était dans le même cloître que les chambres du roi, s'alarma aussi des respects et de l'attendrissement du petit nombre d'amis qui entouraient la famille royale. Il crut à un projet d'enlèvement. Il en fit part à ses collègues. La plus ombrageuse des tyrannies, c'est la plus récente. Le comité partagea ou feignit la peur de Grangeneuve. Il ordonna l'éloignement de toutes les personnes étrangères à la domesticité immédiate de la famille. Cet ordre consterna les généreux courtisans de sa captivité. Le roi fit appeler les députés inspecteurs de la salle. « Je suis donc prisonnier, messieurs! leur dit-il avec amertume; Charles Ier fut plus heureux que moi; on lui laissa ses amis jusqu'à l'échafaud. » Les inspecteurs baissèrent la tête. Leur silence répondit pour eux.

On vint prier le roi de passer dans la salle où le souper était préparé. On permit à ses amis de l'y suivre. Ce fut le dernier jour où le roi et la reine furent servis avec l'étiquette des cours par ces cinq gentilshommes debout : étiquette touchante ce jour-là, car elle était volontaire. Le respect redoublait avec l'infortune. Une tristesse muette assombrit ce dernier repas. Maîtres et serviteurs sentaient qu'ils allaient se séparer pour toujours. Le roi ne mangea pas. Il retardait à dessein l'heure où l'on enlèverait la table, afin de prolonger les minutes où il lui était permis de voir encore des visages amis. Ce long adieu lassa la patience des officiers de garde. Il fallut déchirer cet entretien. Le roi savait que les cinq gentilshommes couraient risque d'être arrêtés au bas de l'escalier. L'inquiétude sur leur sort ajoutait à l'horreur du sien. Enfin, fondant en larmes en les regardant, il essaya de parler ; son émotion le rendit muet. « Séparons-nous, leur dit la reine, ce n'est que de ce moment que nous sentons toute l'amertume de notre situation. Jusqu'à présent vous nous l'aviez voilée par vos respects et adoucie par vos soins. Que Dieu vous paye une reconnaissance que... » Ses sanglots lui coupèrent la voix. Elle fit embrasser ses enfants par les derniers serviteurs de leur famille. La garde inflexible entra et leur disputa les minutes. Les gentilshommes descendirent par un escalier dérobé. Ils sortirent un à un sous des habits empruntés, pour se perdre inaperçus dans la foule.

XVII

M. de Rohan-Chabot, aide de camp de La Fayette, avait passé les deux jours et les deux nuits à la porte du roi, en costume de simple garde national. Reconnu et arrêté en sortant des Feuillants, il fut jeté dans la prison de l'Abbaye, qui ne s'ouvrit qu'aux assassins de septembre. La reine, Madame Élisabeth, les enfants de France, dénués de tout par le pillage des Tuileries, reçurent de l'ambassadrice d'Angleterre le linge et les vêtements de femme nécessaires à la décence de leur situation. La famille royale passa encore un jour et demi dans la loge du logographe. Il semblait que le peuple, comme un triomphateur cruel, voulût se repaître longtemps du supplice et de l'ignominie de la royauté. Seuls et sans amis pendant ces derniers jours, leur douleur et leur honte sans témoins furent aussi sans consolation. Leurs cœurs, lassés d'outrages, ne purent même se reposer sur un peu de pitié. En se regardant mutuellement, leurs yeux ne se renvoyaient que les mêmes terreurs et les mêmes larmes.

Le lundi, à trois heures, Pétion et Manuel vinrent les prendre dans deux voitures pour les conduire au Temple. La commune, qui pouvait enlever les prisonniers de nuit, voulut que ce trajet des Tuileries à la prison se fît en plein jour, à pas lents, et par les quartiers les plus populeux, pour que la dégradation de la royauté eût l'apparence et l'authenticité d'une exposition avant le supplice. Pétion et Manuel étaient dans la voiture du roi. Une foule innombrable formait la haie de la porte des Feuillants à la porte du Temple. Les regards, les gestes, les injures, le rire moqueur, le plus lâche des outrages, se renouvelèrent sur tous les pas du cortége. La faiblesse des femmes, l'innocence des enfants, attendrissaient en vain quelques regards furtifs : il fallait cacher son attendrissement comme une trahison. Pétion avait l'habitude de présider à ces marches triomphales de la déchéance. C'était lui qui avait ramené le roi de Varennes à travers la capitale irritée. C'était lui qui avait vu le roi coiffé du bonnet rouge dans son palais envahi le 20 juin, et qui avait félicité le peuple en le congédiant. C'était lui encore qui le menait à sa dernière halte avant le supplice. Il ne lui épargna aucune des amertumes de la route. Il ne lui voila aucun des présages de sa chute. Il le promena à travers son humiliation pour la lui faire savourer. En passant sur la place Vendôme, il lui fit remarquer la statue renversée de Louis XIV jonchant de ses débris la ville où son image avait si longtemps régné. Le peuple ne voulait plus de roi, même en souvenir. Partout les symboles de la royauté étaient effacés ou mutilés sur le passage des voitures. La main du peuple effaçait ainsi d'avance une institution sur laquelle l'Assemblée n'avait pas encore prononcé. Le 10 août était un décret obscur de la victoire que la commune de Paris se hâtait d'interpréter par l'emprisonnement du roi. De la prison au trône le retour était impossible. La commune voulait le montrer. Louis XVI le sentit; et quand après deux heures de marche les voitures roulèrent sous les voûtes de la cour du Temple, il avait dans son cœur abdiqué le trône et accepté l'échafaud.

LIVRE VINGT-QUATRIÈME

Les Girondins forcés d'abdiquer. — Dispositions de l'armée. — La Fayette s'expatrie. — Dumouriez prête serment à la nation. — Couthon. — Westermann émissaire de Danton à l'armée. — Dumouriez remplace La Fayette à l'armée. — Il gagne la confiance des troupes. — La commune de Paris s'attribue le pouvoir exécutif. — Création d'un tribunal criminel. — Marat poursuit sa pensée d'extermination. — Danton l'accomplit.

I

Pendant que la famille royale, arrivée au terme de tant d'agitations, se recueillait derrière les murs du Temple et s'installait dans son dernier asile, l'Assemblée, par l'organe de Guadet, promulguait les règles d'après lesquelles on nommerait une Convention et on ferait appel à la souveraineté directe et unanime du peuple. Les assemblées primaires allaient se composer de tous les Français ayant l'âge de vingt et un ans et de condition libre. Elles devaient se réunir le 26 août, et donner à leurs représentants un mandat souverain et indépendant de toute constitution préexistante. La Convention se réunirait le 20 septembre. L'Assemblée nationale et le pouvoir exécutif nommé la veille ne se réservaient que l'interrègne du 12 août au 20 septembre.

Ainsi le triomphe des Girondins amena immédiatement leur abdication. L'Assemblée qu'ils dominaient se sentit faible devant un événement qu'elle n'avait eu ni le courage d'accomplir ni la vertu d'empêcher. Elle se retira, et restitua au peuple les pouvoirs qu'elle en avait reçus. Le mouvement avorta dans ses mains. Elle tira le gouvernement au sort et jeta la France au hasard. Infidèle à la constitution, refusant son appui à la royauté, timide en face de la république, elle n'eut ni plan, ni politique, ni audace. Elle donna à tous les partis le droit de la mépriser. L'histoire la jugera plus sévèrement qu'aucune des Assemblées qui personnifièrent la Révolution. Placée entre l'Assemblée constituante et la Convention nationale, elle pâlit devant ces deux grands foyers : l'un des lumières philosophiques, l'autre de la volonté révolutionnaire de la nation. Elle ne renversa rien, elle ne fonda rien; elle aida tout à tomber. Elle reçut de ses prédécesseurs une constitution à maintenir, une royauté à réformer, un pays à défendre. Elle laissa, en se retirant, la France sans constitution, sans roi, sans armée. Elle disparut dans une émeute. Ses seules traces furent des débris. Faut-il en accuser les difficultés du temps? Mais le temps était-il plus facile et les événements plus maniables pour l'Assemblée constituante au serment du Jeu de Paume, au 14 juillet, aux journées d'octobre, à la fuite du roi? Les temps furent-ils plus doux pour la Convention à son avénement dans l'anarchie, à la proclamation de la république, à l'invasion de la Champagne, à l'insurrection de la Vendée, au siége de Lyon? Évidemment non; mais ces difficultés extrêmes trouvèrent dans ces deux corps une politique et une volonté égales aux extrémités de ces situations. Pourquoi cette différence entre des corps politiques puisés dans le même peuple et agissant à la même époque? Osons le dire : c'est que l'Assemblée législative, nommée en haine de l'aristocratie et en défiance du peuple, et choisie parmi ces partis moyens et modérés qui ne sont dans les temps de crise que les négations du bien et du mal, n'eut dans les éléments qui la composaient ni l'esprit politique des hautes classes ni l'âme patriotique du peuple. L'Assemblée constituante fut la représentation de la pensée de la France; la Convention fut la représentation du dévouement passionné des masses. L'Assemblée législative ne représenta que les intérêts et les vanités des classes intermédiaires. Expression de cette bourgeoisie honnête mais égoïste dans ses habitudes, elle n'apporta au gouvernement de cette grande crise que les pensées moyennes, les passions vaniteuses et les petites prudences de cette partie des nations dont la timidité est à la fois la vertu et le vice. Elle sut écrire et parler, elle ne sut pas agir. Elle eut des orateurs, elle n'eut pas d'hommes d'État. Mirabeau avait été dans l'Assemblée constituante l'expression souveraine de cette aristocratie qui, après s'être éclairée la première, aux rangs élevés des nations, des hautes lumières d'une époque, aspire à la gloire de les répandre sur le peuple, et se fait révolutionnaire par générosité et populaire par orgueil. Danton, Robespierre, furent l'expression terrible des passions d'un peuple à peine émancipé, qui veut conserver à tout prix à l'avenir la révolution qu'on lui a faite, et qui ne pèse ni un intérêt contre une idée, ni une vie contre un principe. Brissot, Gensonné, Guadet, ne furent que des discoureurs quelquefois sublimes, toujours impuissants. Ils n'eurent pas de but arrêté, ou ils placèrent ce but toujours trop loin ou trop près. Ils donnèrent à la Révolution des impulsions tour à tour trop faibles et trop fortes, qui les arrêtèrent en deçà ou les lancèrent au delà de leur pensée. Ils voulaient un pouvoir et ils le sapaient, ils craignaient l'anarchie et ils la conspiraient, ils voulaient la république et ils l'ajournaient. La nation s'impatienta de leur indécision, qui la perdait; elle fit sa journée et ils disparurent.

Au 10 août, le peuple fut plus homme d'État que ses chefs. Une crise était inévitable, car tout périssait dans les mains de ces législateurs qui voulaient le mouvement sans secousse, la liberté sans sacrifice, la monarchie sans royauté, la république sans hésitation, la Révolution sans garantie, la force du peuple sans son intervention, le patriotisme sans cette fièvre de l'enthousiasme qui donne aux nations le délire et la force du désespoir. Un peuple ne pouvait pas laisser sans démence durer et empirer un tel état de contradictions. La France était en perdition. L'Assemblée ne prenait pas le gouvernail. Le peuple s'y précipita avec ce génie de la circonstance et cette témérité de résolution qui risquent tout pour sauver quand tout est inévitablement perdu. Le mécanisme de la constitution ne fonctionnait plus. Un éclair de conviction lui démontra qu'on ne pouvait plus le réparer. Il le brisa; ce fut le 10 août.

Les larmes, le sang, les crimes de cette journée ne retombèrent pas tant sur le peuple qui la fit que sur l'Assemblée qui la rendit inévitable. Si l'Assemblée législative avait eu l'intelligence tout entière, si elle avait pris la dictature, voilé la constitution, suspendu et écarté le roi, mis la royauté en tutelle pendant la crise, elle pouvait prévenir l'intervention des piques, préserver la forme monarchique, armer la nation, garantir les frontières, épargner le sang des victimes du 10 août et du 2 septembre, et ne pas attrister la France de l'échafaud de son roi. Sa faiblesse produisit ses excès et les fureurs du peuple. Malheur aux empires quand la tête des nations ne prend pas l'initiative réfléchie des grandes résolutions et la laisse prendre à l'insurrection! Ce que touche le peuple est toujours brisé par la violence ou taché de sang. L'Assemblée nationale fut au-dessous de la crise. Elle eut le talent, les lumières, le patriotisme, les vertus même nécessaires aux fondateurs de la liberté; elle n'en eut pas le caractère. Le caractère est le génie de l'action. Ces hommes n'eurent que le génie de la parole et le génie de la mort. Bien parler et bien mourir, ce fut leur destinée.

II

Le contre-coup du 10 août fut ressenti dans tout l'empire et dans toute l'Europe. Les cabinets étrangers et les émigrés, tout en déplorant la catastrophe, l'emprisonnement du roi, l'encouragement que le triomphe du peuple de Paris donnait à l'esprit révolutionnaire, se réjouirent en secret des agitations convulsives dans lesquelles la France allait vraisemblablement se déchirer. Une guerre civile était le plus puissant auxiliaire de la guerre étrangère. Le gouvernement anarchique d'une assemblée était le moins propre à la conduite d'une guerre nationale. La France sans chef, sans unité, sans constitution, tomberait, membre par membre, sous les forces des coalisés. D'ailleurs, le scandale de ce palais violé, de ces gardes immolés, de cette famille royale avilie par l'insurrection, enlevait tout prétexte de temporisation et de ménagement à celles des puissances qui hésitaient encore. Le défi de la France était jeté à toutes les monarchies; il fallait l'accepter ou déclarer tous les trônes de l'Europe impuissants à se soutenir devant l'esprit de trouble et d'insurrection, vainqueur partout s'il était vainqueur à Paris. L'Angleterre elle-même, si favorable jusque-là à la réforme en France, commençait à voir avec répugnance un mouvement d'esprit qui dépassait les limites et la forme de sa propre constitution. La France, en se lançant dans l'inconnu, s'aliénait tous les vœux et toutes les espérances qui l'avaient suivie jusque-là. Le tocsin des trônes sonnait à Paris. Les coalisés et les émigrés y répondirent en se rapprochant des frontières. Le duc de Brunswick lui-même reprit confiance, concentra ses forces et commença son mouvement.

III

A l'intérieur, l'adhésion au 10 août fut générale dans le nord, dans l'est et dans le midi de la France. Les campagnes de la Vendée seules s'agitèrent et firent éclater quelques symptômes de guerre civile. Partout ailleurs les royalistes et les constitutionnels, consternés, cachèrent leurs pressentiments et leur douleur. Les Girondins et les Jacobins se coalisèrent pour faire nommer à la Convention par les assemblées primaires des hommes extrêmes, d'une trempe antique, irréconciliables avec la royauté. La France sentait que l'heure des conseils timides était passée pour elle, et que la patrie n'avait plus de remparts que ses baïonnettes. Il lui fallait dans ses conseils comme sur ses frontières des hommes qui ne pussent pas regarder derrière eux. Elle cherchait ces hommes, elle les trouva, elle les nomma. Elle leur donna pour unique mandat le salut de la nation et le salut de la liberté.

L'armée, commandée par des généraux constitutionnels et par des officiers encore attachés au roi, reçut avec stupeur la nouvelle inattendue du renversement de la constitution et du triomphe des Jacobins. Il y eut quelques moments d'hésitation, dont un chef habile et accrédité aurait pu s'emparer pour l'entraîner contre Paris; mais la victoire n'avait encore donné à aucun général le droit de désobéir à un mouvement populaire. Le vieux Luckner, commandant en chef, interrogé à Metz par la municipalité et par le club sur le parti qu'il ferait prendre à l'armée, balbutia une approbation vague du coup d'État de Paris. Le lendemain, ayant reçu de La Fayette, son lieutenant, un avis contraire, il changea de langage et harangua ses troupes pour les prémunir contre les instigateurs de désordre qui allaient arriver de Paris. Vieux mannequin de guerre inhabile à comprendre la politique, Luckner balbutiait comme un enfant tout ce qu'on lui soufflait. L'arrivée des commissaires de l'Assemblée envoyés aux armées pour les éclairer et les enchaîner le fit changer de langage une troisième fois.

A Valenciennes, le général Dillon proclama dans un ordre du jour que la constitution avait été violée et que les parjures devaient être punis. Quelques jours plus tard, Dillon se rétracta dans une lettre à l'Assemblée. Montesquiou, à l'armée du Midi, se prononça seulement pour le maintien de la constitution. A Strasbourg, le maire Dietrich, le général Victor de Broglie et Caffarelli du Falga s'indignèrent de l'attentat à l'inviolabilité du roi. Le général Biron, ami du duc d'Orléans, soutenu par les Jacobins de Strasbourg, étouffa ce germe de soulèvement, et donna son armée au parti vainqueur. La Fayette seul prit une résolution et une attitude politique.

IV

Il avait son quartier général à Sedan, chef-lieu des Ardennes. Il apprit les événements du 10 août par un officier de son armée, qui, se trouvant à Paris pendant le combat, sortit des barrières et courut informer son général des massacres et des décrets de la journée. La Fayette, dépassé par ce mouvement, se crut de force à l'arrêter par une fédération de son armée et des départements. A défaut du pouvoir central auquel il pût légalement obéir, il demanda des ordres aux administrateurs du département des Ardennes. Son projet était de former une espèce de congrès des départements unis. Le noyau de cette fédération se rencontrait pour lui dans les trois départements des Ardennes, de l'Aisne et de la Meuse, sur les dispositions desquels il pensait pouvoir compter. Il croyait peu au succès, mais il croyait à son devoir, et il l'accomplissait en citoyen plus qu'en chef de parti. L'Assemblée, informée de ces hésitations de l'armée, envoya des commissaires pour l'arracher aux généraux suspects.

La Fayette, malgré la générosité de son caractère et malgré le dévouement de sa vie, se confia trop pour un chef de parti à la puissance seule de la loi. Au lieu d'enlever ses troupes par l'élan du mouvement, il les laissa réfléchir immobiles. Leur enthousiasme pour lui et leur attachement à la constitution s'assoupirent dans cette hésitation. Destitué par l'Assemblée le 19, il sentit que sa fortune l'abandonnait, que sa popularité était vaincue, et que la Révolution, qui lui échappait, allait se retourner contre lui. Il résolut de s'expatrier, et se condamna lui-même à l'ostracisme dont son pays allait le frapper. Alexandre de Lameth, les deux frères Latour-Maubourg, Bureau de Puzy, patriote, militaire et politique éminent, ses aides de camp et quelques officiers l'accompagnèrent dans sa fuite. La Fayette se proposait de passer en Hollande et de là en Amérique. Après une nuit de marche, il tomba dans un détachement ennemi. Reconnu et conduit à Namur, son nom fut son crime aux yeux des généraux de l'empereur. Le chef de l'insurrection française, le protecteur de Louis XVI, le général du peuple de Paris était une proie trop inattendue et trop éclatante pour que les rois coalisés le laissassent généreusement se retirer du champ de bataille.

La Fayette, séparé de ses amis, traîné de place forte en place forte jusqu'au cachot d'Olmutz, subit avec la patience de la conviction une longue et odieuse captivité. Martyr de la liberté après en avoir été le héros, sa vie publique eut, à dater de ce jour, une interruption de trente ans. La Révolution le rappela sur la scène de l'histoire. Ses amis et ses ennemis le reconnurent aux mêmes principes, aux mêmes vertus, aux mêmes généreuses illusions.

V

L'expatriation de La Fayette et la soumission de son corps d'armée laissèrent l'Assemblée sans inquiétude sur la disposition des troupes, mais tremblante sur la situation des frontières. Les Girondins, rentrés au ministère dans la personne de Servan, de Clavière et de Roland, prévoyant leur lutte prochaine avec les Jacobins, sentirent l'importance de donner à l'armée un chef qui leur garantît à la fois la victoire sur les ennemis du dehors, un appui contre les ennemis du dedans. Anciens collègues de Dumouriez, leurs ressentiments contre ce général cédèrent à la haute idée que cet homme leur avait laissée de ses talents. De son côté Dumouriez, avec la sûreté de son coup d'œil, avait sondé l'événement du 10 août et l'avait jugé. Les crises ne reviennent pas en arrière avant de s'être épuisées elles-mêmes ou d'avoir achevé leur évolution. La crise faisait un pas de plus, il fallait faire ce pas avec elle ; autrement elle laisserait en arrière les indécis. Dumouriez déplorait le malheur du roi; mais en refusant le serment à la nation, il se perdait sans sauver Louis XVI. D'ailleurs, quelle que fût la forme du gouvernement, il y aurait toujours une patrie! Sauver la patrie était la seule politique qui convînt dans un pareil moment à un soldat. Le champ de bataille était le chemin de la puissance. Pendant que les autres généraux contestaient avec la nécessité ou tentaient d'impuissantes résistances, Dumouriez, enfermé dans son camp de Maulde près de Valenciennes, désobéit hardiment à Dillon, refusa de faire prêter à son camp l'ancien serment à la royauté, et se déclara aux ordres de l'événement. Une correspondance secrète s'établit à l'instant entre Servan, Roland, Clavière, ses anciens collègues, et ce général. Les Girondins se félicitèrent d'avoir une tête et un bras à eux. D'un autre côté, les Jacobins nouèrent avec Dumouriez des rapports que le hasard avait fait naître, et dont l'habileté du général tirait parti pour sa fortune.

VI

Le jeune Couthon, ami de Robespierre et député de l'Auvergne à l'Assemblée législative, prenait en ce moment les bains de Saint-Amand. Saint-Amand était aux portes de Valenciennes, dans le voisinage du camp de Dumouriez. Le général et le député s'étaient rencontrés et souvent entretenus. Cet homme avait l'auréole de ses pressentiments.

Sa verve enivrait ceux qui l'approchaient. Couthon fut fasciné par cette séduction du génie de Dumouriez, comme l'avait été autrefois Gensonné. Il devina le sauveur de la patrie.

Couthon, jeune avocat de Clermont avant d'être envoyé à l'Assemblée nationale, puis à la Convention, poussait sa foi à la Révolution jusqu'au fanatisme. Ce fanatisme, doux et méditatif alors, fut sanguinaire depuis. Le foyer de cette âme, pleine d'amour et d'espérance pour l'humanité, devint le cratère d'un volcan intérieur contre les ennemis de ses idées. Plus les rêves de l'homme sont beaux, plus il s'irrite contre tout ce qui les renverse. Couthon était philosophe. Son visage était gracieux, son regard serein, ses entretiens graves et mélancoliques. Une jeune femme et un enfant autour de lui nourrissaient la tendresse de son âme et consolaient son infirmité : Couthon était privé de l'usage de ses jambes. La cause de cette infirmité intéressait à son malheur : il la devait à l'amour. Traversant pendant une nuit obscure de l'hiver une vallée marécageuse de l'Auvergne pour aller s'entretenir furtivement avec la jeune fille qu'il aimait, il s'était égaré dans les ténèbres. Enseveli jusqu'au matin dans la boue glacée qui s'enfonçait de plus en plus sous le poids de son corps, il avait lutté toute une nuit contre la mort, et n'avait échappé au gouffre qu'engourdi et perclus. On ne soupçonnait pas alors le rôle futur de Couthon. On ne voyait point de sang dans ses rêves.

Les trois députés envoyés à l'armée de Dillon, Delmas, Dubois-Dubais et Bellegarde, arrivés le 14 août à Valenciennes, avaient ordre de destituer Dillon et Lanoue. Ces deux généraux avaient été lents à reconnaître le 10 août. Repentants et soumis aujourd'hui, ils implorèrent le pardon des trois commissaires. Ceux-ci allaient l'accorder Couthon, leur collègue, accourut de Saint-Amand à Valenciennes, vanta les talents et l'énergie de Dumouriez, et lui fit obtenir de l'Assemblée le commandement des deux armées de Lanoue et de La Fayette. Westermann, ami de Danton, son homme de guerre dans la journée du 10, et maintenant son émissaire aux armées, après avoir visité le camp de Sedan, accourut à Valenciennes. Il peignit vivement à Dumouriez la désorganisation de l'armée de La Fayette, la désertion des officiers, le mécontentement des soldats, le mauvais esprit des Ardennes, et la violation prochaine du territoire, si l'ennemi, déjà maître de Longwy, marchait en avant sur la Champagne. Westermann, animé de tout le feu du républicanisme qu'il rapportait de Paris, convainquit Dumouriez et l'entraîna. Le général, accoutumé à traiter avec les factions et à entendre à demi-mot les insinuations de leurs chefs, comprit que Danton voulait avoir un agent à l'armée dans la personne de Westermann; il fit de ce jeune officier le nœud de ses rapports avec Danton. Westermann, comme tous les autres, fut entraîné à son tour dans la sphère du mouvement et du génie de Dumouriez. Venu pour l'observer, il l'admira et le servit avec passion. Le général, qui savait employer les hommes selon la valeur et non selon le grade, reconnut, au premier coup d'œil, dans Westermann, un cœur martial, une âme de feu, un bras de fer : il se l'attacha.

VII

Dumouriez fit, pendant la nuit du 25 au 26 août, ses dispositions pour la campagne de Belgique, à laquelle il ne renonçait pas encore. Il rappela de Lille le général de La Bourdonnaye, qui commandait cette place, et lui donna en son absence le commandement de l'armée de Valenciennes. Il partit pour Sedan le 26, avec Westermann, un seul aide de camp et Baptiste, son valet de chambre, dont la bravoure et le dévouement à son maître firent depuis un des instruments de sa gloire et des succès de l'armée. Arrivé le 28 au camp de La Fayette, Dumouriez y fut reçu avec la froideur et les murmures d'une armée qui ne connaît pas le chef qu'on lui donne et qui regrette le chef qu'elle a perdu. Sûr du lendemain, le nouveau général ne s'intimida pas de cet accueil. Il brava les visages hostiles et se fia au sentiment de sa supériorité qui lui ramènerait les cœurs. Arrivé sans équipages et sans chevaux de guerre, il monta les chevaux de La Fayette, passa la revue des troupes et les harangua. L'infanterie se montrait morne mais ferme, la cavalerie presque séditieuse. En passant devant les rangs, il entendit des paroles injurieuses contre lui : « C'est pourtant cet homme, disaient les soldats entre eux, qui a fait déclarer la guerre et qui est cause des dangers de la patrie et du sang versé de nos frères à Longwy ! » Dumouriez arrêtant son cheval et regardant fièrement les escadrons : « Y a-t-il quelqu'un assez lâche parmi des soldats, dit-il, pour s'affliger de la guerre? et croyez-vous conquérir la liberté sans vous battre? » Ce mot ramena, sinon la confiance, du moins le respect sur le front des officiers et des soldats. Le regard de Dumouriez, la présence de Westermann, le vainqueur du 10 août, tout couvert encore du sang des Suisses et de l'enthousiasme du peuple de Paris, imposèrent aux troupes. Elles se sentirent placées, par la prise de Longwy, entre les baïonnettes des Prussiens et le mépris de la nation, qui les regardait. Elles se raffermirent.

La carte dépliée, les forces respectives et les distances mesurées sur la table du conseil, Dumouriez ouvrit la séance, exposa la situation et demanda les avis. Dillon prit le premier la parole. Il montra sur la carte le point de Châlons comme la position qu'il fallait atteindre avant l'ennemi, si on voulait lui couper à temps l'entrée des plaines de la France et la route de Paris. Le compas à la main, il mesura la distance de Châlons à Verdun et de Châlons à Sedan; il montra que l'ennemi, déjà sous les murs de Verdun, serait plus près de Châlons que l'armée défensive, et, représentant avec beaucoup de raison et de force que la conservation de la capitale importait plus à la nation que la conservation des Ardennes, il conclut à marcher la nuit même sur Châlons en laissant le général Chazot et quelques bataillons dans le camp fortifié de Sedan. Le conseil tout entier se rangea à cet avis. Dumouriez eut l'air de l'approuver par son silence, et ordonna à Dillon de prendre le commandement de l'avant-garde et de se porter sur la rive gauche de la Marne, comme si le mouvement sur Châlons eût été adopté dans sa pensée. Il ne l'était pas. A peine le conseil de guerre était-il congédié, que Dumouriez, gardant auprès de lui l'adjudant général Thouvenot, dont il avait remarqué le regard pensif et la physionomie expressive pendant le discours de Dillon, s'ouvrit à lui comme à un confident capable de comprendre et de couver une grande pensée. « La retraite sur Châlons, lui dit-il, est une pensée sage. Mais la sagesse des grands dangers c'est la témérité. Il faut tromper la fortune en se montrant plus confiant qu'elle n'est adverse. Se retirer derrière la Marne, devant un ennemi nombreux et actif, c'est donner à la France le signal de la faiblesse et du découragement, c'est commencer la guerre par un mouvement en arrière toujours semblable à une déroute ; enfin c'est ouvrir aux coalisés les plaines fertiles d'Épernay et de Reims et la route de Paris, sur laquelle aucun obstacle ne peut les arrêter après la Marne. » Alors, montrant sur la carte une longue ligne de forêts qui s'étend de Sedan à Sainte-Menehould, entre Verdun et Châlons, nom obscur alors, devenu national depuis : « Voilà, dit-il à Thouvenot, les Thermopyles de la France ! Si j'ai le bonheur d'y arriver avant les Prussiens, tout est sauvé ! » Ce mouvement oblique de Dumouriez, bien loin d'éloigner l'armée française des Prussiens, l'en rapprochait, et leur fixait audacieusement un champ de bataille sur le terrain même qu'ils occupaient déjà ; car de Verdun, où était le roi de Prusse, il y a moins de distance que de Sedan, où était l'armée française, pour se porter au centre de la forêt d'Argonne. Thouvenot fut convaincu par l'enthousiasme dont cet éclair de génie illumina soudainement l'œil militaire de Dumouriez. Il adopta l'idée comme si lui-même l'avait conçue. Subjugué par la supériorité de caractère et d'intelligence qu'il découvrait dans son chef, il devint de ce jour son second et son ami.

C'était un de ces hommes dont l'âme sommeille dans l'obscurité des rangs secondaires, jusqu'à ce qu'une main habile en ait touché le ressort. Il avait eu de l'estime pour La Fayette; il eut un culte pour Dumouriez. Bon officier sous le premier, il fut un héros sous l'autre. Les hommes font les hommes. L'âme d'une armée est dans le général.

VIII

Heureux de se voir compris, Dumouriez, qui ne s'était pas couché depuis la veille de son départ de Valenciennes, chargea Thouvenot de préparer les détails de ce mouvement et s'endormit quelques heures sur son idée. Les grandes résolutions calment les grands cœurs. Il avait d'avance la sécurité du parti pris. A son réveil il envoya ordre à Beurnonville, qu'il avait laissé à Valenciennes, de lui amener neuf mille hommes d'infanterie et de cavalerie, inutiles, pour le moment, dans le camp de Maulde. Il fit partir par toutes les routes des courriers et des officiers sûrs pour informer Luckner de ses mouvements et s'informer des siens. Il prévenait le vieux général qu'il allait appeler sur l'Argonne tout le poids d'une armée de quatre-vingt mille Prussiens. Il lui assignait le rendez-vous probable où la jonction de l'armée de Metz et de l'armée de Sedan, si elle pouvait s'opérer, déterminerait la bataille et sauverait la patrie. Il emprunta aux arsenaux de la Fère et de Douai les munitions de guerre dont il était dépourvu. Enfin il nomma des généraux pour remplacer ceux qu'avait entraînés La Fayette. Dangest, Diettmann, Ligneville, Chazot, Miaczinski, officiers aimés du soldat, reçurent les grades de lieutenants généraux et de maréchaux de camp. Son état-major, incertain, mécontent, plein d'hésitation et de murmure, fut composé d'hommes qui lui devaient leur fortune et qu'il enchaînait à la sienne. L'armée avait une tête; en vingt-quatre heures cette tête eut des bras. Il communiqua au ministre de la guerre Servan son plan de défense. Il instruisit confidentiellement Danton, par Westermann, de la résolution téméraire qu'il avait conçue. Averti lui-même par Westermann des convulsions patriotiques dont Danton méditait d'agiter la France pour lancer des milliers de défenseurs aux frontières, Dumouriez indiqua Châlons et Sainte-Menehould pour camps aux volontaires qui arriveraient de l'intérieur. Il pourvut ces deux camps des vivres, des fourrages, des fours nécessaires aux hommes et aux chevaux. Sans cesse à cheval ou au conseil, il se multiplia pour se faire connaître personnellement de tous ses corps. Il effaça La Fayette de leurs yeux pour le remplacer dans leurs cœurs. La Fayette était plus citoyen, Dumouriez plus soldat. L'armée se donna mieux à lui ; il la remania en entier ; il la divisa en corps distincts ; plaçant à la tête de chacun de ces corps un général responsable par sa gloire de la conduite de ses soldats. Ayant détaché la veille le général Dillon, comme on l'a vu, avec l'avant-garde, dans le dessein de le porter à l'extrémité de la forêt d'Argonne, et de se séparer, pendant plusieurs jours, de cette partie de l'armée, il forma une seconde avant-garde. Il en donna le commandement à Stengel, brave et hardi colonel du régiment des hussards de Bercheny. La résistance de Verdun était nécessaire au moins quelques jours à l'exécution de son plan et au déploiement de ses troupes, dans les différentes positions qu'il voulait occuper dans l'Argonne, il fit partir le général Galbaud avec un renfort de trois mille hommes pour se jeter dans cette place et en prolonger le plus longtemps possible la défense. Ces dispositions prises, il étudia de plus près le terrain sur lequel il allait établir l'armée française, l'importance des différents postes qu'elle aurait à couvrir, et les moyens de la faire arriver avant les coalisés dans des défilés dont l'ennemi, plus fort en nombre, était plus rapproché que lui. Le plus grand secret lui était nécessaire. Sa pensée soupçonnée était une pensée avortée. Un indice le perdait.

IX

La forêt d'Argonne a quinze lieues de long de Sedan à Sainte-Menehould ; sa largeur, inégale, varie de deux à quatre lieues. Elle court sur un sol montueux, entrecoupé de rivières, d'étangs, de ruisseaux, de marais, de fondrières, qui, joignant leurs obstacles aux obstacles de la forêt même, en font une barrière impénétrable à la marche d'une armée. Cette forêt sépare les riches provinces des Trois-Évêchés des plaines stériles de la Champagne. Les bords de la forêt, sur ces deux revers, déclinent en pentes arrosées et vertes, où des pâturages et des terres labourables ont aggloméré des fermes, des hameaux. C'est un long bras des Ardennes tendu au milieu des plaines de la Champagne.

On ne peut traverser cette forêt que par cinq grandes clairières que la configuration naturelle du sol, le lit des eaux, les défrichements, la ligne des routes, ont tracées et aplanies dans son épaisseur. Ces cinq passages occupés, fortifiés et défendus, la France centrale est couverte. Le premier de ces défilés et le plus rapproché de Sedan est celui du *Chêne-le-Populeux ;* large et sans obstacle naturel, il livre passage à la route de Rethel à Sedan.

Le second se nomme la *Croix-au-Bois ;* ce n'est qu'un chemin creux pour les bûcherons. Le troisième est le défilé de *Grandpré*, placé au centre de la forêt. La nature a disposé ce débouché pour le camp d'une armée défensive ; un amphithéâtre placé entre deux rivières qui le couvrent, bordé par la forêt qui protége ses flancs, descend en pente rapide du côté de l'ennemi, et donne aux troupes établies dans cette position la supériorité du niveau, la sécurité de leurs ailes et un glacis naturel au rempart qu'elles couronnent de leur feu ; la route de Stenay à Reims le perce. Le quatrième est le défilé de la *Chalade*, qui met en communication la ville de Varennes et celle de Sainte-Menehould. Enfin le cinquième, ou le défilé des *Islettes*, s'ouvre à la grande route de Verdun à Paris ; au delà des Islettes, la forêt, en s'abaissant, va mourir dans le village de Passavant et dans les plaines qui s'étendent sans ondulations jusqu'à Bar.

X

Telle était la barrière qu'avec une armée de vingt-sept mille combattants Dumouriez voulait fermer à quatre-vingt-dix mille hommes ivres de leurs premiers succès et impatients de se répandre sur la Champagne et de courir sur Paris. Le plus difficile était d'y arriver à temps. Deux partis s'offraient pour cela. Le premier et le plus sûr était de faire filer l'armée de Sedan à Vouziers et à Sainte-Menehould, en couvrant sa marche par la forêt même et en laissant le plateau de l'Argonne entre l'ennemi et son armée; le second de marcher aux défilés de l'Argonne à découvert par le revers extérieur de la forêt et de braver en passant le général Clairfayt, qui était déjà à Stenay avec vingt mille hommes. La première de ces routes était plus longue de moitié, et, en faisant perdre du temps, elle avait le double inconvénient de trahir l'intention du général et de provoquer le général Clairfayt et le duc de Brunswick à occuper les premiers, l'un, le défilé de Grandpré, l'autre, celui des Islettes. Ces postes pris par les Prussiens rejetaient l'armée française sur Châlons, et bientôt sous les murs de Paris.

La seconde conduisait en trois marches l'avant-garde de Dillon aux Islettes, et Dumouriez en deux marches à Grandpré. Mais pour l'exécuter il fallait ou devancer Clairfayt, qui n'était qu'à six heures de Grandpré, tandis que Dumouriez en était à dix heures, ou tromper et intimider

Clairfayt en se portant directement sur lui à Stenay, et en le refoulant derrière la Meuse.

Au moment où Dumouriez se déterminait pour ce coup d'audace, il reçut du général Galbaud un courrier qui lui annonçait l'investissement de Verdun par l'armée prussienne et l'impossibilité de porter secours à cette place assiégée par cinquante mille hommes. Il répondit à Galbaud de se replier sur le défilé des Islettes et d'y attendre Dillon. Il écrivit au général Duval, qu'il avait laissé au camp de Maulde, à son ancienne armée, en quittant Valenciennes, de lever son camp, de rallier celui de Maubeuge, de rassembler tous les bataillons sur sa route et d'accourir à lui à marche forcée. Il lui indiqua pour poste à occuper le défilé du Chêne-le-Populeux, auprès de Sedan. Sans inquiétude sur ce passage, couvert quelques jours par la durée probable du siége de Stenay, Dumouriez ne doutait pas que Duval n'arrivât à temps pour le fermer. Il le négligea. Le 31 août il commença son mouvement. Le général Miaczinski eut ordre de faire une attaque simulée sur Stenay, Dillon de soutenir Miaczinski et de se poster en face de cette ville. Miaczinski, à la tête de quinze cents hommes, attaqua héroïquement l'avant-garde de Clairfayt, la rejeta derrière la Meuse et dégagea un moment Stenay. Dillon, au lieu de soutenir Miaczinski, resta immobile avec le reste de son avant-garde à Mouzon, au bord de la forêt, et ordonna même à Miaczinski, vainqueur, de se replier. Cette faute de Dillon pouvait compromettre tout le plan du général en chef.

Se fiant aux ordres qu'il avait donnés, et croyant Dillon à Stenay, Dumouriez ébranla la masse de son armée le 1er septembre, et se porta à Mouzon. Étonné d'y trouver

Dillon, il continua sa marche et se porta devant Stenay pour y renouveler lui-même la démonstration d'une attaque contre Clairfayt. Il campa deux jours en face de ce général, comme pour lui offrir la bataille, pendant que Dillon gagnait le défilé des Islettes, où il jeta enfin l'avant-garde le 3 septembre. Clairfayt resta immobile. Les différents corps de Dumouriez prirent position aux défilés qui leur avaient été assignés. Lui-même, tournant tout à coup sur sa droite, entra avec les quinze mille hommes qui formaient son centre dans le défilé de Grandpré. Il y assit son camp entre l'Aire et l'Aisne, deux rivières qui formaient l'enceinte devant et derrière lui; son artillerie en arrière et au-dessus du camp, au village de Senuc; son avant-garde, sous l'intrépide colonel Stengel, en avant de l'Aire, avec une retraite assurée par deux ponts qui la rattachaient au camp. La disposition du camp de Grandpré était telle que, pour le forcer, l'ennemi devait d'abord culbuter tous les postes défendus par une formidable avant-garde, passer la rivière d'Aire sans ponts, et déboucher enfin dans un bassin découvert et resserré, sous le triple feu du château de Grandpré, de l'artillerie de position du village de Senuc, et enfin des pièces de canon qui couvraient le front du camp. Gardien de cette route de feu qu'il fallait franchir pour pénétrer au cœur de la France, Dumouriez attendit que la France se levât derrière lui.

XI

Il était temps. Longwy venait d'être pris en deux jours. Verdun était compromis. Les armées du roi de Prusse et celles de l'empereur, longtemps contenues dans l'inaction par l'indécision de leur généralissime, allaient recevoir de leur impatience et du 10 août une impulsion que leur chef se refusait à leur donner.

Le duc de Brunswick, depuis l'ouverture de cette guerre, avait pour système la temporisation ; mais, en ralentissant l'attaque, il donnait à la défense le temps de se reconnaître. La guerre offensive ne doit pas accorder de temps, la guerre défensive doit le disputer heure par heure ; car le temps, qui use les forces des armées d'invasion, est le premier auxiliaire des guerres nationales. Le duc de Brunswick, accoutumé aux manœuvres savantes et étudiées de la stratégie allemande, procédait avec la circonspection et avec la lenteur d'un joueur d'échecs. C'était le métier contre l'enthousiasme. Le métier devait être vaincu.

Ces lenteurs d'ailleurs étaient favorisées par les négociations qui se croisaient au quartier général des coalisés. On a vu qu'à la conférence de Coblentz entre l'empereur et le roi de Prusse, il avait été convenu que les émigrés français ne seraient pas réunis aux armées d'opération, de peur d'irriter la France contre le joug qu'une noblesse impopulaire aurait l'air de lui rapporter les armes à la main. Le marquis de Bouillé, conseiller militaire du roi de Prusse, proposa d'adoucir cette mesure blessante pour les émigrés. Il fut convenu qu'on les diviserait en trois corps : l'un, de dix mille gentilshommes, qui serait attaché à la grande armée du duc de Brunswick ; les deux autres, de cinq mille gentilshommes chacun, qui seraient employés, l'un sous le prince de Condé en Flandre, l'autre sous le duc de Bourbon sur le Rhin. Ces trois corps d'émigrés, ainsi distribués, ne devaient cependant marcher qu'en seconde ligne, pour éviter de souiller leur épée du sang français, et pour rallier seulement à eux, derrière l'armée d'opération, les déserteurs et les régiments entiers que la défection des corps français leur promettait.

Les négociations contradictoires du baron de Breteuil, de M. de Calonne et de M. de Moustier compliquaient aussi la marche des affaires et suspendaient l'action des puissances. Le baron de Breteuil, chargé des pouvoirs de Louis XVI, s'opposait en son nom à ce que les cabinets étrangers reconnussent en France une autre autorité légitime que celle du roi. M. de Calonne, agent des princes et leur plénipotentiaire à Coblentz, revendiquait la régence pour le comte de Provence, pendant l'impuissance constatée ou la captivité déguisée de Louis XVI. M. de Moustier, envoyé par le comte de Provence pour remplacer M. de Calonne devenu odieux aux émigrés, insistait avec énergie pour obtenir cette reconnaissance des droits du comte de Provence à l'administration du royaume reconquis. La Russie favorisait cette ambition du prince pressé d'exploiter un règne idéal. L'empereur, par l'insinuation secrète de Marie-Antoinette, sa sœur, qui craignait la domination de ses beaux-frères, se refusait à déclarer ainsi le détrônement de fait du roi dont il allait restaurer l'autorité méconnue par ses sujets. Des conférences auxquelles assistèrent le roi de Prusse, le duc de Brunswick, le prince de Hohenlohe, le prince de Nassau, ne résolurent rien.

La nouvelle du 10 août éclata enfin au quartier général des coalisés. En vain le duc de Brunswick voulut atermoyer encore. L'ascendant du roi de Prusse fit violence à son indécision. « Si nous ne pouvons plus arriver à temps pour sauver le roi, s'écria-t-il dans le conseil de guerre, marchons pour sauver la royauté. » Le lendemain, l'armée se mit en marche. Le 19 août, après avoir fait quarante lieues en cinq jours, elle franchit enfin la frontière et campa à Tiercelet, où s'opéra sa jonction avec le corps autrichien du général Clairfayt.

A ce pas décisif, le duc de Brunswick hésita de nouveau, et, ayant demandé un autre conseil de guerre, il représenta au roi qu'il augurait mal d'une invasion tentée au cœur d'un pays où l'énergie insurrectionnelle allait jusqu'à l'emprisonnement du roi et jusqu'au massacre de ses gardes. « Qui sait, ajouta-t-il, si notre première victoire ne sera pas le signal de la mort du roi? » Frédéric-Guillaume, raffermi dans ses résolutions par les conseils du comte de Schulenburg, son ministre, et par les chefs émigrés, altérés de leur patrie, accueillit avec un mécontentement visible les éternelles circonspections de son général. « Quelque affreuse que soit la situation de la famille royale, dit-il, les armées ne doivent pas rétrograder : je désire de toute mon âme arriver à temps pour délivrer le roi de France; mais, avant tout, mon devoir est de sauver l'Europe. »

XII

Le 20, l'armée investit la forteresse de Longwy. Le bombardement, commencé dans la nuit du 21, et interrompu par un orage où le feu et les torrents du ciel éteignirent le feu des assiégeants, reprit le lendemain. Trois cents bombes tombées dans la place et quelques maisons incendiées déterminèrent le commandant Lavergne à une capitulation qui commençait la campagne par une honte. La désertion de La Fayette annoncée en même temps aux coalisés enfla leur cœur d'une double joie. Si le duc de Brunswick eût profité de cet élan de l'armée et de ces avances de la fortune pour opérer avec promptitude sur la frontière centrale, rien ne pouvait l'arrêter que les murs de Paris. Laissant quelques milliers d'hommes devant Thionville, il pouvait se jeter avec une masse imposante sur l'armée de La Fayette privée de son général et non encore ralliée sous la main de Dumouriez; cette armée, désorganisée et écrasée par le nombre, tombait devant lui. Ou bien il pouvait s'emparer, avant Dumouriez, des défilés de l'Argonne, seule barrière naturelle entre la Marne et Paris, et fondre sur la capitale avant que le patriotisme des départements l'eût couverte d'un rempart de volontaires. Le duc de Brunswick ne prit ni l'un ni l'autre de ces partis et ne parla que de prudence et de tâtonnements, à l'heure où la seule prudence était la témérité. Ou le duc de Brunswick fut trahi par son génie, ou il trahit lui-même la cause que les rois de l'Europe avaient remise dans ses mains. Il lassa l'ardeur de Frédéric-Guillaume à force de lui créer des obstacles. Il perdit dix jours à attendre ses renforts, comme s'il n'eût pas eu assez de soixante-douze mille hommes pour en attaquer dix-sept mille épars en faibles détachements sur une ligne de quinze lieues entre Sedan et Sainte-Menehould. Tout lui fut prétexte pour amortir sa propre armée. Le roi de Prusse, combattu entre son respect pour la vieille gloire militaire de son généralissime et l'évidence de ses fautes, se refusa trop longtemps à reconnaître que le cœur du duc de Brunswick retenait son bras, et qu'il attaquait avec répugnance une cause qui lui avait offert et qui lui offrait encore une couronne. Le duc voyait-il l'éventualité de cette couronne pour prix de ses ménagements envers la France révolutionnaire? Sa lenteur autorise le soupçon, et sa retraite le confirme. Les causes naturelles sont insuffisantes à expliquer tant de faiblesse ou tant de complicité.

XIII

Pendant ces dix jours, Verdun tomba; mais Dumouriez avait créé dans les défilés de l'Argonne des retranchements et une armée plus inexpugnables que les garnisons et les remparts dont l'ennemi s'emparait au prix du temps. L'armée coalisée ne parut que le 30 août sur les hauteurs du mont Saint-Michel, qui domine Verdun. Le roi de Prusse et le duc de Brunswick campèrent à Grand-Bras, sur la rive droite de la Meuse, au-dessous de la ville. Verdun, faiblement fortifiée, mais capable de résister un certain temps à un siége, avait une garnison de trois mille cinq cents hommes commandés par le colonel Beaurepaire, officier intrépide et patriote digne des temps antiques. Le bombardement commença le 31, et incendia plusieurs édifices. La place répondait mal à l'ennemi. Les pièces manquaient de canonniers, les canons manquaient d'affûts de rechange. La population était royaliste et redoutait l'assaut. Le roi de Prusse offrit une suspension d'armes de quelques heures. Elle fut acceptée.

Un conseil de défense, composé d'habitants et de magistrats civils, auxquels l'Assemblée législative avait confié l'autorité suprême dans les villes en état de siége, par défiance de l'armée, s'assembla. Ce conseil de guerre décida que la ville était hors d'état de résister. Beaurepaire et ses principaux officiers, au nombre desquels se trouvaient de jeunes lieutenants qui furent depuis les généraux Lemoine, Dufour, Marceau, grands noms de nos guerres futures, s'opposèrent en vain à une capitulation prématurée. Ils convenaient que la ville ne pouvait subir un long siége, mais ils voulaient au moins qu'elle tombât avec honneur. Le conseil se précipita dans l'opprobre. La capitulation fut décidée.

Beaurepaire, rejetant la plume qu'on lui présentait : « Messieurs, dit-il, j'ai juré de ne rendre qu'un cadavre aux ennemis de mon pays. Survivez à votre honte, si vous le pouvez ; quant à moi, fidèle à mes serments, voici mon dernier mot : Je meurs libre. Je lègue mon sang en opprobre aux lâches, et en exemple aux braves. » En achevant ces mots, il sort et se tire un coup de pistolet dans la poitrine.

Cet acte d'héroïsme ne fit pas même rougir les membres du conseil. On enleva le cadavre et on signa la reddition de Verdun. Les jeunes filles des principaux habitants de la ville, parées de robes de fête, allèrent processionnellement semer des fleurs sur les pas du roi de Prusse à son entrée dans la ville. Ce crime, absous par le sexe, par l'âge et par l'innocence, les conduisit plus tard à l'échafaud. La garnison sortit avec les honneurs de la guerre. Un fourgon attelé de chevaux noirs, et recouvert d'un drapeau tricolore pour linceul, emmena le corps de Beaurepaire, dont les soldats ne voulurent pas laisser le cadavre prisonnier. L'Assemblée législative vota des honneurs funèbres à Beaurepaire. Son cœur fut placé au Panthéon. Le jeune Marceau, dont l'éloquente indignation avait protesté contre la capitulation, partagea les témoignages de l'admiration publique. Il avait perdu, en sortant de Verdun, ses armes, ses chevaux, ses équipages. « Que voulez-vous que la nation vous rende? lui demanda un représentant du peuple en mission à l'armée de Dumouriez. — Mon sabre, » répondit laconiquement Marceau.

XIV

Les nouvelles de la fuite de La Fayette, de l'entrée de l'armée coalisée sur le territoire, de la prise de Longwy et de la capitulation de Verdun, éclatèrent dans Paris comme des coups de foudre. La consternation se répandit sur tous les visages. Les étrangers à six marches de la capitale, la trahison dans l'armée, la lâcheté dans les villes, l'effroi dans les campagnes, la joie secrète dans le cœur des complices de l'émigration, un gouvernement renversé, une assemblée dissoute, une catastrophe dans un interrègne, une guerre étrangère dans une guerre civile; jamais la France n'avait touché de plus près à ces jours sinistres qui présagent la décomposition des nations. Tout était mort en elle, excepté la volonté de vivre. L'enthousiasme de la patrie et de la liberté la soutenait. Abandonnée de tous, la patrie ne s'abandonnait pas elle-même. Il ne lui fallait que deux choses pour se sauver : du temps et une dictature. Du temps? L'héroïsme de Dumouriez le lui donna. La dictature? Danton la prit sous le nom de la commune de Paris. Tout l'intervalle qui s'écoula entre le 10 août et le 20 septembre ne fut que le gouvernement de Danton. Dominant à la commune, dont il servait, fomentait et dirigeait les volontés, il rapportait au conseil des ministres l'omnipotence qu'il puisait à l'hôtel de ville. Il y parlait en Marius qui ne voulait que des instruments dans ses collègues. Le philosophe Roland, le financier Clavière, le géomètre Monge, le diplomate Lebrun, le militaire Servan, n'avaient ni le génie, ni l'émotion, ni la perversité des crises où leur ambition les avait jetés. Danton était le seul homme d'État du pouvoir exécutif. Il en était aussi la seule parole. Aucun de ces hommes de plume vieillis dans les chancelleries ou dans les bureaux ne savait parler la langue accentuée des passions. Danton l'avait apprise dans la longue pratique des séditions et des tumultes. Le peuple connaissait sa voix. Il soulevait ou apaisait la rue d'un geste. Il atterrait l'Assemblée. Il y parlait moins en ministre qu'en médiateur tout-puissant qui protége et qui gourmande. Ses conseils étaient des ordres. Appuyé sur sa popularité, il venait rendre en termes foudroyants, obscurs et brefs, ses plébiscites à la barre, et se hâtait de rentrer dans le mystère de ses conciliabules et dans les intrigues de ses agents, ou dans les comités secrets de la commune. L'étonnement imposé par sa supériorité se révélait; l'énergie de son esprit, la vigueur de ses conseils, les volcans de son âme avaient mis les partis dans sa dépendance. Il tenait tous les fils et les faisait jouer, tantôt en montrant, tantôt en cachant la main. Il ne daignait pas déguiser son mépris pour Roland. Il mettait l'œil et la main dans l'administration de tous ses collègues. Il dirigeait la guerre, les finances, l'intérieur, les négociations sourdes avec l'étranger. Roland murmurait tout bas et se plaignait en rentrant à sa femme de l'insolence et de l'universalité d'attributions qu'affectait Danton. Humilié de la suprématie de son collègue, épouvanté de ses instincts, il sentait que le 10 août échappait des mains de son parti, et qu'en se donnant un auxiliaire dans la personne de Danton, les

Girondins s'étaient donné un maître. Roland pliait pourtant, espérant se relever sous la prochaine assemblée. Il se renfermait en attendant dans les détails purement administratifs du ministère de l'intérieur, et se consolait dans les confidences de Brissot, de Guadet et de Vergniaud.

XV

Danton cependant ne négligeait rien pour ajouter la puissance de la séduction à celle de l'intimidation sur Roland. Il s'attachait à plaire à sa femme, dont il connaissait l'ascendant sur son mari. Madame Roland voyait avec cette répugnance délicate et instinctive de son sexe la présence de Danton dans le pouvoir exécutif. Ce tribun sans grâce, sans mœurs et sans principes, était, selon elle, une concession humiliante des Girondins à la peur. « Quelle honte, disait-elle à ses confidents, que le conseil soit souillé par ce Danton dont la renommée est si mauvaise! — Que voulez-vous! lui répondait Brissot, il faut prendre la force où elle est. — Il est plus aisé, répliquait-elle, de ne pas investir du pouvoir de pareils hommes que de les empêcher d'en abuser. »

Elle rêvait un conseil des ministres composé de républicains fermes, modérés, incorruptibles, tels qu'elle les avait lus dans Plutarque. Elle voyait à la place de ce génie et de cette vertu antiques l'obséquiosité probe mais timide de Monge, qui craignait à chaque regard de Danton d'être dénoncé par lui aux suspicions de la commune; l'indifférence de Servan pour tout ce qui sortait de la compétence du ministère de la guerre; la médiocrité de Lebrun; la turbulence et l'immoralité de Danton. Elle recevait cependant presque tous les jours chez elle le jeune ministre, dans les commencements de son ministère, tantôt un peu avant l'heure du conseil, que Danton devançait pour avoir le temps de s'entretenir avec elle, tantôt dans les dîners intimes où elle réunissait un petit nombre de convives pour parler des affaires publiques. Danton amenait avec lui Camille Desmoulins et Fabre d'Églantine. La conversation de Danton respirait le patriotisme, le dévouement, l'ardent désir de la concorde avec ses collègues. Ses paroles, le son de sa voix, l'accent de sincérité et, pour ainsi dire, de sérénité de son enthousiasme, faisaient un moment illusion à madame Roland; elle était tentée d'accuser la renommée de calomnie et de croire à cet homme les vertus sauvages de la liberté. Mais quand elle regardait sa figure, elle se reprochait son indulgence. Elle ne pouvait appliquer l'idée d'un homme de bien sur ce visage. « Je n'ai jamais rien vu, disait-elle, qui caractérisât si complétement l'emportement des passions brutales et l'audace la plus effrénée, à demi voilées sous une affectation de franchise, de jovialité et de bonhomie. Mon imagination, qui aime à donner un rôle aux personnages, me représentait sans cesse Danton un poignard à la main, excitant de la voix et du geste une troupe d'assassins plus timides ou moins féroces que lui ; ou bien, content de ses forfaits, indiquant par le geste de Sardanapale les cyniques voluptés dans lesquelles son âme se reposait du crime. »

A peine élevé au pouvoir sur la catastrophe du 10 août,

Danton, dépouillant son rôle d'agitateur, se montrait à la hauteur de la crise. Il s'attachait par des libéralités toutes les ambitions subalternes affamées d'or et de crédit, qu'il avait coudoyées longtemps dans les clubs. Il se faisait un parti de toutes les soifs de fortune. Vénal lui-même, il connaissait la puissance de la vénalité. Il s'en procurait sans pudeur les moyens. Il organisait la corruption parmi les patriotes. Non content des cent mille francs de fonds secrets affectés, le lendemain du 10 août, à chaque ministère, il s'attribua, sans rendre de compte, le quart des deux millions de dépenses secrètes que l'Assemblée alloua au pouvoir exécutif pour agir sur les cabinets étrangers et pour travailler l'esprit public. Il força même Lebrun et Servan à lui remettre une partie des fonds attribués à leurs ministères. Il envoya aux armées des commissaires soldés à l'aide de ces fonds et choisis parmi les hommes de la commune les plus vendus à ses intérêts. Le trésor public payait les proconsuls de Danton.

XVI

La rivalité de pouvoirs qui avait commencé, la nuit du 9 au 10 août, entre l'Assemblée mourante et la commune se poursuivait et se caractérisait plus insolemment d'heure en heure. L'Assemblée, seul pouvoir légal et seul débris resté debout de la constitution, cherchait à ramener le peuple, après la crise, au sentiment de la légalité et au respect constitutionnel pour l'autorité des représentants de la nation. Elle voulait gouverner par les lois. Le conseil général de la commune, produit d'une insurrection et d'une usurpation, voulait perpétuer en elle le droit de l'insurrection, attirer à soi tout le pouvoir exécutif, et se servir seulement de la représentation nationale pour rédiger en décrets les injonctions absolues de la capitale. Chaque séance attestait cette lutte. Des commissaires apportaient à l'Assemblée un vœu de la commune. Quelques voix énergiques résistaient à l'empiétement de pouvoirs. D'autres voix, intimidées ou complices, démontraient l'urgence du décret proposé. Tout finissait par un acte d'obséquiosité servile à la volonté de la commune, ou par une de ces mesures équivoques qui cachent un asservissement réel sous une apparence de transaction. Les Girondins frémissaient, mais obéissaient. De peur de paraître vaincus, ils se faisaient complices.

La commune demanda ainsi impérieusement la création d'une cour martiale qui jugerait sommairement les ennemis du peuple et les complices de la cour. Brissot et ses amis tremblèrent de remettre entre les mains du peuple un pareil instrument de tyrannie. Ils résistèrent quelques jours à ce vœu. Ils rédigèrent une proclamation pour rappeler les esprits aux principes de justice, d'humanité, d'impartialité, garanties de la vie des citoyens devant les tribunaux. Choudieu et Thuriot, quoique Jacobins, s'opposèrent avec énergie à la création de ce tribunal de vengeance. « J'adore la Révolution, s'écria Thuriot; mais je déclare que, si la Révolution ne pouvait triompher que par un crime, je la laisserais périr plutôt que de me souiller pour la sauver. » Thuriot avait par sa conscience la révélation du vrai salut des révolutions. Le crime est la politique des assassins. Le vrai génie est toujours innocent, parce qu'il est la suprême intelligence.

La commune insista et menaça. « Citoyens ! dit un orateur à la barre de l'Assemblée, le peuple est las de n'être pas vengé. Craignez qu'il ne se fasse justice lui-même ! Je vous annonce que ce soir, à minuit, le tocsin sonnera, la générale battra ! Nous voulons qu'il soit nommé un citoyen par chaque section pour former un tribunal criminel, et que ce tribunal siége au château des Tuileries, afin que la vengeance éclate là où le crime a été tramé ! Je demande que Louis XVI et Marie-Antoinette, si avides du sang du peuple, soient rassasiés en voyant couler celui de leurs infâmes satellites ! — Si, avant trois heures, les jurés que nous demandons, ajouta un autre orateur, ne sont pas en état d'agir, de grands malheurs retomberont sur vos têtes !» Hérault de Séchelles, au nom de la commission extraordinaire, répondit, peu d'instants après, à cette sommation, par la lecture d'un décret qui instituait un tribunal chargé de juger les crimes du 10 août. Robespierre fut nommé président de ce tribunal. Il se récusa, soit horreur du sang, soit dédain d'une magistrature qui ne répondait pas assez à la hauteur de ses pressentiments.

XVII

La garde nationale, odieuse aux uns, suspecte aux autres, fut réorganisée populairement : elle prit le nom de *sections armées*. On adjoignit à chaque compagnie des sections armées un nombre illimité d'ouvriers et de prolétaires munis de piques; garde prétorienne de la commune, soldée par elle et toute dans sa main, chargée de surveiller les citoyens des sections.

Non satisfaite de la création du tribunal criminel, la commune demanda, à la séance du 25 août, que les prisonniers d'Orléans fussent transportés à Paris, « pour y subir le supplice dû à leurs forfaits ». Des fédérés de Brest, en armes, accompagnaient ce jour-là les commissaires de la commune. L'un d'eux menaça l'Assemblée de la vengeance du peuple, si le sang des prisonniers ne leur était pas sacrifié. Lacroix, ami de Robespierre et de Danton, Jacobin fanatique, mais député intrépide, présidait l'Assemblée.

« La France entière, répondit-il avec indignation aux commissaires de la commune, a les yeux fixés sur l'Assemblée nationale. Nous serons dignes d'elle. Les menaces ne produiront sur nous d'autre effet que de nous résigner à mourir à notre poste. Il ne nous appartient pas de changer la constitution. Adressez vos demandes à la Convention nationale, elle seule pourra changer l'organisation de la haute cour martiale d'Orléans. Nous avons fait notre devoir. Si notre mort est une dernière preuve nécessaire pour vous persuader, le peuple, dont vous nous menacez, peut disposer de notre vie. Les députés qui n'ont pas craint la mort quand les satellites du despotisme menaçaient le peuple, qui ont partagé avec lui tous les dangers qu'il a courus, sauront mourir à leur poste. Allez le dire à ceux qui vous ont envoyés! »

Cette résistance généreuse de Lacroix, ami et confident

de Danton, fait supposer que ce ministre résistait encore lui-même aux instigations de Marat et de son parti, qui le poussaient aux crimes de septembre. Ainsi, après quatorze jours d'un triomphe remporté en commun sur le trône, l'Assemblée en était réduite à porter à la commune et au peuple le défi de l'assassinat. Elle rendit le lendemain le décret de déportation de tous les prêtres qui avaient refusé ou rétracté le serment à la constitution civile du clergé.

XVIII

La prise de Longwy suspendit un moment la lutte entre l'Assemblée et la commune, et la remplaça par une rivalité de sacrifices au danger de la patrie. Jacobins, Girondins, Cordeliers, votèrent à l'envi les levées extraordinaires de troupes, les armes, les équipements, les canons réclamés par les circonstances. Un cri d'indignation s'éleva contre le commandant de Longwy. Vergniaud proposa le décret de peine de mort contre tout citoyen d'une ville assiégée qui parlerait de se rendre. Luckner fut remplacé à l'armée de Metz par Kellermann.

Kellermann, passionné pour les armes et pour la liberté, avait conquis ses grades dans la guerre de Sept ans. Jeune, il avait pris en Allemagne l'expérience des vieux capitaines et les leçons de Frédéric. La Révolution l'avait trouvé colonel et l'avait fait général. Attaché à l'armée de Luckner, il avait conquis l'affection des troupes. L'hésitation du général en chef à faire prêter le serment à la nation l'avait rendu suspect. On le destitua. Kellermann refusa le commandement de l'armée de Luckner, son ancien chef et son ami, si on ne rendait pas au vieux maréchal le grade de généralissime. L'Assemblée, touchée de tant de générosité, et convaincue de l'innocence et de la nullité de Luckner, lui rendit en effet son grade et l'envoya à Châlons jouir d'un titre purement honorifique, et organiser les bataillons de volontaires qui marchaient de tous les départements sur l'armée.

Pendant que Danton donnait au gouvernement la vigueur de ses coups de main, Robespierre, moins maître que lui du conseil de la commune, et soulevé moins haut par un événement auquel il n'avait pas participé, recommença à élever la voix après la bataille, comme pour en expliquer le sens et la portée au peuple. « La nation française en était arrivée, écrivit-il, au point de calamité publique où les nations, comme les individus, n'ont plus qu'un devoir, celui de pourvoir à leur propre existence. Elle s'est levée comme en 89, mais avec plus d'ordre et de majesté encore qu'en 89, elle a exercé avec plus de sang-froid sa souveraineté pour assurer son salut et son bonheur. En 89, une partie de l'aristocratie l'aidait; en 92, elle n'a eu pour se sauver qu'elle-même. » Faisant ensuite le récit de la journée, il résuma ainsi son opinion sur les conséquences du 10 août.

« L'Assemblée a suspendu le roi, mais ici elle n'a pas assez osé; ce n'était pas la suspension, mais la déchéance de la royauté, qu'elle devait prononcer. Elle devait trancher cette question, dont la solution nous prépare des difficultés et des lenteurs. Au lieu de cela, elle nous parle de *nommer un gouverneur au prince royal*. Français! songez au sang qui a coulé ! Rappelez-vous les prodiges de raison et de courage qui vous ont mis au-dessus de tous les peuples de la terre ; rappelez-vous ces principes immortels que vous avez eu l'audace et la gloire de faire retentir les premiers autour des trônes pour susciter le genre humain de ses ténèbres et de sa servitude ! Quel rapport y a-t-il entre ce rôle sublime et le choix d'un gouverneur pour élever le fils d'un tyran ?

» Mais la voilà en marche, la plus belle Révolution qui ait honoré l'humanité ! la seule qui ait eu un objet digne de l'homme, celui de fonder des sociétés politiques sur les principes divins de l'égalité, de la justice et de la raison ! Quelle autre cause pouvait inspirer à ce peuple ce courage sublime et patient, et enfanter des prodiges d'héroïsme égaux à tout ce que l'histoire nous raconte de l'antiquité ? Déjà la secousse qui a renversé un trône a ébranlé tous les trônes ! Français ! soyez debout et veillez ; il faut que les rois ou les Français succombent ! Secouez donc les derniers anneaux de la chaîne de la royauté. Vous devez à l'univers et à vous-mêmes de vous donner la meilleure des constitutions possible. N'appelez à la Convention que des hommes purs des intrigues et des lâchetés, qui sont les vertus des cours ! Vous êtes en guerre désormais avec tous vos oppresseurs. Vous ne trouverez la paix que dans la victoire et dans le châtiment ! » C'était l'appel aux élections qui s'approchaient.

XIX

Quant à Pétion, objet du culte platonique des commissaires de la nouvelle commune, qui l'appelaient le *Père de la patrie*, il ne parut que de temps en temps à la barre de l'Assemblée, pour justifier d'une voix complaisante les usurpations de ce corps insurrectionnel. Le sourire de béatitude qui reposait toujours sur ses lèvres déguisait mal les amertumes dont on l'abreuvait à la mairie. Il était l'otage du peuple à l'hôtel de ville. Le vrai maire maintenant, c'était Danton. Danton, sans cesse présent aux délibérations de ce corps municipal en permanence, négligeait l'Assemblée pour la commune, avec laquelle il concertait toutes les mesures du gouvernement; il était son pouvoir exécutif. Pour lui donner la direction, l'unité, le secret nécessaires à une réunion d'hommes d'action, et pour faire prévaloir, en séance générale, les résolutions prises entre lui et ses affidés, il avait, de concert avec Marat, divisé le conseil municipal en comités distincts. Ces comités délibéraient et agissaient isolément. Ils furent le type de ceux qui concentrèrent plus tard le gouvernement dans la Convention. Le comité souverain était celui de *surveillance générale*. Composé d'un petit nombre d'hommes successivement choisis et *épurés* par Marat et par Danton, il faisait plier tous les autres comités. Il s'attribuait tous les pouvoirs, il devançait tous les décrets de l'Assemblée; il citait à sa barre les citoyens, il les faisait arrêter; il remplissait les prisons; il exerçait la police générale de l'empire, il disciplinait et perpétuait en lui l'insurrection; il était la conjuration en permanence, modèle de l'institution de tyrannie qu'exerça depuis le comité *de salut public.* Danton, s'appuyant à la fois sur son pouvoir légal de ministre de la justice au conseil exécutif et sur son pouvoir populaire dans le comité de surveillance de la commune, donnait à ses ordres, comme ministre, la force de l'insurrection, et à l'insurrection la force de la loi. C'était le consulat de Catilina. Rien ne pouvait lui résister. Si cet homme rêvait un crime, ce crime devenait un acte du gouvernement. Lorsqu'il n'en méditait pas, il souffrait du moins qu'on les préparât dans l'ombre autour de lui. Il renouvelait à dessein les membres du comité, pour que le moment de l'exécution ne trouvât pas dans la conscience d'un seul de ses hommes plus de scrupule et plus d'hésitation que dans la sienne. Il laissa, dès le 29 août, éclater quelques symptômes significatifs de sa pensée devant l'Assemblée nationale.

XX

C'était à la séance de nuit. L'Assemblée, ébranlée par le contre-coup des nouvelles de la frontière, cherchait à prendre mesures sur mesures pour égaler le dévouement aux dangers. Les motions succédaient aux motions. Vergniaud, Guadet, Brissot, Gensonné, Lasource, Chambon,

Ducos, frappaient du pied la tribune pour en faire sortir des défenseurs de la patrie. On votait des hommes, des chevaux, des armes, des réquisitions. Danton entra dans la salle à la tête de ses collègues, et monta à la tribune avec l'attitude d'un homme qui porte une solution dans sa tête. Le silence de l'attente s'établit à son aspect.

« Le pouvoir exécutif, dit-il, me charge d'entretenir l'Assemblée nationale des mesures qu'il a prises pour le salut de l'empire. Je motiverai ces mesures en ministre du peuple, en ministre révolutionnaire. L'ennemi menace le royaume, mais l'ennemi n'a pas pris Longwy. On exagère nos revers. Cependant nos dangers sont grands. Il faut que l'Assemblée se montre digne de la nation. C'est par une convulsion que nous avons renversé le despotisme, ce n'est que par une grande convulsion nationale que nous ferons rétrograder les despotes! Jusqu'ici nous n'avons fait que la guerre simulée de la Fayette; il faut faire une guerre plus terrible. Il est temps de pousser le peuple à se précipiter en masse sur ses ennemis! On a jusqu'à ce moment fermé les portes de la capitale, et l'on a bien fait : il était important de se saisir des traîtres; mais y en eût-il trente mille à arrêter, il faut qu'ils soient arrêtés demain, et que demain, à Paris, on communique avec la France entière! Nous demandons que vous nous autorisiez à faire des visites domiciliaires. Que dirait la France si Paris, dans la stupeur, attendait immobile l'arrivée des ennemis? Le peuple français a voulu être libre, il le sera. » Le ministre se tait. L'Assemblée s'étonne; le décret passe. Danton sort et court au conseil général de la commune, préparé à l'obéissance par ses confidents. Il demande au conseil de décréter séance tenante les mesures nécessaires au coup d'État national dont le pouvoir exécutif assume la responsabilité : « Au rappel des tambours, qui battra dans la journée du lendemain, tous les citoyens seront tenus de rentrer dans leurs maisons. La circulation des voitures sera suspendue à deux heures. Les sections, les tribunaux, les clubs, seront invités à n'avoir point de séances, de peur de distraire l'attention publique des nécessités du moment. Le soir, les maisons seront illuminées. Des commissaires choisis par les sections, et accompagnés de la force publique, pénétreront au nom de la loi dans tous les domiciles des citoyens. Chaque citoyen déclarera et remettra ses armes. S'il est suspect, on fera des recherches; s'il a menti, il sera arrêté. Tout particulier qui sera trouvé dans un autre domicile que le sien sera déclaré suspect et incarcéré. Les maisons vides ou qu'on n'ouvrira pas seront scellées. Le commandant général Santerre requerra les sections armées. Il formera un second cordon de gardes autour de l'enceinte de Paris pour arrêter tout ce qui tenterait de fuir. Les jardins, les bois, les promenades des environs, seront fouillés. Des bateaux armés intercepteront aux deux extrémités de Paris le cours de la rivière, afin de fermer toutes les voies de la fuite aux ennemis de la nation. »

Ces mesures décrétées, Danton se retire au comité de surveillance de la commune, et donne ses derniers ordres à ses complices. Le comité renouvelé était présidé par Marat. Marat n'était commissaire d'aucune section; mais le conseil général lui avait accordé la faveur exceptionnelle d'assister aux séances par droit de patriotisme, et lui avait voté une tribune d'honneur dans son enceinte pour y rendre compte au peuple des délibérations. Les autres membres étaient Panis, beau-frère de Santerre; Lepeintre, Sergent, présidents de section; Duplein, Lenfant, Lefort, Jourdeuil, Desforgues, Guermeur, Leclerc et Dufort, hommes dignes d'être les collègues de Marat et les exécuteurs de Danton. Méhée, secrétaire-greffier; Manuel, procureur de la commune; Billaud-Varennes, son substitut; Collot-d'Herbois, Fabre d'Églantine, Tallien, secrétaire du conseil général; Huguenin, président, Hébert, et quelques autres parmi les chefs de la commune, soit qu'ils aient approuvé, combattu ou toléré la résolution, la connurent. Des actes et des pièces irrécusables attestent que pour cette convulsion populaire, prédite et acceptée, sinon provoquée par Danton, tout fut prémédité et préparé d'avance, exécuteurs, victimes et jusqu'aux tombeaux.

Le mystère a couvert les délibérations de ce conciliabule. On sait seulement que Danton, faisant un geste horizontal, dit d'une voix âpre et saccadée : « Il faut faire peur aux royalistes. » Plus tard il témoigna lui-même contre lui, dans ce mot fameux jeté à la Convention en réponse aux Girondins qui l'accusaient du 2 septembre : « J'ai regardé mon crime en face, et je l'ai commis. »

XXI

Avant minuit, Maillard, le chef des hordes du 6 octobre, fut averti de rassembler sa milice de sicaires pour une prochaine expédition dont l'heure et les victimes lui seraient désignées plus tard. On lui promit pour ses hommes une haute solde de tant par meurtre. On le chargea de retenir les tombereaux nécessaires pour charrier les cadavres.

Enfin, deux agents du comité de surveillance se présentèrent, le 28 août, à six heures du matin, chez le fossoyeur de la paroisse de Saint-Jacques du Haut-Pas; ils lui enjoignirent de prendre sa bêche et de les suivre. Arrivés sur l'emplacement des carrières qui s'étendent en dehors de la barrière Saint-Jacques, et dont quelques-unes avaient servi de catacombes à l'époque du déplacement récent des cimetières de Paris, les deux inconnus déplièrent une carte et s'orientèrent sur ce champ de mort. Ils reconnurent à des signes tracés sur le sol et rappelés sur la carte l'emplacement de ces souterrains refermés. Ils marquèrent eux-mêmes, d'un revers de bêche, la ligne circulaire d'une enceinte de six pieds de diamètre, où le fossoyeur devait faire creuser pour retrouver l'ouverture du puits qui descendait dans ces abîmes. Ils lui remirent la somme nécessaire au salaire de ses ouvriers. Ils lui recommandèrent de veiller à ce que l'ouvrage fût achevé le quatrième jour, et se retirèrent en imposant le silence.

Le silence ne couvrit qu'imparfaitement ces funestes apprêts. Un bruit sourd, circulant dans les prisons, donna aux victimes le pressentiment du coup. Les geôliers et les porte-clefs reçurent et transmirent des avertissements obscurs.

Danton, cruel en masse, capable de pitié en détail, cédant aux sollicitations de l'amitié et à son propre mouvement, fit relâcher la veille quelques prisonniers au sort desquels on l'intéressa. Ordonnant le crime par férocité de système et non par férocité de nature, il semblait se soulager en dérobant à lui-même des victimes. M. de Marguerie, officier supérieur de la garde constitutionnelle du roi; l'abbé Lhomond, grammairien célèbre; quelques pauvres prêtres des écoles chrétiennes qui avaient donné leurs soins à l'éducation de Danton, lui durent la vie. Marat, sur l'ordre du ministre, fit élargir ces prisonniers. Il en mit lui-même un certain nombre à l'abri du coup qu'on allait frapper. Le cœur de l'homme n'est jamais aussi inflexible que son esprit. L'amitié de Manuel sauva Beaumarchais, l'auteur de la comédie de *Figaro*, ce prologue d'une révolution commencée par le rire et finissant par la hache. Manuel alla lui-même à la prison des Carmes placer une sentinelle à la porte des quatre anciens religieux de cette maison, à qui l'on avait accordé d'y finir leurs jours. Ces vieillards survécurent seuls. Ils n'étaient point connus de Manuel; mais leur sang était jugé inutile, il fut épargné.

L'abbé Bérardier, principal du collége Louis-le-Grand, sous lequel Robespierre et Camille Desmoulins avaient étudié, reçut un sauf-conduit, d'une main inconnue, le jour du massacre. Ces préparatifs, ces avertissements, ces exceptions, prouvent une préméditation. Camille, dans la confidence de toutes les palpitations de la pensée de Danton, ne pouvait ignorer le plan d'égorgement organisé. Il était impossible aussi que Santerre, commandant en chef des gardes nationales, et dont l'inaction était nécessaire pendant trois jours à la perpétration de tant de meurtres, n'eût pas une insinuation de Danton. Santerre instruit, Pétion ne pouvait pas tout ignorer : le commandant de la force civique relevait du maire de Paris. Les demi-mots, les confidences équivoques, les signes d'intelligence entre des conjurés qui siégent, qui délibèrent, qui agissent presque à découvert en face les uns des autres, dans un conseil de cent quatre-vingts membres, ne pouvaient échapper à Pétion.

XXII

Les rapports de la police municipale, apportés d'heure en heure à la mairie, ne se taisaient pas sur les choses, les hommes, les armes qu'on disposait pour l'événement. Comment ce qui était connu aux prisons fût-il resté inconnu à l'hôtel de ville? L'acte accompli, tout le monde s'est lavé du sang. Après l'avoir rejeté longtemps sur un mouvement soudain et irrésistible de la colère du peuple, on a voulu circonscrire le crime dans le plus petit nombre possible d'exécuteurs. L'histoire n'a pas de ces complaisances. La pensée en appartient à Marat, l'acceptation et la responsabilité à Danton, l'exécution au conseil de surveillance, la complicité à plusieurs, la lâche tolérance à presque tous. Les plus courageux, sentant leur impuissance à retenir l'assassinat, feignirent de l'ignorer, pour n'avoir ni à l'approuver ni à le prévenir. Ils s'écartèrent, ils gémirent, ils se turent. Pour la garde nationale, pour l'Assemblée, pour le conseil général de la commune, ce fut un crime de réticence. On détourna les yeux pendant qu'il se commettait. On ne l'exécra tout haut qu'après. Dans l'âme de Marat ce fut soif du sang, remède suprême d'une société qu'il voulait tuer pour la ressusciter selon ses rêves; dans l'esprit de Danton ce fut un coup d'État de la politique. Danton raisonnait son crime avant de l'ordonner. Il lui était aussi facile de l'empêcher que de le permettre. Il s'en déguisa à lui-même l'atrocité. « Nous n'assassinerons pas, dit-il dans sa dernière conférence avec le conseil de surveillance, nous jugerons; aucun innocent ne périra. » Danton voulut trois choses : la première, secouer le peuple et le compromettre tellement dans la cause de la Révolution, qu'il ne pût plus reculer et qu'il se précipitât aux frontières, tout souillé du sang des royalistes, sans autre espérance que la victoire ou la mort; la seconde, porter la terreur dans l'âme des royalistes, des aristocrates et du clergé; enfin, la troisième, intimider les Girondins, qui commençaient à murmurer de la tyrannie de la commune, et montrer à ces âmes faibles que, s'ils ne se faisaient pas les instruments du peuple, ils en pourraient bien être les victimes.

Danton fut surtout poussé au meurtre par une cause plus personnelle et moins théorique : son caractère. Il avait la réputation de l'énergie, il en eut l'orgueil. Il voulut la déployer dans une mesure qui étonnât ses amis et ses ennemis. Il prit le crime pour du génie. Il méprisa ceux qui s'arrêtaient devant quelque chose, même devant l'assassinat en masse. Il s'admira dans son dédain de remords. Il consentit à être le phénomène de l'emportement révolutionnaire. Il y eut de la vanité dans son forfait. Il crut que son acte, en se justifiant par l'intention et par le lointain, perdrait de son caractère; que son nom grandirait quand il serait en perspective, et qu'il serait le colosse de la Révolution. Il se trompait. Plus les crimes politiques s'éloignent des passions qui les font commettre, plus ils baissent et pâlissent aux regards de la postérité. L'histoire est la conscience du genre humain. Le cri de cette conscience sera la condamnation de Danton. On a dit qu'il sauva la patrie et la Révolution par ces meurtres, et que nos victoires sont leur excuse. On se trompe comme il s'est trompé. Un peuple qu'on aurait besoin d'enivrer de sang pour le pousser à défendre sa patrie serait un peuple de scélérats et non un peuple de héros. L'héroïsme est le contraire de l'assassinat. Quant à la Révolution, son prestige était dans sa justice et dans sa moralité. Ce massacre allait la souiller aux yeux de l'Europe. L'Europe pousserait, il est vrai, un cri d'horreur; mais l'horreur n'est pas du respect. On ne sert pas les causes que l'on déshonore.

LIVRE VINGT-CINQUIÈME

Paris sans communication avec l'extérieur. — Visites domiciliaires. — Les suspects dans les prisons. — Danton se prépare à l'événement. — Robespierre laisse marcher la Révolution. — Saint-Just et Robespierre. — Le 2 septembre. — Massacres des prisons. — Les Suisses. — Le baron de Reding. — Les gardes du roi. — M. de Montmorin. — M. de Sombreuil et sa fille. — Cazotte et sa fille. — Thierri. — MM. de Maillé, de Rohan-Chabot. — Le jeune Montsabray. — L'abbé Sicard. — L'archevêque d'Arles. — La princesse de Lamballe. — Le nègre Delorme.

I

A peine Danton était-il sorti du comité secret de la commune, que la ville, avertie par le rappel des tambours, s'arrêta tout à coup, comme une ville morte dont une catastrophe soudaine aurait dispersé tous les habitants. Bien que le soleil serein de l'été éclairât les cimes des arbres des Tuileries, du Luxembourg, des Champs-Élysées et des boulevards, les promenades, les places, les rues, étaient entièrement désertes. Le sourd roulement des voitures, qui est le bruit de la vie et comme le murmure de ces courants d'hommes, avait cessé. On n'entendait que le bruit des portes et des fenêtres que les habitants refermaient précipitamment sur eux, comme à l'approche d'un ennemi public. Des bandes d'hommes armés de piques, des patrouilles de fédérés, des détachements de Marseillais et de Brestois sillonnaient, à pas lents, les différents quartiers. Santerre, à la tête d'un état-major composé de quarante-huit aides de camp fournis par les sections, visitait à cheval les postes. Les barrières étaient fermées et gardées par les Marseillais. En dehors des barrières les sections formaient une seconde enceinte de sentinelles.

Toute communication était interceptée entre la campagne et Paris; la ville tout entière au secret était comme un prisonnier dont on tient les membres pendant qu'on le fouille et qu'on l'enchaîne. L'eau du fleuve était aussi captive que le sol. Des flottilles de bateaux remplis d'hommes armés naviguaient sans cesse au milieu de la Seine, interceptant toute communication entre les deux rives. Les parapets des quais, les arches des ponts, les toits des bateaux de bains ou de blanchissage sur la rivière, étaient hérissés de factionnaires. De temps en temps un coup de fusil, parti d'un de ces points élevés, atteignait des fugitifs cherchant asile jusque dans l'embouchure des égouts. Plusieurs ouvriers des ports furent ainsi tués en sortant de leurs bateaux ou en voulant y rentrer. L'heure une fois sonnée, tout pas dans la ville était un crime. Des escouades de piques arrêtaient tous ceux qu'un hasard, une imprudence, une nécessité de la vie avaient attardés. Pendant que les rues étaient ainsi évacuées, l'intérieur des maisons était dans l'attente et dans la terreur. Nul ne savait s'il serait innocent ou criminel aux yeux des visiteurs, et s'il n'allait pas être arraché à son foyer, à sa femme, à ses enfants.

Une arme non déclarée était motif d'accusation; déclarée, elle était témoignage de suspicion. Un signe quelconque de royalisme, un uniforme de la garde du roi, un cachet, un bouton d'habit aux armes royales, un portrait, une correspondance avec un ami ou avec un parent émigrés, l'hospitalité prêtée à un étranger dont le séjour dans la maison ne s'expliquait pas, tout pouvait être un titre de mort. La dénonciation d'un ennemi, d'un voisin, d'un domestique, faisait pâlir. Chacun cherchait à inventer pour soi, pour ses hôtes, pour les objets que l'on voulait dérober à la recherche, des ténèbres, des retraites, des asiles, des cachettes qui trompassent l'œil des visiteurs. On descendait dans les caves, on montait sur les toits, on rampait dans les conduits des cheminées, on excavait les murs, on y pratiquait des niches recouvertes par des armoires ou des tableaux, on dédoublait les planchers, on s'y glissait entre les solives et les parquets, on enviait le sort des reptiles.

Aux coups de marteau des commissaires à la porte de la maison, la respiration était suspendue. Ces commissaires montaient, escortés d'hommes des sections le sabre nu à la main, et la plupart ouvriers connaissant toutes les pratiques par lesquelles on peut rendre complices d'un recèlement les murs, les meubles, le bois, les lits, les matelas, la pierre. Des serruriers, munis de leurs outils, ouvraient les serrures, enfonçaient les portes, sondaient les planchers, déjouaient toutes les ruses de la tendresse, de l'hospitalité, de la peur.

Cinq mille suspects furent enlevés de leurs maisons ou de leurs asiles dans le court espace d'une nuit. On en découvrit jusque dans les lits des malades dans les hôpitaux, où ils étaient allés partager la couche des mourants et des morts. La haine des sicaires de Danton fut plus ingénieuse que la peur. On arrêta jusqu'aux trois frères Samson, bourreaux de Paris, coupables d'avoir prêté machinalement leur office aux arrêts de la royauté.

Peu de royalistes échappèrent. Paris fut vidé de tous ceux qui n'avaient pas pu fuir ses murs depuis le 10 août.

II

Le lendemain, au jour, le dépôt de la mairie, les sections, les anciennes prisons de Paris et les couvents, convertis en prisons, regorgeaient de captifs. On les interrogea sommairement. On en relâcha la moitié, victimes de l'erreur, de la précipitation, de la nuit, et réclamés par leurs sections. Le reste fut distribué au hasard dans les prisons de l'abbaye Saint-Germain, de la Conciergerie, du Châtelet, de la Force, du Luxembourg, et dans les anciens monastères des Bernardins, de Saint-Firmin, des Carmes. Bicêtre et la Salpêtrière, ces deux grandes sentines de Paris, serrèrent leurs rangs pour les recevoir.

Les trois jours qui suivirent cette nuit furent employés par les commissaires des sections à faire le triage des prisonniers. Le bruit du sort qu'on leur préparait était semé de loin. On délibérait déjà leur mort. La section Poissonnière les condamna en masse à l'égorgement. La section des Thermes demanda qu'on les exécutât sans autre jugement que le danger que leur existence faisait courir à la patrie. « Il faut purger les prisons et ne pas laisser de traîtres derrière nous en partant pour les frontières ! » Tel était le cri que Marat et Danton faisaient circuler dans les masses. Le peuple a besoin qu'on lui rédige sa colère, et qu'on le familiarise avec son propre crime.

III

Telle était l'attitude de Danton la veille de ces crimes.

Quant au rôle de Robespierre dans ces journées, il fut le rôle qu'il affecta dans toutes les crises : dans la question de la guerre, au 20 juin, au 10 août. Il n'agit pas, il blâma ; mais il laissa l'événement à lui-même, et, une fois accompli, il l'accepta comme un pas de la Révolution sur lequel il n'y avait plus à revenir. Il ne voulut pas laisser à d'autres le pas de la popularité sur lui ; il se lava les mains de ce sang, et il le laissa répandre. Mais son crédit, inférieur à celui de Danton et de Marat au conseil de la commune, ne lui donnait pas alors la force de rien empêcher. Il était, comme Pétion, dans l'ombre. Ces hommes, ainsi que les Girondins, voyaient transpirer les projets de Marat et de Danton ; mais, impuissants à les prévenir, ils affectaient de les ignorer. Un fait récemment révélé à l'histoire par un confident de Robespierre et de Saint-Just, survivant de ces temps sinistres, prouve la justesse de ces conjectures sur la part de Robespierre dans l'exécution des journées de septembre.

IV

En ce temps-là Robespierre et le jeune Saint-Just, l'un déjà célèbre, l'autre encore obscur, vivaient dans cette intimité familière qui unit souvent le maître et le disciple. Saint-Just, mêlé au mouvement du temps, suivait et devançait de l'œil les crises de la Révolution, avec la froide impassibilité d'une logique qui rend le cœur sec comme un système et cruel comme une abstraction. La politique était à ses yeux un combat à mort, et les vaincus étaient des victimes. Le 2 septembre, à onze heures du soir, Robespierre et Saint-Just sortirent ensemble des Jacobins, harassés des fatigues de corps et d'esprit d'une journée passée tout entière dans le tumulte des délibérations et grosse d'une si terrible nuit.

Saint-Just logeait dans une petite chambre d'hôtel garni de la rue Sainte-Anne, non loin de la maison du menuisier Duplay, habitée par Robespierre. En causant des événements du jour et des menaces du lendemain, les deux amis arrivèrent à la porte de la maison de Saint-Just. Robespierre, absorbé par ses pensées, monta, pour continuer l'entretien, jusque dans la chambre du jeune homme. Saint-

Just jeta ses vêtements sur une chaise et se disposa pour le sommeil. « Que fais-tu donc? lui dit Robespierre. — Je me couche, répondit Saint-Just. — Quoi! tu peux songer à dormir dans une pareille nuit! reprit Robespierre; n'entends-tu pas le tocsin? Ne sais-tu pas que cette nuit sera peut-être la dernière pour des milliers de nos semblables, qui sont des hommes au moment où tu t'endors, et qui seront des cadavres à l'heure où tu te réveilleras? — Hélas! répondit Saint-Just, je sais qu'on égorgera peut-être cette nuit, je le déplore, je voudrais être assez puissant pour modérer les convulsions d'une société qui se débat entre la liberté et la mort; mais que suis-je? et puis, après tout, ceux qu'on immolera cette nuit ne sont pas les amis de nos idées! Adieu. » Et il s'endormit.

Le lendemain, au point du jour, Saint-Just en s'éveillant vit Robespierre qui se promenait à pas interrompus dans la chambre, et qui, de temps en temps, collait son front contre les vitres de la fenêtre, regardant le jour dans le ciel et écoutant les bruits dans la rue. Saint-Just, étonné de revoir son ami de si grand matin à la même place : « Quoi donc te ramène si tôt aujourd'hui? dit-il à Robespierre. — Qu'est-ce qui me ramène? répondit celui-ci : penses-tu donc que je sois revenu? — Quoi! tu n'es pas allé dormir? reprit Saint-Just. — Dormir! répliqua Robespierre, dormir! pendant que des centaines d'assassins égorgeaient des milliers de victimes, et que le sang pur ou impur coulait comme l'eau dans les égouts!... Oh! non, poursuivit-il d'une voix sombre et avec un sourire sardonique sur les lèvres, non, je ne me suis pas couché, j'ai veillé comme le remords ou comme le crime : oui, j'ai eu la faiblesse de ne pas dormir; mais Danton, lui, a dormi. »

V

Les nouvelles désastreuses des frontières, les enrôlements patriotiques sur des tréteaux dressés dans les principaux carrefours de Paris, les promenades des volontaires au son du tambour, aux refrains de la *Marseillaise* et du *Ça ira;* le drapeau noir, signe d'une guerre funèbre, déployé sur l'hôtel de ville et sur les tours de la cathédrale; les feuilles de Marat, d'Hébert, écrites avec du sang; les journaux affichés comme des exclamations anonymes faisant parler les murs, et groupant le peuple pour les entendre lire en attroupements tumultueux; le tocsin sonnant dans les tours et accélérant le pouls d'une ville immense; enfin le canon d'alarme tiré d'heure en heure : tout avait été calculé pour souffler la fièvre à la ville. Ce plan de massacre était combiné comme un plan de campagne. Les hasards mêmes en étaient prévus et concertés.

VI

Le dimanche 2 septembre, à trois heures après midi, lorsque le peuple se lève de son repas et encombre les rues pour divaguer pendant les soirées de ces jours de loisir, le signal fut donné comme par un de ces accidents qui naissent d'eux-mêmes.

Cinq voitures remplies chacune de six prêtres furent dirigées du dépôt de l'hôtel de ville à la prison de l'Abbaye, par le Pont-Neuf et la rue de Buci, lieux tumultueux et néfastes. Au troisième coup de canon d'alarme, ces voitures se mirent en marche. Une faible escorte d'Avignonnais et de Marseillais, armés de sabres et de piques, les accompagnait. Les portières étaient ouvertes, pour que la foule aperçût dans l'intérieur les costumes qui lui étaient le plus odieux. Des bandes d'enfants, de femmes et d'hommes du peuple suivaient en insultant les prêtres. Les hommes de l'escorte s'associaient aux injures, aux menaces et aux outrages de la populace. « Voyez! disaient-ils à la foule en lui montrant de la pointe de leurs sabres les prisonniers, voilà les complices des Prussiens! voilà ceux qui vous égorgeront si vous les laissez vivre pour vous trahir! »

L'émeute, grossissant à chaque pas à travers la rue Dauphine, fut refoulée par un autre attroupement qui obstruait le carrefour Buci, où des officiers municipaux recevaient des enrôlements en plein air. Les voitures s'arrêtent. Un homme fend l'escorte, qui s'ouvre complaisamment devant lui; il monte sur le marchepied extérieur de la première voiture, plonge à deux reprises la lame de son sabre dans le corps d'un des prêtres, le retire fumant, et le montre rougi de sang au peuple. Le peuple jette un cri d'horreur et s'éloigne : « Cela vous fait peur, lâches! dit l'assassin avec un sourire de dédain. Il faut vous apprivoiser avec la mort. » A ces mots, plongeant de nouveau la pointe de son sabre dans le fond de la voiture, il continue à frapper. L'un de ces prêtres a l'épaule percée, l'autre la figure balafrée, le troisième une main coupée en voulant couvrir son visage. L'abbé Sicard, le charitable instituteur des sourds-muets, est protégé par les corps de ses compagnons blessés. Les voitures reprennent lentement leur marche. L'assassin passe de l'une à l'autre, et, se tenant d'une main au panneau des portières, il frappe de l'autre main au hasard tous ceux que son arme peut atteindre. Des assassins d'Avignon mêlés à l'escorte rivalisent avec lui et plongent leurs baïonnettes dans l'intérieur. Les pointes des piques dirigées contre les portières menacent ceux des prêtres qui voudraient se précipiter dans la rue. La longue file de ces voitures roulant lentement et laissant une trace de sang, les cris, les gestes désespérés des prêtres, les hurlements de rage des bourreaux, les éclats de rire et les applaudissements de la populace, annoncent de loin aux prisonniers de l'Abbaye l'approche du convoi. L'impatience des sicaires n'avait pas attendu que les victimes fussent arrivées sur le lieu du supplice : ils immolaient en marchant.

Le cortége s'arrête sur la place, à la porte de l'Abbaye. Les soldats de l'escorte tirent par les pieds huit cadavres des voitures. Les prêtres épargnés par les sabres ou seulement blessés se précipitent dans la prison. On en saisit quatre à travers la haie que forme le poste. On les égorge sur le seuil. Quelques-uns, pour qui la porte est trop lente à s'ouvrir, franchissent la fenêtre du comité de la section, qui tenait en ce moment sa séance dans la prison. Ces citoyens, étrangers au massacre, dérobent ces victimes à la fureur des assassins, en les faisant asseoir dans leurs rangs. Le journaliste Pariseau et l'intendant de la maison du roi, Lachapelle, durent la vie à la présence d'esprit et au courageux mensonge des membres de ce comité.

VII

Cependant les prisonniers entassés à l'Abbaye entendaient ce prélude de meurtre à leur porte. Dès le matin, la figure morne et les demi-mots de leurs gardiens leur avaient présagé un soir sinistre. Un ordre de la commune avait fait avancer ce jour-là dans toutes les prisons l'heure du repas. Les détenus se demandaient entre eux quel pouvait être le motif de ce changement dans l'habitude de leur régime intérieur. Était-ce une translation? Était-ce un départ pour un exil au delà des mers? Les uns espéraient, les autres tremblaient, tous s'agitaient. Des fenêtres grillées d'une tourelle qui donnait sur la rue Sainte-Marguerite, quelques-uns d'entre eux aperçurent enfin les voitures et entendirent les cris : ils semèrent l'alarme dans la prison. Le bruit y courut qu'on avait immolé en route tous les prêtres. Le bourdonnement d'une foule immense qui avait envahi la cour et qui se pressait sur la place et dans les rues voisines de l'Abbaye leur arriva par les fenêtres et par les soupiraux. Le roulement des voitures, le pas des chevaux, le cliquetis des sabres, la voix confuse se taisant un moment pour éclater, par intervalles, en un long cri de : « Vive la nation ! » les laissèrent un moment incertains si ce tumulte avait pour but de les immoler ou de les défendre. Les guichets intérieurs étaient fermés sur eux. L'ordre venait de leur être transmis de rentrer chacun dans leur salle comme pour un appel.

VIII

Or, voici le spectacle qu'on leur cachait. Le dernier guichet qui ouvrait sur la cour avait été transformé en tribunal. Autour d'une vaste table couverte de papiers, d'écritoires, des livres d'écrou de la prison, de verres, de bouteilles, de pistolets, de sabres, de pipes, étaient assis sur des bancs douze juges aux figures ternes, aux épaules athlétiques, caractère des hommes de peine, de débauche ou de sang. Leur costume était celui des professions laborieuses du peuple : des bonnets de laine sur la tête, des vestes, des souliers ferrés, des tabliers de toile comme ceux des bouchers. Quelques-uns avaient ôté leurs habits. Les manches de leur chemise retroussées jusqu'aux coudes laissaient voir des bras musculeux et une peau tatouée des symboles de divers métiers. Deux ou trois, aux formes plus grêles, aux mains plus blanches, à l'expression de figure plus intellectuelle, trahissaient des hommes de pensée, mêlés à dessein à ces hommes d'action pour les diriger. Un homme en habit gris, le sabre au côté, la plume à la main, d'une physionomie inflexible et comme pétrifiée, était assis au centre de la table et présidait ce tribunal. C'était l'huissier Maillard, l'idole des rassemblements du faubourg Saint-

Marceau, un de ces hommes que produit l'écume du peuple et derrière lesquels elle se range parce qu'elle ne peut pas les dépasser. Rival de Jourdan, ami de Théroigne, homme des journées d'octobre, du 20 juin, du 10 août, Maillard s'était constitué lui-même le bourreau du peuple. Il aimait le sang, il portait les têtes, il arborait les cœurs, il dépeçait les cadavres. Les femmes lubriques et les enfants cruels qui épient la mort après le combat glorifiaient Maillard parce qu'il assouvissait leurs yeux. Il avait fini par se faire une popularité de l'effroi de son nom. Il portait maintenant une certaine retenue dans sa vengeance, une certaine limite dans le meurtre. Il n'exécutait plus de ses propres mains, il laissait faire à ses seconds. Il semblait discuter avec sa conscience avant de leur livrer leurs victimes.

Tel était Maillard. Il revenait des Carmes, où il avait organisé le massacre. Ce n'était pas le hasard qui l'avait amené à l'Abbaye à l'heure précise de l'arrivée du dernier convoi et avec l'écrou des prisons sous sa main. Il avait reçu la veille les confidences de Marat par des membres du comité de surveillance. Danton avait fait porter les écrous à ce comité; on y avait épuré les listes. On y avait indiqué à Maillard ceux qu'il fallait absoudre, ceux qu'il fallait condamner. Le jugement du reste avait été remis au tribunal qui se formerait sur les lieux. Ce tribunal avait l'arbitraire du peuple pour loi. On lisait l'écrou; les guichetiers allaient chercher le prisonnier. Maillard l'interrogeait; il consultait de l'œil l'opinion de ses collègues. Si le prisonnier était absous, Maillard disait : *Qu'on élargisse monsieur*. S'il était condamné, une voix disait : *A la Force*. La porte extérieure s'ouvrait à ce mot; le prisonnier, entraîné hors du seuil, tombait en sortant.

IX

Le massacre commença par les Suisses. Il y en avait cent cinquante à l'Abbaye, officiers ou soldats. Maillard les fit amener dans le guichet et les jugea en masse. « Vous avez assassiné le peuple au 10 août, leur dit-il ; le peuple demande vengeance. Vous allez être transportés à la Force. — Grâce ! grâce ! s'écrient les soldats en tombant à genoux. — Il ne s'agit pas de mourir, leur répond Maillard, il ne s'agit que de vous transférer dans une autre prison. Peut-être ailleurs vous fera-t-on grâce. » Mais les Suisses avaient entendu les cris qui demandaient leurs vies. « Pourquoi nous tromper ? disent-ils, nous savons bien que nous ne sortirons d'ici que pour aller à la mort ! » A ces mots, un Marseillais et un garçon boucher entr'ouvrent la porte, et, indiquant d'un doigt tendu les Suisses : « Allons, allons ! décidez-vous ! Marchons ! Le peuple s'impatiente ! » Les Suisses reculent comme un troupeau à l'aspect de l'abattoir, et se groupent en masse dans le fond du guichet, en poussant des lamentations déchirantes et en se cramponnant les uns aux autres. « Il faut que cela finisse, dit un des juges. Voyons, quel est celui qui sortira le premier ?— Eh bien, ce sera moi, s'écrie un jeune sous-officier d'une taille élevée, d'un front calme, d'une attitude martiale. Je vais donner l'exemple. Montrez-moi la porte. Par où faut-il aller ? »

La porte s'ouvre. Il lance son chapeau derrière lui en criant adieu à ses camarades, et franchit le seuil. Sa beauté, sa résolution, frappent de stupeur les assassins. Ils s'écartent en haie. Ils le laissent s'avancer jusqu'au milieu de la cour. Mais, revenant bientôt de leur surprise, ils forment, en se rapprochant, un cercle de sabres, de piques et de baïonnettes dirigés contre lui. Il fait deux pas en arrière, promène tranquillement ses regards sur ses assassins, croise ses bras sur sa poitrine, reste un moment immobile comme attendant le coup, puis, voyant que tout est prêt, il s'élance de lui-même la tête en avant sur les baïonnettes et tombe percé de mille coups. Sa mort entraîne celle de ses cent cinquante camarades. Ils tombent les uns après les autres sur le pavé comme des taureaux assommés. Les tombereaux ne suffisent pas à déblayer assez vite les corps : on les empile des deux côtés de la cour pour faire place à ceux qui doivent mourir. Le baron de Reding mourut le dernier. Ce jeune officier était remarqué, par l'élévation de sa stature et par l'expression mâle de ses traits, dans cette race d'enfants des montagnes, où la nature fait tout plus grand et plus beau.

Blessé aux Tuileries, Reding avait une épaule et une cuisse cassées par les balles. On l'avait transporté du champ de bataille à l'Abbaye. Jeté sur un grabat dans un coin sombre de la chapelle, le moindre mouvement disloquait ses membres fracturés et lui arrachait des gémissements. Une femme qui l'aimait avait obtenu à prix d'or des commissaires des prisons la permission de venir le soigner. Déguisée en garde-malade des hôpitaux, elle passait les journées entières auprès du lit de Reding. Bien que reconnue par plusieurs, tous affectaient de se tromper à son déguisement. Ils respectaient le mystère qui cachait tant d'amour dans tant de dévouement. Il ne restait plus de Suisses à immoler. Le silence avait succédé depuis un moment, dans la cour, aux coups de sabre et au bruit de la chute des corps sur le pavé. Les assassins buvaient. Reding se croyait oublié ou épargné. Ses compagnons de chambre le félicitaient tout bas. Mais les victimes comptées dans la rue ne correspondent pas au nombre des détenus : il manque un Suisse. On se souvient du blessé. Trois égorgeurs, le sabre à la main, précédés d'un guichetier portant une torche, entrent dans la chapelle et demandent Reding. L'amante qui le veille s'évanouit à ce nom. Reding conjure ses bourreaux de le tuer dans son lit pour lui éviter le supplice d'être transporté, après les supplices qu'il a déjà soufferts. Ils s'y refusent avec des railleries atroces. L'un d'eux le prend dans ses bras, le charge sur ses épaules, les jambes en avant, la tête renversée en arrière. Le blessé pousse d'involontaires hurlements. Soit férocité, soit pitié, un de ses assassins scie avec la lame de son sabre le cou pendant de Reding. Ses cris sont étouffés dans son sang. Il arrive mort au pied de l'escalier. On jette son cadavre aux égorgeurs.

X

Ils se reposaient un moment. La nuit tombait. Des torches éclairaient la cour. Assis les pieds dans le sang, ces salariés du crime mangeaient et buvaient comme l'ouvrier après sa tâche achevée. La tâche n'était qu'interrompue. La commune, officiellement avertie des massacres, avait envoyé Manuel, Billaud-Varennes et d'autres commissaires aux prisons, pour rejeter du moins la responsabilité du crime et pour témoigner de quelques efforts tentés contre ces assassinats. Ces harangues, intimidées par l'attitude des meurtriers et par les armes teintes de sang, ressemblaient plus à des adulations qu'à des reproches. On y sentait la connivence ou la peur. Le peuple les interprétait comme des encouragements. Quelques-unes même étaient des félicitations et des provocations à de nouveaux meurtres. « Braves citoyens, dit Billaud-Varennes dans la cour de l'Abbaye, vous venez d'égorger de grands coupables ; la municipalité ne sait comment s'acquitter envers vous. Sans doute les dépouilles de ces scélérats appartiennent à ceux qui nous en ont délivrés. Sans croire vous récompenser, je suis chargé d'offrir à chacun de vous vingt-quatre livres, qui vont vous être payées sur-le-champ. »

Pendant que Billaud-Varennes parlait ainsi, le massacre, un moment suspendu, recommençait sous ses yeux. Le vieux commandant de la gendarmerie, Rulhières, déjà percé de cinq coups de pique, dépouillé et laissé pour mort, courait nu et sanglant autour de la cour, les mains en avant, cherchant à tâtons les murs, tombait de nouveau et se relevait encore, dans la lutte de l'agonie. Cette fuite sans issue dura dix minutes !

Après les Suisses, on jugea en masse tous les gardes du roi emprisonnés à l'Abbaye. Leur crime était leur fidélité au 10 août. Il n'y avait pas de procès. C'étaient des vaincus. On se borna à leur demander leurs noms. Livrés un à un, leur massacre fut long ; le peuple, dont le vin, l'eau-de-vie mêlée de poudre, la vue et l'odeur du sang semblaient raffiner la rage, faisait durer le supplice comme s'il eût craint d'abréger le spectacle. La nuit entière suffit à peine à les immoler et à les dépouiller.

L'abbé Sicard et les deux prêtres réfugiés comme lui dans une petite chambre attenante au comité virent, entendirent et notèrent toutes les minutes de cette nuit. Une vieille porte percée de fentes les séparait de la scène du massacre. Ils distinguaient le bruit des pas, les coups de sabre sur les têtes, la chute des corps, les hurlements des bourreaux, les applaudissements de la populace, les voix même des amis qu'ils venaient de quitter, et les danses atroces des femmes et des enfants, aux lueurs des flambeaux et au chant de la *Carmagnole*, autour des cadavres. De moment en moment des députations d'égorgeurs venaient demander du vin au comité, qui leur en faisait distribuer. Des femmes apportèrent à manger à leurs maris au lever du jour, pour les soutenir, disaient-elles, dans leur rude travail : manœuvres de la mort abrutis par la misère, l'ignorance et la faim, pour qui tuer était gagner sa vie !

Les tombereaux commandés par la commune vidèrent, pendant ce repas, les cours des monceaux de cadavres qui les obstruaient. L'eau ne suffisait pas à laver. Les pieds glissaient dans le sang. Les assassins, avant de reprendre leur ouvrage, étendirent un lit de paille sur une partie de la cour. Ils couvrirent cette litière des vêtements des victimes. Ils décidèrent entre eux de ne plus tuer que sur ce matelas de paille et de laine, pour que le sang, bu par les habits, ne se répandît plus sur les pavés. Ils disposèrent des bancs autour de ce théâtre, pour qu'au retour de la lumière les femmes et les hommes curieux de l'agonie pussent assister assis et en ordre à ce spectacle. Ils placèrent autour du préau des sentinelles chargées d'y faire la police. Au point du jour ces bancs trouvèrent en effet des femmes et des hommes du quartier de l'Abbaye pour spectateurs, et ces meurtres des applaudissements! Pendant ce temps-là Maillard et les juges prenaient leur repas dans le guichet. Après avoir fumé tranquillement leurs pipes, ils dormirent sans remords sur leurs bancs de juges, et reprirent des forces pour l'œuvre du lendemain.

XI

Les prisonniers seuls ne dormaient pas. Consignés tous dans leurs cachots ou dans leurs salles, debout ou assis sur le bord de leurs lits, ils écoutaient. Tous les bruits avaient un sens de mort ou de vie à leurs oreilles. La fenêtre grillée de la tourelle de l'Abbaye, d'où l'on apercevait d'un côté la rue Sainte-Marguerite, de l'autre une partie de la cour, était un observatoire où les plus courageux montaient tour à tour pour informer les autres de ce qui se passait au dehors. Au silence des dernières heures de la nuit, ils crurent que le peuple avait assez de meurtre. Quelques-uns s'assoupirent de lassitude. D'autres passèrent les minutes à prier, à écrire leur défense, à préparer des lettres pour leurs femmes, à faire leur testament.

Au point du jour, deux prêtres, l'abbé Lenfant, prédicateur du roi, et l'abbé de Rastignac, écrivain religieux, enfermés ensemble à l'Abbaye, réunirent les prisonniers dans la chapelle. Là, du haut d'une tribune, ils les préparèrent à la mort. Ces deux prêtres touchaient à quatre-vingts ans. Leurs cheveux blancs, leur visage pâli par l'âge, macéré par la veille, divinisé par l'approche du martyre, donnaient à leurs gestes et à leurs paroles la solennité évangélique de l'éternité. Ils apparurent aux jeunes prisonniers comme les anges de l'agonie. Tous tombèrent à genoux. Ce rayon de religion sur un champ de sang leur fit sentir la présence d'une Providence jusque dans le supplice. Les uns furent fortifiés, les autres consolés, tous attendris. A peine les deux prêtres avaient-ils étendu leurs mains sur leurs compagnons, qu'on vint les appeler pour donner à la fois l'exemple et la leçon du martyre. Les mains jointes, l'esprit recueilli, les yeux levés au ciel, ils furent hachés de mille coups de sabre et tombèrent sans avoir cessé de prier.

Mais la résignation de ces deux vieillards n'avait pas enlevé l'horreur de l'expectative aux prisonniers. La nature n'en luttait pas moins en eux contre la mort. Ils discutaient entre eux sur l'attitude dans laquelle il fallait recevoir ou braver les coups pour rendre le trépas plus prompt et moins sensible. Les uns voulaient tendre la tête aux sabres pour qu'elle tombât d'un seul coup ; les autres se proposaient de découvrir leur poitrine et de tenir leurs mains derrière le dos pour que le fer frappât droit au cœur sans s'égarer ; les autres voulaient lutter jusqu'à la fin contre les bourreaux, embrasser les piques, écarter les sabres, renverser les égorgeurs, et changer le supplice en combat, pour mourir dans l'accès du courage et dans la joie de la vengeance. Non contents de cette théorie du supplice, les détenus allaient, comme des gladiateurs, étudier le supplice lui-même dans l'attitude de ceux qui mouraient avant eux, et, pour ainsi dire, répéter la mort. Ils remarquèrent, en regardant par une lucarne élevée, que ceux qui étendaient les mains en avant, par le geste naturel de l'homme menacé au visage, mouraient deux fois au lieu d'une, parce qu'ils étaient hachés avant d'être morts. Ceux, au contraire, qui croisaient leurs bras sur leur poitrine et qui marchaient au fer, tombaient sous des coups plus sûrs et ne se relevaient plus. Ils résolurent en masse de mourir ainsi.

XII

Quelques-uns préférèrent se choisir à eux-mêmes leur mort et trouvèrent plus doux de la devancer que de l'attendre. Ils se brisèrent la tête contre des serrures de fer, contre l'angle aigu des pierres de taille. Ils s'enfoncèrent dans le cœur des couteaux mal aiguisés qu'ils avaient soustraits, la veille, aux recherches des geôliers. M. de Chantereine, colonel de la garde constitutionnelle du roi, se frappa de trois coups de stylet et tomba en s'écriant : « Mon Dieu ! je vais à vous ! »

M. de Montmorin, l'ancien ministre de Louis XVI, avait été interrogé à l'Assemblée, quelques jours auparavant. Brissot, Guadet, Vergniaud, Gensonné, ses ennemis, avaient abusé de la victoire du 10 août contre cet homme d'État retiré des affaires et que leur animosité aurait dû oublier. Ils avaient prolongé cependant et semé de piéges son interrogatoire, pour se faire un mérite de sa condamnation. On avait jeté M. de Montmorin à l'Abbaye; son fils, presque enfant, l'y consolait. Enfermé dans une même salle avec d'Affry, Thierri, Sombreuil, gouverneur des Invalides, la fille de Sombreuil et Beaumarchais, qui riait encore sous les verrous, Montmorin avait supporté sa captivité avec calme dans les doux entretiens de ces anciens amis. L'élargissement de d'Affry et de Beaumarchais, que Manuel était venu chercher, la veille, avec madame de Saint-Brice et madame de Tourzel, lui donnait l'espérance d'une prochaine délivrance. Le tocsin du 2 septembre, le tumulte des cours, les cris des victimes, son fils arraché le matin de ses bras, le rejetèrent tout à coup de la confiance dans l'abattement. Son désespoir devint de la fureur. Il appelait ses ennemis pour les terrasser. Les cheveux épars, les yeux enflammés, les poings levés, il parcourait la chambre en lançant des imprécations aux brigands. Ses muscles tendus par la colère lui donnaient une force qui ébranlait les barreaux de fer de sa prison. Il broya sous ses doigts une table de chêne dont les planches avaient deux pouces d'épaisseur. Il fallut le tromper pour lui faire franchir le seuil du guichet. Il parut fier et l'ironie sur les lèvres en présence du tribunal. « Président, dit-il à Maillard, puisqu'il vous plaît de vous nommer ainsi, j'espère que vous me ferez amener une voiture pour me conduire à la Force, afin de m'éviter les insultes de vos assassins. » Maillard fit un signe de consentement. Montmorin s'assit un moment dans le guichet et vit juger quelques prisonniers. « La voiture qui doit vous conduire à votre destination est arrivée, » lui dit enfin le président. Au même instant, la porte de la cour s'ouvrit. Montmorin se précipita pour sortir. Il fut cloué au mur par trente piques, et mourut en croyant voler à la liberté.

M. de Montmorin avait eu entre les mains un reçu de cent mille livres payées à Danton, par ordre du roi, pour l'indemniser de sa charge d'avocat au Châtelet. C'était en réalité le prix de la corruption sollicité et accepté secrètement de la cour par le jeune démagogue. M. de Montmorin, quelque temps avant le 20 juin, s'inquiéta d'être le dépositaire d'un secret qui devait paraître à Danton une révélation menaçante sans cesse suspendue sur sa popularité. L'ancien ministre alla trouver M. de La Fayette, son ami, lui confia ce mystère et lui demanda conseil. « Vous n'avez qu'un de ces deux partis à prendre, répondit M. de La Fayette : ou avertir Danton que vous publierez son marché, s'il n'en accomplit pas les conditions en faveur du roi, ou lui remettre le reçu, et le prendre ainsi par la reconnaissance et par la générosité en vous désarmant de vos preuves contre lui. » M. de Montmorin ne suivit ni l'un ni l'autre de ces conseils. Il se contenta d'écrire à Danton qu'il avait brûlé son reçu, mais il ne lui renvoya pas sa signature. Danton put croire que ce témoignage existait encore, et qu'en tout cas M. de Montmorin était à jamais un témoin dangereux à sa renommée. On implora en vain pour lui l'élargissement obtenu pour d'autres. Il périt. Nul ne sait si cette mort fut un oubli ou une prudence de ceux qui avaient leur nom dans sa mémoire et leur signature dans ses papiers.

Après M. de Montmorin parut Sombreuil, gouverneur des Invalides. Sa fille, arrêtée avec lui, avait la liberté de sortir. Elle avait refusé de quitter la prison où l'enchaînait son amour pour son père. Elle y habitait une chambre destinée aux femmes, avec mesdames de Tourzel, de Saint-Brice, et la fille de Cazotte. Depuis le commencement du massacre, elle se tenait dans le guichet du tribunal, épiant la comparution de son père et protégée par la pitié des gardes et des guichetiers. Sombreuil paraît; il est condamné; la porte s'ouvre; les baïonnettes brillent; sa fille s'élance, se suspend au cou du vieillard, le couvre de son corps, conjure les assassins d'épargner son père ou de la frapper du même coup. Son geste, son sexe, sa jeunesse, ses cheveux épars, sa beauté accrue par l'émotion de son âme, la sublimité de son dévouement, l'ardeur de ses supplications, attendrissent ces sicaires. Un cri de grâce s'élève de la foule, les piques s'abaissent; on accorde à la fille la vie de son père, mais à un horrible prix : on veut qu'en signe d'abjuration de l'aristocratie elle trempe ses lèvres dans un verre rempli du sang des aristocrates. Mademoiselle de Sombreuil saisit le verre d'une main intrépide, le porte à sa bouche et boit au salut de son père. Ce geste la sauve. On s'associe à sa joie; les larmes de ses assassins se mêlent aux siennes. Il y a des surprises de la nature, même au plus profond du crime. Il y a des abîmes dans le cœur humain. Des monstres, les bras teints de sang, emportent en triomphe Sombreuil et sa fille jusqu'à leur demeure et leur jurent de les défendre contre leurs ennemis.

La fille de Cazotte disputa aussi et reconquit son père. Cazotte était un vieillard de près de soixante-quinze ans. L'élévation de sa stature, la blancheur de ses longs cheveux, le feu de son regard sous des sourcils blancs, la beauté austère et l'exaltation des traits de son visage, lui donnaient la majesté d'un prophète. Il en avait l'éloquence et les vertiges. Imagination folle dans ses écrits, âme extatique dans sa piété, homme de bien dans sa vie, il voyait dans la Révolution une épreuve de feu par laquelle Dieu faisait passer les enfants du siècle pour reconnaître les siens et les glorifier dans le martyre. Il offrait son sang. Il avait l'impatience du sacrifice. Sa fille l'avait suivi volontairement dans son cachot. Prévoyant le massacre, elle avait cherché et rencontré des protecteurs dans les Marseillais qui gardaient les prisonniers. La touchante jeunesse, la piété filiale, l'aimable familiarité de la jeune fille, avaient amolli la rudesse de ces hommes. Ils lui avaient promis son père. Ils tinrent parole. Cazotte, interrogé par le tribunal, répondit comme un homme qui veut obstinément mourir. « Ma femme! mes enfants! s'écriait-il, ne pleurez pas! Ne m'oubliez pas! mais souvenez-vous surtout de Dieu! Je veux mourir comme j'ai vécu : fidèle à mon Dieu et à mon roi. » Sa fille, ne pouvant l'empêcher de se jeter à la mort, s'y précipita avec lui.

XIII

Les Marseillais compatissants la suivirent dans la cour; ils abaissèrent de la main les sabres et les piques levés sur elle. Ils demandèrent grâce pour ces deux vies inséparables l'une de l'autre. Ils firent traverser à leur protégée cette mare de sang. Ils lui remirent son père et les firent conduire en lieu de sûreté.

Cette grâce ne fut qu'un répit pour Cazotte. Repris quelques jours après, on emprisonna séparément son enfant pour se débarrasser de la pitié. Ce que des assassins n'avaient osé faire, des juges le firent : Cazotte périt.

Après lui mourut Thierri, premier valet de chambre du roi. « La reconnaissance, dit-il à Maillard, n'a pas d'opinion; mon devoir, c'était ma fidélité à mon maître. » Percé d'une pique, qui entrait par la poitrine et qui ressortait entre les épaules, il s'appuyait d'une main sur une borne de la cour, et de l'autre il élevait encore son chapeau et faisait un dernier effort pour crier : « Vive le roi ! »

Maillé, Rohan-Chabot, le lieutenant général Wittgenstein, Romainvilliers, commandant en second la garde nationale au 10 août, les juges de paix Buob et Bosquillon, tombèrent après lui. Il y eut des repentirs, des précipitations, des confusions de noms. On vit des hommes du dehors entrer dans la cour, retourner les cadavres, laver avec des éponges le sang qui couvrait les visages, les reconnaître, et s'en aller consternés ou réjouis d'avoir manqué ou satisfait leur vengeance. Le soir du second jour, des cris de grâce pour ceux qui restaient retentirent dans la rue et dans les cours. Les prisonniers oubliés reprirent espérance. Quelques-uns rassemblent ce qu'ils ont de plus précieux et se préparent à sortir. Des coups de feu dans l'intérieur de la prison et des cris au dehors les refoulent dans le fond des salles vides. C'était le massacre du jeune Montsabray.

Montsabray, à peine âgé de dix-huit ans, appartenait par sa famille aux plus grands noms de la noblesse. Les charmes de sa figure, les grâces de son âge, la douceur de son caractère, le faisaient admirer et adorer dans l'armée. Le duc de Brissac l'avait nommé son aide de camp. M. de

Brissac, après la mort de Louis XV, s'était attaché de cœur à madame du Barry, si jeune et si belle encore. Courtisan par amour de cette favorite exilée, il habitait avec elle le pavillon de Lucienne, dans le bois de Marly, don du roi à sa maîtresse. Madame du Barry chérissait Montsabray d'une de ces tendresses maternelles qui n'osent s'avouer à elles-mêmes la nature de leur sentiment. Montsabray, blessé légèrement au 10 août, s'était réfugié à Lucienne. La chambre secrète du château où il attendait sa guérison n'était connue que de madame du Barry et de ses femmes. Elle pansait elle-même la blessure du jeune militaire. Audouin, membre de la commune, ayant demandé au conseil général un corps de deux cents fédérés pour purger les environs de Paris des aristocrates qui s'étaient échappés après le combat, découvrit Montsabray au pavillon de Lucienne. Ni l'or, ni les larmes, ni les supplications de madame du Barry ne purent attendrir Audouin. Il emmena le jeune aide de camp sur un brancard, et le jeta à l'Abbaye. Au bruit du massacre, Montsabray, qui couchait dans la sacristie de la chapelle, se glissa hors de son lit, et, grimpant par le tuyau de la cheminée jusqu'au sommet du bâtiment, se suspendit à une forte grille en fer qui interceptait la cheminée. De là il entendit, deux jours et deux nuits, sans nourriture, le bruit des égorgements, espérant y échapper par sa patience. Mais l'écrou dénonçait une victime de moins. On se souvint du blessé. On le chercha en vain. Le geôlier de la chapelle, expert dans les ruses des prisonniers, fit tirer des coups de fusil d'en bas dans le tuyau. Une seule balle atteignit Montsabray et lui cassa le poignet. Il eut la force de ne pas tomber et de se taire. On allait renoncer à lui. Un guichetier apporta de la paille et l'alluma dans le foyer. La fumée suffoqua le blessé. Il tomba sur la paille en feu. On l'emporta, mutilé, brûlé, évanoui, presque mort, dans la rue. Là on le coucha dans le sang, et on délibéra devant lui de quelle mort on le ferait mourir. L'infortuné jeune homme, revenu à lui, resta près d'un quart d'heure sur ce lit de cadavres, en attendant que les égorgeurs eussent trouvé et chargé des armes à feu. Ils eurent enfin pitié du supplice de cet enfant, et l'achevèrent de cinq coups de pistolet tirés à la fois dans la poitrine.

Il ne restait plus qu'un prisonnier à l'Abbaye. C'était M. de Saint-Marc, colonel d'un régiment de cavalerie. Des assassins convinrent entre eux de prolonger son martyre, pour que tous eussent leur part dans ses tourments et dans sa mort. Ils le firent promener lentement à travers une haie de sabres dont ils ménageaient les coups, de peur de l'achever trop vite. Ils le percèrent ensuite d'une lance qui lui traversait le corps. Ils le forcèrent à marcher ainsi sur les genoux, imitant et raillant les contorsions que lui arrachaient ces tortures. Quand il ne put plus se soutenir, ils lui hachèrent les mains, le visage, les membres de coups de sabre, et l'achevèrent enfin de six balles dans la tête. Voilà quels hommes se cachent dans ces gouffres de civilisation recouverts de tant de luxe et de tant de lumières. Il y a des Nérons à tous les degrés, depuis le trône jusqu'à l'échoppe, raffinés en haut, brutes en bas. Le goût du sang est la première et la dernière corruption de l'homme.

Quelques actes inexplicables ou consolants étonnent toutefois dans ces horreurs. La compassion de Maillard parut chercher des innocents avec autant de soin que sa vengeance cherchait des coupables. Il épargna tous ceux qui lui fournirent un prétexte de les sauver. Soit qu'il considérât l'assassinat comme un devoir pénible, dont il se reposait par quelques pardons ; soit plutôt que son orgueil jouît de dispenser ainsi la mort et la vie, il prodigua l'un et l'autre. Il exposa sa propre tête pour disputer des victimes à ses bourreaux. On murmurait souvent dans la cour contre sa parcimonie de meurtre. On criait à la trahison. Plusieurs fois les égorgeurs forcèrent, le sabre à la main, la porte du guichet, et menacèrent d'immoler le tribunal. Des citoyens étrangers aux victimes se dévouèrent pour sauver des hommes qu'ils ne connaissaient que de nom. L'horloger Monnot osa réclamer l'abbé Sicard et l'obtint au nom des misères du peuple, auxquelles l'instituteur des sourds-muets avait consacré sa vie. Des députations de sections tentèrent de pénétrer dans la prison pour réclamer des citoyens. Elles furent repoussées. Un poste de garde nationale occupait la voûte qui conduit de la place de l'Abbaye dans la cour. Ce poste avait ordre de laisser entrer, mais de ne pas laisser ressortir. On eût dit qu'il était placé là pour protéger l'assassinat. Un seul de ces députés osa franchir cette voûte. « Es-tu las de vivre ? » lui dirent les égorgeurs. On conduisit ce député à Maillard. Maillard lui fit remettre les deux prisonniers qu'il demandait. Le député traversa de nouveau la cour avec ses détenus. Des torches éclairaient des piles de cadavres et des lacs de sang. Les égorgeurs, assis sur ces restes comme des moissonneurs sur des gerbes, se reposaient, fumaient, mangeaient, buvaient tranquillement. « Veux-tu voir un cœur d'aristocrate ? lui dirent ces bouchers d'hommes ; tiens ! regarde ! » En disant ces mots, l'un d'eux fend le tronc d'un cadavre encore chaud, arrache le cœur, en exprime le sang dans un verre et le boit aux yeux de Bisson ; puis, lui présentant le verre, il le force d'y tremper ses lèvres et n'ouvre passage aux prisonniers qu'à ce prix. Les assassins eux-mêmes laissèrent plusieurs fois leur sanglant ouvrage et se lavèrent les pieds et les mains pour aller remettre à leurs familles les personnes acquittées par le tribunal. Ces hommes refusèrent tout salaire. « La nation nous paye pour tuer, disaient-ils, mais non pour sauver. » Après avoir remis un père à sa fille, un fils à sa mère, ils essuyaient leurs larmes d'attendrissement pour aller recommencer à égorger. Jamais massacre n'eut plus l'apparence d'une tâche commandée. L'assassinat, pendant ces jours, était devenu un métier de plus dans Paris.

XIV

Tandis que les tombereaux commandés par les agents du comité de surveillance charriaient les cadavres et le sang de l'Abbaye, trente égorgeurs épiaient depuis le matin les portes des Carmes de la rue de Vaugirard, attendant le signal. La prison des Carmes était l'ancien couvent, immense édifice percé de cloîtres, flanqué d'une église, entouré de cours, de jardins, de terrains vagues. On l'avait converti en prison pour les prêtres condamnés à la déportation. La gendarmerie et la garde nationale y fournissaient des postes. On avait, à dessein, affaibli ces postes le matin. Les assassins qui forcèrent les portes vers six heures du soir les refermèrent sur eux. Ceux qui commencèrent le massacre n'avaient rien du peuple, ni dans le costume, ni dans le langage, ni dans les armes. C'étaient des hommes jeunes, bien vêtus, armés de pistolets et de fusils de chasse. Cérat, jeune séide de Marat et de Danton, marchait à leur tête. On reconnaissait dans sa troupe quelques-uns des visages exaltés qu'on voyait habituellement aux tribunes du club des Cordeliers. Prétoriens de ces agitateurs, on les appelait, par allusion au couvent où se tenaient les séances, les frères rouges de Danton; ils portaient le bonnet rouge, une cravate, un gilet, une ceinture rouges, symbole significatif pour accoutumer les yeux et la pensée à la couleur du sang. Les directeurs du massacre craignirent que l'ascendant du clergé sur le bas peuple ne fît reculer les égorgeurs devant des meurtres sacriléges. Ils recrutèrent, dans les écoles, dans les lieux de débauche et dans les clubs, des exécuteurs volontaires *au-dessus* de ces scrupules, et que la haine poussait d'eux-mêmes à l'assassinat des prêtres. Des coups de fusil tirés dans les cloîtres et dans les jardins sur quelques vieillards qui s'y promenaient furent le signal du massacre. De cloître en cloître, de cellule en cellule, d'arbre en arbre, les fugitifs tombaient blessés ou morts sous les balles. On faisait rouler sur les escaliers, on jetait par les fenêtres, les cadavres de ceux qui avaient succombé à la décharge.

Des hordes hideuses d'hommes en haillons, de femmes, d'enfants, attirées de ces quartiers de misère par le bruit de la fusillade, se pressaient aux portes. On les ouvrait de temps en temps, pour laisser sortir des tombereaux attelés de chevaux magnifiques, pris dans les écuries du roi. Ces chariots fendaient lentement la foule, laissant derrière eux une longue trace de sang. Sur ces piles de cadavres ambulantes, des femmes, des enfants assis, trépignant de joie, riaient et montraient aux passants des lambeaux de chair humaine. Le sang rejaillissait sur leurs habits, sur leurs visages, sur leur pain. Ces bouches livides, hurlant la *Marseillaise*, déshonoraient le chant de l'héroïsme en l'associant à l'assassinat. Le peuple hâve qui suivait les roues répétait en chœur les refrains et dansait autour de ces chars comme autour des dépouilles triomphales du clergé et de l'aristocratie vaincus. Le petit nombre des assassins, le grand nombre des victimes, l'immensité du bâtiment, l'étendue du jardin, les murs, les arbres, les charmilles qui dérobaient aux balles les prêtres courant çà et là pour fuir la mort, ralentirent l'exécution. La nuit tombante allait les protéger de son ombre. Les exécuteurs formèrent une enceinte, comme dans une chasse aux bêtes fauves, autour du jardin. En se rapprochant pas à pas des bâtiments, ils forcèrent à coups de sabre tous les ecclésiastiques à se rabattre dans l'église. Ils les y renfermèrent. Pendant que cette battue s'opérait au dehors, une recherche générale dans la maison refoula de même dans l'église les prêtres échappés aux premières décharges. Les assassins rapportèrent sur leurs propres bras les prêtres blessés qui ne pouvaient marcher. Une fois parquées dans cette enceinte, les victimes, appelées une à une, furent entraînées par une petite porte qui ouvrait sur le jardin, et immolées sur l'escalier.

L'archevêque d'Arles, Dulau, le plus âgé et le plus vénéré de ces martyrs, les édifiait de son attitude et les encourageait de ses paroles. L'évêque de Beauvais et l'évêque de Saintes, deux frères de la maison de La Rochefoucauld, plus unis encore par le cœur que par le sang, s'embrassaient et se réjouissaient de mourir ensemble. Tous priaient pressés dans le chœur autour de l'autel. Ceux qui étaient appelés recevaient de leurs frères le baiser de paix et les prières des agonisants. L'archevêque d'Arles fut désigné un des premiers. « C'est donc toi, lui dit un Marseillais, qui as fait couler le sang des patriotes d'Arles!— Moi! répondit l'archevêque, je n'ai fait de mal à qui que ce soit dans ma vie! » A ces mots l'archevêque reçoit un coup de sabre au visage. Il reste impassible et debout. Il en reçoit un second qui couvre ses yeux d'un voile de sang. Au troisième il tombe en se soutenant sur la main gauche, sans proférer un gémissement. Le Marseillais le perce de sa pique, dont le bois se brise par la force du coup. Il foule aux pieds le corps de l'archevêque, lui arrache sa croix, et la montre comme un trophée à ses compagnons.

L'évêque de Beauvais embrasse l'autel jusqu'au dernier moment; puis il marche vers la porte avec autant de calme et de majesté que dans les saintes cérémonies. Les jeunes prêtres le suivirent jusqu'au seuil, où il les bénit. Le confesseur du roi, Hébert, supérieur des Eudistes, consolateur de Louis XVI dans la nuit du 10 août, fut immolé ensuite. Chaque minute décimait les rangs dans le chœur. Il n'y avait plus que quelques prêtres assis ou agenouillés sur les degrés de l'autel. Bientôt il n'y en eut plus qu'un seul.

L'évêque de Saintes, qui avait eu la cuisse cassée dans le jardin, était couché sur un matelas dans une chapelle de la nef. Les gendarmes du poste entouraient sa couche et le cachaient aux yeux. Mieux armés et plus nombreux que les exécuteurs, ils auraient pu défendre leur dépôt. Ils assistèrent l'arme au bras au meurtre. Ils livrèrent l'évêque de Saintes comme les autres. « Je ne refuse pas de mourir avec mon frère, répondit l'évêque quand on vint l'appeler ; mais j'ai la cuisse cassée, je ne puis me soutenir : aidez-moi à marcher, et j'irai avec joie au supplice. » Deux de ses meurtriers le soutinrent en passant leurs bras autour de son corps. Il tomba en les remerciant. C'était le dernier. Il était huit heures. Le massacre avait duré quatre heures.

XV

Les tombereaux emportèrent cent quatre-vingt-dix cadavres. Les massacreurs se dispersèrent et coururent aux autres prisons. Le sang altère et n'assouvit pas.

Il coulait déjà dans les neuf prisons de Paris. La prison de la Force renfermait, après l'Abbaye, les prisonniers les plus signalés à l'extermination du peuple. On y avait jeté les hommes et les femmes de la cour arrêtés le 10 août. A l'heure où Maillard instituait son tribunal à l'Abbaye, deux membres du conseil de la commune, Hébert et Lhuilier, s'érigeaient d'eux-mêmes en juges souverains dans le guichet de la Force. Là, les mêmes signes de préméditation dans l'attentat, la même invasion d'une horde de soixante exécuteurs, la même discipline dans l'assassinat, les mêmes formes d'interrogatoire et de jugement, les mêmes soins pour éponger le sang, les mêmes tombereaux pour empiler les corps, les mêmes mutilations des cadavres, les mêmes eux avec les têtes coupées, la même indifférence brutale des bourreaux, mangeant, buvant, dansant, piétinant sur les membres des victimes; les mêmes torches éclairant la nuit les mêmes saturnales et se réverbérant dans un lac de sang; enfin, la même impassibilité de la force publique assistant et consentant aux égorgements.

Cent soixante têtes roulèrent en deux jours sous le sabre et sous les pieds des meurtriers. Hébert et Lhuilier en sauvèrent dix, parmi lesquelles plusieurs femmes de la reine. Quel prix paya leur salut? On ne le vit pas compter dans la main des juges. Mais le glaive, qui s'abattit sans pitié sur les plus obscures et les plus pauvres, épargna les plus illustres et les plus riches. On marchanda le sang goutte à goutte. On fit payer la pitié.

Une seule de ces victimes, rachetée dans l'intention des juges, ne put échapper au supplice. Hébert et Lhuilier voulaient la sauver. Un cri la perdit. Elle tomba entre le tribunal et la rue. C'était la princesse de Lamballe. Cette jeune veuve du fils du duc de Penthièvre était une princesse de Savoie-Carignan. Sa beauté et les charmes de son âme lui avaient attiré l'attachement passionné de Marie-Antoinette. La chaste affection de la princesse de Lamballe n'avait répondu aux odieux soupçons du peuple que par un héroïque dévouement aux infortunes de son amie. Plus la reine tombait, plus la princesse s'attachait à sa chute. Elle mettait sa volupté dans le partage des revers. Pétion lui avait accordé de suivre sa royale amie au Temple. La commune, plus implacable, l'avait envoyé prendre dans les bras de la reine et l'avait jetée à la Force. Le beau-père de madame de Lamballe, le duc de Penthièvre, l'adorait comme sa propre fille.

XVI

Le duc de Penthièvre vivait retiré au château de Bizy en Normandie. L'amour du peuple y protégeait sa vieillesse. Il savait la captivité de sa belle-fille et les dangers qui menaçaient les prisons. Il veillait de loin sur ses jours. Un négociateur secret de sa maison, muni d'une somme de cent mille écus, s'était rendu par l'ordre du prince à Paris, et avait acheté d'un des principaux agents de la commune le salut de la princesse de Lamballe. D'autres agents inférieurs, domestiques ou familiers de la maison de Penthièvre, avaient été répandus dans Paris, chargés par le duc de lier amitié avec les hommes dangereux qui rôdaient autour des prisons, de s'insinuer dans leur confidence, d'épier le crime et de le prévenir en tentant la cupidité des assassins. Toutes ces mesures, dont le centre était l'hôtel de Toulouse, palais du duc, avaient réussi. A la commune, parmi les juges, parmi les exécuteurs, des yeux veillaient sur la princesse.

Elle parut une des dernières devant le tribunal. Elle avait été épargnée le jour et la nuit du 2 septembre, comme pour donner au peuple le temps de s'assouvir avant de lui dérober cette proie. Enfermée seule avec madame de Navarre, une de ses femmes, dans une chambre haute de la prison, elle entendait de là depuis quarante heures le tumulte du peuple, les coups des assommeurs, les gémissements des mourants. Des voix qui prononçaient son nom montaient jusqu'à ses oreilles. Malade, couchée sur son lit, passant des convulsions de la terreur à l'anéantissement du sommeil, réveillée en sursaut par des songes moins affreux que les contre-coups du meurtre sous sa fenêtre, elle s'évanouissait à chaque instant. A quatre heures deux gardes nationaux entrèrent dans la chambre de la princesse et lui ordonnèrent avec une rudesse feinte de se lever et de les suivre à l'Abbaye. Ne pouvant qu'à peine se soulever sur son séant et se soutenir sur le coude, elle supplia ses défenseurs de la laisser où elle était, aimant autant, disait-elle, mourir là qu'ailleurs. Un de ces hommes se pencha vers son lit, et lui dit à l'oreille qu'il fallait obéir et que son salut en dépendait. Elle pria les hommes qui étaient dans sa chambre de se retirer, s'habilla promptement et descendit l'escalier, soutenue par le garde national qui semblait s'intéresser à son salut.

Hébert et Lhuilier l'attendaient. A l'aspect de ces figures sinistres, de cet appareil du crime, de ces bourreaux aux bras teints de sang entr'ouvrant la porte de la cour où l'on entendait tomber les victimes, la jeune femme perdit l'usage de ses sens, et glissa dans les bras de sa femme de chambre. Elle revint lentement à la vie. Après un bref interrogatoire : « Jurez, lui dirent les juges, l'amour de l'égalité et de la liberté, la haine des rois et des reines. — Je ferai volontiers le premier serment, répondit-elle ; quant à la haine du roi et de la reine, je ne puis la jurer, car elle n'est pas dans mon cœur. » Un des juges se pencha vers elle : « Jurez tout, lui dit-il avec un geste significatif ; si vous ne jurez pas, vous êtes morte. » Elle baissa la tête et ferma les lèvres. « Eh bien, sortez, lui dirent les assistants, et quand vous serez dans la rue, criez : « Vive la nation ! » Un des chefs des massacreurs, nommé Truchon ou le Grand Nicolas, soutient la princesse d'un côté, un de ses acolytes la soutient de l'autre. Elle paraît sur le seuil et recule en arrière à l'aspect du monceau de cadavres mutilés. Oubliant le cri sauveur qu'on lui a recommandé de proférer : « Dieu, quelle horreur! » s'écria-t-elle. Truchon lui mit la main sur la bouche et la fit enjamber les morts. Les égorgeurs, désarmés par cette apparition angélique, s'arrêtèrent devant tant de beauté. Elle avait traversé au milieu de l'étonnement et du silence plus de la moitié de la rue, quand un garçon perruquier, nommé Charlot, ivre de vin et de carnage, veut, par un jeu barbare, enlever avec la pointe de sa pique le bonnet qui couvre les cheveux de madame de Lamballe ; la pique, mal dirigée par une main avinée, effleure le front de la princesse ; le sang jaillit et couvre son visage.

XVII

Les égorgeurs, à la vue du sang, croient que la victime leur est dévolue et se précipitent sur elle. Un scélérat, nommé Grizon, l'étend à ses pieds d'un coup de bûche. Les sabres et les piques la frappent. Charlot la saisit par les cheveux et lui tranche la tête. D'autres dépouillent le cadavre de ses vêtements, le profanent et le mutilent. Pendant ces sacriléges, Charlot, Grizon, Mamin, Rodi —

l'histoire est l'éternel pilori des noms infâmes — portent la tête de la princesse de Lamballe dans un cabaret voisin, la déposent sur le comptoir entre les verres et les bouteilles, et forcent les assistants de boire avec eux à la mort. Ces buveurs de sang marchent en se grossissant jusqu'aux portes du Temple pour consterner les yeux de Marie-Antoinette de la tête livide de son amie. Les commissaires de la commune qui veillaient au Temple avec une députation de l'Assemblée, avertis de l'approche de cet attroupement, le reçurent avec des égards et des prières. L'attroupement se borna à demander de promener la tête de la complice de la reine sous les fenêtres de la famille royale. Les commissaires y consentirent. Pendant que le cortége défilait dans le jardin, sous la tour habitée par les prisonniers, le commandant du poste invita le roi à se présenter au peuple. Le roi obéit. Un commissaire plus humain se jeta entre le prince et la fenêtre où l'on élevait l'horrible trophée. Le roi néanmoins aperçut la tête et la reconnut. La reine, que l'attroupement appelait à grands cris, ignorant le spectacle qu'on lui préparait, s'élança vers la fenêtre. Le roi la retint dans ses bras et l'emmena dans le fond de ses appartements. On ne lui cacha que la vue du supplice de son amie; elle en sut le soir même les détails, et reconnut la haine du peuple à son acharnement contre tout ce qu'elle aimait.

XVIII

L'attroupement reprit sa marche à travers les rues de Paris et s'arrêta sous les fenêtres du Palais-Royal pour montrer au duc d'Orléans la tête de sa belle-sœur, non comme une menace, mais comme un tribut. Le duc d'Orléans était à table avec madame de Buffon, sa nouvelle favorite, et quelques compagnons de ses plaisirs. Il n'osa pas refuser l'hommage d'un crime offert au nom du peuple par des assassins. Il se leva, se présenta au balcon et contempla quelques instants en silence la tête sanglante qu'on élevait jusqu'à lui. Madame de Buffon l'aperçut. « Dieu, s'écria-t-elle en joignant les mains et en se renversant en arrière, c'est donc ainsi qu'on portera bientôt ma propre tête dans les rues! » Le duc referma la fenêtre et s'efforça de rassurer son amie. « Pauvre femme! dit-il en parlant de la princesse, si elle m'avait cru, sa tête ne serait pas là! » Puis il s'assit et resta silencieux et morne jusqu'à la fin du repas. Ses ennemis l'accusèrent d'avoir désigné cette tête au fer des assassins et d'avoir exigé qu'on la lui présentât pour assouvir sa vengeance et pour tranquilliser sa cupidité. Il voyait une ennemie dans l'amie de la reine, et il héritait, par la mort de madame de Lamballe, du douaire que les biens du duc de Penthièvre devaient à la veuve de son beau-frère. Ces imputations tombent devant la vérité. La vie de cette femme était indifférente à son ambition, sa mort n'ajoutait rien à sa fortune. Au moment de l'assassinat, le duc et la duchesse d'Orléans étaient séparés de biens juridiquement. Le douaire de madame de Lamballe ne grevait les biens futurs de la duchesse d'Orléans que d'une faible rente de trente mille francs par an. Ce prix du sang était au-dessous d'un assassinat et ne revenait pas même à l'assassin. On rejetait sur le duc d'Orléans tous les crimes auxquels on était embarrassé d'assigner une cause : triste condamnation d'une mauvaise renommée. On surprit souvent sa main dans les égarements du peuple, on crut la surprendre dans ce sang : elle n'y était pas.

XIX

Quand la nuit fut venue, un inconnu, qui suivait pieusement de halte en halte le cortége, acheta des assassins à prix d'or la tête de la princesse encore ornée de sa longue chevelure. Il la purifia du sang et de la boue qui souillaient ses traits, scella la tête dans un coffre de plomb et la remit aux serviteurs du duc de Penthièvre, pour que cette partie de son beau corps reçut au moins la sépulture dans le tombeau de sa famille. Le duc de Penthièvre attendait dans l'angoisse les nouvelles que la rumeur publique apportait jusqu'à son château de Bizy. A la réception de ces chères dépouilles, sa fille, épouse du duc d'Orléans, et ses serviteurs essayèrent en vain de composer leur visage pour dérober au vieillard la connaissance de cet attentat. Le prince lut son malheur dans leurs yeux. Il éleva les mains au ciel : « Grand Dieu! s'écria-t-il, à quoi servent la jeunesse, la beauté, toutes les tendresses de la femme, puisqu'elles n'ont pu trouver grâce devant le peuple? Qu'est-ce donc que le peuple? » Il ne se releva plus de son lit de larmes. Le service funèbre fut célébré dans sa chambre tendue de noir. « Je crois toujours l'entendre, disait-il dans ses derniers entretiens avec sa fille, je crois toujours la voir assise près de la fenêtre, dans ce petit cabinet. Vous souvenez-vous, ma fille, avec quelle assiduité elle y travaillait du matin au soir à des ouvrages de son sexe pour les pauvres? J'ai passé bien des années avec elle; je n'ai jamais surpris une pensée dans son âme qui ne fût pour la reine, pour moi ou pour les malheureux : et voilà l'ange qu'ils ont mis en pièces! Ah! je sens que cette idée creuse mon tombeau! » Il y descendit sans s'être un moment consolé.

XX

Le Châtelet, la Conciergerie, où l'on enfermait les prévenus de délits ou de crimes civils, et où, dans l'insuffisance des prisons, on avait enfermé des Suisses et des royalistes, furent visités le lendemain par les exterminateurs de l'Abbaye et de la Force. La commune avait pris soin d'en extraire deux cents détenus pour dettes ou pour d'insignifiants délits. Elle n'avait laissé exposées au massacre que des victimes coupables à ses yeux et dévouées d'avance aux hasards de ces journées. Le massacre y commença dans la matinée du 3 septembre. Le tribunal institué pour juger les *crimes* du 10 août tenait ses séances dans le palais, à quelques pas du lieu de l'exécution. Les massacreurs impatients n'attendaient pas sa justice trop lente. La mort devança les jugements, et la pique jugea en masse. Quatre-vingts cadavres jonchèrent en peu de minutes la cour du palais. Pendant ce temps le tribunal jugeait encore. Le major Bachmann, commandant en second des Suisses au 10 août, est appelé devant les juges. Les assassins le rencontrent dans l'escalier qui conduit de la prison au prétoire. Ils le respectent en sa qualité de victime de la loi. Condamné à mort en cinq minutes, Bachmann monte dans la charrette qui doit le conduire au supplice. Debout, le front haut, l'œil serein, la bouche fière, martialement drapé dans son manteau rouge d'uniforme comme un soldat qui se repose au bivouac, il conserve en face de la mort la dignité du commandement. Il jette un regard de dédain sur la foule sanguinaire qui s'agite sous les roues en demandant sa tête. La charrette traverse lentement la cour où le peuple immole ses compatriotes et ses amis. Bachmann ne s'attendrit que sur eux. Ceux de ses soldats qui attendent encore leur tour de mourir s'inclinent respectueusement sur le passage de leur chef, et semblent reconnaître leur commandant jusque dans la mort. Le bourreau qui le saisit est sa sauvegarde contre les assassins. Ils ne lui font grâce qu'à la condition de l'échafaud. C'est son champ de bataille du jour. Il y monte avec orgueil et y meurt en soldat.

Deux cent vingt cadavres au grand Châtelet, deux cent

quatre-vingt-neuf à la Conciergerie furent dépecés par les *travailleurs*. Les assassins, trop peu nombreux pour tant d'ouvrage, délivrèrent les détenus pour vol, à la condition de se joindre à eux. Ces hommes, rachetant leur vie par le crime, immolaient leurs compagnons de captivité. Plus de la moitié des prisonniers périt sous les coups de l'autre. Un jeune armurier de la rue Sainte-Avoie, détenu pour une cause légère, et remarquable par sa stature et sa force, reçut ainsi la liberté à la charge de prêter ses bras aux assommeurs. L'amour instinctif de la vie la lui fit accepter à ce prix. Il porta en hésitant quelques coups mal assurés. Mais bientôt revenant à lui à la vue du sang, et rejetant avec horreur l'instrument de meurtre qu'on avait mis dans sa main : « Non, non, s'écrie-t-il, plutôt victime que bourreau ! J'aime mieux recevoir la mort de la main de scélérats comme vous que de la donner à des innocents désarmés. Frappez-moi ! » Il tombe et lave volontairement de son sang le sang qu'il vient de répandre.

D'Éprémesnil, reconnu et favorisé par un garde national de Bordeaux, fut le seul détenu qui échappa au massacre du Châtelet. Il s'évada, un sabre teint de sang à la main, sous le costume d'un égorgeur. La nuit, le désordre, l'ivresse, firent confondre le fugitif avec ses assassins. Il enfonça jusqu'aux chevilles dans la fange rouge de cette boucherie. Arrivé à la fontaine Maubué, il passa plus d'une heure à laver sa chaussure et ses habits, pour ne pas glacer d'effroi les hôtes auxquels il allait demander asile.

Dans cette prison on anticipa le supplice de plusieurs accusés ou condamnés à mort pour crimes civils. De ce nombre fut l'abbé Bardi, prévenu d'assassinat sur son propre frère. Homme d'une taille surnaturelle et d'une sauvage énergie, il lutta pendant une demi-heure contre ses bourreaux et en étouffa deux sous ses genoux.

Une jeune fille d'une admirable beauté, connue sous le nom de la *Belle Bouquetière*, accusée d'avoir blessé, dans un accès de jalousie, un sous-officier des gardes-françaises, son amant, devait être jugée sous peu de jours. Les assassins, parmi lesquels se trouvaient des vengeurs de sa victime et des instigateurs animés par sa rivale, devancèrent l'office du bourreau. Théroigne de Méricourt prêta son génie à ce supplice. Attachée nue à un poteau, les jambes écartées, les pieds cloués au sol, on brûla avec des torches de paille enflammée le corps de la victime. On lui coupa les seins à coups de sabre; on fit rougir des fers de piques, qu'on lui enfonça dans les chairs. Empalée enfin sur ces fers rouges, ses cris traversaient la Seine et allaient frapper d'horreur les habitants de la rive opposée. Une cinquantaine de femmes délivrées de la Conciergerie par les tueurs prêtèrent leurs mains à ces supplices et surpassèrent les hommes en férocité.

Les cinq cent soixante-quinze cadavres du Châtelet et de la Conciergerie furent empilés en montagnes sur le pont au Change. La nuit, des troupes d'enfants, apprivoisés depuis trois jours au massacre, et dont les corps morts étaient le jouet, allumèrent des lampions au bord de ces monceaux de cadavres, et dansèrent la Carmagnole. La *Marseillaise*, chantée en chœur par des voix plus mâles, retentissait aux mêmes heures aux abords et aux portes de toutes les prisons. Des réverbères, des lampions, des torches de résine, mêlaient leurs clartés blafardes aux lueurs de la lune qui éclairait ces piles de corps, ces troncs hachés, ces têtes coupées, ces flaques de sang. Pendant cette même nuit,

Hanriot, escroc et espion sous les rois, assassin et bourreau sous le peuple, à la tête d'une bande de vingt à trente hommes, dirigeait et exécutait le massacre de quatre-vingt-douze prêtres, au séminaire de Saint-Firmin. Les satellites d'Hanriot, poursuivant les prêtres dans les corridors et dans les cellules, les lançaient tout vivants par les fenêtres sur une herse de piques, de broches et de baïonnettes qui les perçaient dans leur chute. Des femmes, à qui les égorgeurs laissaient cette joie, les achevaient à coups de bûche, et les traînaient dans les ruisseaux. Il en fut de même au cloître des Bernardins.

Mais déjà les victimes manquaient dans Paris à la soif de sang allumée par ces quatre-vingt-douze heures de massacre. Les prisons étaient vides. Hanriot et les exécuteurs de ces meurtres, au nombre de plus de deux cents, renforcés par les scélérats qu'ils avaient recrutés dans les prisons, se portèrent à Bicêtre avec sept pièces de canon que la commune leur laissa impunément emmener.

Bicêtre, vaste égout où s'écoulait toute la boue du royaume pour purifier la population des fous, des mendiants et des criminels incorrigibles, contenait trois mille cinq cents détenus. Leur sang n'avait point de couleur politique; mais, pur ou impur, c'était du sang de plus. Les égorgeurs forcèrent les portes de Bicêtre, enfoncèrent les cachots à coups de canon, arrachèrent les détenus et en firent une boucherie qui dura cinq jours et cinq nuits. L'eau, le fer et le feu servirent à exterminer ses habitants. Les uns furent inondés ou noyés dans les souterrains où ils avaient cherché un refuge, les autres hachés à coups de sabre, le reste mitraillé dans les cours. Coupables ou innocents, malades ou sains, vagabonds ou indigents, tout, jusqu'aux insensés à qui cette maison servait d'hospice, fut immolé sans distinction. L'économe, les aumôniers, les concierges, les scribes de l'administration, furent compris dans le massacre général. En vain la commune envoya des commissaires, en vain Pétion lui-même vint haranguer les assassins. Ils suspendirent à peine leur ouvrage pour écouter les admonitions du maire. A des paroles sans force, le peuple ne prête qu'un respect sans obéissance. Les égorgeurs ne s'arrêtèrent que devant le vide. Le lendemain, la même bande d'environ deux cent cinquante hommes armés de fusils, de piques, de haches, de massues, fait irruption dans l'hôpital de la Salpêtrière, hospice et prison à la fois. La Salpêtrière ne renfermait que des femmes perdues ; lieu de correction pour les vieilles, de guérison pour les jeunes, d'asile pour celles qui touchaient encore à l'enfance. Après avoir massacré trente-cinq femmes des plus âgées, ils forcent les dortoirs des autres, les obligent à assouvir leur brutalité, égorgent celles qui résistent, et emmènent en triomphe avec eux de jeunes filles de dix à douze ans, proie immonde de la débauche ramassée dans le sang.

XXI

Pendant que ces proscriptions consternaient Paris, l'Assemblée envoyait en vain des commissaires pour haranguer le peuple aux portes des prisons. Les égorgeurs ne suspendaient même pas leur travail pour prêter l'oreille à ces discours officiels. Les mots de justice et d'humanité ne résonnent pas dans le cœur de brutes ivres d'eau-de-vie et de sang. En vain le ministre de l'intérieur, Roland, gémissant de son impuissance, écrivit-il à Santerre de déployer la force pour protéger la sûreté des prisons; Santerre ne parut que le troisième jour pour demander au conseil général de la commune l'autorisation de réprimer les scélérats devenus dangereux à ceux-là mêmes qui les avaient lâchés sur leurs ennemis. Les tueurs venaient insolemment sommer la municipalité de leur payer leurs meurtres. Tallien et ses collègues n'osèrent leur refuser le prix de ces journées de travail, et portèrent sur les registres de la commune de Paris ces salaires à peine déguisés sous des titres et sous des prétextes transparents. Santerre et ses détachements, arrivés après coup, eurent peine à refouler dans leurs repaires ces hordes alléchées de carnage. Ces hommes, nourris de crimes pendant sept jours, gorgés de vin dans lequel on mêlait de la poudre à canon, enivrés par la vapeur du sang, s'étaient exaltés jusqu'à un état de démence physique qui les rendait incapables de repos. La fièvre de l'extermination les avait saisis. Ils n'étaient plus bons qu'à tuer. Dès que l'emploi leur manqua, beaucoup d'entre eux tournèrent leur fureur contre eux-mêmes. Quelques-uns, rentrés chez eux, se répandirent en imprécations contre l'ingratitude de la commune, qui ne leur avait fait allouer que quarante sous par jour. Ce n'était pas un sou par victime pour ces assassinats au rabais. D'autres, tourmentés de remords, ne virent plus devant leurs yeux que les visages livides, les membres saignants, les entrailles fumantes de ceux qu'ils avaient égorgés. Ils tombèrent dans des accès de folie ou dans une langueur sinistre qui les conduisit en peu de jours au tombeau. D'autres enfin, signalés à l'effroi de leurs voisins et odieux à leurs proches, s'éloignèrent de leur quartier, s'engagèrent dans des bataillons de volontaires, ou, insatiables de crimes, s'enrôlèrent dans les bandes d'assassins qui allèrent continuer à Orléans, à Lyon, à Meaux, à Reims, à Versailles, les proscriptions de Paris. De ce nombre furent Charlot, Grizon, Mamin, le tisserand Rodi, Hanriot, le garçon boucher Allaire, et un nègre, nommé Delorme, amené à Paris par Fournier l'Américain. Ce noir, infatigable au meurtre, égorgea à lui seul plus de deux cents prisonniers pendant les trois jours et les trois nuits du massacre, sans prendre d'autre relâche que les courtes orgies où il allait retremper ses forces dans le vin. Sa chemise rabattue sur sa ceinture laissait voir son tronc nu ; ses traits hideux, sa peau noire rougie de taches de sang, les éclats de rire sauvage qui ouvraient sa bouche et montraient ses dents à chaque coup qu'il asséflait, faisaient de cet homme le symbole du meurtre et le vengeur de sa race. C'était un sang qui en épuisait un autre ; le crime exterminateur punissait l'Européen de ses attentats sur l'Afrique. Ce noir, qu'on retrouve une tête coupée à la main dans toutes les convulsions populaires de la Révolution, fut, deux ans plus tard, arrêté aux journées de prairial, portant au bout d'une pique la tête du député Féraud, et périt enfin du supplice qu'il avait tant de fois prodigué. Aussitôt que ses complices de septembre réfugiés aux armées dans les bataillons de volontaires y furent signalés à leurs camarades, les bataillons les vomirent avec dégoût. Les soldats ne pouvaient pas vivre à côté des assassins. Le drapeau du patriotisme devait être pur du sang des citoyens : L'héroïsme et le crime ne voulaient pas être confondus.

XXII

Telles furent les journées de septembre. Les fosses de Clamart, les catacombes de la barrière Saint-Jacques, connurent seules le nombre des victimes. Les uns en comptèrent dix mille, les autres le réduisirent à deux ou trois mille. Mais le crime n'est pas dans le nombre, il est dans l'acte de ces assassinats. Une théorie barbare a voulu les justifier. Les théories qui révoltent la conscience ne sont que les paradoxes de l'esprit mis au service des aberrations du cœur. On veut se grandir en s'élevant, dans de soi-disant calculs d'hommes d'État, au-dessus des scrupules de la morale et des attendrissements de l'âme. On se croit ainsi au-dessus de l'homme. On se trompe, on est moins qu'un homme. Tout ce qui retranche à l'homme quelque chose de sa sensibilité lui retranche une partie de sa véritable grandeur. Tout ce qui nie sa véritable conscience lui enlève une partie de sa lumière. La lumière de l'homme est dans son esprit, mais elle est surtout dans sa conscience. Les systèmes trompent. Le sentiment seul est infaillible comme la nature. Contester la criminalité des journées de septembre, c'est s'inscrire en faux contre le sentiment du genre humain. C'est nier la nature, qui n'est que la morale dans l'instinct. Il n'y a rien dans l'homme de plus grand que l'humanité. Il n'est pas plus permis à un gouvernement qu'à un individu d'assassiner. La masse des victimes ne change pas le caractère du meurtre. Si une goutte de sang souille la main d'un assassin, des flots de sang n'innocentent pas les Danton ! La grandeur du forfait ne le transforme pas en vertu. Des pyramides de cadavres élèvent plus haut, il est vrai, mais c'est plus haut dans l'exécration des hommes.

XXIII

Sans doute il ne faut pas compter les vies que coûte une cause juste et sainte, et les peuples qui marchent dans le sang ne se souillent pas en marchant à la conquête de leurs droits, à la justice et à la liberté du monde. Mais c'est dans le sang des champs de bataille, et non dans celui des vaincus froidement et systématiquement massacrés. Les révolutions comme les gouvernements ont deux moyens légitimes de s'accomplir et de se défendre : juger selon la loi et combattre. Quand elles égorgent, elles font horreur à leurs amis et donnent raison à leurs ennemis. La pitié du monde s'écarte des causes ensanglantées. Une révolution qui resterait inflexiblement pure conquerrait l'univers à ses idées. Ceux qui donnent les exemples de septembre comme des conseils et qui présentent des égorgements comme des éléments de patriotisme perdent d'avance la cause des peuples en la faisant abhorrer ; avec de telles doctrines il n'y a plus que ténèbres, précipices et chutes. La Saint-Barthélemy a plus affaibli le catholicisme que n'eût fait le sang d'un million de catholiques. Les journées de septembre furent la

Saint-Barthélemy de la liberté. Machiavel les eût conseillées peut-être, Fénelon les eût maudites. Il y a plus de politique dans une vertu de Fénelon que dans toutes les maximes de Machiavel. Les grands hommes d'État des révolutions se font quelquefois leurs martyrs, jamais leurs bourreaux.

LIVRE VINGT-SIXIÈME

Proscriptions. — Meurtre du duc de La Rochefoucauld à Gisors. — Massacres à Orléans, à Lyon, à Meaux, à Reims, à Versailles. — — Le maire Richaud. — Danton accepte la responsabilité des journées de septembre.

I

La France frissonnait d'horreur et d'effroi. Le conseil de la commune de Paris s'enveloppait de son crime; il osa rédiger une adresse aux départements pour leur recommander les massacres de septembre comme un exemple à imiter. Se glorifier du crime, c'est plus que le commettre: c'est s'associer de sang-froid à sa responsabilité sans avoir l'excuse de la passion qui l'explique. L'exemple de l'impunité des égorgements de Paris ne parlait que trop haut aux provinces. Cet encouragement tacite fut entendu. Le duc de La Rochefoucauld, le plus populaire des aristocrates après La Fayette, était devenu odieux à la multitude. Président du département de Paris, il avait, au 20 juin, demandé la destitution de Pétion. Ce fut son arrêt. Retiré depuis le 10 août aux bains de Forges avec la duchesse d'Enville, sa mère, et avec sa jeune femme, il y reçut un mandat d'arrêt de la commune porté par un de ses proconsuls de l'hôtel de ville. Le commissaire, effrayé lui-même de sa mission, conseilla au duc de ne pas se fier à son innocence et de s'enfuir en Angleterre. La Rochefoucauld refusa. Il se mit en route pour Paris avec sa mère, sa femme et le commissaire de la commune. Un bataillon de garde nationale du Finistère et un détachement des assassins de Paris l'attendaient à Gisors. Ils demandèrent sa tête. Le maire et la garde nationale de Gisors se dévouèrent en vain pour le protéger. Pendant que la voiture qui contenait les femmes prenait les devants, une haie de municipaux et de gardes nationaux escorta le prisonnier hors de la ville par des rues détournées. Vaine prudence! Au sortir des portes, un embarras de voitures obstruant la route, la haie se rompit. Un assassin, ramassant un pavé, le lança à la tête du duc et l'étendit mort sous les pas de ce peuple auquel il avait consacré sa vie. On ne rapporta que son cadavre à sa mère et à sa femme, qui le croyaient sauvé. Ce meurtre d'un des premiers apôtres de la liberté et de la philosophie retentit comme un sacrilége dans toute l'Europe. Aucun crime ne dépopularisa plus la Révolution. Elle semblait parricide en immolant ce père du peuple. Le grand orateur Burke et ses amis, dans le parlement anglais, rougirent de fraterniser avec les meurtriers de La Rochefoucauld, et changèrent leurs apothéoses en imprécations.

II

A Orléans, la garde nationale, désarmée par le maire, laissa impunément violer les prisons, saccager les maisons des principaux négociants, massacrer huit ou dix personnes, et enfin brûler à petit feu, dans un brasier allumé sur la place publique, deux commis d'une raffinerie qui avaient tenté de soustraire au pillage la maison de leur patron.

A Lyon, la nouvelle des journées de Paris excita une féroce émulation dans le peuple. Deux mille hommes, femmes ou enfants, écumés parmi les immondices de cette grande réunion d'ouvriers nomades, se portèrent, malgré la résistance du maire, Vitet, et du commandant de la ville, Imbert Colomez, au château fort de Pierre-Encise. Ils forcèrent les portes et massacrèrent vingt et un officiers du régiment de Royal-Pologne qui y étaient enfermés. Ils se portent de là aux prisons civiles, égorgent sans choix tous ceux qui s'y trouvent, et clouent aux arbres de la promenade de Bellecour les membres mutilés de leurs victimes.

Ronsin, commandant d'un des bataillons de Paris composé des vainqueurs du 10 août et de quelques assassins de septembre, traverse Meaux en se rendant à la frontière. A son arrivée, il gourmande le maire de n'avoir pas encore suivi l'exemple de la commune de Paris. Le sabre à la main, il parcourt les rues de la ville, recrute quelques scélérats dans les lieux suspects, les lance sur la prison et les encourage à l'œuvre du geste et de la voix. « Mes hommes sont des brigands, répondait Ronsin à ceux qui lui reprochaient les forfaits de sa troupe ; mais est-ce donc d'honnêtes gens qu'étaient composées les légions qui exécutaient les proscriptions de Marius?

A Reims, un autre bataillon recruté dans les sentines de Paris passait pour se rendre aux frontières sous le commandement du général Duhoux. Un agitateur nommé Armonville se présente devant ce bataillon au moment où le général passait la revue. En vain le commandant veut retenir les soldats. Armonville les harangue, en débauche une cinquantaine, les entraîne à la Société populaire, leur distribue des armes, marque les maisons, désigne les victimes, et les encourage à frapper. Deux administrateurs sont massacrés sur les marches de l'hôtel de ville. On joue aux boules avec leurs têtes. On jette dans un bûcher allumé sur le parvis de la cathédrale tous les prêtres trouvés dans la ville. Pendant deux jours les assassins attisent ce bûcher et y jettent pour l'alimenter de nouvelles victimes. Ils forcent le neveu d'un de ces prêtres d'apporter de sa propre main le bois pour consumer le corps de son oncle. Ils coupent les jambes et les bras de M. de Montrosier, homme étranger à la ville et innocent de toute opinion politique. On le porte ainsi mutilé pour expirer à la porte de sa maison, sous les yeux de son père et de sa femme.

Ces scélérats jouent avec l'agonie, avec la conscience, avec les remords de ceux qu'il immolent. Un des prêtres entourés par les flammes, vaincu par la douleur, demande à prêter serment à la nation. On le retire du feu. Le procureur de la commune, Couplet, complice de ces jeux, arrive et reçoit le serment. « A présent que tu as fait un mensonge de plus, disent les bourreaux au supplicié, va brûler avec les autres. » Ils rejettent le prêtre dans le bûcher. Ces incendiaires d'hommes finissent par se brûler entre eux. Un ouvrier tisseur, nommé Laurent, dresse la liste de ceux qu'on destine au supplice. Il y inscrit un marchand, son voisin, dont le crime était d'avoir refusé de donner ses marchandises à crédit à Laurent. Le marchand, agent secret d'Armonville, est informé du piége qu'on lui dresse. Il va se plaindre à son patron. Armonville efface le nom du marchand et inscrit son dénonciateur à sa place. Au moment où Laurent désigne son ennemi pour le bûcher, on le saisit lui-même et on le lance dans les flammes aux éclats de rire de ses complices. Son sang impur éteignit le bûcher. La terreur fut si servile à Reims et le nom d'Armonville intimida tellement la conscience publique, que la ville nomma, quelques jours après, ce proscripteur pour son représentant à la Convention.

III

Le doigt des exterminateurs ne pouvait oublier les prisons de la haute cour nationale d'Orléans. Soixante-deux accusés du crime de lèse-nation les peuplaient. Les plus présents à la mémoire du peuple étaient le vieux duc de Brissac, commandant de la garde du roi, et M. de Lessart, ministre proscrit par les Girondins. Des évêques, des magistrats, des généraux dénoncés par leur département ou par leurs troupes, des journalistes du parti de la cour, enfin ces vingt-sept officiers du régiment de Cambrésis accusés d'avoir voulu surprendre la citadelle de Perpignan pour la livrer aux Espagnols, languissaient depuis plus d'un an dans ces prisons.

La légèreté des accusations, l'absence des preuves, l'éloignement des témoins, suspendaient ou amortissaient les jugements. La prévention, qui juge sans preuves et qui condamne ce qu'elle hait, s'impatientait de ces lenteurs. La commune, Marat, Danton, qui voulaient en finir, trouvèrent ces victimes toutes parquées pour l'assassinat. L'Assemblée, honteuse des égorgements du 2 septembre exécutés sous ses yeux et dont elle porterait la responsabilité, voulait soustraire soixante-deux détenus à la justice sommaire de la commune. Mais les maratistes répandirent dans le peuple que les prisons d'Orléans, transformées en séjour de délices et en foyer de conspirations par l'or du duc de Brissac, ouvriraient leurs portes au signal donné par les émigrés, et déroberaient à la nation sa vengeance. On parla d'un prochain enlèvement.

Sur ce seul bruit, deux cents Marseillais et un détachement de fédérés et d'égorgeurs commandés par le Polonais Lazouski partent pour Orléans, d'après un ordre secret des meneurs de la commune. Arrivés à Longjumeau, ils écrivent à l'Assemblée qu'ils sont en route pour ramener à Paris les prisonniers. L'Assemblée, inquiète, à la voix de Vergniaud et de Brissot, rend un décret qui défend à ces fédérés de disposer arbitrairement des prévenus ou des coupables promis à la seule vengeance des lois. Lazouski et ses satellites feignent d'obéir au décret. Ils répondent qu'ils vont à Orléans pour garder les prisonniers qu'on veut enlever. Vergniaud et ses amis, qui comprennent ce langage, feignent de se contenter de cette demi-obéissance; mais ils font rendre, séance tenante, un second décret qui charge les ministres d'envoyer à Orléans dix-huit cents hommes pour prévenir toute tentative d'enlèvement. Le commandement de ces dix-huit cents hommes fut confié à Fournier l'Américain. Arrivé avec cette force à Longjumeau, Fournier rallie les deux cents Marseillais et arrive à Orléans.

Léonard Bourdon l'avait devancé. Envoyé par la commune de Paris avec une mission suspecte, Léonard Bourdon, citoyen d'Orléans, mais ami de Marat, sous prétexte de prévenir une lutte entre le détachement parisien et la municipalité d'Orléans, neutralisa la garde nationale de cette ville. La garde nationale, forte de six mille hommes et dévouée aux lois, s'était portée aux prisons avec du canon pour en défendre les portes. On négocia. Il fut convenu que les prisonniers seraient respectés et remis par la garde nationale à l'escorte pour être conduits à Paris.

IV

Sept chariots, contenant chacun huit prisonniers chargés de chaînes, se mirent en route le 4 septembre à six heures du matin. Fournier marchait en tête du convoi. Un collier de croix de Saint-Louis, de croix de Cincinnatus, et autres décorations militaires, enlevées aux prisonniers, pendait sur le poitrail de son cheval.

L'Assemblée, informée des événements d'Orléans, décréta, par l'organe de Vergniaud, que la colonne n'entrerait pas dans Paris. Les commissaires envoyés à Étampes pour arrêter la marche de Fournier furent intimidés par Léonard Bourdon. On foula aux pieds le décret et on marcha sur Versailles. Cependant les bourreaux du 2 septembre attendaient le cortége à Arpajon. Ces hommes se joignirent à l'escorte et arrivèrent en même temps que le convoi aux portes de Versailles. Le maire de Versailles, Richaud, informé du danger, prit toutes les mesures que lui commandaient la prudence et l'humanité. Fournier et Lazouski, avec deux mille hommes et du canon, avaient une force suffisante pour prévenir un attentat. Mais tout semblait disposé par eux pour livrer leur dépôt au lieu de le défendre. Les canons et la cavalerie de l'escorte précédaient à une distance considérable les voitures. Une faible haie de cinq hommes de file marchait à droite ou à gauche de la route. Le maire, accompagné de quelques conseillers municipaux et de quelques officiers de la garde nationale, imposait seul par sa présence et par ses paroles aux assassins. Bien que ce fût un dimanche, à l'heure où le peuple se répand pour se livrer à l'oisiveté de ce jour, les rues de la ville étaient désertes. La bande d'égorgeurs qui épiait cette proie ne comptait pas plus de quarante ou cinquante hommes. Ils laissèrent les chariots arriver jusqu'à la grille du jardin qui conduit à la Ménagerie. C'était là qu'on avait préparé la halte pour cette nuit. Aussitôt que Fournier, les canons et la cavalerie de l'escorte eurent passé la grille, on la referma sur eux. Fournier, soit surprise réelle, soit simulation de violence, fut renversé de son cheval par des hommes du peuple, et se débattit faiblement pour faire rouvrir la grille qui le séparait du gros de sa troupe et de son dépôt. Lazouski, avec l'arrière-garde, ne fit aucune démonstration pour se rapprocher du cortége. Les assassins, maîtres des voitures, se jetèrent sur les prisonniers enchaînés, qu'on ne leur disputait plus. En vain le maire Richaud s'élança-t-il entre eux et leur proie; en vain, montant lui-même sur le premier chariot et écartant des deux mains les sabres et les piques, couvrit-il de son corps les deux premières victimes. Renversé sur leurs cadavres, inondé de leur sang, les assassins l'emportèrent évanoui d'émotion dans une maison voisine, et achevèrent sans résistance, pendant plus d'une heure, cette boucherie de sang-froid, qu'une ville entière terrifiée et deux mille hommes armés leur laissèrent achever en plein jour.

L'intrépide Richaud, seul, revenu de son évanouissement, et s'arrachant aux bras qui voulaient le retenir, s'échappe de la maison où il a été transporté, revient aux voitures, tombe aux genoux des assassins, s'attache à leurs bras ensanglantés, leur reproche de déshonorer la Révolution et la ville où elle a triomphé du despotisme, leur offre sa propre vie pour racheter la vie de la dernière de leurs victimes. On l'admire et on l'écarte. A peine sept ou huit prisonniers, se précipitant des chariots dans la confusion du carnage, protégés par la pitié des spectateurs, parviennent-ils à s'échapper et à se réfugier dans les maisons voisines. Tout le reste succombe. Quarante-sept cadavres, les mains et les pieds encore enchaînés, jonchent la rue et attestent la barbarie et la lâcheté des égorgeurs. Un monceau de troncs et de membres mis en pièces s'élève au milieu du carrefour des Quatre-Bornes. Les têtes coupées et promenées par les meurtriers sont plantées sur les piques des grilles du palais de Versailles. On y reconnaissait la tête du duc de Brissac à ses cheveux blancs tachés de sang et enroulés autour de la grille de la porte de ses maîtres. Deux de ces assassins, Foliot, marguillier de Meudon, et Hurtevent, garde du bois de Verrières, portaient, de café en café, l'un, le cœur saignant arraché de la poitrine du duc de Brissac, l'autre, un lambeau de chair obscène coupé du cadavre du ministre de Lessart. Une jeune femme, enceinte de quelques mois, aux yeux de laquelle ils étalèrent cette chair humaine, tomba à la renverse à cet aspect, se brisa la tête et mourut d'horreur sur le coup. Des enfants dépeçaient les membres dans la rue et les jetaient aux chiens effrayés. Une femme porta par les cheveux une de ces têtes à l'assemblée des électeurs et la posa sur le bureau du président. Tout ce qui n'applaudissait pas se taisait. Le silence était du courage.

Il y avait plus d'une heure que les massacres étaient accomplis et les morts abandonnés dans leur sang, quand des spectateurs, qui contemplaient de loin ces restes, virent un léger mouvement agiter les cadavres. Des bras ensanglantés se levèrent, puis une tête chauve se fit jour, puis le tronc nu d'un vieillard se dressa au sommet de ce monceau de cadavres. C'était un des prisonniers qui se réveillait de l'évanouissement d'une mort incomplète, ou qui, pris pour mort par les assassins, s'était dérobé sous les cadavres aux coups qui devaient l'achever. Il cherchait à se dégager de ce tas de corps mutilés où il était enfoncé jusqu'à la ceinture, et il épiait d'un regard furtif de quel côté il se traînerait pour trouver asile. Déjà les témoins muets de ce retour inespéré à la vie lui faisaient des signes d'intelligence et de pitié. Il était sauvé ; mais un des assassins, revenant par hasard sur ses pas, aperçut le vieillard, et s'approchant de lui le sabre levé : « Ah ! tu te réveilles ! lui cria-t-il, attends ! je vais te rendormir pour plus longtemps. » En disant ces mots, il lui fend la tête d'un coup de sabre, et le recouche sur cette litière de morts.

V

De là, les tueurs se portèrent aux deux prisons de Versailles, et, malgré les efforts désespérés de Richaud, égorgèrent dix prisonniers ; le reste dut son salut à l'intrépidité, à l'éloquence et aux ruses pieuses de ce généreux magistrat. Il n'avait pas cessé, depuis deux jours, d'avertir le pouvoir exécutif des dangers qui menaçaient la vie des prisonniers de Versailles et de réclamer des forces de Paris. Alquier, président du tribunal de Versailles, se transporta deux fois chez Danton, ministre de la justice, pour le sommer, à ce titre, de pourvoir à la sûreté des prisons. La première fois, Danton éluda ; la seconde, il s'irrita d'une insistance qui agitait le remords ou l'impuissance de son cœur. Regardant Alquier d'un regard significatif et qui voulait être entendu sans paroles : « Monsieur Alquier, lui dit-il d'une voix rude et impatiente, ces hommes-là sont bien coupables ! bien coupables ! Retournez à vos fonctions et ne vous mêlez pas de cette affaire. Si j'avais pu vous répondre autrement, ne comprenez-vous pas que je l'aurais déjà fait? » Alquier se retira consterné. Il avait compris.

Ces paroles échappées à l'impatience de Danton sont le commentaire de celles qu'il proférait le 2 septembre à l'Assemblée : « La patrie est sauvée; le tocsin qu'on va sonner n'est point un signal d'alarme : c'est la charge sur les ennemis de la patrie! Pour les vaincre, pour les atterrer, que faut-il?... De l'audace, encore de l'audace, toujours de l'audace! » Il acheva de relever le sens qu'elles avaient dans sa pensée le soir même des massacres de Versailles. Les assassins de Brissac et de Lessart se rendirent à Paris, à la nuit tombante, et se pressèrent sous les fenêtres du ministre de la justice, demandant des armes pour voler aux frontières. Danton se leva de table et parut au balcon. « Ce n'est pas le ministre de la justice, c'est le ministre de la Révolution qui vous remercie! » leur dit-il. Jamais proscripteur n'avoua plus audacieusement ses satellites. Danton violait les lois qu'il était chargé de défendre, il acceptait le sang qu'il était chargé de venger; ministre non de la liberté, mais de la mort. Septembre fut le crime de quelques hommes, et non le crime de la liberté.

LIVRE VINGT-SEPTIÈME

L'armée. — Dumouriez se maintient dans l'Argonne. — Kellermann.
— Miranda. — Camp de Sainte-Menehould. — Position de Kellermann. — Le duc de Chartres. — Son portrait. — Valmy. — Victoire. — Retraite de l'armée prussienne. — Inaction. — Persévérance de Dumouriez. — Il apaise les murmures de ses troupes. — La république reconnue dans les camps.

I

Pendant que l'interrègne de la royauté à la république livrait ainsi Paris aux satellites de Danton, la France, toutes ses frontières ouvertes, n'avait plus pour salut que la forêt d'Argonne et le génie de Dumouriez.

Nous avons laissé, le 2 septembre, ce général enfermé avec seize mille hommes dans le camp de Grandpré et occupant, avec de faibles détachements, les défilés intermédiaires entre Sedan et Sainte-Menehould, par où le duc de Brunswick pouvait tenter de rompre sa ligne et de tourner sa position. Profitant, heure par heure, des lenteurs de son ennemi, il faisait sonner le tocsin dans tous les villages qui couvrent les deux revers de la forêt d'Argonne, s'efforçait d'exciter dans les habitants l'enthousiasme de la patrie, faisait rompre les ponts et les chemins par lesquels l'ennemi devait l'aborder, et abattre les arbres pour palissader les moindres passages. Mais la prise de Longwy et de Verdun, les intelligences des gentilshommes du pays avec les corps d'émigrés, la haine de la Révolution et la masse disproportionnée de l'armée coalisée, décourageaient la résistance. Dumouriez, abandonné à lui-même par les habitants, ne pouvait compter que sur ses régiments. Les bataillons de volontaires qui arrivaient lentement de Paris et des départements, et qui s'organisaient à Châlons, n'apportaient avec eux que l'inexpérience, l'indiscipline et la panique. Dumouriez craignait plus qu'il ne désirait de pareils auxiliaires. Son seul espoir était dans sa jonction avec l'armée que Kellermann, successeur de Luckner, lui amenait de Metz. Si cette jonction pouvait s'opérer derrière la forêt d'Argonne avant que les troupes du duc de Brunswick eussent forcé ce rempart naturel, Kellermann et Dumouriez, réunissant leurs forces, pouvaient opposer une masse de quarante-cinq mille combattants aux quatre-vingt-dix mille coalisés, et jouer, avec quelque espoir, le sort de la France dans une bataille.

Kellermann, digne de comprendre et de seconder cette grande pensée, servait sans jalousie le dessein de Dumouriez; satisfait de sa part de gloire, pourvu que la patrie fût sauvée. Il se portait obliquement de Metz à l'extrémité de l'Argonne, avertissant Dumouriez de tous les pas qu'il faisait vers lui. Mais l'intelligence supérieure qui éclairait ces deux généraux restait invisible pour la masse des officiers et des troupes; au camp même de Dumouriez on ne voyait dans cette immobilité qu'une obstination fatale à tenter l'impossible ; on y présageait l'emprisonnement certain de son armée entre les vastes corps dont le duc de Brunswick allait l'envelopper et l'étouffer. Les vivres étaient rares et mauvais. Le général lui-même mangeait le pain noir de munition. Des légumes et point de viande, de la bière et point de vin. Les maladies, suite de l'épuisement, travaillaient les troupes. Les murmures sourds aigrissaient les esprits. Les ministres, les députés, Luckner lui-même, influencés par les correspondances du camp, ne cessaient d'écrire à Dumouriez d'abandonner sa position compromise et de se retirer à Châlons. Ses amis l'avertissaient qu'une plus longue persévérance de sa part entraînerait sa destitution, et peut-être un décret d'accusation contre lui.

II

Ses propres lieutenants forcèrent un matin l'entrée de sa tente, et, lui communiquant les impressions de l'armée, lui représentèrent la nécessité de la retraite. Dumouriez, appuyé sur lui seul, reçut ces observations avec un front sévère. « Quand je vous rassemblerai en conseil de guerre, j'écouterai vos avis, leur dit-il, mais en ce moment je ne consulte que moi-même. Seul chargé de la conduite de la guerre, je réponds de tout. Retournez à vos postes, et ne pensez qu'à bien seconder les desseins de votre général. » L'assurance du chef inspira confiance aux lieutenants. Le génie a ses mystères, qu'on respecte même en les ignorant.

De légères escarmouches toujours heureuses entre l'avant-garde des Prussiens, qui s'avançaient enfin vers la forêt, et les avant-postes de Dumouriez, rendirent la patience aux troupes : le coup de fusil et le pas de charge sont la musique des camps. Miaczinski, Stengel et Miranda repoussèrent partout les Prussiens. On connaît Miaczinski et Stengel, hommes de choix de Dumouriez. Miranda lui avait été envoyé récemment par Pétion. Le général voulut éprouver Miranda dès le premier jour : il en fut content.

Miranda, qui prit depuis une si grande part dans les succès et dans les revers de Dumouriez, était un de ces aventuriers qui n'ont que les camps pour patrie et qui portent leur bras et leurs talents à la cause qui leur semble la plus digne de leur sang. Miranda avait adopté celle des révolutions par tout l'univers. Né au Pérou, noble, riche, influent dans l'Amérique espagnole, il avait tenté jeune encore d'affranchir sa patrie du joug de l'Espagne. Réfugié en Europe avec une partie de ses richesses, il avait voyagé de nation en nation, s'instruisant dans les langues, dans la législation, dans l'art de la guerre, et cherchant partout des ennemis à l'Espagne et des auxiliaires à la liberté. La Révolution française lui avait paru le champ de bataille de ses idées. Il s'y était précipité. Lié avec les Girondins, jusque-là les plus avancés des démocrates, il avait obtenu d'eux, par Pétion et par Servan, le grade de général dans nos armées. Il brûlait de s'y faire un nom dans la guerre de notre indépendance, pour que ce nom, retentissant en Amérique, lui préparât dans sa patrie la popularité, la gloire et le rôle d'un La Fayette. Miranda, dès le premier jour de son arrivée au camp, montra cette valeur d'aventurier qui naturalise l'étranger dans une armée. Un autre étranger, le jeune Macdonald, issu d'une race militaire d'Écosse transplantée en France depuis la révolution de son pays, était aide de camp de Dumouriez. Il apprenait au camp de Grandpré, sous son chef, comment on sauve une patrie. Il apprit plus tard, sous Napoléon, comment on l'illustre; maréchal de France à la fin de sa vie, héros à son premier pas.

III

Dumouriez amortissait, dans cette position, le choc des quatre-vingt-dix mille hommes que le roi de Prusse et le duc de Brunswick massaient au pied de l'Argonne. Il usait le temps, ce précieux élément du succès dans les guerres d'invasion. Tranquille sur son front défendu par cinq lieues de bois et de ravins infranchissables; tranquille sur sa droite couverte par les corps de Dillon et bientôt fortifiée par les vingt mille hommes de Kellermann; tranquille sur sa gauche garantie de toute surprise par les détachements qu'il avait placés aux quatre défilés de l'Argonne, par le corps de Miaczinski qui le flanquait à Sedan, et par l'armée du camp de Maulde que son ami le jeune et vaillant

Beurnonville lui amenait à marches forcées : un hasard compromit tout.

Accablé des fatigues de corps et d'esprit, il avait oublié d'aller reconnaître de ses propres yeux, et tout près de lui, le défilé de la Croix-au-Bois, qu'on lui avait dépeint comme impraticable à des troupes, et surtout à de la cavalerie et à de l'artillerie. Il l'avait fait occuper cependant par un régiment de dragons, deux bataillons de volontaires et deux pièces de canon, commandés par un colonel. Mais, par suite d'un déplacement de corps qui rappelait au camp de Grandpré le régiment de dragons et les deux bataillons de la Croix-au-Bois, avant que le bataillon des Ardennes, qui devait les remplacer, fût arrivé à son poste, le défilé fut un moment ouvert à l'ennemi. Les nombreux espions volontaires que les émigrés avaient dans les villages de l'Argonne se hâtèrent d'indiquer cette faute au général autrichien Clairfayt. Clairfayt lança à l'instant huit mille hommes, sous le commandement du jeune prince de Ligne, à la Croix-au-Bois, et s'en empara. Quelques heures après, Dumouriez, informé de ce revers, donne au général Chazot deux brigades, six escadrons de ses meilleures troupes, quatre pièces de canon, outre les canons des bataillons, et lui ordonne d'attaquer à la baïonnette et de reprendre à tout prix le défilé. D'heure en heure, le général impatient envoie à Chazot des aides de camp pour presser sa marche et pour lui rapporter des nouvelles. Vingt-quatre heures se passent dans ce doute. Enfin, le 14, Dumouriez entend le canon sur sa gauche. Il juge au bruit qui s'éloigne que les Impériaux reculent et que Chazot s'enfonce dans la forêt. Le soir un billet de Chazot lui annonce qu'il a forcé les retranchements autrichiens, défendus avec une valeur désespérée par l'ennemi ; que huit cents morts jonchent le défilé, et que le prince de Ligne lui-même a payé de sa vie sa conquête d'un jour.

Mais à peine ce billet était-il lu au camp de Grandpré et Dumouriez s'était-il endormi sur sa sécurité, que Clairfayt, brûlant de venger la mort du prince de Ligne et de donner un assaut décisif à ce rempart de l'armée française, lance toutes ses colonnes dans le défilé, s'empare des hauteurs, foudroie la colonne de Chazot de front et sur ses deux flancs, enlève ses canons, force Chazot à déboucher de la forêt dans la plaine, le coupe de sa communication avec le camp de Grandpré, et le rejette fuyant et en déroute sur Vouziers. Au même instant le corps des émigrés attaque le général Dubouquet au défilé du Chêne-le-Populeux. Français contre Français, la valeur est égale. Les uns combattent pour sauver une patrie, les autres pour la reconquérir. Dubouquet succombe, évacue le passage et se retire sur Châlons. Ces deux désastres frappent à la fois Dumouriez. Chazot et Dubouquet semblent lui tracer la route. Le cri de son armée tout entière lui indique Châlons pour refuge. Clairfayt, à la tête de vingt mille hommes, allait lui couper sa communication avec Châlons. Le duc de Brunswick, avec soixante-dix mille Prussiens, l'enfermait des trois autres côtés dans le camp de Grandpré. Ses détachements égarés et sans retour possible réduisaient l'armée de Grandpré à quinze mille combattants. Mourir de faim dans ces retranchements, mettre bas les armes, ou se faire tuer inutilement sur une position déjà tournée, telles étaient les trois alternatives qui se présentaient seules à l'esprit du général. La route de Châlons, encore ouverte derrière lui, allait être murée par deux marches de Clairfayt. Il n'a qu'un jour pour s'y précipiter et pour atteindre cette ville. La nécessité semble lui tracer son plan de campagne; mais ce plan est une retraite. Une retraite devant un ennemi vainqueur dans deux combats partiels, c'est incliner la fortune de la France devant l'étranger. L'audace de Danton a passé dans l'âme et dans la tactique de Dumouriez. Il conçoit en une heure un plan plus téméraire que celui de l'Argonne. Il ferme l'oreille aux conseils timides de l'art. Il n'écoute que l'enthousiasme, cet art sans règle du génie. Il s'enferme avec ses aides de camp et ses chefs de corps. Il dicte à chacun les ordres qui doivent changer la direction des généraux et des corps d'armée, et les coordonne avec sa nouvelle résolution :

A Kellermann, l'ordre de continuer sa marche et de se diriger sur Sainte-Menehould, petite ville à l'extrémité de la forêt d'Argonne, dans les dernières ondulations de terrain entre les Ardennes et la Champagne;

A Beurnonville, l'ordre de partir de Rethel, de côtoyer la rivière d'Aisne, en évitant de se rapprocher de l'Argonne, pour préserver ses flancs d'une attaque de Clairfayt ;

A Dillon, l'ordre de défendre jusqu'à la mort les deux défilés de l'Argonne qui tiennent encore les Prussiens à distance sur la droite de Grandpré, et de lancer des troupes légères au delà de la forêt en tournant son extrémité par Passavant, afin d'étonner de ce côté la marche du duc de Brunswick, et d'être plus tôt en communication avec l'avant-garde de Kellermann ;

A Chazot, l'ordre de revenir à Autry ;

Au général Sparre, commandant à Châlons, l'ordre de former un camp en avant de Châlons avec tous les bataillons armés qui lui arriveraient de l'intérieur, réserve que Dumouriez se préparait en cas de revers dans une bataille.

Ces ordres partis, il manie ses propres troupes pour la manœuvre qu'il veut exécuter lui-même dans la nuit. Il dirige sur les hauteurs qui couvrent la gauche de Grandpré du côté de la Croix-au-Bois, où Clairfayt l'inquiète, six bataillons, six escadrons, six pièces de canon en observation contre une attaque inopinée des Autrichiens. Il fait, à la tombée de la nuit, filer silencieusement son parc d'artillerie par les deux ponts qui traversent l'Aisne, et le dirige sur les hauteurs d'Autry. Aucun mouvement apparent dans son corps d'armée ou dans ses avant-postes ne révèle à l'ennemi l'intention d'une retraite de l'armée française.

Le prince de Hohenlohe fait demander une entrevue à Dumouriez dans la soirée pour juger de l'état de cette armée : Dumouriez l'accorde. Il se fait remplacer dans cette conférence par le général Duval, dont l'âge avancé, les cheveux blancs, la haute taille, l'attitude martiale et majestueuse, imposent au général autrichien. Duval affecte la contenance de la sécurité. Il annonce au prince que Beurnonville arrive le lendemain avec dix-huit mille hommes, et que Kellermann arrive à la tête de trente mille combattants. Découragé dans ses tentatives de négociations par l'attitude de Duval, le général autrichien se retire convaincu que Dumouriez attendra le combat dans son camp.

IV

A minuit, Dumouriez sort à cheval du château de Grandpré, qu'il habitait, et monte à son camp, au milieu des plus épaisses ténèbres. Le camp dormait. Il défend aux tambours de battre, aux trompettes de sonner. Il fait passer de bouche en bouche et à demi-voix l'ordre de plier les tentes et de prendre les armes. L'obscurité et la confusion ralentissent la formation des colonnes. Mais avant la première lueur du jour l'armée est en marche; les troupes passent en deux colonnes les ponts de Senuc et de Grandchamp et se rangent en bataille sur les hauteurs d'Autry. Désormais couvert par l'Aisne, Dumouriez regarde si l'ennemi le suit. Mais le mystère qui a enveloppé son mouvement a déconcerté le duc de Brunswick et Clairfayt. L'armée coupe les ponts derrière elle, se remet en route et campe à Dommartin, à quatre lieues de Grandpré. Deux fois réveillé dans la nuit par des paniques soudaines semées par la trahison ou par la peur, Dumouriez remonte deux fois à cheval, court au bruit, se fait voir à ses troupes, les harangue, les rassure, rétablit l'ordre, fait allumer de grands feux à la lueur desquels les soldats se reconnaissent et se rallient, et transmet à tous les cœurs la confiance et l'intrépidité de son âme. Le lendemain il fait disperser par le général Duval un nuage de hussards prussiens. Ces hussards avaient assailli et mis en déroute pendant la nuit le corps du général Chazot, qui se croyait attaqué par toute l'armée ennemie. Les fuyards, s'échappant dans toutes les directions, étaient allés semer jusqu'à Reims le bruit d'une déroute complète de l'armée française. Le général, ayant fait ramener par sa cavalerie quelques-uns de ces semeurs de panique, les dépouilla de leur habit d'uniforme, leur fit raser les cheveux et les sourcils et les renvoya du camp, en les déclarant indignes de combattre pour la patrie. Après cette exécution, qui punissait la lâcheté par le mépris et qui rappelait les leçons de César à ses légions, Dumouriez reprit sa marche et entra le 17 dans son camp de Sainte-Menehould.

V

Le camp de Sainte-Menehould, dont le génie de Dumouriez fit l'écueil des coalisés, semble avoir été dessiné par la nature pour servir de citadelle à une poignée de soldats patriotes contre une armée innombrable et victorieuse. C'est un plateau élevé, d'environ une lieue carrée, précédé, du côté qui fait face à l'ennemi, d'une vallée creuse, étroite et profonde, semblable au fossé d'un rempart; protégé sur ses deux flancs, à droite par le lit de l'Aisne, à gauche par des étangs et des marais infranchissables à l'artillerie. Le derrière de ce camp est assuré par des branches marécageuses de la rivière d'Auve. Au delà de ces eaux bourbeuses et de ces frontières s'élève un terrain solide et étroit qui peut servir d'assiette à un second camp. Le général réservait ce second camp à Kellermann. Du bois, de l'eau, des fourrages, des farines, des viandes salées, de l'eau-de-vie, des munitions amenées en abondance par les deux routes de Reims et de Châlons, pendant qu'elles restaient libres, donnaient sécurité au général, gaieté aux soldats. Dumouriez avait étudié cette position pendant les loisirs du camp de Grandpré. Il s'y établit avec cette infaillibilité de coup d'œil d'un homme qui connaît le terrain et qui s'empare sans hésitation du succès. Un bataillon fut jeté dans le château escarpé de Saint-Thomas, qui terminait et couvrait sa droite; trois bataillons et un régiment de cavalerie à Vienne-le-Château; des batteries établies sur le front du camp qui enfilaient le vallon; son avant-garde se posta sur les hauteurs qui dominent, au delà du vallon, le petit ruisseau de la Tourbe; quelques postes perdus sur la route de Châlons, pour maintenir le plus longtemps possible sa communication avec cette ville, son arsenal et sa place de recrutement. Ces dispositions faites, et le quartier général installé à Sainte-Menehould, au centre de l'armée, Dumouriez, inquiet des bruits de sa prétendue déroute, semés par les fuyards de Grandpré jusqu'à Paris, songe à écrire à l'Assemblée : « J'ai été obligé, écrit-il au président, d'abandonner le camp de Grandpré. La retraite était accomplie, lorsqu'une terreur panique s'est répandue dans l'armée. Dix mille hommes ont fui devant quinze cents hussards prussiens. Tout est réparé. Je réponds de tout. »

Pendant que Dumouriez prenait ainsi possession du dernier champ de bataille qui restait à la France, et y disposait d'avance la place où Kellermann et Beurnonville devaient s'y rallier à son noyau de troupes pour vaincre ou tomber avec lui, la fortune trompait encore une fois sa prudence et semblait se complaire à déjouer son génie. A la nouvelle de la retraite de Grandpré, Kellermann, croyant Dumouriez battu, et craignant de tomber, en se rapprochant de l'extrémité de l'Argonne, dans les masses prussiennes qu'il supposait au delà de ce défilé, avait rétrogradé jusqu'à Vitry. Les courriers de Dumouriez le rappelaient heure par heure. Il avançait de nouveau, mais avec la lenteur d'un homme qui craint un piége à chaque pas. Kellermann n'avait pas le secret de la fortune de Dumouriez. Il hésitait en obéissant. D'un autre côté, l'ami et le confident de Dumouriez, Beurnonville, qui s'avançait de Rethel sur Grandpré avec l'armée auxiliaire du camp de Maulde, avait rencontré les fuyards du corps de Chazot. Déconcerté par leurs récits d'une déroute complète de son général, Beurnonville s'était porté avec quelques cavaliers sur une colline d'où l'on apercevait l'Argonne et les mamelons nus qui s'étendent de Grandpré à Sainte-Menehould.

C'était dans la matinée du 17, à l'heure où l'armée de Dumouriez filait de Dommartin sur Sainte-Menehould. A l'aspect de cette colonne de troupes qui serpentait dans la plaine et dont la distance et la brume empêchaient de distinguer les uniformes et les drapeaux, Beurnonville ne douta pas que ce ne fût l'armée prussienne marchant à la poursuite des Français. Il changea de route, doubla le pas et se dirigea sur Châlons pour s'y rallier à son général. Informé à Châlons de son erreur par un aide de camp, Beurnonville ne donna que douze heures de repos à ses troupes harassées, et arriva le 19 avec les neuf mille hommes aguerris qu'il ramenait de si loin au champ de bataille.

Dumouriez crut ressaisir la victoire en revoyant ces braves soldats qu'il appelait ses enfants et qui l'appelaient leur père. Il se porta à cheval à la rencontre de Beurnonville. Du plus loin que la colonne l'aperçut, officiers, sous-officiers, soldats, oubliant leurs fatigues et agitant leurs chapeaux au bout de leurs sabres et de leurs baïonnettes, saluèrent d'une immense acclamation leur premier chef. Dumouriez les passa en revue. Il reconnaissait tous les officiers par leurs noms, tous les soldats par leurs visages. Ces bataillons et ces escadrons qu'il avait patiemment formés, disciplinés, habitués au feu pendant les lentes temporisations de Luckner à l'armée du Nord, défilèrent devant lui couverts de la poussière de leur longue marche, les chevaux amaigris, les uniformes déchirés, les souliers usés, mais les armes complètes et polies comme dans un jour de parade.

Quand les officiers d'état-major eurent assigné à chaque corps sa position, et que les armes furent en faisceaux devant le front des tentes, ces soldats, plus pressés de revoir leur général que de manger la soupe, entourèrent tumultuairement Dumouriez, les uns flattant de la main l'épaule de son cheval, les autres baisant sa botte, ceux-ci lui prenant familièrement la main en la serrant comme celle d'un ami retrouvé, ceux-là lui demandant s'il les mènerait bientôt au combat, tous faisant éclater dans leurs yeux et sur leurs physionomies cet attachement familier qu'un chef aimé de ses soldats change, quand il le veut, en héroïsme. Dumouriez, qui connaissait le cœur du soldat, vieux soldat lui-même, fomentait, au lieu de la réprimer, du regard, du sourire, de la main, cette familiarité militaire qui n'ôte rien au respect et qui ajoute au dévouement des troupes. Il les remercia, les encouragea, et leur jeta à propos quelques brèves et soldatesques reparties, qui, transmises de bouche en bouche et de groupe en groupe, circulèrent comme le mot d'ordre de la gaieté dans le camp et allèrent réjouir le bivouac des bataillons. Les soldats du camp de Grandpré, témoins des marques d'attachement que les soldats du camp de Maulde donnaient à leur général, sentirent s'accroître en eux une confiance que Dumouriez commençait seulement à conquérir. L'extérieur, la cordialité militaires, l'attitude, le geste, la parole de cet homme de guerre, prenaient sur les troupes un tel empire que les deux camps, jaloux des préférences de leur chef, rivalisèrent en peu de jours à qui mériterait mieux d'être appelés ses enfants. Il avait du cœur pour ses soldats; ses soldats avaient de la tendresse pour leur chef. Leur enthousiasme était un besoin pour lui; il l'allumait d'un regard. Il ne les maniait pas comme des machines, mais comme des hommes.

VI

Dumouriez n'avait pas dégagé encore son cheval, quand Westermann et Thouvenot, ses deux officiers de confiance dans son état-major, vinrent lui annoncer que l'armée prussienne en masse avait dépassé la pointe de l'Argonne et se déployait sur les collines de la Lune, de l'autre côté de la Tourbe, en face de lui. Au même instant le jeune Macdonald, son aide de camp, envoyé l'avant-veille sur la route de Vitry, accourut au galop et lui apporta l'heureuse nouvelle de l'approche de Kellermann si longtemps attendu. Ce général, à la tête de vingt mille hommes de l'armée de Metz et de quelques milliers de volontaires de la Lorraine, n'était plus qu'à deux heures de distance. Ainsi la fortune de la Révolution et la fortune de Dumouriez, se secondant l'une l'autre, amenaient à heure fixe et au point marqué, des deux extrémités de la France et du fond de l'Allemagne, les forces qui devaient assaillir l'empire et les forces qui devaient le défendre. Le compas et l'aiguille n'auraient pas mieux réglé le lieu et la minute de la jonction que ne l'avaient fait le génie prévoyant et l'infatigable patience de Dumouriez. C'était le rendez-vous de quatre armées sous le doigt d'un homme. A l'instant même, Dumouriez, rappelant à lui ses détachements isolés, se prépara à la lutte par la concentration de toutes ses forces éparses. Le général Dubouquet, posté au défilé de l'Argonne appelé le Chêne-le-Populeux, et que la trouée de Clairfayt à la Croix-au-Bois avait coupé de l'armée principale, s'était retiré avec ses trois mille hommes à Châlons. Ce général, en arrivant dans cette ville, où il croyait, comme Beurnonville, rejoindre Dumouriez, n'y avait trouvé que dix bataillons de fédérés et de volontaires arrivés de Paris. Ces bataillons, à la nouvelle de la retraite de l'armée, s'ameutèrent contre leurs chefs, coupèrent la tête à quelques-uns de leurs officiers, entraînèrent les autres, pillèrent les magasins de l'armée, arrachèrent les marques de leurs grades aux commandants des troupes de ligne, assassinèrent le colonel du régiment de Vexin, qui voulut défendre ses épaulettes, et enfin se débandèrent et reprirent en hordes confuses le chemin de Paris, proclamant partout la trahison de Dumouriez et demandant sa tête. Ces bataillons étaient ceux qui avaient ensanglanté dans leur marche les villes de Meaux, de Soissons et de Reims.

Dumouriez redoutait pour l'armée le contact et la contagion de pareilles bandes. Elles semaient la sédition partout où elles avaient été recrutées. Les vrais soldats les méprisaient. Héros de carrefours, traînards d'armée, ardents à l'émeute, lâches au combat. Dubouquet reçut l'ordre d'en laisser écouler la lie et d'en retirer seulement ce petit nombre d'hommes jeunes et braves qu'un véritable enthousiasme patriotique avait portés à s'enrôler. Il devait les réunir en réserve sous Châlons, les organiser, les armer, les aguerrir et les tenir sous sa main, mais hors du camp de Dumouriez.

Le général Stengel, après avoir ravagé le pays entre l'Argonne et Sainte-Menehould pour affamer les Prussiens, se replia au delà de la Tourbe, et se posta avec l'avantgarde sur les monticules de Lyron, en face des collines de la Lune, où le duc de Brunswick s'était établi. Le camp de Dampierre, séparé de celui de Dumouriez par les branches et les marécages de l'Auve, fut désigné à Kellermann. Mais, soit qu'il se trompât sur l'emplacement du camp qu'on lui avait tracé, soit qu'il voulût marquer son indépendance dans le concours même qu'il apportait à son collègue, Kellermann dépassa le camp de Dampierre et plaça son armée entière, tentes, équipages, artillerie, sur les hauteurs de Valmy, en avant du camp de Dampierre, à la gauche de celui de Sainte-Menehould. La ligne de campement de Kellermann, plus rapprochée de l'ennemi par son extrémité gauche, touchait par son extrémité droite à la ligne de Dumouriez, et formait ainsi avec l'armée principale un angle rentrant dans lequel l'ennemi ne pouvait lancer ses colonnes d'attaque sans être foudroyé à la fois et sur les deux flancs par l'artillerie des deux corps français. Dumouriez, s'apercevant à l'instant que Kellermann, trop engagé et trop isolé sur le plateau de Valmy, pouvait être tourné par les masses prussiennes, envoya le général Chazot, à la tête de huit bataillons et huit escadrons, pour se poster derrière la hauteur de Gizaucourt et se mettre aux ordres de Kellermann. Il ordonna au général Stengel et à Beurnonville de se développer avec vingt-six bataillons sur la droite de Valmy, où son coup d'œil lui montrait d'avance le point d'attaque du duc de Brunswick. L'isolement de Kellermann se trouva ainsi corrigé, et Valmy lié par la droite et par la gauche à l'armée principale. Le plan de Dumouriez, légèrement et heureusement modifié par la témérité de son collègue, était accompli. Ce plan se révélait du premier regard à l'intelligence de l'homme de guerre et de l'homme politique. Le défi était porté par quarante-cinq mille hommes aux quatre-vingt-dix mille combattants de la coalition.

VII

L'armée française avait son flanc droit et sa retraite couverts par l'Argonne, inabordable à l'ennemi et qui se défendait par ses ravins et ses forêts. Le centre, hérissé de batteries et d'obstacles naturels, était inexpugnable. L'aile gauche, détachée en potence, s'avançait seule comme pour provoquer le combat; mais, solidement appuyée par la masse de l'armée, tous les corps pouvaient circuler autour d'elle à l'abri de l'Auve et des mamelons de Lyron, comme dans des chemins couverts. L'armée faisait face à la Champagne. Elle avait encore derrière elle la route libre sur Châlons et sur la Lorraine. Vivres, renforts, munitions lui étaient assurés dans un pays riche en grains et en fourrages. Dans cette position, si habilement et si patiemment préméditée, Dumouriez répondait aux deux hypothèses de la campagne des coalisés, et bravait le génie déconcerté ou usé du duc de Brunswick.

« Ou les Prussiens, disait-il, voudront combattre, ou ils voudront marcher sur Paris. S'ils veulent combattre, ils trouveront l'armée française dans un camp retranché pour champ de bataille. Obligés pour attaquer le centre de passer l'Auve, la Tourbe et la Bionne sous le feu de mes redoutes, ils prêteront le flanc à Kellermann, qui écrasera leurs colonnes d'attaque entre ses bataillons descendus de Valmy et les batteries de mon corps d'armée. S'ils veulent négliger l'armée française, la couper de Paris en marchant sur Châlons, l'armée, changeant de front, les suivra en se grossissant sur le chemin de Paris. Les renforts de l'armée du Rhin et de l'armée du Nord, qui sont en marche; les bataillons de volontaires épars, que je rallierai en avançant à travers les provinces soulevées, porteront le nombre des combattants à soixante ou soixante-dix mille hommes. Les Prussiens, coupés de leur base d'opérations, obligés de ravager, pour vivre, l'aride Champagne, marchant à travers un pays ennemi et sur une terre pleine d'embûches, n'avanceront qu'en hésitant et s'affaibliront à chaque pas. Chaque pas me donnera de nouvelles forces. Je les atteindrai sous Paris. Une armée d'invasion placée entre une capitale de six cent mille âmes qui ferme ses portes et une armée nationale qui lui ferme le retour, est une armée anéantie. La France sera sauvée au cœur de la France, au lieu d'être sauvée aux frontières, mais elle sera sauvée. »

VIII

Ainsi raisonnait Dumouriez, quand les premiers coups de canon prussien, retentissant au pied des hauteurs de Valmy, vinrent lui annoncer que le duc de Brunswick avait senti le danger de s'avancer en laissant derrière lui une armée française, et qu'il attaquait Kellermann.

Ce n'était pas le duc de Brunswick, cependant, qui avait commandé l'attaque, c'était le roi de Prusse. Impatient de gloire, lassé des temporisations de son généralissime, honteux de l'hésitation de son drapeau devant une poignée de patriotes français, provoqué par les instances des émigrés, qui lui montraient Paris comme le tombeau de la Révolution, et l'armée de Dumouriez comme une bande de soldats factieux dont les tâtonnements du duc de Brunswick faisaient seuls toute la valeur, le roi avait forcé la main au duc. L'armée prussienne, que le généralissime voulait déployer lentement de Reims à l'Argonne, parallèlement à l'armée française, reçut ordre de se porter en masse sur les positions de Kellermann. Elle marcha le 19 à Somme-Tourbe et y passa la nuit sous les armes. Le bruit s'était répandu au quartier général du roi de Prusse que les Français méditaient leur retraite sur Châlons et que les mouvements qu'on apercevait dans leur ligne n'avaient d'autre but que de masquer cette marche rétrograde. Le roi s'indigna d'un plan de campagne qui les laissait toujours échapper. Il crut surprendre Dumouriez dans la fausse attitude d'une armée qui lève son camp. Le duc de Brunswick, dont l'autorité militaire commençait à souffrir du peu de succès de ses précédentes manœuvres, employa en vain le général Kœler à modérer l'ardeur du roi. L'attaque fut résolue.

Le 20, à six heures du matin, le duc marcha à la tête de l'avant-garde prussienne sur Somme-Bionne, dans l'intention de déborder Kellermann et de lui couper sa retraite par la grande route de Châlons. Un brouillard épais d'automne flottait sur la plaine, dans les gorges humides où coulent les trois rivières, dans les ravins creux qui séparaient les deux armées, et ne laissait que les sommités des mamelons et les crêtes des collines éclater de lumière au-dessus de cet océan de brume. Ce brouillard, qui ne permettait aux regards qu'un horizon de quelques pas, masquait entièrement l'un à l'autre les mouvements des deux armées. Un choc inattendu de la cavalerie des deux avant-gardes révéla seul, dans ces ténèbres, la marche des Prussiens aux Français. Après une mêlée rapide et quelques coups de canon, l'avant-garde française se replia sur Valmy et informa Kellermann de l'approche de l'ennemi. Le duc de Brunswick continua son mouvement, atteignit la grande route de Châlons, la dépassa et déploya successivement l'armée entière en deçà et au delà de cette route. A sept heures, le brouillard s'étant soudainement dissipé laissa voir aux deux généraux leur situation réciproque.

IX

L'armée de Kellermann était accumulée en masse sur le plateau et en arrière du moulin de Valmy. Cette position aventurée s'avançait comme un cap au milieu des lignes de baïonnettes prussiennes. Le général Chazot n'était pas encore arrivé avec ses vingt-six bataillons pour flanquer la gauche de Kellermann. Le général Leveneur, qui devait flanquer sa droite et la relier à l'armée de Dumouriez, s'avançait avec hésitation et à pas lents, craignant d'attirer par son faible corps tout le poids des masses prussiennes qu'il apercevait en bataille devant lui. Le général Valence, commandant la cavalerie de Kellermann, se déployait sur une seule ligne avec un régiment de carabiniers, quelques escadrons de dragons et quatre bataillons de grenadiers, entre Gizaucourt et Valmy, masquant ainsi tout l'intervalle que Kellermann ne pouvait couvrir et où ce général était attendu. Les lignes de Kellermann se formaient au centre sur les hauteurs. Sa nombreuse artillerie hérissait de ses pièces les abords du moulin de Valmy, centre et clef de sa position. Presque enveloppé par les lignes demi-circulaires et toujours grossissantes de l'ennemi, embarrassé, sur cette élévation trop étroite, de ses vingt-deux mille hommes, de ses chevaux, de ses équipages et de ses canons, Kellermann ne pouvait développer les bras de son armée. Le choc qui s'avançait ressemblait plus à l'assaut d'une brèche défendue par une masse d'assiégés qu'au champ de bataille préparé pour les évolutions de deux armées.

Du haut de ce plateau, Kellermann voyait sortir successivement de la brume blanche du matin et briller au soleil la nombreuse cavalerie prussienne. Elle filait par escadrons en tournant le monticule de Gizaucourt, et menaçait de l'envelopper comme dans un filet s'il venait à être forcé dans sa position. Des bataillons d'infanterie contournaient également le plateau de Valmy. Vers dix heures, le duc de Brunswick ayant formé toute son armée sur deux lignes et conçu le plan de sa journée, on vit se détacher du centre et s'avancer vers les pentes de Gizaucourt et de la Lune une avant-garde composée d'infanterie, de cavalerie et de trois batteries. Le duc de Brunswick, à cheval, entouré d'un groupe d'officiers, dirigeait lui-même ce mouvement. L'armée reforma sa ligne. De nouvelles troupes comblèrent le vide que ce corps détaché laissait dans le centre. A l'aide de lunettes d'approche on distinguait le roi lui-même, en uniforme de général, monté sur un cheval de bataille et reformant en arrière deux fortes colonnes d'attaque qu'il animait du geste et de l'épée.

X

Tel était l'horizon de tentes, de baïonnettes, de chevaux, de canons, d'état-major, qui se déroulait au loin sur les mamelons blanchâtres et dans les ravins creux de la Champagne, le 20 septembre, au milieu du jour. A la même heure, la Convention, entrant en séance, allait délibérer sur la monarchie ou sur la république. Au dedans, au dehors, la France et la liberté se jouaient avec le sort.

L'aspect extérieur des deux armées semblait déclarer d'avance l'issue de la campagne contre nous. Du côté des Prussiens quatre-vingt-dix mille combattants de toutes armes; une tactique héritage du grand Frédéric, vivant encore dans ses lieutenants; une discipline qui changeait les bataillons en machines de guerre, et qui, anéantissant toute volonté individuelle dans le soldat, l'assouplissait à la pensée et à la voix de ses officiers; une infanterie que sa liaison avec elle-même rendait solide et impénétrable comme des murailles de fer; une cavalerie montée sur les magnifiques chevaux de la Frise et du Mecklembourg, dont la docilité sous la main, l'ardeur modérée et le sang-froid intrépide ne s'effarouchent ni du bruit, ni du feu de l'artillerie, ni des éclairs de l'arme blanche; des officiers formés dès l'enfance au métier des combats, nés pour ainsi dire dans l'uniforme, connaissant leurs troupes, en étant connus, et exerçant sur leurs soldats le double ascendant de la noblesse et du commandement; pour auxiliaires, les régiments d'élite de l'armée autrichienne récemment accourus des bords du Danube, où ils venaient de s'aguerrir contre les Turcs ; une noblesse française émigrée, portant avec elle tous les grands noms de la monarchie, dont chaque soldat combattait pour sa propre cause et avait son injure à venger, son roi à sauver, sa patrie à recouvrer au bout de sa baïonnette ou à la pointe de son sabre; des généraux prussiens, tous élèves d'un roi militaire, ayant à maintenir la supériorité de leur renom en Europe; un généralissime que l'Allemagne proclamait son Agamemnon et que le génie de Frédéric couvrait d'un prestige d'invincibilité; enfin, un roi brave, adoré de son peuple, cher à ses troupes, vengeur de la cause de tous les rois, accompagné des représentants de toutes les cours sur le champ de bataille, et suppléant à l'inexpérience de la guerre par une intrépidité personnelle qui oubliait son rang pour ne se souvenir que de son honneur : voilà l'armée prussienne.

XI

Dans le camp français, une infériorité numérique de un contre deux ; des régiments réduits à trois ou quatre cents hommes par l'effet des lois de 1790, qui avaient supprimé les engagements à prix d'argent; ces régiments privés de leurs meilleurs officiers par l'émigration, qui en avait entraîné plus de la moitié sur la terre ennemie, et par la création soudaine de cent bataillons de volontaires, à la tête desquels on avait placé les officiers restés en France comme officiers instructeurs ; ces bataillons et ces régiments sans esprit de corps, se regardant avec jalousie ou avec mépris ; deux esprits dans la même armée, l'esprit de discipline dans les vieux cadres, l'esprit d'insubordination dans les nouveaux bataillons ; les officiers anciens suspects à leurs soldats, les soldats redoutés de leurs officiers ; la cavalerie, mal montée et mal équipée ; l'infanterie, instruite et solide dans les régiments, novice et faible dans les bataillons ; la solde arriérée et payée en assignats dépréciés ; les armes insuffisantes ; les uniformes divers, usés, déchirés, souvent en lambeaux ; beaucoup de soldats manquant de chaussures, et remplaçant les semelles de leurs souliers par des poignées de foin liées autour des jambes avec des cordes ; ces corps arrivant de différentes armées et de provinces diverses, inconnus les uns aux autres, sachant à peine le nom des généraux sous lesquels on les avait embrigadés ; ces généraux ou jeunes ou téméraires, passés sans transition de l'obéissance au commandement, ou vieux et routiniers, ne pouvant plier leurs habitudes méthodiques aux hardiesses de guerres désespérées ; enfin, à la tête de cette armée incohérente, un général en chef de cinquante-trois ans, nouveau dans la guerre, dont tout le monde avait le droit de douter, en défiance à ses troupes, en rivalité avec son principal lieutenant, en lutte avec son propre gouvernement ; dont le plan audacieux et patient n'était compris par personne, et qui n'avait encore ni un service dans son passé, ni le nom d'une victoire sur son épée pour se faire pardonner le commandement : voilà les Français à Valmy. Mais l'enthousiasme de la patrie et de la Révolution battait dans le cœur de cette armée, et le génie de la guerre inspirait l'âme de Dumouriez.

XII

Inquiet sur la position de Kellermann, Dumouriez, à cheval dès le point du jour, visitait sa ligne, échelonnait ses corps entre Sainte-Menehould et Gizaucourt, et galopait vers Valmy pour mieux juger par lui-même des intentions du duc de Brunswick et du point où les Prussiens concentreraient leur effort. Il y trouva Kellermann donnant ses derniers ordres aux généraux qui à sa gauche et à sa droite allaient avoir la responsabilité de la journée. L'un était le général Valence, l'autre était le duc de Chartres.

Valence, attaché à la maison d'Orléans, avait épousé la fille de madame de Genlis. Député de la noblesse aux états généraux, il avait servi de ses opinions la cause de la liberté. Depuis la guerre, il la servait de son sang. D'abord colonel de dragons, jeune, actif, gracieux comme un aristocrate, patriote comme un citoyen, brave comme un soldat, il maniait la cavalerie avec audace, et avait commandé l'avant-garde de Luckner à Courtrai. Son coup d'œil militaire, ses études, l'aplomb de son esprit, le rendaient capable de commander en chef un corps d'armée. On pouvait lui confier le salut d'une position.

Le duc de Chartres était le fils aîné du duc d'Orléans. Né dans le berceau même de la liberté, nourri de patriotisme par son père, il n'avait pas eu à faire son choix entre les opinions. Son éducation avait fait ce choix pour lui. Il avait respiré la Révolution; mais il ne l'avait pas respirée au Palais-Royal, foyer des désordres domestiques et des plans politiques de son père. Son adolescence s'était écoulée studieuse et pure dans les retraites de Belle-Chasse et de Passy, où madame de Genlis gouvernait l'éducation des princes de la maison d'Orléans. Jamais femme ne confondit si bien en elle l'intrigue et la vertu, et n'associa une situation plus suspecte à des préceptes plus austères. Odieuse à la mère, favorite du père, mentor des enfants, à la fois démocrate et amie d'un prince, ses élèves sortirent de ses leçons pétris de la double argile du prince et du citoyen. Elle façonna leur âme sur la sienne. Elle leur donna beaucoup de lumières, beaucoup de principes, beaucoup de calcul. Elle glissa de plus dans leur nature cette adresse avec les hommes et cette souplesse avec les événements qui laissent reconnaître à jamais l'empreinte de la main d'une femme habile sur les caractères qu'elle a touchés. Le duc de Chartres n'eut point de jeunesse. L'éducation supprimait cet âge dans les élèves de madame de Genlis. La réflexion, l'étude, la préméditation de toutes les pensées et de tous les actes, y remplaçaient la nature par l'étude et l'instinct par la volonté. Elle faisait des hommes, mais des hommes factices. A dix-sept ans, le jeune prince avait la maturité des longues années. Colonel en 1791, il avait déjà mérité deux couronnes civiques de la ville de Vendôme, où il était en garnison, pour avoir sauvé, au péril de ses jours, la vie à deux prêtres dans une émeute, et à un citoyen dans le fleuve. Assidu aux séances de l'Assemblée constituante, affilié par son père aux Jacobins, il assistait dans les tribunes aux ondulations des assemblées populaires. Il semblait emporté lui-même par les passions qu'il étudiait; mais il dominait ses emportements apparents. Toujours assez dans le flot du jour pour être national, et assez en dehors pour ne pas souiller son avenir. Sa famille était la meilleure partie de son patriotisme. Il en avait le culte et même le dévouement. A la nouvelle de la suppression du droit d'aînesse, il s'était jeté dans les bras de ses frères : « Heureuse loi, avait-il dit, qui permet à des frères de s'aimer sans jalousie! Elle ne fait que m'ordonner ce que mon cœur avait déclaré d'avance. Vous le saviez tous, la nature avait fait entre nous cette loi! » La guerre l'avait entraîné heureusement dans les camps, où tout le sang de la Révolution était pur. Son père avait demandé qu'il servît sous le général Biron, son ami. Il s'était signalé par sa fermeté dans ces premiers tâtonnements militaires de la demi-campagne de Luckner en Belgique. A vingt-trois ans, nommé général de brigade, à titre d'ancienneté, dans une armée où les anciens colonels avaient presque tous émigré, il avait suivi Luckner à Metz. Appelé par Servan au commandement de Strasbourg : « Je suis trop jeune, répondit-il, pour m'enfermer dans une place. Je demande à rester dans l'armée active. » Kellermann, successeur de Luckner, avait pressenti sa valeur et lui avait confié une brigade de douze bataillons d'infanterie et de douze escadrons de cavalerie.

XIII

Le duc de Chartres s'était fait accepter des anciens soldats comme prince, des nouveaux comme patriote, de tous comme camarade. Son intrépidité était raisonnée. Elle ne l'emportait pas, il la guidait. Elle lui laissait la lumière du coup d'œil et le sang-froid du commandement. Il allait au feu sans presser et sans ralentir le pas. Son ardeur n'était pas de l'élan, mais de la volonté. Elle était réfléchie comme un calcul et grave comme un devoir. Sa taille était élevée, sa stature solide; sa tenue sévère. L'élévation du front, le bleu de l'œil, l'ovale du visage, l'épaisseur majestueuse mais un peu lourde du menton, rappelaient en lui le Bourbon et faisaient souvenir du trône. Le cou souvent incliné, l'attitude modeste du corps, la bouche un peu pendante aux deux extrémités, le coup d'œil adroit, le sourire caressant, le geste gracieux, la parole facile, rappelaient le fils d'un complaisant de la multitude, et faisaient souvenir du peuple. Sa familiarité, martiale avec l'officier, soldatesque avec les soldats, patriotique avec les citoyens, lui faisait pardonner son rang. Mais, sous l'extérieur d'un soldat du peuple, on apercevait au fond de son regard une arrière-pensée de prince du sang. Il se livrait à tous les accidents d'une révolution avec cet abandon complet, mais habile, d'un esprit consommé. On eût dit qu'il savait d'avance que les événements brisent ceux qui leur résistent, mais que les révolutions, comme les vagues, rapportent souvent les hommes où elles les ont pris. Bien faire ce que la circonstance indiquait, en se fiant du reste à l'avenir et à son rang, était toute sa politique. Machiavel ne l'eût pas mieux conseillé que sa nature. Son étoile ne l'éclairait jamais qu'à quelques pas devant lui. Il ne lui demandait ni plus de lumière, ni plus d'éclat. Son ambition se bornait à savoir attendre. Sa providence était le temps ; né pour disparaître dans les grandes convulsions de son pays, pour survivre aux crises, pour déjouer les partis déjà fatigués, pour satisfaire et pour amortir les révolutions. A travers sa bravoure, son enthousiasme exalté pour la patrie, on craignait d'entrevoir en perspective un trône relevé sur les débris et par les mains d'une république. Ce pressentiment, qui précède les hautes destinées et les grands noms, semblait révéler de loin à l'armée que, de tous les hommes qui s'agitaient alors dans la Révolution, celui-là pouvait être un jour le plus utile ou le plus fatal à la liberté.

Dumouriez, qui avait entrevu le jeune duc de Chartres à l'armée de Luckner, l'observa attentivement dans cette occasion, fut frappé de son sang-froid et de sa lucidité dans l'action, pressentit une force dans cette jeunesse, et résolut de se l'attacher.

XIV

Les Prussiens couronnaient les crêtes des hauteurs de la Lune et commençaient à en descendre en ordre de bataille. Les vieux soldats du grand Frédéric, lents et mesurés dans leurs mouvements, ne montraient aucune impétuosité et ne donnaient rien au hasard. Leurs bataillons marchaient d'une seule pièce et se profilaient en lignes géométriques et à angles droits comme des bastions. Ils semblaient hésiter à aborder de près un ennemi qu'ils dépassaient deux fois en nombre et en tactique, mais dont ils redoutaient la témérité ou le désespoir.

De leur côté, les Français ne contemplaient pas sans un certain ébranlement d'imagination cette armée immense, jusque-là invincible, avançant silencieusement sa première ligne en colonnes et déployant ses deux ailes pour foudroyer leur centre et leur couper toute retraite soit sur Châlons, soit sur Dumouriez. Les soldats restaient immobiles sur leurs positions, craignant de dégarnir par un faux mouvement le champ de bataille étroit où ils pouvaient se défendre, mais où ils n'osaient manœuvrer. Descendus à mi-côte de la colline de la Lune, les Prussiens s'arrêtèrent. Leurs compagnies de sapeurs aplanirent le terrain en larges plates-formes, et l'artillerie, débouchant à travers les bataillons qui s'ouvrirent, porta au galop sur le front des colonnes quarante-huit bouches à feu divisées en quatre batteries, trois de canons et une d'obusiers. Une autre batterie de même force, qui prenait en flanc les lignes françaises, restait encore cachée sous un flocon de brouillard, sur la droite des Prussiens, et ne tarda pas à déchirer de la commotion de ses salves la brume qui l'enveloppait. Le feu commença à la fois de front et de flanc.

A ce feu, l'artillerie de Kellermann s'ébranle et s'établit en avant de l'infanterie. Plus de vingt mille boulets, échangés pendant deux heures par cent vingt pièces de canon, labourent le sol des deux collines opposées, comme si les deux artilleries eussent voulu faire brèche aux deux montagnes. L'épaisse fumée de la poudre, la poussière élevée par le choc des boulets qui émiettaient la terre, rampant sur le flanc des deux coteaux et rabattues par le vent dans la gorge, empêchaient les artilleurs de viser juste et trompaient souvent les coups. On se combattait du fond de deux nuages, et l'on tirait au bruit plus qu'à la vue. Les Prussiens, plus découverts que les Français, tombaient en plus grand nombre autour des pièces. Leur feu se ralentissait. Kellermann, qui épiait le moindre symptôme d'ébranlement de l'ennemi, croit reconnaître quelque confusion dans ses mouvements. Il s'élance à cheval à la tête d'une colonne pour s'emparer de ces pièces. Une nouvelle batterie, masquée par un pli du terrain, éclate sur le front de sa colonne. Son cheval, le poitrail ouvert par un éclat d'obus, se renverse sur lui et expire. Le lieutenant-colonel Lormier, son aide de camp, est frappé à mort. La tête de la colonne, foudroyée de trois côtés à la fois, tombe, hésite, recule en désordre. Kellermann, dégagé et emporté par ses soldats, revient chercher un autre cheval. Les Prussiens, qui ont vu la chute d'un général et la retraite de sa troupe, redoublent leur feu. Une pluie d'obus mieux dirigés écrase le parc d'artillerie des Français. Deux caissons éclatent au milieu des rangs. Les projectiles, les essieux, les membres des chevaux, lancés en tous sens, emportent des files entières de nos soldats; les conducteurs de chariots, en s'écartant au galop du foyer de l'explosion, avec leurs caissons, jettent la confusion et communiquent leur instinct de fuite aux bataillons de la première ligne. L'artillerie, privée ainsi de ses munitions, ralentit et éteint son feu.

Le duc de Chartres, qui supporte lui-même depuis près de trois heures, l'arme au bras, la grêle de boulets et de mitraille de l'artillerie prussienne, au poste décisif du moulin de Valmy, s'aperçoit du danger de son général. Il court à toute bride à la seconde ligne, entraîne la réserve d'artillerie à cheval, la porte au galop sur le plateau du moulin, couvre le désordre du centre, rallie les caissons, les ramène aux canonniers, nourrit le feu, étonne et suspend l'élan de l'ennemi.

Le duc de Brunswick ne veut pas donner aux Français le temps de se raffermir. Il forme trois colonnes d'attaque soutenues par deux ailes de cavalerie. Ces colonnes s'avancent malgré le feu des batteries françaises et vont engloutir sous leur masse le moulin de Valmy, où le duc de Chartres les attend sans s'ébranler. Kellermann, qui vient de rétablir sa ligne, forme son armée en colonnes par bataillons, descend de son cheval, en jette la bride à une ordonnance, fait conduire l'animal derrière les rangs, indiquant aux soldats par cet acte désespéré qu'il ne se réserve que la victoire ou la mort. L'armée le comprend.

« Camarades, s'écrie Kellermann d'une voix palpitante d'enthousiasme et dont il prolonge les syllabes pour qu'elles frappent plus loin l'oreille de ses soldats, voici le moment de la victoire. Laissons avancer l'ennemi sans tirer un seul coup, et chargeons à la baïonnette ! » En disant ces mots, il élève et agite son chapeau, orné du panache tricolore, sur la pointe de son épée. « Vive la nation ! s'écrie-t-il d'une voix plus tonnante encore, allons vaincre pour elle ! »

Ce cri du général, porté de bouche en bouche par les bataillons les plus rapprochés, court sur toute la ligne; répété par ceux qui l'avaient proféré les premiers, grossi par ceux qui le répètent pour la première fois, il forme une clameur immense, semblable à la voix de la patrie animant elle-même ses premiers défenseurs. Ce cri de toute une armée, prolongé pendant plus d'un quart d'heure et roulant d'une colline à l'autre, dans les intervalles du bruit du canon, rassure l'armée avec sa propre voix et fait réfléchir le duc de Brunswick. De pareils cœurs promettent des bras terribles. Les soldats français, imitant spontanément le geste sublime de leur général, élèvent leurs chapeaux et leurs casques au bout de leurs baïonnettes et les agitent en l'air, comme pour saluer la victoire. « Elle est à nous ! » dit Kellermann, et il s'élance au pas de course au-devant des colonnes prussiennes, en faisant redoubler les décharges de son artillerie. A l'aspect de cette armée qui s'ébranle comme d'elle-même en avant, sous la mitraille de quatre-vingts pièces de canon, les colonnes prussiennes hésitent, s'arrêtent, flottent un moment en désordre. Kellermann avance toujours. Le duc de Chartres, un drapeau tricolore à la main, lance sa cavalerie à la suite de l'artillerie à cheval. Le duc de Brunswick, avec le coup d'œil d'un vieux soldat et cette économie de sang qui caractérise les généraux consommés, juge à l'instant que son attaque s'amortira contre un pareil enthousiasme. Il reforme avec sang-froid ses têtes de colonnes, fait sonner la retraite et reprend lentement, et sans être poursuivi, ses positions.

XV

Les batteries se turent des deux côtés. Le vide se rétablit entre les deux armées. La bataille resta comme tacitement suspendue jusqu'à quatre heures du soir. A cette heure le roi de Prusse, indigné de l'hésitation et de l'impuissance de son armée, reforma lui-même, avec l'élite de son infanterie et de sa cavalerie, trois formidables colonnes d'attaque, et parcourant à cheval le front de ses lignes, leur reprocha amèrement d'humilier le drapeau de la monarchie. Les colonnes s'ébranlent à la voix de leur souverain. Le roi, entouré du duc de Brunswick et de ses principaux généraux, marche aux premiers rangs et à découvert sous le feu des Français, qui décimait autour de lui son état-major. Intrépide comme le sang de Frédéric, il commanda en roi jaloux de l'honneur de sa nation, et s'exposa en soldat qui compte sa vie pour rien devant la victoire. Tout fut inutile. Les colonnes prussiennes, écrasées avant de pouvoir aborder les hauteurs de Valmy par vingt-quatre pièces de canon en batterie au pic du moulin, se replièrent, à la nuit tombante, ne laissant sur leur route que des sillons de nos boulets, une traînée de sang et huit cents cadavres. Kellermann coucha sur le plateau de Valmy, au milieu des blessés et des morts, mais comptant avec raison cette canonnade de dix heures pour une victoire. Il avait fait entendre pour la première fois à l'armée le bruit de la guerre et éprouvé le patriotisme français au feu de cent vingt pièces de canon. Le nombre et la situation des troupes ne permettaient pas davantage. Ne pas être vaincu, pour l'armée française, c'était vaincre. Kellermann le sentit avec une telle ivresse qu'il voulut confondre plus tard son nom dans le nom de Valmy, et qu'après une longue vie et d'éclatantes victoires il légua, dans son testament, son cœur au village de ce nom, pour que la plus noble part de lui-même reposât sur le théâtre de sa plus chère gloire, à côté des compagnons de son premier combat.

Pendant que l'armée française combattait et triomphait à Valmy, la Convention, comme nous l'avons vu, décrétait la république à Paris. Le courrier qui portait à l'armée la nouvelle de la proclamation de la république et le courrier qui portait à Paris la nouvelle de l'échec de la coalition se croisèrent aux environs de Châlons. Ainsi la victoire et la liberté se rencontraient, comme pour présager à la France que la fortune lui serait fidèle si elle restait fidèle elle-même à la cause du peuple et aux principes de 89.

XVI

Dumouriez était rentré dans son camp au bruit des derniers coups de canon de Kellermann. Tout en se félicitant du succès d'une journée qui raffermissait l'esprit de l'armée et qui rendait le premier choc contre la patrie fatal à ses ennemis, il était trop clairvoyant pour se dissimuler la faute de Kellermann et la témérité de sa position. Le duc de Brunswick était le lendemain ce qu'il était la veille, et de plus il avait étendu son aile droite au delà de Gizaucourt et coupait la route de Châlons. L'armée française, quoique victorieuse, était ainsi emprisonnée dans ses lignes. Il ne lui restait de libre communication avec Paris que par la route indirecte de Vitry. Une seconde journée pouvait ramener les Prussiens sur Kellermann et anéantir son corps trop exposé. Dumouriez se rendit le 21 de grand matin au camp de son collègue, et lui ordonna de passer la rivière d'Auve et de se replier dans le camp de Dampierre, qu'il avait précédemment assigné. Cette position, moins brillante, mais plus sûre, rendait la liaison et la solidité à l'armée française. Kellermann le sentit et obéit sans murmurer. Aucune attaque des Prussiens n'était possible contre cinquante mille hommes couverts par des bastions et des fossés naturels et soutenus par une nombreuse artillerie. C'était le temps seul qui allait désormais combattre pour ou contre l'une ou l'autre armée.

Les Prussiens avaient perdu tant de jours qu'il ne leur en restait plus à perdre. La mauvaise saison les atteignait déjà, et l'hiver seul les forcerait à la retraite. Le duc de Brunswick n'avait que trois partis à prendre, mais il fallait les prendre immédiatement : marcher sur Paris par la route de Châlons, qu'il avait conquise; attaquer et vaincre Dumouriez dans ses lignes; enfin repasser l'Argonne, prendre de bons quartiers d'hiver dans la partie grasse du territoire qu'il avait envahi, tenir la France en échec pendant six mois, la fatiguer d'inquiétude, et reprendre l'offensive au printemps.

Le duc ne prit aucun de ces trois partis. Il perdit dix jours irréparables à observer l'armée française et à épuiser le sol stérile qu'il occupait. La saison pluvieuse et fébrile le surprit dans cette hésitation. Les pluies défoncèrent les routes de l'Argonne par lesquelles ses convois lui arrivaient de Verdun. Ses soldats, sans abri et dénués de vivres, se répandirent dans les champs, dans les vergers, dans les vignes pour s'y assouvir de raisins verts, que ces hommes du Nord cueillaient pour la première fois. Leur estomac débilité par la mauvaise nourriture leur fit contracter ces maladies d'entrailles qui enlèvent la force et le cœur aux soldats. La contagion se répandit rapidement dans le camp et décima les corps. Les routes étaient couvertes de chariots qui emmenaient les pâles soldats de Brunswick aux hôpitaux de Longwy et de Verdun.

La situation de Dumouriez ne paraissait cependant pas plus rassurante aux esprits qui n'avaient pas le secret de ses pensées. Enfermé du côté des Évêchés par le prince de Hohenlohe, il l'était également du côté de Paris par le roi de Prusse. Les Prussiens n'étaient qu'à six lieues de Châlons, les émigrés plus près encore. Les uhlans, cavalerie légère des Prussiens, venaient marauder jusqu'aux portes de Reims. Entre la capitale et Châlons pas une position, pas une armée. Paris tremblait de se sentir découvert. Les bruits sinistres, grossis par la malveillance et la peur, annonçaient à chaque instant aux Parisiens consternés l'approche du roi de Prusse; les journaux criaient à la trahison.

Le gouvernement, le ministre de la guerre, Danton lui-même, envoyaient courriers sur courriers à Dumouriez pour lui ordonner de dégager à tout prix l'armée et de venir couvrir la Marne. Kellermann, lieutenant intrépide, mais susceptible et murmurant, ébranlé par l'opinion de Paris, menaçait de quitter le camp et d'abandonner son collègue à son obstination. Dumouriez, employant sur lui tantôt l'ascendant de l'autorité, tantôt la séduction du génie, passait, pour le retenir, de la menace à la prière, et gagnait jour par jour sa victoire de patience. Une conviction puissante, mais isolée, pouvait seule le soutenir contre tous. La route de Châlons interceptée retardait l'arrivée des convois de l'intérieur. Les soldats étaient quelquefois trois jours sans pain. Les murmures assiégeaient l'oreille du général, qui les tournait en plaisanteries : « Voyez les Prussiens, leur disait-il, ne sont-ils pas plus à plaindre que vous ? Ils mangent leurs chevaux morts, et vous avez de la farine. Faites des galettes, la liberté les assaisonnera. »

D'autres fois, il menaçait d'enlever l'uniforme et les armes à ceux qui se plaindraient de manquer de pain, et de les chasser du camp comme des lâches indignes de souffrir des privations pour la patrie. Huit bataillons de fédérés récemment arrivés du camp de Châlons, et encore ivres de sédition et d'assassinats, étaient les plus redoutables pour la subordination du camp. Ils disaient tout haut que les anciens officiers étaient des traîtres et qu'il fallait purger l'armée des généraux comme on avait purgé Paris des aristocrates. Dumouriez fit camper ces bataillons à l'écart, plaça quelques escadrons derrière eux et deux pièces de canon sur leur flanc ; puis, ayant ordonné qu'ils se missent en bataille sous prétexte de les passer en revue, il arriva à la tête de leur ligne, entouré de tout son état-major et suivi d'une escorte de cent hussards. « Vous autres, leur dit-il, car je ne veux vous appeler ni citoyens ni soldats, vous voyez devant vous cette artillerie, derrière vous cette cavalerie. Vous êtes souillés de forfaits. Je ne souffre ici ni assassins ni bourreaux. Je sais qu'il y a parmi vous des scélérats chargés de vous pousser au crime. Chassez-les vous-mêmes ou dénoncez-les-moi. Je vous rends responsables de leur conduite. » Les bataillons tremblèrent et prirent l'esprit de l'armée.

Le vieil honneur s'associait dans le camp au patriotisme. Dumouriez l'entretenait parmi ses troupes. Familier avec ses soldats, il passait les nuits à leurs feux, mangeait et buvait avec eux, leur expliquait sa position, celle des Prussiens, leur annonçait la prochaine déroute des ennemis, et quêtait homme par homme dans son armée cette confiance et cette patience dont il avait besoin pour les sauver tous. La menace de sa destitution lui arrivait tous les soirs de Paris. Il répondait par des défis aux ministres : « Je tiendrai ma destitution secrète, écrivait-il, jusqu'au jour où je verrai fuir les ennemis. Je la montrerai alors à mes soldats, et j'irai recevoir à Paris ma punition pour avoir sauvé mon pays malgré lui. »

XVII

Trois commissaires de la Convention, Sillery, Carra et Prieur, arrivèrent au camp le 24 pour y faire reconnaître la république. Dumouriez n'hésita pas. Quoique monarchiste, son instinct lui disait que la question du jour n'était pas le gouvernement, mais la patrie. D'ailleurs il avait l'ambition grande comme le génie, vague comme l'avenir. Une république agitée au dedans, menacée au dehors, ne pouvait pas mécontenter un soldat victorieux à la tête d'une armée qui l'adorait. La royauté abolie, il n'y avait rien de plus haut dans la nation que son généralissime. Les commissaires avaient aussi pour mission de ramener l'armée au delà de la Marne. Dumouriez leur demanda six jours. Il les obtint. Le septième jour, au lever du soleil, les vedettes françaises virent les collines du camp de la Lune nues et désertes, et les colonnes du duc de Brunswick filer lentement entre les mamelons de la Champagne et reprendre la direction de Grandpré. La fortune avait justifié la persévérance. Le génie avait lassé le nombre. Dumouriez était triomphant. La France était sauvée.

A cette nouvelle, un cri général de : « Vive la nation ! » s'éleva de tous les postes de l'armée française. Les commissaires, les généraux, Beurnonville, Miranda, Kellermann lui-même, se jetèrent dans les bras de Dumouriez, et reconnurent la supériorité de ses vues et la toute-puissance de sa volonté. Les soldats le proclamèrent le Fabius de la patrie. Mais ce nom, qu'il acceptait pour un jour, répondait mal à l'ardeur de son âme, et il rêvait déjà au dehors le rôle d'Annibal, plus conforme à l'activité de son caractère et à l'obstination de son génie. Celui de César pouvait aussi le tenter un jour au dedans. Cette ambition de Dumouriez explique seule la retraite impunie des Prussiens à travers un pays ennemi, par des défilés faciles à changer en fourches Caudines, et sous le canon de cinquante mille Français, devant lesquels l'armée décimée et énervée du duc de Brunswick avait à opérer une marche de flanc.

LIVRE VINGT-HUITIÈME

Négociations secrètes aux armées. — Danton essaye de maîtriser la Révolution. — Dumouriez à Paris. — Il s'entend avec Danton.

I

Pendant que Dumouriez triomphait par son génie militaire de l'armée prussienne, son génie politique ne sommeillait pas. Son camp, dans les derniers jours de la campagne, était tout à la fois un quartier général et un centre de négociations diplomatiques. Ancien diplomate lui-même, rompu aux intrigues des cours, connaissant à fond les secrets des cabinets étrangers et les sourdes rivalités qui couvent sous l'apparente harmonie des coalitions, Dumouriez avait noué ou accepté des relations, moitié patentes, moitié occultes, avec le duc de Brunswick et avec les militaires et les ministres les plus influents sur les déterminations du roi de Prusse. Danton, seul ministre avec lequel

Dumouriez eût à s'entendre au dedans, avait les confidences de ces négociations. Le vol du garde-meuble de la couronne qui venait d'avoir lieu à Paris, avec la complicité présumée d'obscurs agents de la commune, fournit, dit-on, à Dumouriez, non pas ces grands moyens de corruption avec lesquels on rachète une patrie, mais ces dépenses secrètes qui soldent l'intrigue et captent la faveur des agents subalternes d'une cour et d'un quartier général.

Le duc de Brunswick ne désirait pas moins que Dumouriez négocier en combattant. Le quartier général du roi de Prusse était divisé en deux cabales : l'une voulait retenir le roi à l'armée; l'autre aspirait à l'en éloigner. Le comte de Schulenburg, confident du roi, était de la première; le duc de Brunswick était l'âme de la seconde. Haugwitz, Lucchesini, Lombard, secrétaire privé du roi, Kalkreuth et le prince de Hohenlohe servaient les pensées du généralissime. Ils ne cessaient de représenter au roi que les affaires de Pologne, plus importantes pour son empire que les désordres de Paris, exigeaient sa présence à Berlin s'il voulait saisir sa part de cette vaste proie, que la Russie allait dépecer tout entière. Le roi résistait avec la fermeté d'un homme qui a engagé son honneur dans une grande cause, à la face du monde, et qui veut au moins dégager sa gloire. Il resta à l'armée et envoya le comte de Schulenburg surveiller à sa place les opérations de la Pologne. De ce jour ce prince fut livré seul, dans son camp, aux influences intéressées à ralentir sa marche et à énerver ses résolutions. De ce jour aussi tout tendit à la retraite.

II

Le duc de Brunswick ne cherchait qu'un prétexte pour ouvrir des conférences avec le quartier général français. Tant qu'il avait été derrière l'Argonne, à dix lieues de Grandpré, ce prétexte ne se présenta pas naturellement. Le roi de Prusse aurait vu une lâcheté ou une trahison dans ces avances. Ce fut un des motifs qui déterminèrent le duc de Brunswick à passer l'Argonne et à se trouver face à face avec Dumouriez. Ce fut sans doute aussi le motif secret pour lequel le généralissime, après un si grand développement de forces et tant de démonstrations vaines au camp de la Lune, n'aborda cependant pas l'armée française à l'arme blanche, n'engagea qu'une canonnade au lieu de livrer une bataille complète, et se retira le soir dans ses lignes en laissant tout indécis. Le combat de Valmy, dans la pensée du duc de Brunswick, n'était qu'une négociation à coups de canon. A ses yeux, Dumouriez tenait le sort de la Révolution française dans ses mains. Il ne pouvait croire que ce général voulût servir d'instrument aveugle aux fureurs d'une démocratie anarchique.

« Il mettra le poids de son épée, disait-il à ses confidents, du côté d'une monarchie constitutionnelle et tempérée. Il se retournera contre les geôliers de son roi et contre les égorgeurs de septembre. Gardien des frontières de son pays, il n'aura qu'à menacer de les ouvrir à la coalition, pour faire trembler et obéir les meneurs des assemblées nationales. Une transaction entre la France monarchique et la Prusse, sous les auspices de Dumouriez, est mille fois préférable à une guerre extrême, où la Prusse joue son armée et son trésor contre le désespoir d'une nation entière. Notre intérêt est de grandir Dumouriez aux yeux de ses compatriotes, pour que son nom devienne plus imposant et plus populaire, et nous permette de traiter avec lui pour lui laisser la disponibilité de son armée contre les Jacobins de Paris. Je connais Dumouriez. Je l'ai fait prisonnier, il y a trente-deux ans, dans la guerre de Sept ans. Tombé couvert de blessures entre les mains de mes uhlans, je lui ai sauvé la vie, je l'ai fait soigner, je lui ai donné ma cour pour prison, j'ai fait de mon prisonnier un compagnon de mes fêtes et un ami. Je veux le voir, je veux sonder ses desseins secrets et les servir dans l'intérêt de l'Allemagne. Il reconnaîtra son ancien sauveur, et nous avancerons plus les affaires de l'Europe en quelques conférences qu'en de ruineuses campagnes. »

III

Ainsi parlait le duc de Brunswick. Il ne se trompait pas sur les vues secrètes de Dumouriez, il se trompait sur sa puissance. La Révolution, dans toute sa force alors, ne se mettait à la merci de personne : elle pliait tout et ne se laissait pas plier. Cependant les deux armées étaient à

peine rentrées dans leurs lignes le lendemain du combat
de Valmy, que le duc de Brunswick envoya au camp de
Kellermann le général prussien Heymann et le colonel
Manstein, adjudant général du roi de Prusse, sous prétexte de négocier un cartel d'échange des prisonniers des
deux armées. Dumouriez, averti par Kellermann, se rendit
à la conférence. Elle fut longue, intime, flatteuse du côté
des Prussiens; fière, réservée, presque silencieuse du côté
de Dumouriez. Un mot pouvait le perdre, un geste pouvait
le trahir; il négociait avec l'ennemi de sa patrie, ayant à
côté de lui son rival dans Kellermann, et derrière lui les
commissaires ombrageux de la Convention. « Colonel, répondit-il aux ouvertures du roi de Prusse et du duc de
Brunswick, vous m'avez dit qu'on m'estimait dans l'armée
prussienne; je croirais qu'on m'y méprise, si l'on me jugeait capable d'écouter de telles propositions. » On se borna
à convenir d'une suspension d'armes sur le front des deux
armées.

IV

Or, la nuit même qui suivit cette conférence officielle,
Westermann et Fabre d'Églantine, agents confidentiels de
Danton, arrivèrent au camp sous prétexte de réconcilier
Dumouriez et Kellermann, mais avec la mission secrète
d'autoriser et de presser les négociations sur la base d'une
prompte évacuation du territoire. Pendant la même nuit, le

secrétaire privé du conseil du roi de Prusse, Lombard, sur l'ordre du roi et avec la connivence du duc de Brunswick, feignit de tomber avec quelques voitures des équipages dans une patrouille de hussards français, fut amené au quartier général, et eut un entretien nocturne avec Dumouriez, dont il a révélé plus tard les circonstances. La délivrance de Louis XVI de sa captivité dans la tour du Temple et le rétablissement de la monarchie constitutionnelle en France étaient, de la part du roi de Prusse, les deux conditions préalables de la négociation. Dumouriez professait les mêmes principes, confessait les mêmes désirs, et engageait sa parole personnelle de concourir par tous ses efforts à cette restauration; « mais il se perdait inutilement, ajoutait-il, s'il contractait de pareils engagements dans un traité secret. Sa popularité naissante n'avait pas encore assez de force pour porter de pareilles résolutions. La Convention venait de déclarer d'enthousiasme et à l'unanimité que jamais elle ne reconnaîtrait de roi. Le seul moyen de donner à Dumouriez le crédit sur la nation nécessaire au salut du roi, c'était de le présenter à la France comme le libérateur de sa patrie, comme le pacificateur de la Révolution. La retraite des armées étrangères du territoire français était le premier pas vers l'ordre et vers la paix. » Pressé par Lombard d'accepter une conférence avec le duc de Brunswick, le général s'y refusa; mais il remit à ce négociateur un mémoire raisonné pour le roi de Prusse. Dans ce mémoire il exposait à ce prince les motifs et la possibilité d'une alliance d'intérêts avec la France. Il s'efforçait de lui démontrer les dangers d'une coalition avec l'empereur, alliance qui, en épuisant la Prusse d'hommes et d'argent, ne pouvait profiter qu'à l'Autriche. Sous prétexte de reconduire Lombard au quartier général du roi de Prusse, Dumouriez envoya Westermann, confident de Danton et son adjudant général, au camp des Prussiens. Lombard ayant fait son rapport et redit au roi les paroles confidentielles de Dumouriez, le roi autorisa le duc de Brunswick à avoir un entretien avec Westermann.

Cet entretien eut lieu en présence du général Heymann. Il se conclut, de la part du duc de Brunswick, par la demande d'un traité secret qui promettrait la liberté à Louis XVI, et qui, suspendant les hostilités entre les deux armées, permettrait aux Prussiens de se retirer sans être attaqués dans leur retraite. Le duc rejeta tout l'odieux de la guerre sur les Autrichiens et sur les princes français, et abandonna sans contestation les émigrés prisonniers de guerre à la vindicte des lois de leur pays. Westermann revint apporter ces dispositions à son général. Dumouriez en informa Danton par un courrier extraordinaire. Danton renvoya pour toute réponse le décret de la Convention déclarant que la république française ne traiterait avec ses ennemis qu'après l'évacuation de son territoire.

Mais le dernier mot de Danton était, par d'autres bouches, dans l'oreille de Dumouriez. Les pourparlers ne furent point suspendus. Des conférences avouées et publiques pour l'échange des prisonniers servirent à masquer des entretiens et des correspondances plus mystérieuses. Dumouriez, craignant que ses rapports avec le camp prussien ne le fissent accuser de trahison par ses troupes, alla au-devant du soupçon : « Mes enfants, disait-il à ses soldats qui se pressaient autour de lui quand il parcourait les postes, que pensez-vous de toutes ces négociations avec les

Prussiens? ne vous donnent-elles pas quelque ombrage contre moi? — Non, non, répondirent les soldats, avec un autre nous serions inquiets et nous éplucherions sa conduite; mais avec vous nous fermons les yeux, vous êtes notre père. » L'habile général endormait ainsi son armée.

V

Les mêmes rapprochements entre les généraux des deux camps opposés se remarquaient au camp de Kellermann. Mais les entretiens n'y roulaient que sur l'échange des prisonniers.

Une circonstance hâta la détermination du roi de Prusse et du duc de Brunswick. Le major prussien Massembach, confident du roi, dînait chez Kellermann avec plusieurs généraux français et les deux fils du duc d'Orléans. Après le repas, Dillon, causant dans l'embrasure d'une fenêtre avec Massembach, lui dit que, si le roi son maître ne consentait pas à reconnaître la république, Louis XVI, la noblesse et le clergé périraient infailliblement en France; que lui-même, quoique dévoué de principes et de cœur à la cause populaire, il ne sauverait pas sa tête de la hache du peuple. Puis, jetant autour de lui dans la salle un regard inquiet et rapide, et s'apercevant que les convives, dispersés en groupes animés, ne l'observaient pas, il entraîna Massembach sur un balcon. « Voyez, lui dit-il tout haut, quel magnifique pays! » Puis, baissant la voix et changeant de ton : « Avertissez le roi de Prusse, murmura-t-il sans regarder Massembach et en dissimulant le mouvement de ses lèvres, qu'on prépare à Paris un projet d'invasion en Allemagne, parce qu'on sait qu'il n'y a pas de troupes allemandes sur le Rhin, et qu'on veut ainsi forcer votre armée à rétrograder. » Cette périlleuse confidence, répétée le soir au roi par Massembach, concordait avec les mouvements de Custine, qui préparait son irruption sur Spire et sur Mayence. Elle frappa le roi et le rejeta davantage dans les pensées d'accommodement.

Cependant le parti autrichien, le parti de la guerre, et les émigrés surtout, dont la guerre était la seule espérance, murmuraient dans le camp des Prussiens, et assiégeaient de plaintes et de reproches le quartier général du roi.

« Que présagent, disaient-ils, ces conférences entre le roi et Dumouriez? Veut-on sauver les jours du roi de France en nous sacrifiant? Alors que deviendront la monarchie, la religion, la noblesse, la propriété? Nos alliés ne se seront armés que pour nous livrer de leurs propres mains à nos ennemis! » Telles étaient les plaintes dont les chefs des émigrés et les envoyés des princes français remplissaient le quartier général du roi de Prusse.

Le Voltaire de l'Allemagne, Gœthe, qui suivait le duc de Weimar dans cette campagne, a conservé dans ses Mémoires une de ces nuits qui précédèrent la retraite des Allemands. « Dans le cercle des personnes qui entouraient les feux du bivouac, et dont la figure était calcinée par la lueur des flammes, je vis un vieillard, dit-il, que je crus me souvenir d'avoir vu dans des temps plus heureux. Je m'approchai de lui. Il me regarda avec étonnement, ne paraissant pas comprendre par quel jeu bizarre de la destinée

il me voyait moi-même au milieu d'une armée la veille d'une bataille. Ce vieillard était le marquis de Bombelles, ambassadeur de France à Venise, que j'avais vu deux ans auparavant dans cette capitale de l'aristocratie et du plaisir, où j'accompagnais alors la duchesse Amélie comme le Tasse avait accompagné Léonore. Je lui parlai de son beau palais sur le canal de Venise et de ce moment délicieux où, la jeune duchesse et sa suite arrivant en gondole à la porte de son palais, il nous avait reçus avec toute la grâce et avec toute la magnificence de son pays, au milieu de la musique, des illuminations et des fêtes. Je croyais le distraire en lui rappelant ces gais souvenirs. Je ne fis que le retourner plus cruellement sur ses peines. Des larmes roulèrent sur ses joues. « Ne parlons plus de ces choses, me dit-il, ce temps
» est à présent bien loin de nous. Même alors, tout en fêtant
» mes nobles hôtes, ma joie n'était qu'apparente. J'avais le
» cœur navré. Je prévoyais les suites des orages de ma pa-
» trie, et j'admirais votre insouciance. Quant à moi, je me
» préparais en silence au changement de ma situation. En
» effet, il me fallut bientôt quitter ce poste, ce palais, cette
» Venise qui m'était devenue si chère, pour commencer une
» carrière d'exil, d'aventures et de misères, qui m'a amené
» ici... où je vais assister peut-être, continua l'exilé avec
» tristesse, à l'abandon de mon roi par l'armée des rois. »
Le marquis de Bombelles s'éloigna pour cacher sa douleur, et alla près d'un autre feu envelopper sa tête dans son manteau. »

VI

Le marquis de Bombelles avait été envoyé au quartier général, par le baron de Breteuil, pour y veiller aux intérêts de Louis XVI. Les conseils se multipliaient sous la tente du roi de Prusse. Les princes français proposaient de marcher sur Châlons. Le roi penchait vers les partis courageux et décisifs. Le duc s'opposait énergiquement à cette marche en avant. Il représentait l'éloignement de Verdun, arsenal et magasin de l'armée; les communications difficiles et lentes, la saison avancée, les maladies croissantes, les confédérés perdant tous les jours de leur nombre, les Français se recrutant sur leur propre sol, les défilés de Grandpré impossibles à repasser sans désastre, si l'armée battue avait à reconquérir sa route vers l'Allemagne. Il concluait à attendre le résultat des négociations, sachant bien que la seule attente, en accroissant le péril, donnerait plus de force au parti de la retraite. Ainsi s'écoulaient les jours, et les jours étaient des forces. Le roi commençait à faiblir. Il était évident qu'il ne cherchait plus dans les termes de la négociation qu'un prétexte pour couvrir l'honneur de ses armes, et qu'il se contenterait des garanties les plus illusoires sur la vie et sur la liberté de Louis XVI. Dumouriez et Danton les lui donnèrent.

Westermann, renvoyé à Paris, présenta confidentiellement à Danton la véritable situation des esprits dans les deux camps. Dumouriez avait chargé Westermann d'une lettre ostensible pour le ministre des affaires étrangères, Lebrun. « Si je tiens le roi de Prusse encore huit jours en échec, disait ce général à Lebrun, son armée sera défaite sans avoir combattu. Ce prince est très-indécis. Il voudrait trouver un moyen de sortir d'embarras. Peut-être son désespoir va-t-il le porter à m'attaquer, si on ne lui fournit pas un expédient acceptable. Je continue, en attendant, à tailler ma plume à coups de sabre. »

La lettre secrète que le général en chef écrivait à Danton avouait une négociation plus avancée. « Le roi de Prusse demande, avant de traiter avec nous, lui disait-il, des renseignements formels sur Louis XVI, sur la nature de sa captivité, sur le sort qu'on lui prépare, sur les égards qu'on a pour une tête couronnée. »

Danton voulait la libération du territoire à tout prix. Elle était nécessaire à la fondation de la république et pouvait seule couvrir l'horreur que les crimes de septembre commençaient à déverser sur son nom et sur son pouvoir. Danton, de plus, lié à la cour par d'anciennes relations, désirait, au fond, sauver la vie du roi et de sa famille. Il chargea ses agents au conseil de la commune de visiter Louis XVI à la tour du Temple; de faire sur la situation des prisonniers un rapport officiel où la captivité politique du roi serait déguisée sous l'apparence d'une sollicitude prudente pour ses jours, et où les formes du respect et de la pitié masqueraient les murs, les verrous et les rigueurs du Temple.

Le maire, Pétion, et le procureur de la commune, Manuel, se concertèrent pour entrer dans les vues de Danton. Ils demandèrent à la commune une copie de tous les arrêtés relatifs à la tour du Temple. Ils allèrent eux-mêmes au

Temple, interrogèrent le roi, affectèrent d'apporter de respectueux adoucissements à sa captivité, et remirent à Danton un procès-verbal qui témoignait de ses marques d'intérêt pour la famille royale. Ces démarches, connues dans Paris, et coïncidant avec l'évacuation du territoire, accréditèrent le bruit d'une correspondance secrète entre Louis XVI et le roi de Prusse, dont Manuel eût été l'intermédiaire, correspondance qui avait pour objet d'obtenir la retraite des Prussiens en retour de la vie qu'on garantirait à Louis XVI. Cette correspondance n'a jamais existé. Les agents de Louis XVI au camp du roi de Prusse, MM. de Breteuil, de Calonne, de Bombelles, de Moustier, le maréchal de Broglie et le maréchal de Castries, ne cessèrent jusqu'au 29 d'implorer la bataille et la marche sur Paris, seul salut pour le roi de France.

Westermann cependant partit de Paris avec cette pièce destinée à endormir les remords d'honneur du roi de Prusse. Dumouriez la fit porter au quartier général prussien par son confident intime, le colonel Thouvenot. Thouvenot, chargé des pleins pouvoirs de son général et de son ami, donna verbalement au duc de Brunswick l'assurance des dispositions personnelles de Dumouriez : « Il est résolu à sauver le roi et à régulariser la Révolution, dit le colonel Thouvenot ; il se déclarera pour le rétablissement de la monarchie quand il en sera temps et quand il aura disposé son armée à lui obéir, et Paris à trembler devant lui. Mais il lui faut pour cela une immense popularité. L'évacuation volontaire du territoire par le roi de Prusse ou une victoire décisive sur votre armée peuvent seules lui donner cette popularité. Il est prêt à la bataille comme à la négociation. Choisissez. »

VII

Le duc de Brunswick transmit au roi les pièces relatives à la tour du Temple et les paroles de Thouvenot. Un dernier conseil de cabinet fut convoqué pour le 28 en présence du roi. Le duc avait préparé d'avance les rôles et les avis. Il y rendit compte au roi de l'état de la négociation secrète, qui ne laissait d'autre espoir de sauver la vie de Louis XVI que l'évacuation du territoire français. Il déposa sur la table les dépêches arrivées dans la nuit d'Angleterre et de Hollande, et annonçant que ces deux gouvernements refusaient formellement d'accéder à la coalition contre la France. Enfin, il confirma la confidence faite à Massembach par le général Dillon, et montra Custine ébranlant déjà ses colonnes sur le Rhin et prêt à couper la retraite à l'armée prussienne. Il conjura le roi de céder à la fois à sa généreuse pitié pour Louis XVI et aux intérêts de sa propre monarchie, en ne pénétrant pas plus avant dans un pays où les passions étaient en flammes, et de ne pas risquer une bataille dont le résultat le plus heureux serait encore du sang prussien inutilement et isolément versé pour une cause trahie par l'Europe. Le roi rougit et céda. L'ordre de se préparer au combat, donné par lui la veille, fut converti en ordre de se préparer au départ. La retraite fut résolue.

Une convention militaire avouée fut conclue entre les généraux des deux armées. Dumouriez la définit ainsi lui-même, dans une lettre au ministre Lebrun : « Il faut regarder tout ceci, lui dit-il, comme une négociation purement militaire, telle que les capitaines grecs et romains en faisaient à la tête de leurs armées. Élevons-nous à ces temps héroïques, si nous voulons être dignes de la république que nous avons créée! » Il masquait sous ces paroles la nature de la négociation. Militaire dans l'apparence, cette négociation était politique au fond. Dumouriez en montrait une partie pour cacher le reste.

La convention militaire portait que l'armée française s'engageait à ne point inquiéter la retraite des Prussiens jusqu'à la Meuse, et qu'au delà de la Meuse l'armée française observerait sans attaquer; à condition que le roi de Prusse remettrait sans combat à l'armée française les villes de Longwy et de Verdun, occupées par ses troupes. La convention politique et verbale garantissait au roi de Prusse les jours de la famille-royale et les efforts de Dumouriez pour restaurer la monarchie constitutionnelle et modérer la Révolution. Ce traité, dont l'existence a été l'objet de tant de controverses et de tant d'accusations, ne peut être aujourd'hui contesté. L'honneur du cabinet prussien lui commandait de le nier, et d'attribuer la retraite paisible de l'armée coalisée à l'habileté de ses manœuvres et à l'impuissance des Français. Or, c'est du cabinet prussien que sont sortis, avec le temps, les aveux, les témoignages et les pièces qui constatent la réalité de la négociation. Cette négociation explique seule l'inexplicable immobilité de Dumouriez, laissant opérer impunément au duc de Brunswick et au roi une marche de flanc qui les exposait à être coupés en tronçons, et mesurant les pas de l'armée française sur les pas lents de l'armée prussienne : en sorte que les Français avaient l'air d'accompagner leurs ennemis bien plus que de les chasser de leurs frontières.

VIII

Cette négociation de Dumouriez ne fut ni trahison ni faiblesse. Elle fut l'instinct du patriotisme et le génie de la circonstance. Elle sauva la France d'un geste, au lieu de la compromettre en frappant le coup. Une évacuation certaine valait bien mieux pour la France, dans sa situation extrême, qu'une bataille douteuse. Attaqué dans sa retraite, le duc de Brunswick, plus fort encore de quarante mille combattants que Dumouriez, pouvait se retourner et anéantir l'armée française. La France n'avait pas une seconde armée ni un second Dumouriez. Une défaite la livrait à l'invasion. Le contre-coup aurait renversé la république à peine affermie sur la victoire du 10 août. Danton, plus intéressé que personne aux mesures désespérées, le sentit lui-même et fut complice de la prudence de Dumouriez. Son énergie, qui allait jusqu'au crime, n'allait pas jusqu'à la démence. Il prit la convention et la trêve sous sa responsabilité.

Dumouriez eut un autre motif pour ne pas abuser de la retraite et pour ménager les Prussiens. Diplomate avant d'être soldat, il savait que les coalitions portent avec elles, dans des rivalités sourdes, le principe qui doit les dissoudre. La Russie et l'Autriche allaient disputer à la Prusse les lambeaux les plus précieux de la Pologne, pendant que l'armée prussienne consumerait ses forces dans la croisade des rois contre la France. Le cabinet prussien et le duc de Brunswick ne se dissimulaient pas ce danger. Une alliance avec la France, même républicaine, pouvait entrer dans les arrière-pensées du cabinet prussien. Il ne fallait pas contrister ces arrière-pensées du roi de Prusse et de sa nation, en poussant la guerre jusqu'au sang et le pas rétrograde du roi jusqu'à l'humiliation. Laisser aux Prussiens les honneurs de la guerre, en les expulsant du sol de la république, était une profonde habileté. On peut toujours se réconcilier avec un ennemi dont on n'a pas écrasé l'orgueil. La liberté avait trop d'ennemis sur le continent pour ne pas se réserver une alliance au cœur de l'Allemagne. Mais le véritable et secret motif de Dumouriez était personnel. Une guerre de chicane, qui pouvait se prolonger tout l'hiver et peut-être toute la campagne suivante contre les Prussiens, dans les Ardennes et sur la Meuse, ne convenait ni à sa situation politique ni à son ambition. Il avait besoin de deux choses : du titre de libérateur du territoire français d'abord, et de la liberté de porter ailleurs son activité et son génie. La retraite non contestée des Prussiens et un traité secret avec cette puissance lui garantissaient ces deux nécessités de sa situation. Tranquille sur ce côté de ses frontières, la Convention lui permettrait de réaliser son rêve militaire et de porter la guerre en Belgique. Vainqueur des Prussiens au dedans, il serait vainqueur des Autrichiens dans leurs propres domaines. Au titre de libérateur du territoire de la république, il ajouterait le titre de conquérant du Brabant. Rayonnant de cette double gloire, que ne pourrait-il pas tenter ou pour le roi, ou pour la république, ou pour lui-même! Rétablirait-il Louis XVI sur un trône constitutionnel? Élèverait-il une dynastie nouvelle, émanée du sein de la Révolution, dans la personne de ce jeune duc de Chartres, fils du duc d'Orléans, qui venait de lui apparaître au milieu du feu de Valmy comme dans une auréole d'avenir? Abandonnerait-il la France à ses convulsions et se créerait-il lui-même une puissance indépendante dans ces provinces belges arrachées par lui à l'oppression autrichienne et aux spoliations de la France? Il était incertain du parti qu'il prendrait, prêt seulement à se décider pour celui qui lui présenterait le mieux sa fortune. Mais avant tout il lui fallait conquérir la Belgique. Il laissa ses lieutenants suivre lentement l'armée prussienne, qui se retirait en semant ses campements et ses routes des traces de la maladie et de la mortalité qui la décimaient, et il revint triompher à Paris.

IX

Le soir de son arrivée à Paris, Dumouriez se jeta dans les bras de Danton, malgré le sang du 2 septembre dont ce ministre était couvert. Ces deux hommes se sentaient nécessaires l'un à l'autre, ils se jurèrent alliance. Danton complétait Dumouriez; Dumouriez complétait Danton. L'un répondait de l'armée, l'autre répondait du peuple. A eux deux ils se sentaient maîtres de la Révolution.

Vers ce temps le duc de Chartres, depuis roi des Français, se présenta à l'audience du ministre de la guerre, Servan, pour se plaindre d'une injustice que lui faisaient les bureaux. Servan, malade, était dans son lit. Il écoutait avec distraction le jeune prince. Danton était présent et semblait commander au ministère de la guerre plus que le ministre lui-même. Il prit à part le duc de Chartres et lui dit tout bas : « Que faites-vous ici? Vous voyez bien que Servan est un fantôme de ministre et qu'il ne peut ni vous servir ni vous nuire. Mais venez demain chez moi ; je vous entendrai et j'arrangerai votre affaire, moi. » Le duc de Chartres s'étant rendu le lendemain à la chancellerie, Danton le reçut avec une sorte de brusquerie paternelle : « Eh bien, jeune homme, dit-il au duc de Chartres, qu'ai-je appris? On assure que vous tenez des discours qui ressemblent à des murmures? que vous blâmez les grandes mesures du gouvernement? que vous vous répandez en compassion pour les victimes, en imprécations contre les bourreaux? Prenez-y garde, le patriotisme n'admet pas de tiédeur, et vous avez à vous faire pardonner un grand nom. » Le prince avoua avec une fermeté au-dessus de son âge que l'armée avait horreur du sang versé ailleurs que sur le champ de bataille, et que les assassinats de septembre lui paraissaient déshonorer la liberté. « Vous êtes trop jeune pour juger ces événements, répliqua Danton avec une attitude et un accent de supériorité; pour les comprendre, il faut être à la place où nous sommes. La patrie était menacée, et pas un défenseur ne se levait pour elle; les ennemis s'avançaient, ils allaient nous submerger; nous avons eu besoin de mettre un fleuve de sang entre les tyrans et nous ! A l'avenir, taisez-vous ! Retournez à l'armée, battez-vous bien, mais ne prodiguez pas inutilement votre vie ; vous avez de nombreuses années devant vous ; la France n'aime pas la république, elle a les habitudes, les faiblesses et les besoins de la monarchie ; après nos orages, elle y sera ramenée par ses vices ou par ses nécessités ; qui sait ce que la destinée vous réserve? Adieu, jeune homme. Souvenez-vous de la prédiction de Danton! »

X

Le lendemain, Dumouriez dîna chez Roland avec les principaux Girondins. En entrant dans le salon, il présenta à madame Roland un bouquet de fleurs de laurier-rose en signe de réconciliation, et comme pour faire en elle hommage de sa victoire aux Girondins. La gloire de sa campagne éclatait sur sa mâle figure. Tous les partis voulaient s'illuminer à ses rayons. Assis entre madame Roland et Vergniaud, il reçut avec une réserve pensive les avances des convives. La guerre entre eux et les Jacobins, quoique sourde, était déjà commencée. Il ne voulait se déclarer que pour la patrie. Madame Roland lui pardonna tout. Après le dîner il se rendit à l'Opéra. Il y fut salué comme un triomphateur par les applaudissements de tout un peuple. Danton triomphait à côté de lui dans la loge du ministre de l'intérieur et semblait le présenter au peuple. Madame Roland et Vergniaud, arrivés au théâtre quelques moments plus tard, ouvrirent la loge et se disposèrent à entrer pour faire cortége au vainqueur. Mais ayant aperçu le visage sinistre de Danton à côté de Dumouriez, madame Roland fit un geste d'horreur. Elle avait cru voir la figure du crime à côté de la gloire. La gloire même lui parut souillée par le contact de Danton. Elle se retira sans être vue et entraîna Vergniaud. L'homme de septembre leur cachait l'homme de Valmy.

Un siècle semblait s'être écoulé entre le jour où Dumouriez avait quitté Paris et le jour où il y rentrait. Il avait laissé une monarchie, il trouvait une république. Après un interrègne de quelques jours, pendant lesquels la commune de Paris et l'Assemblée législative s'étaient disputé un pouvoir tombé dans la main des assassins et ramassé dans le sang par Danton seul, la Convention nationale s'était rassemblée et se préparait à agir. Élue sous le contre-coup du 10 août et sous la terreur des journées de septembre, elle était composée des hommes qui avaient horreur de la monarchie et qui ne croyaient pas à la constitution de 91; transaction tentée sous le nom de monarchie constitutionnelle : hommes extrêmes, seuls indiqués par l'extrémité des circonstances. Les Girondins et les Jacobins, confondus un moment dans une conspiration commune contre la royauté, avaient été nommés partout d'acclamation pour achever leur œuvre. Leur mandat était d'en finir avec le passé, d'écraser les résistances, de pulvériser le trône, l'aristocratie, le clergé, l'émigration, les armées étrangères, de jeter le défi à tous les rois et de proclamer, non plus cette souveraineté abstraite du peuple qui peut se dénaturer et se perdre dans le mécanisme compliqué des constitutions mixtes, mais cette souveraineté populaire qui va interroger, homme par homme, jusqu'au dernier des citoyens, et qui fait régner avec une irrésistible toute-puissance la pensée, la volonté ou même la passion générale. Tel était l'instinct du moment.

Tous les noms que la France avait entendu prononcer depuis le commencement de sa révolution, dans ses conseils, dans ses clubs, dans ses séditions, se retrouvaient sur la liste des membres de la Convention. La France les avait choisis, non à la modération, mais à l'ardeur; non à la sagesse, mais à l'audace; non à la maturité des années, mais à la jeunesse. C'était une élection désespérée. La patrie sentait que, dans les périls où sa résolution de changer la face du monde allait la jeter, il lui fallait des combattants, et non des législateurs. C'était moins un gouvernement qu'une force temporaire qu'elle voulait instituer. Pénétrée du besoin de l'énergie d'action, elle votait sciemment une grande dictature. Seulement, au lieu de donner cette dictature à un homme qui pouvait se tromper, faiblir ou trahir, elle la donnait à sept cent cinquante représentants qui lui répondaient de leur fidélité par leurs rivalités mêmes, et qui, s'observant les uns les autres, ne pourraient ni s'arrêter ni reculer sans rencontrer le soupçon du peuple et le supplice derrière eux. Ce n'était ni des lumières, ni de la justice, ni de la vertu qu'elle leur demandait, c'était de la volonté.

LIVRE VINGT-NEUVIÈME

Fin de l'Assemblée législative. — La Convention. — Dissidences. — La royauté. — La république. — Les Girondins. — Collot-d'Herbois demande l'abolition de la royauté. — Les Girondins l'adoptent. — Vergniaud propose la rédaction immédiate de l'acte de déchéance.

I

Le 21 septembre, à midi, les portes de la salle du Manége s'ouvrirent, et l'on vit entrer lentement et solennellement tous ces hommes dont les plus illustres devaient en sortir pour l'échafaud. Les spectateurs des tribunes, debout, attentifs, penchés sur l'enceinte, reconnaissaient, s'indiquaient du doigt et se nommaient les uns aux autres les principaux membres de la Convention, à mesure qu'ils passaient.

Les membres de l'Assemblée législative escortaient en corps la Convention pour venir abdiquer solennellement. François de Neufchâteau, dernier président de l'Assemblée dissoute, prit la parole : « Représentants de la nation, dit-il, l'Assemblée législative a cessé ses fonctions, elle dépose le gouvernement dans vos mains ; elle donne aux Français cet exemple du respect à la majorité du peuple. La liberté, les lois, la paix, ces trois mots furent imprimés par les Grecs sur les portes du temple de Delphes. Vous les imprimerez sur le sol entier de la France. »

Pétion fut nommé président à l'unanimité. Les Girondins saluèrent d'un sourire ce présage de leur ascendant sur la Convention. Condorcet, Brissot, Rabaut-Saint-Étienne, Vergniaud, Lasource, tous les Girondins à l'exception de Camus, occupèrent les places de secrétaires. Manuel se leva et dit : « La mission dont vous êtes chargés exigerait une sagesse et une puissance divines. Quand Cinéas entra dans le sénat de Rome, il crut voir une assemblée de rois. Une pareille comparaison serait pour vous une injure. Il faut voir ici une assemblée de philosophes occupés à préparer le bonheur du monde. Je demande que le président de la France soit logé dans le palais national, que les attributs de la loi et de la force soient toujours à ses côtés, et que toutes les fois qu'il ouvrira la séance tous les citoyens soient debout. »

Un murmure d'improbation s'éleva à ces paroles. Le sentiment de l'égalité républicaine, âme de ce corps populaire, se révolta contre l'ombre même du cérémonial des cours. « A quoi bon cette représentation au président de la Convention ? dit le jeune Tallien, vêtu de la carmagnole ; hors de cette salle, votre président est simple citoyen. Si on veut lui parler, on ira le chercher au troisième ou au dernier étage de sa maison obscure. C'est là que logent le patriotisme et la vertu. »

Tout signe distinctif de la dignité du président fut écarté.

« Notre mission est grande et sublime, dit Couthon, assis à côté de Robespierre. Je ne crains pas que dans la discussion que vous allez établir on ose reparler de la royauté. Mais ce n'est pas la royauté seule qu'il importe d'écarter de notre constitution, c'est toute espèce de puissance individuelle qui tendrait à restreindre les droits du peuple. On a parlé de triumvirat, de protectorat, de dictature; on répand dans le public qu'il se forme un parti dans la Convention pour l'une ou l'autre de ces institutions. Déjouons ces vains projets, s'ils existent, en jurant tous la souveraineté entière et directe du peuple. Vouons une égale exécration à la royauté, à la dictature, au triumvirat. » Ces mots tombaient sur Danton et révélaient les premiers ombrages de Robespierre. Danton les comprit et ne tarda pas à y répondre par une abdication qui, en le déchargeant du pouvoir exécutif, le replongeait dans son élément.

II

D'une part, il était déjà las de ce règne de six semaines, pendant lesquelles il avait donné à la France les convulsions de son caractère; de l'autre, il voulait s'éloigner du pouvoir un moment, pour voir se dérouler les nouveaux hommes, les nouveaux événements, les nouveaux partis; enfin (tant les circonstances domestiques ont d'empire secret sur les hommes publics !) sa femme, mourante d'une maladie de langueur et déplorant la sinistre renommée dont il avait déjà taché son nom par tant de meurtres provoqués ou sanctionnés, le conjurait avec larmes de sortir d'un tourbillon qui emportait à de tels vertiges, et d'expier les torts ou les malheurs de son ministère par sa retraite. Danton aimait et respectait la première compagne de sa jeunesse ; il écoutait sa voix comme un oracle de tendresse, et regardait avec inquiétude les deux enfants qu'elle allait, en mourant, laisser sans mère. Il aspirait à se recueillir un moment, fier d'avoir sauvé les frontières, honteux du prix que son patriotisme égaré lui avait demandé dans les journées de septembre.

III

Une impatience visible se trahissait dans les premières paroles, dans l'attitude et dans le silence même de la Convention. Les Français ne remettent jamais au lendemain ce que le jour peut faire. Une pensée était dans tous les esprits, dans tous les regards, sur toutes les lèvres ; elle ne pouvait tarder à éclater. La première question à traiter était celle de la royauté ou de la république. La France avait pris son parti. L'Assemblée ne pouvait suspendre le sien. Elle réfléchissait seulement à la grandeur de l'acte. Il y a des mots qui contiennent la vie ou la mort des peuples ; il y a des minutes qui décident de l'avenir du genre humain. La Convention était sur le seuil de ses destinées inconnues : elle n'hésitait pas, elle se recueillait.

IV

La France était née, avait grandi, avait vieilli sous la royauté ; sa forme était devenue, par la longueur du temps, sa nature. Nation militaire, elle avait couronné ses premiers soldats ; nation féodale, elle avait inféodé son gouvernement civil à l'exemple de ses terres ; nation religieuse, elle avait sacré ses chefs, attribué à ses rois une sorte de délégation divine, adoré la royauté comme un dogme, proscrit l'indépendance d'opinion comme une révolte. Une vaine ombre d'indépendance individuelle et de privilége des provinces subsistait dans les parlements, dans les états provinciaux, dans les administrations communales. La loi, c'était le roi ; le noble, c'était le sujet ; le peuple, c'était le serf, ou tout au plus l'affranchi. Nation militaire et fière, la France avait ennobli sa servitude par l'honneur, sanctifié l'obéissance par le dévouement, personnifié le pays dans la royauté. Le roi disparaissant, elle ne savait plus où était la patrie. Le droit, le devoir, le drapeau, tout disparaissait avec lui. Le roi était le dieu visible de la nation : la vertu était de lui obéir.

Rien n'avait créé dans le peuple l'exercice des vertus civiques qui sont l'âme des gouvernements libres. Honneurs, dignités, influences, pouvoirs, grades, rien ne remontait du peuple, tout descendait du roi. Les ambitions ne regardaient pas en bas, mais en haut. L'estime ne donnaît rien, la faveur tout. De plus, une alliance aussi vieille que la monarchie unissait la religion à la royauté; renverser l'une, c'était renverser l'autre. La France avait deux habitudes séculaires : la royauté et le catholicisme. L'opinion et la conscience s'y tenaient; on ne pouvait déraciner l'une sans agiter l'autre. La royauté de moins, le catholicisme, comme une institution souveraine et civile, tombait avec elle. Au lieu d'une ruine, il en fallait deux.

Enfin, la famille royale en France, qui considérait la royauté comme son apanage inaliénable et le pouvoir souverain comme une légitimité de son sang, s'était confondue par les mariages, par les parentés, par les alliances, avec toutes les familles souveraines de l'Europe. Attaquer les droits de la royauté en France, c'était les atteindre ou les menacer dans l'Europe entière. Les familles royales n'étaient qu'une seule famille; les couronnes étaient solidaires. Supprimer le titre et les droits de la royauté à Paris, c'était supprimer l'héritage et le droit des rois dans toutes leurs capitales; c'était, de plus, bouleverser et intervertir tous les rapports extérieurs de la France avec les États européens, fondés sur une politique de famille, et les fonder désormais sur une politique d'intérêts nationaux. L'exemple était menaçant, la guerre certaine, terrible, universelle. Voilà ce que l'histoire disait tout bas aux Girondins.

V

D'un autre côté, le républicanisme, dont la Convention sentait en elle la mission, disait à l'âme des conventionnels : « Il faut en finir avec les trônes ! La Révolution a pour mission de substituer la raison au préjugé, le droit à l'usurpation, l'égalité au privilége, la liberté à la servitude dans le gouvernement des sociétés, en commençant par la France. La royauté est un préjugé et une usurpation subis depuis des siècles par l'ignorance et par la lâcheté des peuples. L'habitude seule en a fait un droit. La royauté absolue, c'est un homme peuple se substituant à l'humanité souveraine ; c'est le genre humain abdiquant ses titres, ses droits, sa raison, sa liberté, sa volonté, ses intérêts entre les mains d'un seul. C'est faire, par une fiction, un dieu là où la nature n'a fait qu'un homme. C'est dégrader, déposséder, découronner des millions d'hommes égaux en droits, quelquefois même supérieurs en intelligence et en vertu, pour en grandir et pour en couronner un seul. C'est assimiler une nation à la glèbe qu'elle foule, et donner sa civilisation, ses générations et ses siècles en propriété à une famille qui disposera de l'héritage de Dieu.

» Transigerons-nous avec cette habitude de la royauté et conserverons-nous le nom en supprimant la chose ? Créerons-nous, pour complaire à la multitude routinière, une royauté constitutionnelle, représentative, où le roi ne sera qu'un premier magistrat héréditaire, chargé d'exécuter passivement les volontés du peuple? Mais quelle force et quelle utilité aurait jamais une telle institution? Nous venons d'en faire l'expérience et nos enfants la feraient après nous. De deux choses l'une : ou ce roi constitutionnel aura un droit propre et une volonté personnelle, ou il n'en aura aucun. S'il a un droit propre et une volonté personnelle, ce droit et cette volonté du roi, en opposition souvent, et en lutte quelquefois, avec la volonté du peuple, n'auront fait qu'enfermer un germe de contradiction, de guerre intestine et de mort dans la constitution. Le gouvernement, au lieu d'être l'harmonie et l'unité, sera l'antagonisme et la guerre. Ce sera l'anarchie constituée au sommet pour commander l'ordre et la paix en bas. Contresens.

» Ou le roi n'aura point d'autorité ni de volonté personnelle. Et alors, impuissant, inutile et méprisé, il ne sera que l'aiguille dorée qui marque l'heure sur le cadran de la constitution, mais qui n'en règle et n'en modère en rien le mécanisme. Dérision du titre de roi et avilissement du signe du pouvoir.

» Mais ce n'est pas tout. Ou ce roi représentatif sera un être nul, un fantôme, ou il sera un homme capable et ambitieux : si c'est un être nul et un vain fantôme, à quoi servira-t-il, si ce n'est à déconsidérer son rang et à traduire votre royauté en pitié et en risée aux yeux du peuple? mais, si c'est un homme capable et ambitieux, quel danger vivant et permanent ne créez-vous pas de vos propres mains pour l'égalité et la liberté de la nation !

» Honorée du nom et du signe du pouvoir suprême, sans

cesse exposée dans ses palais, dans ses cérémonies, dans ses temples, à la tête de ses armées, aux adorations de la multitude; richement dotée d'une liste civile et de propriétés inamissibles et toujours grossissantes, élément de corruption des caractères, organe de toutes les volontés, exécutrice de toutes les lois, négociatrice avec toutes les cours étrangères, nommant tous les ministres et rejetant sur eux ses responsabilités et ses impopularités, canal de toutes les grâces, seule institution héréditaire au sein d'une constitution où tout sera électif et viager, transmettant du père au fils des traditions ambitieuses d'envahissement du pouvoir, usant les hommes et les partis sans s'user jamais elle-même, comment une telle royauté, dans de telles mains, restera-t-elle inoffensive à l'égalité et à la liberté dans la nation? N'aura-t-elle pas évidemment sur les pouvoirs populaires l'avantage de ce qui ne passe pas sur ce qui passe? et n'aura-t-elle pas absorbé, avant qu'un siècle se soit écoulé, tout ce que nous aurons eu l'imprudence de lui confier de nos droits et de nos intérêts, après avoir eu le vain courage de les conquérir? Mieux valait ne pas renverser ce préjugé que de le rétablir de nos propres mains!

» La république démocratique, poursuivaient-ils, est le seul gouvernement selon la raison. Là, point d'homme déifié, point de famille hors la loi, point de caractère hors de l'égalité, point de fiction supposant dans le fils le génie ou la vertu du père, et donnant aux uns l'hérédité du commandement, aux autres l'hérédité de l'obéissance.

» La raison humaine est la seule légitimité du pouvoir. L'intelligence est le titre non de la souveraineté, la nation n'en reconnaît point hors de soi, mais le titre de magistratures instituées dans l'intérêt et au service de tous. L'élection est le sacre du peuple pour ces magistratures, délégations révocables de sa volonté. Elle élève et elle dépose sans cesse. Nul citoyen n'est plus souverain que l'autre. Tous le sont dans la proportion du droit, de la capacité, de l'intérêt qu'ils ont dans l'association commune. Les influences, toutes personnelles et toutes viagères, ne sont que le libre acquiescement de la raison publique aux mérites, aux lumières, aux vertus des citoyens. Les supériorités de la nature, de l'instruction, de la fortune, du dévouement, constatées par le choix mutuel des citoyens entre eux, font monter sans cesse et par un mouvement spontané les plus dignes au gouvernement. Mais ces supériorités, qui se légitiment par leurs services, ne menacent jamais le gouvernement de dégénérer en tyrannie. Elles disparaissent avec ces services mêmes, elles rentrent à termes fixes dans les rangs des simples citoyens, elles s'évanouissent avec la vie des favoris du peuple, et font place à d'autres supériorités qui le serviront à leur tour. C'est la force vraie du pouvoir social appartenant non à quelques-uns, mais à tous ; sortant sans interruption de sa seule source, le peuple, et y rentrant toujours inaliénable, pour en ressortir éternellement à sa volonté. C'est la rotation du gouvernement calquée sur cette rotation perpétuelle des générations qui ne s'arrête jamais, qui n'inféode pas l'avenir au passé, qui n'immobilise ni la souveraineté, ni la loi, ni la raison ; mais qui, à l'exemple de la nature, dure en se renouvelant.

» La royauté, c'est le gouvernement fait à l'image de Dieu : c'est le rêve. La république est le gouvernement fait à l'image de l'homme : c'est la réalité politique.

» Mais si la forme républicaine est la raison, elle est

aussi la justice. Elle distribue, elle nivelle, elle égalise sans cesse les droits, les titres, les supériorités, les fonctions, les intérêts des classes entre elles, des citoyens entre eux. L'Évangile est démocratique, le christianisme est républicain!

VI

» Et puis, la république ne fût-elle pas l'idéal du gouvernement de la raison, qu'elle serait encore en ce moment la nécessité de la France. La France avec un roi détrôné, avec une noblesse armée contre elle, avec un clergé dépossédé, avec l'Europe monarchique tout entière sur ses frontières, ne trouverait dans aucune forme de la royauté, dans aucune monarchie tempérée, dans aucune dynastie renouvelée, la force surhumaine dont elle a besoin pour triompher de tant d'ennemis et pour survivre à une telle crise. Un roi serait suspect, une constitution impuissante, une dynastie contestée. Dans un tel état de choses, l'énergie désespérée et toute-puissante du peuple, évoquée du fond de ce peuple même et convertie d'acclamation en gouvernement, est la seule force qui puisse égaler la volonté aux résistances et le dévouement aux dangers. Antée touchait la terre et renaissait. La France doit toucher le peuple pour appuyer sur lui le levier de la Révolution. Hésiter entre des formes de gouvernement dans un pareil moment, c'est les perdre toutes. Nous n'avons pas le choix! La république est le dernier mot de la Révolution, comme le dernier effort de la nationalité. Il faut l'accepter et la déendre, ou vivre de la mort honteuse des peuples qui livrent leurs foyers et leurs dieux, pour rançon de leur vie, à leurs ennemis. »

Telles étaient les réflexions que la raison et la passion tour à tour, le passé et le présent de la France suggéraient aux Girondins pour les décider à la république. La politique et la nécessité leur imposaient alors ce mode de gouvernement. Ils l'acceptèrent.

VII

Seulement les Girondins redoutaient déjà que cette république ne tombât dans les mains d'une démagogie furieuse et insensée. Le 10 août et le 2 septembre les consternaient. Ils voulaient donner quelques jours à la réflexion et à la réaction de l'Assemblée et de l'opinion contre ces excès populaires. Hommes imbus des idées républicaines de l'antiquité, où la liberté des citoyens supposait l'esclavage des masses et où les républiques n'étaient que de nombreuses aristocraties, ils comprenaient mal le génie chrétien des républiques démocratiques de l'avenir. Ils voulaient la république à condition de la gouverner seuls, dans les idées et dans les intérêts de la classe moyenne et lettrée à laquelle ils appartenaient. Ils se proposaient de faire une constitution républicaine à l'image de cette seule classe devant laquelle venaient de s'évanouir la royauté, l'Église et l'aristocratie. Sous le nom de république ils sous-entendaient le règne des lumières, des vertus, de la propriété, des talents, dont leur classe avait désormais le privilége. Ils rêvaient d'imposer des conditions, des garanties, des exclusions, des indignités dans les conditions électorales, dans les droits civiques, dans l'exercice des fonctions publiques, qui élargiraient sans doute les limites de la capacité au gouvernement, mais qui laisseraient en dehors la masse faible, ignorante, indigente ou mercenaire du peuple. La constitution devant corriger, selon eux, ce que la république avait de populaire et d'orageux, ils séparaient dans leurs pensées la plèbe de la nation. En servant l'une, ils comptaient se prémunir contre l'autre. Ils ne se résignaient pas à forger de leurs propres mains, dans une constitution soudaine, irréfléchie et téméraire, la hache sous laquelle leurs têtes n'auraient qu'à s'incliner et à tomber. Nombreux et éloquents dans la Convention, ils se fiaient à leur ascendant.

VIII

Mais cet ascendant, qui prédominait encore dans les départements et dans l'Assemblée, avait pâli depuis deux mois dans Paris devant l'audace de la commune, devant la dictature de Danton, devant la démagogie de Marat et surtout devant l'ascendant de Robespierre. La commune avait envahi. Marat avait effrayé. Danton avait gouverné. Robespierre avait grandi. Les Girondins, diminués de tout ce qui était conquis par ces autorités et par ces hommes, avaient suivi, souvent en murmurant, le mouvement qui les entraînait. N'ayant rien prévu, rien gouverné pendant cette tempête, ils avaient dominé en apparence les mouvements, mais comme le débris domine la vague, en suivant ses ondulations.

Tous leurs efforts pour modérer l'entraînement anarchique de la capitale n'avaient servi qu'à marquer leur faiblesse. La nation se retirait d'eux. Pas un seul de ces hommes, favoris de l'opinion sous l'Assemblée législative, n'avait été nommé à la Convention par la ville de Paris. Tous leurs ennemis au contraire étaient les élus du peuple. La commune avait fait passer tous ses candidats. Danton, Robespierre et Marat, après avoir dicté les scrutins, dictaient maintenant les votes.

Le peuple impatient demandait aux deux partis des résolutions extrêmes. Sa popularité était à l'enchère. Il fallait rivaliser d'énergie et même de fureur pour la conquérir. La réserve monarchique faite par Vergniaud, Guadet, Gensonné et Condorcet, en mentionnant la nomination d'un gouverneur du prince royal dans le décret de déchéance, avait mis les Girondins en suspicion. Cette pierre d'attente de la monarchie semblait révéler en eux l'arrière-pensée de la relever après l'avoir abattue. Les journaux et les tribunes des Jacobins exploitaient contre eux ce soupçon de royalisme ou de modération. « Vous n'avez pas brûlé vos vaisseaux, leur disait-on ; pendant que nous combattions pour renverser à jamais le trône, vous écriviez avec notre sang de respectueuses réserves pour la royauté. »

Les Girondins ne pouvaient répondre à ces accusations qu'en prenant l'avantage de l'audace sur leurs ennemis. Mais ici une nouvelle crainte les arrêtait. Ils ne pouvaient faire un pas de plus dans la voie des Jacobins et de la commune sans mettre le pied dans le sang du 2 septembre. Ce sang leur faisait horreur, et ils s'arrêtaient, sans délibérer, devant le crime. Résolus de voter la république, ils voulaient voter en même temps une constitution qui donnât à la république quelque chose de la concentration de pouvoir et de la régularité de la monarchie. Romains par leur éducation et par leur caractère, le peuple et le sénat de Rome étaient le seul idéal politique qui s'offrît confusément à leur imitation. L'avénement du peuple tout entier au gouvernement, l'inauguration de cette démocratie chrétienne et fraternelle que Robespierre préconisait dans ses théories et dans ses discours, n'étaient jamais entrés dans leurs plans. Changer le gouvernement était toute la politique des Girondins. Changer la société était la politique des démocrates. Les uns étaient des politiques, les autres des philosophes. Les uns pensaient au lendemain, les autres à la postérité.

Avant donc de proclamer la république, les Girondins voulaient lui donner une forme qui la préservât de l'anarchie et de la dictature. Les Jacobins voulaient la proclamer comme un principe à tout hasard, d'où sortiraient des flots de sang peut-être, des tyrannies passagères, mais d'où naîtraient, selon eux, le triomphe et le salut du peuple et de l'humanité. Enfin Danton, profondément indifférent à la forme du gouvernement, pourvu que cette forme lui donnât l'empire, voulait proclamer la république, pour compromettre la nation tout entière dans la cause de sa révolution, et pour rendre inévitable et terrible, entre la France libre et les trônes, un choc où le vieux monde politique serait brisé et ferait place, non aux principes, mais aux hommes nouveaux.

Enfin beaucoup d'autres, tels que Marat et ses complices, voulaient proclamer la république comme une vengeance du peuple contre les rois et les aristocrates, et comme une ère d'agitation et de trouble où la fortune multiplierait ces hasards qui abaissent ce qui est en haut et qui exaltent ce qui est en bas. L'écume a besoin des tempêtes pour s'élever et pour surnager. La politique de ces démagogues n'était que la sédition rédigée en principe, et l'anarchie écrite en constitution.

IX

Cependant, chacun de ces partis devait se presser, pour ne pas laisser à l'autre l'honneur de l'initiative et l'avantage de la priorité.

Les Girondins, fiers de leur nombre dans la Convention, se réunirent en conseil chez madame Roland et résolurent de n'admettre la discussion sur le changement de forme du gouvernement qu'après s'être emparés des commissions exécutives et surtout de la commission de constitution, qui prépareraient leur plan, qui assureraient leur moyen et qui seraient les organes de leurs volontés. Ils se croyaient assez maîtres de la Convention par le nombre de leurs adhérents et par l'autorité de leur crédit pour prévenir dans les premières séances une acclamation téméraire de la république. Ils entrèrent avec cette confiance dans la salle.

Danton, Robespierre, Marat lui-même, ne se proposaient pas de devancer le moment de cette proclamation. Ils voulaient lui donner la solennité du plus grand acte organique qu'une nation pût accomplir. Ils voulaient de plus tâter leur force dans la Convention et grouper leurs amis, inconnus les uns aux autres, pour modeler la république à sa naissance, chacun sur leurs idées et sur leur ambition. Le silence était donc tacitement convenu sur cette grande mesure entre tous les chefs de l'Assemblée. Mais la veille de cette première séance, quelques membres jeunes, exaltés et impatients de la Convention, Saint-Just, Lequinio, Panis, Billaud-Varennes, Collot-d'Herbois et quelques membres de la commune, réunis dans un banquet au Palais-Royal, échauffés par la conversation et par la fumée du vin, condamnèrent unanimement cette temporisation des chefs, et résolurent de déjouer cette timide prudence et de déconcerter les projets des Girondins, en lançant le mot de république à leurs ennemis. « S'ils le relèvent, dit Saint-Just, ils sont perdus; car c'est nous qui l'aurons imposé. S'ils l'écartent, ils sont perdus encore; car, en s'opposant à une passion du peuple, ils seront submergés par l'impopularité que nous amasserons sur leurs têtes. »

Lequinio, Sergent, Panis, Billaud-Varennes, applaudirent à l'audacieux machiavélisme de Saint-Just. Collot-d'Herbois, naguère comédien, orateur théâtral, à la voix sonore, au geste déployé, homme d'orgie et de coup de main, dont l'égarement de parole ressemblait souvent à l'ivresse, se chargea de faire la motion et jura d'affronter seul, s'il le fallait, le silence, l'étonnement et les murmures de la Gironde.

X

Le soir, ainsi qu'il avait été convenu, Collot-d'Herbois donna, en entrant à la séance, le mot d'ordre aux impatients. Ils se tinrent prêts à lui faire écho. Un mot qui éclate dans l'indécision d'une assemblée emporte les résolutions. Aucune prudence ne peut contenir ce qui est dans la pensée de tous. A peine Collot-d'Herbois eut-il demandé l'abolition de la royauté, qu'une acclamation, en apparence unanime, s'éleva de toutes les parties de la salle et attesta que la voix d'un seul avait prononcé le mot de la nécessité. Quinette et Bazire ayant demandé, par respect pour la nouvelle institution, que la gravité des formes et la solennité de la réflexion présidassent à la proclamation de la république : « Qu'est-il besoin de délibérer, s'écria Grégoire, quand tout le monde est d'accord! Les rois sont dans l'ordre moral ce que les monstres sont dans l'ordre physique. Les cours sont l'atelier de tous les crimes. L'histoire des rois est le martyrologe des nations! » Le jeune Ducos, de Bordeaux, l'ami et l'élève de Vergniaud, sentant qu'il fallait confondre la voix de son parti dans la voix générale, pour que le peuple ne pût distinguer ni le premier ni le dernier dans ce vote : « Rédigeons à l'instant le décret, dit-il, il n'a pas besoin de considérants, après les lumières que le

10 août a répandues. Le considérant de votre décret d'abolition de la royauté, ce sera l'histoire des crimes de Louis XVI! » La république fut proclamée ainsi avec des sentiments divers, mais d'une seule voix! Enlevée à l'initiative des uns par la popularité jalouse des autres, jetée en défi par les Jacobins à leurs ennemis, acceptée avec acclamation par les Girondins, pour ne pas laisser l'honneur du patriotisme aux Jacobins; résolution désespérée; abîme inconnu où la réflexion entraînait les politiques, où le vertige attirait les imprudents; seul asile qui restât à la patrie, selon les patriotes; gouffre obscur où chacun croyait engloutir ses rivaux en s'y précipitant avec eux, et que tous devaient combler tour à tour de leurs combats, de leurs crimes, de leurs vertus et de leur sang.

LIVRE TRENTIÈME

La république accueillie avec unanimité. — Les Girondins chez madame Roland. — Accusation contre Marat. — Apostrophe de Vergniaud. — Danton. — Robespierre. — Détails intimes. — Scènes tumultueuses. — Marat. — Son portrait. — Rupture entre Danton et les Girondins.

I

La proclamation de la république fut accueillie avec une ardente exaltation dans la capitale, dans les départements, dans les armées. C'était pour les philosophes le type des gouvernements humains retrouvé sous les débris de quatorze siècles de préjugés et de tyrannies. C'était pour les patriotes la déclaration de guerre d'une nation debout, proclamée par elle le jour même de la victoire de Valmy, en face des trônes conjurés contre la liberté. C'était pour le peuple une enivrante nouveauté. Chaque citoyen se sentait, pour ainsi dire, couronné d'une partie de cette souveraineté conquise dont l'acte de la Convention venait de dépouiller le front et la famille des rois, pour la remettre au peuple. La nation crut respirer pour la première fois l'air libre et vital qui allait la régénérer. Ce fut un de ces courts moments qui concentrent dans un point du temps des horizons d'enthousiasmes et d'espérances que les peuples attendent pendant des siècles, qu'ils savourent quelques jours et qu'ils n'oublient plus, mais qu'ils ne tardent pas à laisser s'échapper comme un beau rêve pour retomber dans toutes les réalités, dans toutes les difficultés et dans toutes les angoisses qui accompagnent la vie des nations. N'importe. Ces heures d'illusion sont si belles et si pleines qu'elles comptent pour des siècles dans la vie de l'humanité, et que l'histoire semble s'arrêter pour les retenir et pour les éterniser.

II

Ceux qui en jouirent le plus furent les Girondins. Rassemblés le soir chez madame Roland, Pétion, Brissot, Guadet, Louvet, Boyer-Fonfrède, Ducos, Grangeneuve, Gensonné, Barbaroux, Vergniaud, Condorcet, célébrèrent dans un recueillement presque religieux l'avénement de leur pensée dans le monde ; et jetant volontairement le voile de l'illusion sur les embarras du lendemain et sur les obscurités de l'avenir, ils se livrèrent tout entiers à la plus grande jouissance que Dieu ait accordée à l'homme ici-bas : l'enfantement de son idée, la contemplation de son œuvre, la possession de son idéal accompli.

De nobles paroles furent échangées pendant le repas entre ces grandes âmes. Madame Roland, pâle d'émotion, laissait échapper de ses yeux des regards d'un éclat surnaturel qui semblaient voir l'échafaud à travers la gloire et la félicité du jour. Le vieux Roland interrogeait de l'œil la pensée de sa femme et semblait lui demander si ce jour n'était pas le sommet de leur vie et celui après lequel il n'y avait plus qu'à mourir. Condorcet entretenait Brissot des horizons indéfinis que l'ère nouvelle ouvrait à l'humanité. Boyer-Fonfrède, Barbaroux, Rebecqui, Ducos, jeunes amis, presque frères, se félicitaient d'avoir de longues vies à donner à leur patrie et à la liberté. Guadet et Gensonné se reposaient glorieusement de leurs longues fatigues dans cette halte triomphante où ils espéraient avoir enfin mené la Révolution. Pétion, à la fois heureux et triste, sentait que sa popularité l'abandonnait; mais il l'abdiquait volontairement, du moment où on la mettait au prix du crime. Le sang de septembre avait enlevé à Pétion son ivresse de popularité. Cette ivresse passée, Pétion allait redevenir un homme de bien.

Vergniaud, sur qui tous les convives avaient les yeux fixés comme sur le principal auteur et le seul modérateur de la future république, montrait dans son attitude et dans ses traits la quiétude insouciante de la force qui se repose avant et après le combat. Il regardait ses amis avec un sourire à la fois serein et mélancolique. Il parlait peu. A la fin du souper, il prit son verre, le remplit de vin, se leva et proposa de boire à l'éternité de la république. Madame Roland, pleine des souvenirs de l'antiquité, demanda à

Vergniaud d'effeuiller dans son verre, à la manière des anciens, quelques roses du bouquet qu'elle portait ce jour-là. Vergniaud tendit son verre, fit nager les feuilles de rose sur le vin et but; puis se penchant vers Barbaroux avant de se rasseoir : « Barbaroux, lui dit-il à demi-voix, ce ne sont pas des roses, mais des branches de cyprès qu'il fallait effeuiller dans notre vin ce soir. En buvant à une république dont le berceau trempe dans le sang de septembre, qui sait si nous ne buvons pas à notre mort? N'importe, ajouta-t-il, ce vin serait mon sang, que je boirais encore à la liberté et à l'égalité! — Vive la république! » s'écrièrent à la fois les convives.

Cette image sinistre attrista, mais ne découragea pas leurs âmes. Ils étaient prêts à tout accepter de la Révolution, même la mort! L'avenir allait bientôt prouver qu'ils pouvaient en accepter même le crime!

III

Les Girondins écoutèrent, après le dîner, les vues que Roland, assisté de sa femme, avait rédigées pour la Convention sur l'état de la république. Ce projet posait nettement la question entre la France et la commune de Paris. Roland, comme ministre de l'intérieur, en appelait à la Convention des désordres de l'anarchie et des crimes qui avaient signalé l'interrègne des lois depuis le 10 août jusqu'à l'ouverture de la nouvelle assemblée, et demandait que le pouvoir exécutif fût affermi dans les mains du gouvernement central. Les Girondins se promirent de soutenir énergiquement leur ministre dans ses projets et de refréner enfin les usurpations de la commune de Paris. C'était déclarer la guerre à Danton, à Robespierre et à Marat, qui régnaient à l'hôtel de ville.

Cette restauration du pouvoir national était difficile et périlleuse pour les Girondins qui l'entreprenaient. Roland, gémissant sur les excès de septembre sans avoir la force nécessaire à leur répression, avait écrit deux fois à l'Assemblée législative pour appeler la vengeance des lois sur les provocateurs et les auteurs de ces assassinats. Ces protestations courageuses, si on considère qu'elles étaient écrites sous le couteau des égorgeurs et dans un conseil de ministres où siégeait Danton, étaient cependant pleines d'excuses sur les crimes accomplis et de concessions déplorables à la fureur du peuple ; mais elles demandaient le respect pour la vie et les propriétés des citoyens. Elles indiquaient dans Roland un censeur et non un complice de la commune. C'était assez pour le signaler ainsi que sa femme à la haine et aux piques des assassins.

En effet, le comité de surveillance de la commune avait eu l'audace d'ordonner l'arrestation de Roland. Danton, informé de cet excès de scandale, et sachant mieux que personne qu'un décret d'arrestation était un arrêt de mort pendant ces journées, était accouru au conseil de surveillance, avait tancé le comité et déchiré l'ordre d'arrestation. Ministre lui-même, il avait senti qu'un pouvoir occulte qui allait jusqu'à ordonner l'emprisonnement et la mort d'un ministre le touchait de trop près pour ne pas réprimer un tel attentat.

Roland, depuis ce jour, était l'objet de toutes les calomnies des feuilles de Marat et de toutes les émeutes des factieux. Menacé à tout instant dans son propre hôtel, au ministère de l'intérieur, insuffisamment protégé par un faible poste de gendarmerie, il était fréquemment obligé, pour sa sûreté, de passer les nuits hors de chez lui. Quand il y couchait, madame Roland plaçait elle-même des pistolets sous l'oreiller du lit, soit pour se défendre contre les attaques nocturnes de meurtriers apostés, soit pour se soustraire par une mort volontaire aux outrages des assassins. Roland, animé par cette femme virile, n'avait pas faibli sous ses devoirs. Ses lettres aux départements pour combattre les sanguinaires provocations de la commune, les feuilles publiques rédigées dans ses bureaux et dont les articles les plus mâles respiraient l'âme de sa femme, la *Sentinelle*, journal républicain et honnête, écrit sous sa dictée par Louvet, attestaient ses efforts impuissants pour retenir la Révolution dans les voies de la justice et de la loi.

Bientôt Danton et Fabre d'Églantine essayèrent de soustraire à Roland ce moyen d'action sur l'esprit public, en attirant à eux la plus grande part des deux millions de fonds secrets que l'Assemblée avait confiés au pouvoir exécutif. Ils y réussirent, et désarmèrent ainsi le ministre de l'intérieur du faible levier qui lui restait sur l'opinion.

IV

De son côté, Marat, moins impératif, mais aussi avide, non content d'avoir enlevé des presses à l'imprimerie royale, demanda à Roland une somme d'argent pour les frais d'impression des pamphlets populaires qu'il avait en portefeuille. Roland refusa. Marat dénonça le ministre à la vindicte des patriotes. Danton se chargea de fermer la bouche à Marat. Le duc d'Orléans, lié secrètement avec Danton, prêta la somme. Marat néanmoins distilla sa rancune en lignes de sang contre Roland, sa femme et ses amis. Chaque tentative que ce parti faisait pour rétablir l'action du gouvernement, l'ordre et la sûreté dans Paris et dans les départements, était représentée par l'*ami du peuple* et par les soudoyés de la commune comme une conspiration contre les patriotes. Le vol du garde-meuble de la couronne, qui eut lieu dans ces circonstances, servit de texte à des accusations nouvelles de négligence ou de complicité contre le ministre de l'intérieur. Roland fut consterné d'un événement qui privait la nation de richesses précieuses dans un moment de nécessité. Il fit poursuivre avec une vaine activité les auteurs obscurs de ce pillage. On en saisit quelques-uns, voleurs de profession, qui ne semblaient avoir été associés à ce vol que pour couvrir de noms déshonorés les noms des véritables spoliateurs de ce trésor. Une partie des objets précieux que renfermait cet écrin de la monarchie fut retrouvée enfouie dans les Champs-Élysées; le reste disparut sans laisser de trace. Danton fut véhémentement soupçonné d'avoir employé à solder les troupes de Dumouriez et à corrompre l'état-major du roi de Prusse une partie des valeurs dérobées, pour en payer la libération du sol de la patrie. Les meneurs ténébreux de la commune, parmi lesquels les coupables avaient évidemment des complices, furent accusés d'en avoir employé l'autre partie à salarier l'anarchie et à perpétuer leur domination; accusations vagues, soupçons sans preuves, que le temps n'a ni justifiés complétement ni complétement démentis.

Accusé avec acharnement par Marat, Roland répondit par une adresse aux Parisiens. Ses coups dépassaient Marat et portaient sur la commune, dont la lutte avec l'Assemblée s'envenimait tous les jours. « Avilir l'Assemblée nationale, porter à la révolte contre elle, répandre la défiance entre les autorités et le peuple, voilà le but des affiches et des feuilles de Marat, disait Roland. Lisez celle du 8 septembre, où tous les ministres, excepté Danton, sont voués à l'animadversion publique et accusés de trahison! Si ces diatribes étaient anonymes ou signées de quelque nom obscur, je les dédaignerais; mais elles portent le nom d'un homme que le corps électoral et la commune comptent parmi leurs membres, et qu'on parle de porter à la Convention. Un tel accusateur me force de répondre; et si cette réponse devait être mon testament de mort, je la ferais encore, pour qu'elle fût utile à mon pays. Je suis né avec la fermeté de caractère qui soutient la vertu, je méprise la fortune, j'aime la gloire honnête, je ne puis vivre qu'en paix avec ma conscience. Qu'on prenne ma vie et qu'on lise mes ouvrages; je défie la malveillance d'y trouver un seul acte, un seul sentiment, dont j'aie à rougir. Pendant quarante ans d'administration, j'ai fait le bien. Je n'aime pas le pouvoir. Soixante ans de travaux me rendent la retraite préférable à une vie agitée. On m'accuse de machiner avec la faction de Brissot : j'estime Brissot parce que je lui reconnais autant de pureté que de talent. J'ai admiré le 10 août; j'ai frémi des suites du 2 septembre. J'ai compris la colère du peuple, mais j'ai voulu qu'on arrêtat les assassinats. Moi-même j'ai été désigné pour victime. Que des scélérats provoquent les assassins contre moi, je les attends; je suis à mon poste, je saurai mourir. »

V

Brissot, dont le nom était devenu la dénomination de tout un parti, avait été contraint de se défendre aussi contre l'accusation de vouloir rétablir la monarchie en France sur la tête du duc de Brunswick. Pétion ne cessait, dans ses réclamations ou dans ses discours à l'Assemblée, de rappeler ses anciens services et ses titres à la confiance du peuple. C'était indiquer qu'on les oubliait. Le nom de madame Roland, sans cesse mêlé à celui de ses amis, était jeté couvert d'insinuations odieuses à l'envie et à la risée de l'opinion. Vergniaud lui-même était outragé, menacé, désigné par son nom et par son génie aux sicaires de septembre. Deux fois Vergniaud avait étouffé sous ses pieds l'impopularité qui s'attachait à lui par deux discours dans lesquels il jetait d'une main le défi aux ennemis de la France, de l'autre la menace aux tyrans de la commune. Le premier discours, prononcé au moment où l'on annonçait la prétendue déroute de Dumouriez dans l'Argonne, avait relevé l'esprit public et fait une diversion puissante aux hostilités intestines de la commune et des Girondins. Coustard venait d'énumérer les forces qui restaient à Dumouriez. Vergniaud lui succéda à la tribune.

« Les détails que l'on vous donne sont rassurants, dit-il ; cependant il est impossible de se défendre de quelques inquiétudes quand on voit le camp sous Paris. D'où vient cette torpeur dans laquelle paraissent ensevelis les citoyens qui sont restés à Paris? Ne dissimulons rien, il est temps de dire enfin la vérité. Les proscriptions passées, le bruit des proscriptions futures, les troubles intérieurs ont répandu la consternation et l'effroi. L'homme de bien se cache quand on est parvenu à cet état de choses où le crime se commet impunément. Il est des hommes, au contraire, qui ne se montrent que dans les calamités publiques, comme il est des insectes malfaisants que la terre ne produit que dans les orages. Ces hommes répandent sans cesse les soupçons, les méfiances, les jalousies, les haines, les vengeances. Ils sont avides de sang. Dans leurs propos séditieux ils aristocratisent la vertu même pour avoir le droit de la fouler aux pieds. Ils démocratisent le crime pour pouvoir s'en rassasier sans craindre le glaive de la justice. Tous leurs efforts tendent à déshonorer aujourd'hui la plus belle des causes, afin de soulever contre elle les nations amies de la Révolution. O citoyens de Paris ! je vous le demande avec la plus profonde émotion, ne démasquerezvous jamais ces hommes pervers qui n'ont pour capter votre confiance que la bassesse de leurs moyens et l'insolence de leurs prétentions? Citoyens! lorsque l'ennemi s'avance et qu'un homme, au lieu de vous engager à prendre l'épée pour le repousser, vous engage à égorger froidement des femmes et des citoyens désarmés, celui-là est l'ennemi de votre gloire, de votre salut! Il vous trompe pour vous perdre. Lorsqu'au contraire un homme ne vous parle des Prussiens que pour vous indiquer le cœur où vous devez frapper, lorsqu'il ne vous pousse à la victoire que par des moyens dignes de votre courage, celui-là est ami de votre gloire, ami de votre bonheur; il veut vous sauver! abjurez donc vos dissensions intestines! allez tous ensemble au camp. C'est là qu'est votre salut!

» J'entends dire chaque jour : « Nous pouvons éprouver » une défaite. Que feront alors les Prussiens? » Viendront-ils à Paris? Non, si Paris est dans un état de défense respectable, si vous préparez des postes où vous puissiez opposer une forte résistance; car alors l'ennemi craindrait d'être poursuivi et enveloppé par les débris mêmes des armées qu'il aurait vaincues, et d'en être écrasé comme Samson sous les ruines du temple qu'il renversa. Au camp donc, citoyens! au camp! Eh quoi! tandis que vos frères, vos concitoyens, par un dévouement héroïque, abandonnent ce que la nature doit leur faire chérir le plus, leurs femmes, leurs enfants, leurs foyers, demeurerez-vous plongés dans une molle oisiveté? N'avez-vous d'autre manière de prouver votre zèle que de demander comme les Athéniens : « Qu'y a-t-il aujourd'hui de nouveau? » Au camp, citoyens! au camp! Tandis que vos frères arrosent peut-être de leur sang les plaines de la Champagne, ne craignons pas d'arroser de quelque sueur les plaines de Saint-Denis our assurer leur retraite. »

VI

Ce discours, où les figures de Danton, de Robespierre et de Marat étaient trop clairement indiquées derrière les hommes de sang que Vergniaud vouait à l'exécration de la France, électrisa tellement l'Assemblée, qu'aucune voix n'osa lui répondre, et que la faction de la commune parut un moment submergée sous ce flot de patriotisme. Deux jours après, à l'occasion d'une nouvelle plainte de Roland contre les empiétements de la commune, Vergniaud apostropha plus directement les instigateurs des assassinats de septembre et déclara la guerre à la tyrannie masquée des Jacobins. Des pétitions de prisonniers demandaient qu'on pourvût à la sûreté des prisons.

« S'il n'y avait que le peuple à craindre, dit Vergniaud, je dirais qu'il y a tout à espérer; car le peuple est juste et il abhorre le crime. Mais il y a ici des scélérats soudoyés pour semer la discorde, répandre la consternation et nous précipiter dans l'anarchie. (On applaudit.) Ils ont frémi du serment que vous avez prêté de protéger de toutes vos forces la sûreté des personnes, les propriétés, l'exécution des lois. Ils ont dit : On veut faire cesser les proscriptions, on veut nous arracher nos victimes, on veut nous empêcher de les égorger entre les bras de leurs femmes et de leurs enfants...

Eh bien! ayons recours aux mandats d'arrêt du comité de la commune. Dénonçons, arrêtons, entassons dans les cachots ceux que nous voulons perdre. Nous agiterons ensuite le peuple, nous lâcherons nos sicaires, et dans les prisons nous établirons une boucherie de chair humaine où nous pourrons à notre gré nous désaltérer de sang! (Applaudissements unanimes et réitérés de l'Assemblée et des tribunes.) Et savez-vous, messieurs, comment disposent de la liberté des citoyens ces hommes, qui s'imaginent qu'on a fait la Révolution pour eux, qui croient follement qu'on a envoyé Louis XVI au Temple pour les introner eux-mêmes aux Tuileries? (Applaudissements.) Savez-vous comment sont décernés ces mandats d'arrestation? La commune de Paris se repose à cet égard sur son comité de surveillance. Ce comité de surveillance, par un abus de tous les principes ou par une confiance criminelle, donne à des individus le terrible droit de faire arrêter ceux qui leur paraîtront suspects. Ceux-ci subdélèguent encore ce droit à d'autres affidés, dont il faut bien servir les vengeances, si on veut qu'ils servent les vengeances de leurs complices. Voilà de quelle étrange série dépendent la liberté et la vie des citoyens! Voilà entre quelles mains repose la sûreté publique! Les Parisiens aveuglés osent se dirent libres! Ah! ils ne sont plus esclaves, il est vrai, des tyrans couronnés; mais ils le sont des hommes les plus vils et des plus détestables scélérats! (Nouveaux applaudissements.) Il est temps de briser ces chaînes honteuses, d'écraser cette nouvelle tyrannie; il est temps que ceux qui font trembler les hommes de bien tremblent à leur tour! Je n'ignore pas qu'ils ont des poignards à leurs ordres. Eh! dans la nuit du 2 septembre, dans cette nuit de proscription, n'a-t-on pas voulu les diriger contre plusieurs députés et contre moi? Ne nous a-t-on pas dénoncés au peuple comme des traîtres? Heureusement c'était en effet le peuple qui était là; les assassins étaient occupés ailleurs! (Frémissement général.) La voix de la calomnie ne produisit aucun effet, et la mienne peut encore se faire entendre ici! Et je vous en atteste! elle tonnera de tout ce qu'elle a de force contre les crimes et les tyrans; et que m'importent les poignards et les sicaires! qu'importe la vie au représentant du peuple quand il s'agit du salut de la patrie! Lorsque Guillaume Tell ajustait la flèche qui devait abattre la pomme fatale qu'un monstre avait placée sur la tête de son fils, il s'écriait : « Périssent mon nom et ma » mémoire, pourvu que la Suisse soit libre! » (Longs applaudissements.) Et nous aussi, nous dirons : « Périssent » l'Assemblée nationale et sa mémoire, pourvu que la France » soit libre! » Les députés se lèvent comme par une impulsion unanime en répétant avec enthousiasme le serment de Vergniaud. Les tribunes imitent ce mouvement et confondent leurs voix avec celles des députés. Vergniaud, un instant interrompu, reprend : « Oui, périssent l'Assemblée nationale et sa mémoire, si elle épargne par sa mort à la nation un crime qui imprimerait une tache au nom français; si sa vigueur apprend aux nations de l'Europe que, malgré les calomnies dont on cherche à flétrir la France, il est encore au sein même de l'anarchie momentanée où les brigands nous ont plongés, il est encore dans notre patrie quelques vertus publiques et qu'on y respecte l'humanité!!! Périssent l'Assemblée nationale et sa mémoire, si sur nos cendres nos successeurs, plus heureux, peuvent asseoir l'édifice d'une constitution qui assure le bonheur de la France, et consolide le règne de la liberté et de l'égalité! »

VII

De pareils discours consolaient un instant les gens de bien, mais n'intimidaient pas les hommes de sang. Les Girondins avaient pour eux la raison, l'éloquence, la majorité dans l'Assemblée. Les Jacobins seuls avaient un pouvoir organisé dans les comités de l'hôtel de ville, et une force armée dans les sections pour exécuter leurs pensées. Les meilleurs sentiments des Girondins s'évaporaient après avoir retenti en magnifiques paroles. Les volontés des Jacobins devenaient des actes le lendemain du jour où elles étaient conçues. Ils avaient continué à braver impunément l'Assemblée. Leurs journaux et leurs orateurs demandaient un second 10 août contre Roland et ses amis. Collot-d'Herbois aspirait ouvertement à le remplacer au ministère de l'intérieur et fomentait les haines populaires contre lui. Pache, Suisse de nation, fils d'un concierge d'hôtel à Paris, protégé de Roland, élevé par lui jusqu'au ministère de la guerre, l'abandonna dès que Roland ne fut plus utile à sa fortune et passa dans les rangs de ses ennemis.

Dans la pensée de Roland et de Vergniaud, ce règne violent et anarchique de l'insurrection, sous le nom de commune, devait cesser de lui-même le jour où une Convention nationale centraliserait la volonté publique et retirerait à soi les pouvoirs un moment dérobés au peuple par les factieux et les proscripteurs.

Les départements jaloux des envahissements de Paris sur la nation, l'indignation des hommes de bien soulevée par les massacres de septembre, devaient, selon les Girondins, anéantir la commune, restaurer le pouvoir exécutif et le restituer aux plus dignes et aux plus capables. Cette certitude les avait rendus patients pendant les cinq semaines qui venaient de s'écouler. La Convention arrivait, les départements espéraient tout de cette représentation retrempée dans de si grandes crises. Le ministre de l'intérieur les flattait dans ses circulaires d'un prompt rétablissement de l'ordre. « Vos représentants, leur disait-il, étrangers aux factions qui agitent la capitale, s'éloigneront, en arrivant à Paris, des hommes de sédition, comme Marat et Danton. L'anarchie les repoussera par le dégoût qu'elle inspire aux bons citoyens. » Il leur promettait, de plus, l'appui moral des armées, et de Dumouriez surtout, que sa victoire venait de rendre l'arbitre de la patrie. Santerre, commandant de la garde nationale des sections, appartenait, il est vrai, au parti de la commune par son alliance avec Panis, un des principaux meneurs de ce parti, mais Barbaroux et Rebecqui répondaient des bataillons marseillais vainqueurs du 10 août, selon eux force suffisante pour défendre la Convention contre les faubourgs de Paris. Huit cents nouveaux Marseillais arrivèrent du Midi à leur appel. De plus, Marat faisait horreur, et Danton inspirait l'effroi. Ces considérations, souvent présentées aux Girondins avec la froide autorité de Brissot, l'éloquente indignation de Vergniaud, et passionnées encore par les regards et par l'âme de madame Roland, donnaient à ces jeunes hommes la confiance de la victoire et l'impatience du combat.

VIII

Dans le parti opposé, une certaine hésitation trahissait l'inquiétude. Les séances des Jacobins depuis quelque temps étaient peu suivies et insignifiantes. Les membres nouveaux de la Convention ne s'y faisaient pas inscrire. Ils semblaient craindre de compromettre leur caractère et leur indépendance dans une affiliation suspecte de violence et d'usurpation. Pétion et Barbaroux y luttaient avec avantage contre Fabre d'Églantine et Chabot. Marat n'agitait que les plus basses couches de la populace. Il était plutôt le scandale éclatant de la Révolution qu'une force révolutionnaire. Il dépopularisait la commune en y siégeant. Danton lui-même semblait intimidé par l'approche de la Convention. Son passé pesait sur son génie. Il aurait voulu le faire oublier et surtout l'oublier lui-même. Tout ce qui lui rappelait les journées de septembre lui était importun et douloureux. Homme de clairvoyance et comme inspiré du génie inculte du gouvernement, il sentait que le rôle de chef d'une faction démagogique à l'hôtel de ville de Paris était un rôle court, précaire, subalterne, indigne de la France et de lui. La direction d'une insurrection, des proscriptions atroces et le gouvernement sanglant d'un interrègne de six semaines ne satisfaisaient pas son ambition.

Pour imposer sa dictature durable à la nouvelle Assemblée, il fallait à Danton une de ces deux choses : l'armée ou la popularité. L'armée, il n'en avait pas encore, bien qu'il songeât à s'en donner une ; la popularité, il avait le sens politique trop sûr et trop exercé pour compter longtemps sur la sienne. Il la sentait s'user et s'échapper heure par heure. De plus, il avait assez de hauteur de vues pour la mépriser. Juger et mépriser sa propre popularité, c'est le signe de l'homme d'État. Danton était né avec ce signe. Une seule chose lui avait manqué pour saisir et retenir ce rôle d'homme d'État : la moralité de l'ambition et l'innocence des moyens. Il était puni sur le coup. Grand et redouté encore par le retentissement de son forfait, il ne se dissimulait pas le repoussement que son nom inspirait autour de lui. Il ne pouvait vaincre ce sentiment de répulsion publique que par de nouveaux crimes ou par une disparition volontaire de la scène pendant un certain temps. De nouveaux crimes? Il n'en avait pas la soif. Le sang de septembre lui était trop amer pour qu'il en répandît davantage. Danton avait un cœur d'homme au fond, perverti, mais non insensible. Sa cruauté avait été un spasme de passion plutôt que l'assouvissement d'une âme atroce. C'était le système qui avait immolé en lui, non la nature. Il ne l'avouait pas encore en public, mais il l'avouait à sa femme. Il se repentait. Nous avons vu qu'il méditait, comme Sylla, une disparition volontaire et momentanée du pouvoir. Il méprisait assez ses rivaux pour leur abandonner la scène. « Vois-tu ces hommes, disait-il un soir à Camille Desmoulins en parlant des Girondins, de Robespierre et de Marat, dans un de ces épanchements intimes où son orgueil trahissait souvent les secrets de son âme, vois-tu ces hommes? Il n'y en a pas un qui vaille un des rêves seulement de Danton ! La nature n'avait jeté que deux âmes dans le moule des hommes d'État capables de manier les révolutions : Mirabeau et moi. Après nous elle a brisé le moule. Ces hommes sont des bavards qui perdent le temps à arranger des mots et qui s'en vont dormir sur les applaudissements. Crois-tu que je vais les combattre et leur disputer la tribune et le ministère? Détrompe-toi! je vais me ranger de côté et les livrer avec leur impuissance au néant de leurs pensées et aux difficultés du gouvernement. La grandeur des événements les écrasera. Pour me débarrasser d'eux, je n'ai besoin que d'eux-mêmes. » Ainsi, les Girondins trouvaient la place presque vide et l'opinion désarmée devant eux. Un seul homme avait grandi en opinion et en popularité depuis le 10 août, et cet homme était Robespierre. Étudions-le ici avant le moment où il va se perdre dans le tumulte des événements.

IX

Robespierre paraissait alors le philosophe de la Révolution. Par une puissance d'abstraction qui n'appartient qu'aux convictions absolues, il s'était, pour ainsi dire, séparé de lui-même pour se confondre avec le peuple. Sa supériorité venait de ce que nul autant que lui ne semblait servir la Révolution pour elle-même. Par un retour naturel, la Révolution se reconnaissait en lui : elle n'était pas pour Robespierre une cause politique, c'était une religion de son esprit. Il ne lui demandait pas seulement de le grandir lui-même, il lui demandait surtout de l'accomplir. Ses idées, d'abord confuses comme des instincts, commençaient à se clarifier par l'étude et par la pratique. Son talent, d'abord rebelle et laborieux, commençait à mieux servir sa volonté. Dénué des dons extérieurs et des inspirations soudaines de l'éloquence naturelle, il avait tant travaillé sur lui-même, il avait tant médité, tant écrit, tant raturé, il avait tant bravé l'inattention et le sarcasme de ses auditoires, qu'il avait fini par assouplir et par échauffer sa parole, et par faire de toute sa personne, malgré sa taille maigre et roide, malgré sa voix grêle et son geste brisé, un instrument d'éloquence, de conviction et de passion.

Écrasé pendant l'Assemblée constituante par Mirabeau, par Maury, par Cazalès; vaincu aux Jacobins par Danton, par Pétion, par Brissot; effacé à la Convention par l'incomparable supériorité de parole de Vergniaud, s'il n'avait été soutenu par l'obstination de l'idée et par l'intrépidité d'une volonté qui se sentait la force de tout dominer, parce qu'elle le dominait lui-même, il aurait mille fois renoncé à la lutte, et serait rentré dans l'ombre et dans le silence. Mais il lui eût été plus facile de mourir que de se taire, quand son silence lui paraissait une désertion de ses principes. Sa force était là. Il était l'homme le plus convaincu de toute la Révolution : voilà pourquoi il en fut longtemps le serviteur obscur, puis le favori, puis le tyran, puis la victime.

On croyait autour de lui que la Révolution n'était à ses yeux que la réalisation de la philosophie du dix-huitième siècle, l'éclosion de la justice et de la raison dans la loi. Robespierre, c'était une utopie philosophique en action. Sa politique, rédigée dans le *Contrat social*, n'était que la lettre sans âme de la théorie évangélique qu'il voulait réaliser en institution démocratique. Liberté, égalité, fraternité entre les citoyens, paix entre les nations, ces mots, commentés au profit de tous les hommes et à la ruine de toutes les inégalités, de toutes les tyrannies, c'était son code affiché. Il en appliquait les formules et les conséquences, sans fléchir, à toutes les questions, à toutes les circonstances soulevées par le temps. Éclairé par cette lampe de la théorie qu'aucun vent extérieur ne faisait vaciller dans son esprit, il ne s'était point égaré jusque-là. Son intérêt, c'était sa foi ; son ambition, c'était sa cause ; ses amis, c'étaient tous ceux qui servaient cette cause le plus utilement ; ses ennemis, tous ceux qui lui paraissaient la trahir. Son malheur et, bientôt après, son crime furent de se regarder comme seul pur et seul capable, de soupçonner, d'envier, de haïr et de persécuter tous ceux qui rivalisaient avec lui dans la direction de l'opinion.

Robespierre cependant mérita le nom d'incorruptible ; le plus beau titre que le peuple pût décerner, puisque c'était le titre à sa confiance absolue dans un temps où il se défiait de tous. Robespierre, qui comprenait la réalisation de sa philosophie politique sous les formes les plus diverses du gouvernement, pourvu que la démocratie en fût l'âme, n'avait point déclamé contre la royauté, n'avait point répudié la constitution de 1791, n'avait point conspiré le 10 août, n'avait point fomenté la république. Il préférait la république, sans doute, comme une forme plus complète de l'égalité politique et comme un gouvernement où le peuple ne confiait sa liberté qu'à lui-même ; mais il ne voyait point d'inconvénient immédiat et radical à ce que la démocratie conservât une tête dans un roi et l'unité de pouvoir dans la monarchie populaire. Cette concession à la paix et aux habitudes invétérées de la nation lui semblait préférable aux crises des révolutions qu'il faudrait traverser pour transformer le nom et le mécanisme du gouvernement. La fermeté de ses convictions n'excluait pas en lui la mesure dans l'application. Il avait été modéré dans des idées extrêmes. C'étaient les ambitieux comme les Girondins ou les agitateurs comme les démagogues qui avaient poussé le plus à la république ; ce n'était pas lui. Il pactisait avec le temps parce qu'il ne lui demandait rien, disait-il, pour lui-même. Tout pour le peuple et pour l'avenir.

X

La vie de Robespierre portait témoignage du désintéressement de ses pensées ; cette vie était le plus éloquent de ses discours. Si son maître Jean-Jacques Rousseau eût quitté sa cabane des Charmettes ou d'Ermenonville pour être le législateur de l'humanité, il n'aurait pas mené une existence plus recueillie, plus pauvre que celle de Robespierre. Cette pauvreté était méritoire, car elle était volontaire. Objet de tentatives nombreuses de corruption de la part de la cour, du parti de Mirabeau, du parti de Lameth, et du parti girondin pendant les deux assemblées, il avait eu tous les jours sa fortune sous sa main ; il n'avait pas daigné la saisir. Appelé par l'élection ensuite aux fonctions d'accusateur public et de juge à Paris, il avait tout repoussé, tout résigné pour vivre dans une pure et fière indigence. Sa fortune et celle de son frère et de sa sœur consistaient dans le produit de quelques morceaux de terre affermés en Artois, et dont les fermiers, pauvres eux-mêmes et alliés à sa famille, payaient très-irrégulièrement les arrérages. Son salaire quotidien comme député, pendant l'Assemblée constituante et pendant la Convention, subvenait aux nécessités de trois personnes. Il était forcé d'avoir quelquefois recours à la bourse de ses hôtes et de ses amis. Ses dettes, qui ne s'élevaient cependant qu'à une somme modique de quatre mille francs à sa mort, après six ans de séjour à Paris, attestent l'extrême sobriété de ses goûts et de ses dépenses.

Ses habitudes étaient celles d'un modeste artisan. Il logeait dans une maison de la rue Saint-Honoré, portant aujourd'hui le n° 396, en face de l'église de l'Assomption. Cette maison, basse, précédée d'une cour, entourée de hangars remplis de planches, de pièces de charpente et d'autres matériaux de construction, avait une apparence presque rustique.

Elle appartenait à un menuisier, entrepreneur de bâtiments, nommé Duplay, qui avait adopté avec enthousiasme les principes de la Révolution. Lié avec plusieurs membres de l'Assemblée constituante, Duplay les pria de lui amener Robespierre, et l'entière conformité de leurs opinions ne tarda pas à les unir. Le jour des massacres du Champ de Mars, quelques membres de la Société des amis de la constitution pensèrent qu'il serait imprudent de laisser Robespierre retourner au fond du Marais, à travers une ville encore pleine d'émotion, et de l'abandonner sans défense aux dangers dont on le disait menacé. Duplay offrit alors de lui donner asile, son offre fut acceptée. A partir de ce moment, Robespierre ne cessa plus, jusqu'au 9 thermidor, de vivre dans la famille du menuisier. Une longue cohabitation, une table commune, la contiguïté de vie de plusieurs années, avaient converti l'hospitalité de Duplay en mutuel attachement. La famille de son hôte était devenue comme une seconde famille pour Robespierre. Cette famille, à laquelle Robespierre avait fait adopter ses opinions sans rien lui enlever de la simplicité de ses mœurs et même de ses pratiques religieuses, se composait du père, de la mère, d'un fils encore adolescent et de quatre jeunes filles dont l'aînée avait vingt-cinq ans et la plus jeune dix-huit. Le père, occupé tout le jour des travaux de son état, allait quelquefois entendre le soir Robespierre aux Jacobins. Il en revenait pénétré d'admiration pour l'orateur du peuple et de haine contre les ennemis de ce jeune et pur patriote. Madame Duplay partageait l'enthousiasme de son mari. L'estime qu'elle ressentait pour Robespierre lui faisait trouver honorables et doux les petits services de domesticité volontaire qu'elle lui rendait, comme si elle eût été moins son hôtesse que sa mère. Robespierre payait en affection ces services et ce dévouement. Il renfermait son cœur dans cette pauvre maison. Causeur avec le père; filial avec la mère, paternel avec le fils, familier et presque frère avec les jeunes filles, il inspirait et il éprouvait, dans ce cercle intérieur formé autour de lui, tous les sentiments qu'une âme ardente n'inspire et n'éprouve qu'en se répandant sur beaucoup d'espace au dehors.

XI

L'amour même attachait son cœur là où le travail, la pauvreté et le recueillement fixaient sa vie. Éléonore Duplay, la fille aînée de son hôtesse, inspirait à Robespierre un attachement plus sérieux et plus tendre que celui qu'il portait à ses sœurs. Ce sentiment, plutôt prédilection que passion, était plus raisonné chez Robespierre, plus ardent et plus naïf chez la jeune fille. C'était l'amour qui convenait à un homme jeté tout le jour dans les agitations de la vie publique, un repos de cœur après les lassitudes de l'esprit. « Ame virile, disait Robespierre de son amie, elle saurait mourir comme elle sait aimer. » On l'avait surnommée Cornélia. Cette inclination, avouée par tous deux, était approuvée de la famille. Ils vivaient dans la même maison comme deux fiancés, non comme deux amants. Robespierre avait demandé la jeune fille à ses parents : elle lui était promise. « Le dénûment de sa fortune et l'incertitude du lendemain l'empêchaient de s'unir à elle avant que la destinée de la France fût éclaircie; mais il n'aspirait, disait-il, qu'au moment où, la Révolution terminée et affermie, il pourrait se retirer de la mêlée, épouser celle qu'il aimait et aller vivre en Artois, dans une des fermes qu'il conservait des biens de sa famille, pour y confondre son bonheur obscur dans la félicité commune. »

De toutes les sœurs d'Éléonore, celle que Robespierre

affectionnait le plus était Élisabeth, la plus jeune des trois, que son compatriote et son collègue Lebas recherchait en mariage et qu'il épousa bientôt après. Cette jeune femme, à qui l'amitié de Robespierre coûta la vie de son mari onze mois après leur union, a vécu plus d'un demi-siècle depuis ce jour sans avoir une seule fois renié son culte pour Robespierre, et sans avoir compris les malédictions du monde contre ce frère de sa jeunesse, qui lui apparaissait encore dans ses souvenirs si pur, si vertueux et si doux !

XII

Les vicissitudes de fortune, d'influence et de popularité de Robespierre ne changèrent rien à cette simplicité de son existence. La foule venait implorer la faveur ou la vie à la porte de cette maison, sans que rien y pénétrât du dehors. Le logement personnel de Robespierre consistait en une chambre basse, construite en forme de mansarde au-dessus des hangars et dont la fenêtre s'ouvrait sur le toit. Elle n'avait d'autre perspective que l'intérieur d'une cour semblable à un chantier, toujours retentissante du marteau et de la scie des ouvriers, et sans cesse traversée par madame Duplay et ses filles, qui s'y livraient aux occupations du ménage. Cette chambre n'était séparée de celle des maîtres de la maison que par un petit cabinet commun entre la famille et lui. De l'autre côté, également sous les combles, deux cabinets étaient habités, l'un par le fils de la maison, l'autre par Simon Duplay, secrétaire de Robespierre et neveu de son hôte. Ce jeune homme, dont le patriotisme était aussi ardent que les opinions, brûlait de donner son sang à la cause dont Robespierre était l'âme. Enrôlé comme volontaire dans un régiment d'artillerie, il eut la jambe gauche emportée par un boulet de canon à la bataille de Valmy.

La chambre du député d'Arras ne contenait qu'un lit de noyer couvert de damas bleu à fleurs blanches, une table et quatre chaises de paille. Cette pièce lui servait à la fois pour le travail et pour le sommeil. Ses papiers, ses rapports, les manuscrits de ses discours écrits de sa main, d'une écriture régulière, mais laborieuse et raturée, étaient classés avec soin sur des tablettes de sapin contre la muraille. Quelques livres choisis et en très-petit nombre y étaient rangés. Presque toujours un volume de Jean-Jacques Rousseau ou de Racine était ouvert sur sa table, et attestait sa prédilection philosophique et littéraire pour ces deux écrivains.

C'est là que Robespierre passait la plus grande partie de sa journée, occupé à préparer ses discours. Il n'en sortait que pour se rendre le matin aux séances de l'Assemblée, et le soir à sept heures, pour aller aux Jacobins. Son costume, même à l'époque où les démagogues affectaient de flatter le peuple en imitant le cynisme et le débraillement de l'indigence, était propre, décent, correct comme celui d'un homme qui se respecte dans le regard d'autrui. Le soin un peu recherché de sa dignité et de son style se marquait jusque dans son extérieur. Une chevelure poudrée à blanc et relevée en ailes sur les tempes, un habit bleu-clair boutonné sur les hanches, ouvert sur la poitrine pour laisser éclater un gilet blanc, une culotte courte de couleur jaune, des bas blancs, des souliers à boucles d'argent, formaient son costume invariable pendant toute sa vie publique. On eût dit qu'il voulait, en ne changeant jamais de forme et de couleur dans ses vêtements, imprimer de lui une image toujours la même, et comme une médaille de sa figure dans le regard et dans l'imagination de la foule.

XIII

Les traits et l'expression de son visage trahissaient la tension perpétuelle d'un esprit qui s'efforce. Ces traits se détendaient et se déridaient jusqu'à la gaieté dans l'intérieur, à table, ou le soir autour du feu de copeaux, dans la salle basse du menuisier. Ses soirées se passaient toutes en famille, à causer des émotions du jour, des plans du lendemain, des conspirations des aristocrates, des dangers des patriotes, des perspectives de félicité publique après le triomphe de la Révolution. C'était la nation en miniature avec ses mœurs simples, ses ombrages et quelquefois ses attendrissements.

Un très-petit nombre d'amis de Robespierre et de Duplay étaient admis, tour à tour, dans cette intimité : les Lameth et Pétion dans les premiers temps; assez rarement Legendre; Merlin de Thionville, Fouché, qu'aimait la sœur de Robespierre et que Robespierre n'aimait pas; souvent Taschereau, Coffinhal, Panis, Sergent, Piot; tous les soirs

Lebas, Saint-Just, David, Couthon, Buonarotti, patriote toscan descendant de Michel-Ange; Camille Desmoulins, un nommé Nicolas, imprimeur du journal et des discours de l'orateur; un serrurier nommé Didier, ami de Duplay; enfin madame de Chalabre, femme noble et riche, enthousiaste de Robespierre, se dévouant à lui comme les veuves de Corinthe ou de Rome aux apôtres du culte nouveau, lui offrant sa fortune pour servir à la popularisation de ses idées, et captant l'amitié de la femme et des filles de Duplay pour mériter un regard de Robespierre.

Là, on s'entretenait de la Révolution. D'autres fois, après une courte conversation et quelques badinages avec les jeunes filles, Robespierre, qui voulait orner l'esprit de sa fiancée, faisait des lectures à la famille. C'était le plus souvent des tragédies de Racine. Il aimait à accentuer ces beaux vers, soit pour s'exercer lui-même à la tribune par le théâtre, soit pour élever ces âmes simples au niveau des grands sentiments et des grands caractères de l'antiquité. Il sortait rarement le soir. Il conduisait deux ou trois fois par an madame Duplay et ses filles au spectacle. C'était toujours au Théâtre-Français et à des représentations classiques. Il n'aimait que les déclamations tragiques qui lui rappelaient la tribune, la tyrannie, le peuple, les grands crimes, les grandes vertus, théâtral jusque dans ses rêves et dans ses délassements.

Les autres jours, Robespierre se retirait de bonne heure dans sa chambre, se couchait et se relevait ensuite pour travailler dans la nuit. Les innombrables discours qu'il a prononcés dans les deux Assemblées nationales et aux Jacobins, les articles rédigés pour son journal pendant qu'il en eut un, les manuscrits plus nombreux encore des discours qu'il avait préparés et qu'il ne prononça jamais, le soin de style qui s'y remarque, les corrections infatigables dont ils sont tachés par sa plume sur les manuscrits, attestent ses veilles et son obstination. Il visait à l'art au moins autant qu'à l'empire. Il savait que la foule aime le beau au moins autant que le vrai. Il traitait le peuple comme les grands écrivains traitent la postérité, sans compter leurs peines et sans familiarité. Il se drapait dans sa philosophie et dans son patriotisme.

Ses seules distractions étaient des promenades solitaires, à l'imitation de Jean-Jacques Rousseau, son modèle, aux Champs-Élysées ou dans les environs de Paris. Il n'avait pour compagnon de ses courses que son grand chien de la race des dogues, qui couchait à la porte de sa chambre, et qui suivait toujours son maître quand il sortait. Ce chien colossal, connu du quartier, s'appelait Brount. Robespierre l'aimait beaucoup et jouait sans cesse avec lui. C'était la seule escorte de ce tyran de l'opinion qui faisait trembler le trône et fuir à l'étranger toute l'aristocratie de son pays.

Dans les moments d'agitation extrême, et quand on craignait pour la vie des démocrates, le typographe Nicolas, le serrurier Didier et quelques amis accompagnaient de loin Robespierre. Il s'irritait de ces précautions prises à son insu. « Laissez-moi sortir de votre maison et aller vivre seul, disait-il à son hôte; je compromets votre famille, et mes ennemis feront un crime à vos enfants de m'avoir aimé.

— Non, non, nous mourrons ensemble ou le peuple triomphera, » répondait Duplay. Quelquefois, le dimanche, toute la famille sortait de Paris avec Robespierre, et le tribun, redevenu homme, s'égarait avec la mère, les sœurs et le frère d'Éléonore, dans les bois de Versailles ou d'Issy.

XIV

Ainsi vivait cet homme, dont la puissance, nulle autour de lui, devenait immense en s'éloignant de sa personne. Cette puissance n'était qu'un nom. Ce nom ne régnait que dans l'opinion. Robespierre était devenu peu à peu le seul nom que répétât sans cesse le peuple. A force de se produire à toutes les tribunes comme le défenseur des opprimés, il avait martelé son image et l'idée de son patriotisme dans la pensée de cette partie de la nation. Son séjour chez le menuisier, sa vie commune avec une famille d'honnêtes artisans, n'avaient pas peu contribué à incruster le nom de Robespierre dans la masse révolutionnaire, mais probe, du peuple de Paris. Les Duplay, leurs ouvriers, leurs amis dans les divers quartiers de la capitale, parlaient de Robespierre comme du type de la vérité et de la vertu. Dans ce temps de fièvre d'opinion, les ouvriers ne se répandaient pas, comme aujourd'hui, après leur travail, dans les lieux de plaisir et de débauche, pour y consumer les heures du soir en vains propos. Une seule pensée agitait, dispersait, rassemblait la foule. Rien n'était isolé et individuel dans les impressions ; tout était collectif, populaire, tumultueux. La passion soufflait de tous les cœurs et sur tous les cœurs à la fois. Des journaux, à un nombre incalculable d'abonnés, pleuvaient toutes les heures et sur toutes les couches de la population, comme autant d'étincelles sur des matières combustibles. Des affiches de toutes les formes, de toutes les dimensions, de toutes les couleurs, arrêtaient les passants dans les carrefours; des sociétés populaires avaient leurs tribunes et leurs orateurs dans tous les quartiers. L'affaire publique était devenue tellement l'affaire de chacun, que ceux même d'entre le peuple qui ne savaient pas lire se groupaient dans les marchés et dans les places autour de lecteurs ambulants qui lisaient et commentaient pour eux les feuilles publiques.

Parmi tous ces noms d'hommes, de députés, d'orateurs, retentissant à ses oreilles, le peuple choisissait quelques noms favoris. Il se passionnait pour ceux-là, s'irritait contre leurs ennemis; il confondait sa cause avec la leur. Mirabeau, Pétion, Marat, Danton, Barnave, Robespierre, avaient été ou étaient encore tour à tour ces personnifications de la foule. Mais de toutes ces popularités, aucune ne s'était plus lentement et plus profondément enracinée dans l'esprit des masses que celle du député d'Arras.

XV

Cette popularité avait été un moment éclipsée après le 10 août par celle des hommes d'action de cette journée, tels que Danton et Marat; mais cet oubli du peuple n'avait pas été long pour son favori. On a vu que Robespierre, appelé au conseil de la commune le lendemain de la victoire, avait pris une part active à ses délibérations, rédigé ses décrets et promulgué ses volontés, comme orateur de plusieurs députations, à la barre de l'Assemblée législative. Convaincu que l'heure de la république avait enfin sonné, et que s'arrêter dans l'indécision c'était s'arrêter dans l'anarchie, Robespierre avait accepté la république et violenté de paroles les Girondins pour leur arracher le gouvernement et pour le remettre au peuple de Paris. Jusqu'au 2 septembre, il s'était confondu ainsi à l'hôtel de ville avec les directeurs du mouvement de la commune et avec les dictateurs de Paris. Mais le jour où Danton et Marat avaient organisé le meurtre et régularisé l'assassinat, soit prévoyance du juste retour de l'indignation publique, soit horreur du sang alors, Robespierre avait cessé de paraître à la commune. A dater du 2 septembre, il n'y siégea plus. On a vu en quels termes il témoigna à Saint-Just le soulèvement de son âme contre ces immolations en masse. Elles lui répugnaient tellement dans ces premiers temps, qu'il ne voulut à aucun prix être confondu avec ses collègues de la commune, de peur qu'une tache du sang de septembre ne rejaillît sur lui.

A mesure que ces proscriptions, contemplées de sang-froid, paraissaient plus odieuses, Robespierre paraissait plus pur. On lui tenait compte de son inaction. On lui savait gré de n'avoir pas ensanglanté son caractère, et d'avoir voulu conserver à la cause du peuple le prestige de la justice et de l'humanité. La réaction de l'opinion contre les journées de septembre rejetait à lui tous les partis extrêmes, mais non pervers.

Le jour de la première séance de la Convention, il était encore l'homme incorruptible de la Révolution, incorruptible au sang comme à l'or. Son nom dominait tout. La commune elle-même, qui n'avait pas trempé tout entière dans les assassinats de septembre, se parait de Robespierre et lui décernait avec affectation toute l'autorité sur ses actes. Elle sentait que sa force morale était en lui. Les Girondins le sentaient aussi. Ils craignaient peu Marat, trop monstrueux pour séduire. Ils négociaient avec Danton, assez vénal pour être séduit. Mais, quoique pleins de dédain pour le talent subalterne encore de Robespierre, c'était l'homme devant lequel ils tremblaient : le seul, en effet, Danton écarté, qui pût leur disputer la direction du peuple et le maniement de la république.

Mais depuis longtemps Robespierre avait rompu toute intimité avec madame Roland et ses amis. Vergniaud, enivré d'éloquence et confiant dans sa puissance d'entraînement, méprisait dans Robespierre cette parole sourde qui grondait toujours, mais qui n'éclatait jamais. Il croyait que la puissance des hommes se mesurait à leur génie. Le génie de Robespierre rampait au pied de la tribune, où celui de Vergniaud régnait déjà. Pétion, longtemps ami de Robespierre, ne lui pardonnait pas de lui avoir enlevé la moitié de la faveur publique. La popularité souffre moins de partage que l'empire. Louvet, Barbaroux, Rebecqui, Isnard, Ducos, Fonfrède, Lanjuinais, tous ces jeunes députés à la Convention, qui croyaient arriver à Paris avec la toute-puissance de la volonté nationale et tout courber sous la constitution républicaine qu'ils allaient délibérer librement, s'indignaient de trouver dans la commune un pouvoir usurpateur et rebelle qu'il fallait renverser ou subir, et dans Robespierre un tyran de l'opinion avec lequel il fallait compter. Les lettres de ces jeunes hommes aux départements sont pleines d'expressions de colère contre ces agitateurs de Paris. Des bruits de dictature étaient répandus, moitié par les partisans de Robespierre, moitié par ses rivaux. Ces bruits étaient accrédités par Marat, qui ne cessait de demander au peuple de remettre à un seul homme le pouvoir et la hache, pour immoler tous ses ennemis à la fois. Les Girondins grossissaient ces bruits sans y croire. Les partis se combattent avec des soupçons. Depuis que le soupçon de royalisme ne pouvait plus atteindre personne, le soupçon d'aspirer à la dictature était le coup le plus mortel que les partis pussent se porter.

Si la souveraineté sur l'opinion était le rêve unique de Robespierre, dans un lointain confus, ainsi que son confident Lebas croyait le lire dans les pensées de son ami, l'aspiration à une dictature actuelle et directe était une calomnie contre son bon sens. Il lui fallait grandir immensément encore dans la confiance et dans le fanatisme du peuple pour oser dominer la représentation. Ses ennemis se chargeaient de l'élever en l'attaquant. L'accuser de prétention à la dictature, c'était rendre deux services à sa renommée. C'était, d'une part, lui préparer une occasion facile et certaine de démontrer son innocence; c'était, de l'autre, donner l'idée du crime dont on l'accusait, et lui faire une candidature au pouvoir suprême par la bouche même de ses calomniateurs : double fortune pour un ambitieux.

XVI

La colère et l'impatience des jeunes Girondins ne firent aucune de ces réflexions. Ils se réunirent chez Barbaroux, ils s'échauffèrent de leurs propres préventions, ils résolurent d'attaquer soudainement et corps à corps la tyrannie de Paris dans la personne et sous le nom de Robespierre. En rejetant sur lui seul tout l'odieux de cette tyrannie, ils avaient l'avantage de laisser de côté Danton, qu'ils redoutaient beaucoup plus. Ils croyaient ainsi attaquer la commune par le plus vulnérable de ses triumvirs, et ne doutaient pas d'en triompher aisément. Quelques-uns de leurs amis, plus âgés et plus temporisateurs, tels que Brissot, Sieyès et Condorcet, leur conseillèrent d'ajourner l'attaque et d'attendre qu'un conflit inévitable et prochain s'élevât entre la commune et la Convention. Les plus animés répondirent que donner du temps à une faction, c'était lui donner des forces; que le courage était toujours la meilleure politique; qu'il était habile d'arracher dès le premier jour la république aux factieux qui voulaient la saisir au berceau; qu'il ne fallait pas laisser à l'indignation de la France contre les égorgeurs de septembre le temps de se calmer; qu'il fallait compromettre dès le premier moment la majorité de la Convention contre les hommes de sang qui menaçaient de tout asservir, et que d'ailleurs il y avait en eux quelque chose de plus déterminant que la politique, c'était le sentiment, c'était l'horreur de leur âme contre ces corrupteurs du peuple, et l'impossibilité pour des hommes de cœur de se laisser confondre avec les assassins, et de paraître les tolérer ou les craindre en les ménageant plus longtemps.

L'intrépide Vergniaud, honteux d'avoir subi pendant six semaines l'insolente tyrannie des orateurs de la commune, ne cherchait ni à presser ni à ralentir l'ardeur de ses jeunes compatriotes. Il ne fuyait ni ne demandait le combat; il se déclarait seulement prêt à l'accepter et à le soutenir.

Sieyès surtout, qui, dans ces premiers temps, était recherché des Girondins et qui les voyait tous les soirs dans le salon de madame Roland, leur donna en formules laconiques des conseils de tactique, et leur présenta des plans métaphysiques de constitution. Les Girondins le cultivaient comme leur homme d'État. Sieyès, esprit à longue vue, tout en détestant Robespierre, Marat, Danton, aurait voulu qu'avant d'attaquer la commune les Girondins eussent détaché Danton et fait un pacte avec Dumouriez qui leur assurât une autre force que la tribune contre les bandes insurrectionnelles de l'hôtel de ville. « Ne jouez pas avec la république, leur dit-il, dans une bataille de rues avant d'avoir le canon de votre côté. » Vergniaud convint de la justesse de ce mot; mais l'impatience de la jeunesse, la honte de reculer, les excitations éloquentes de madame Roland, l'emportèrent sur tous les calculs.

XVII

Les Jacobins cependant se repeuplaient depuis deux jours. Marat et Robespierre y reparurent.

La Convention commença ses travaux. Elle entendit d'abord avec faveur un rapport énergique de Roland, qui proclamait les vrais principes d'ordre et de légalité, et qui demandait à l'Assemblée d'assurer sa propre dignité contre les mouvements populaires, par une force armée consacrée à la sécurité nationale. Le moment était opportun pour attaquer la commune et flétrir ses excès. Dans la séance du 24 septembre, Kersaint, gentilhomme breton, officier de marine intrépide, écrivain politique éloquent, réformateur dévoué à la régénération sociale, lié dès le premier jour avec les Girondins par un même amour pour la liberté, par une même horreur du crime, demanda tout à coup, à propos d'un désordre aux Champs-Élysées, qu'on nommât des commissaires pour venger la violation des premiers droits de l'homme, la liberté, la propriété, la vie des citoyens. « Il est temps, s'écria Kersaint, d'élever des échafauds pour les assassins et pour ceux qui provoquent à l'assassinat. » Puis, se tournant du côté de Robespierre, de Marat, de Danton, et paraissant diriger contre eux une allusion sanglante : « Il y a peut-être, poursuivit-il d'une voix tonnante, il y a peut-être quelque courage à s'élever ici contre les assassins!... » L'Assemblée frémit et applaudit.

Tallien demanda que cette proposition fût ajournée. « Ajourner la répression du crime, dit Vergniaud, c'est proclamer l'impunité des assassinats. » Fabre d'Églantine, Sergent, Collot-d'Herbois, se sentant désignés, s'opposèrent à la motion de Kersaint. Ils justifièrent les citoyens de Paris. « Les citoyens de Paris, s'écria Lanjuinais, ils sont dans la stupeur. A mon arrivée ici j'ai frémi! » Des murmures s'élevèrent. Buzot, confident de Roland, préparé à la parole par la communication qu'il avait reçue du rapport, profita de l'émotion inattendue produite par le discours de Kersaint pour monter à la tribune et pour engager le combat en élargissant le terrain.

XVIII

« Au milieu de l'agitation violente que la proposition de Kersaint a fait naître, dit Buzot, j'ai besoin de garder le sang-froid qui convient à un homme libre. Il ne suffit pas de se dire républicain et de subir sous ce nom de nouveaux tyrans! Étranger aux partis, je suis arrivé ici avec la confiance que je pourrais y garder l'indépendance de mon âme. Il est bon que je sache ce que je dois attendre ou craindre. Sommes-nous en sûreté? Existe-t-il des lois contre ceux qui provoquent au meurtre? Croit-on que nous n'ayons pas apporté une âme républicaine, mais incapable de fléchir sous les menaces, sous les violences d'hommes dont je ne connais ni le but ni les desseins? On vous demande une force publique; c'est aussi la demande que vous adresse le ministre de l'intérieur, ce Roland qui, malgré les calomnies dont on l'accable, est à vos yeux un des plus hommes de bien de la France. (On applaudit.) Je demande, moi aussi, une force publique à laquelle concourent tous nos départements. Il faut une loi contre ces hommes infâmes qui assassinent parce qu'ils n'ont pas le courage de combattre... Croit-on nous rendre esclaves de certains députés de Paris?... »

Ce soulèvement de l'âme de Buzot ébranla la Convention. Des acclamations parties de tous les bancs des députés des départements appuyèrent ses paroles. Les députés de Paris et leurs adhérents se turent consternés, et la proposition fut votée. Le soir, les douze députés de Paris se portèrent en masse à la séance des Jacobins pour exhaler leur colère et pour concerter leur vengeance. « Il faut, s'écria Chabot, que les Jacobins, non de Paris seulement, mais de tout l'empire, *forcent* la Convention à donner à la France le gouvernement de son choix. La Convention rétrograde. Les intrigants s'en emparent. Les endormeurs de la secte de Brissot et de Roland veulent établir un gouvernement fédératif, pour régner sur nous par leurs départements. »

A ces mots Pétion paraît, il monte au fauteuil. Brissot écrit qu'il demande à s'expliquer fraternellement. Fabre d'Églantine attaque Buzot et dénonce son discours du matin comme une combinaison préparée chez Roland pour prévenir l'esprit de la Convention contre Paris. Pétion défend Buzot, « non pas seulement à titre d'ami, dit-il, mais comme un des citoyens les plus dévoués à la liberté et à la république. » Billaud-Varennes, Chabot, Camille Desmoulins, appellent Brissot un scélérat. Grangeneuve et Barbaroux menacent la députation de Paris de l'arrivée de nouveaux Marseillais. La séance est levée au milieu du plus inexprimable tumulte. La guerre est déclarée.

XIX

Le combat s'engage le lendemain à la séance de la Convention. Merlin se lève. « On parle de régler l'ordre du jour, dit-il ; le seul ordre du jour, c'est de faire cesser les défiances qui nous divisent et qui perdraient la chose publique. On parle de tyrans et de dictateurs : je demande qu'on les nomme et qu'on me désigne ainsi ceux que je dois poignarder. Je somme Lasource, qui m'a dit hier qu'il existait ici un parti dictatorial, de nous le désigner. »

Lasource, ami de Vergniaud et presque aussi éloquent, se lève indigné de cette interpellation perfide. « Il est bien étonnant, dit-il, qu'en m'interpellant le citoyen Merlin me calomnie ! Je n'ai point parlé de dictateur, mais de dictature. J'ai dit que certains hommes ici me paraissaient tendre par l'intrigue à la domination. C'est une conversation particulière que le citoyen Merlin révèle. Mais, loin de me plaindre de cette indiscrétion, je m'en applaudis. Ce que j'ai dit en confidence, je le redirai à la tribune, et j'y soulagerai mon cœur. Hier au soir, aux Jacobins, j'entendis dénoncer les deux tiers de la Convention comme conspirant contre le peuple et contre la liberté. En sortant, des citoyens se groupèrent autour de moi ; le citoyen Merlin se joignit à eux. Je leur peignis, avec une chaleur dont je ne sais pas me défendre quand il s'agit de ma patrie, mon inquiétude et ma douleur. On criait contre le projet de loi qui demande la punition des provocateurs à l'assassinat. J'ai dit et je dis encore que cette loi ne peut effrayer que ceux qui méditent des crimes et qui les rejettent ensuite sur le peuple, dont ils se disent les seuls amis ! On criait contre la proposition de donner une garde à la Convention. J'ai dit et je redis encore que la Convention nationale ne peut ôter à tous les départements de la république le droit de veiller au dépôt commun et à la liberté de leurs représentants. Ce n'est pas le peuple que je crains, c'est lui qui nous a sauvés; et, puisqu'il faut enfin parler de soi-même, ce sont les citoyens de Paris qui m'ont sauvé, là, sur la terrasse des Feuillants; ce sont eux qui détournèrent de moi la mort dont j'étais menacé, qui éloignèrent de mon sein trente coups de sabre! Non, ce n'est pas le citoyen que je crains, c'est le brigand, c'est l'assassin qui poignarde. S'en étonne-t-on? J'interpelle à mon tour Merlin. N'est-il pas vrai qu'il m'a averti en confidence, un de ces jours, au comité de surveillance, que je devais être assassiné sur le seuil de ma porte, en rentrant chez moi, ainsi que plusieurs de mes collègues? Oui, je crains le despotisme de Paris, je crains la domination des intrigants qui l'oppriment sur la Convention nationale; je ne veux pas que Paris devienne pour l'empire français ce que fut Rome pour l'empire romain. Je hais ces hommes qui, le jour même où se commettaient les massacres, ont osé décerner des mandats d'arrestation contre huit députés. Ils veulent parvenir par l'anarchie à cette domination dont ils ont soif. Je ne désigne personne. Je suis de l'œil le plan des conjurés, je soulève le rideau ; quand les hommes que je signale m'auront fourni assez de traits de lumière pour les bien voir et pour les montrer à la France, je viendrai les démasquer à cette tribune, dussé-je en descendant tomber sous leurs coups! Je serai vengé. La puissance nationale, qui a foudroyé Louis XVI, foudroiera tous ces hommes avides de domination et de sang. »

Un immense applaudissement couvrit ces paroles. L'énergie de Lasource semblait avoir rendu la respiration à l'Assemblée. Rebecqui nomma Robespierre. « Voilà, s'écria-t-il, le parti, voilà l'homme que je vous dénonce! »

Danton, qui se sentait encore assez d'appui sur les deux côtés de la Convention pour se tenir en équilibre et s'interposer comme un terrible médiateur, demanda la parole.

« C'est un beau jour pour la nation, dit-il, c'est un beau jour pour la république, que celui qui amène entre nous une explication fraternelle. S'il y a des coupables, s'il existe un homme pervers qui veuille dominer despotiquement les représentants du peuple, sa tête tombera aussitôt qu'il sera démasqué. Cette imputation ne doit pas être une imputation vague et indéterminée. Celui qui la fait doit la signer. Je la ferai, moi, dût-elle faire tomber la tête de mon meilleur ami. Je ne défends pas en masse la députation de Paris, je ne réponds pour personne. (Il indique d'un regard dédaigneux le banc de Marat.) Je ne vous parlerai que de moi. Je suis prêt à vous retracer le tableau de ma vie publique. Depuis trois ans, j'ai fait ce que j'ai cru devoir faire pour la liberté. Pendant la durée de mon ministère, j'ai employé toute la vigueur de mon caractère et toute l'activité d'un citoyen embrasé de l'amour de son pays. S'il y a quelqu'un qui puisse m'accuser à cet égard, qu'il se lève et qu'il parle! Il existe, il est vrai, dans la députation de Paris un homme dont les opinions exagèrent et discréditent le parti républicain, c'est Marat! Assez et trop longtemps on m'a accusé d'être l'auteur des écrits de cet homme. J'invoque le témoignage du citoyen qui vous préside. Pétion a dans ses mains la lettre menaçante qui me fut adressée par Marat. Il a été témoin d'une altercation entre Marat et moi à la mairie. Mais j'attribue ces exagérations aux vexations que ce citoyen a subies. Je crois que les souterrains dans lesquels il a été enfermé ont ulcéré son âme!... Faut-il, pour quelques individus exagérés, accuser une députation tout entière? Quant à moi, je n'appartiens pas à Paris; je suis né dans un département vers lequel se tournent toujours mes regards avec un sentiment de plaisir. Mais aucun de nous n'appartient à tel ou tel département. Nous appartenons à la France entière. Portons une loi qui prononce la peine de mort contre quiconque se déclarerait en faveur de la dictature ou du triumvirat. On prétend qu'il est parmi nous d'autres hommes qui veulent morceler la France. Faisons disparaître ces idées absurdes en prononçant la peine de mort contre ces hommes. La France doit être indivisible. Les citoyens de Marseille veulent donner la main aux citoyens de Dunkerque. Votons l'unité de représentation et de gouvernement. Ce ne sera pas sans frémir que les Autrichiens apprendront cette sainte harmonie. Alors, je vous le jure, nos ennemis sont morts! »

Danton descendit de la tribune au bruit des applaudissements. Les assemblées, toujours indécises par leur nature, adoptent avec enthousiasme les propositions dilatoires, qui les soulagent de la nécessité de se prononcer.

Mais Buzot, impatient de rapporter une victoire à madame Roland, ne se contenta pas pour son parti de ce déni de jugement, de ces lois de mort à deux tranchants et de ces serments équivoques d'unité et d'indivisibilité de la république. « Et qui est-ce qui vous a dit, citoyen Danton, que quelqu'un songeât à rompre cette unité? répondit-il. N'ai-je pas demandé qu'elle fût consacrée et garantie par une garde composée d'hommes envoyés par tous les départements? On nous parle de serments? Je n'y crois plus, aux serments. Les La Fayette, les Lameth, en avaient fait un; ils l'ont violé! On nous parle de décret? Un simple décret ne suffit pas pour assurer l'indivisibilité de la république. Il faut que cette unité existe par le fait. Il faut qu'une force armée envoyée par les quatre-vingt-trois départements environne la Convention. Mais toutes ces idées ont besoin d'être coordonnées. J'en demande le renvoi à la commission des six. »

L'obstination de Buzot ranima l'audace des jeunes Girondins, un moment déconcertée par la voix de Danton. Vergniaud, Guadet, Pétion, se taisaient et semblaient montrer dans leur physionomie et dans leur attitude une répugnance à pousser le combat plus loin. Robespierre, appelé par son nom, monta avec lenteur et solennité les marches de la tribune. Tous les regards se portèrent sur lui. La haine prématurée des Girondins lui avait fait, pour un orateur populaire, le plus beau des rôles : celui de l'innocence qui se défend et de la force qui se modère.

XX

« Citoyens, dit-il, en montant à cette tribune pour répondre à l'accusation portée contre moi, ce n'est point ma propre cause que je viens défendre, mais la cause publique. Quand je me justifierai, vous ne croirez point que je m'occupe de moi-même, mais de la patrie. Citoyen, poursuivit-il en apostrophant Rebecqui, citoyen, qui avez eu le courage de m'accuser de vouloir asservir mon pays à la face des représentants du peuple, dans ce même lieu où j'ai défendu ses droits, je vous remercie! Je reconnais dans cet acte le civisme qui caractérise la cité célèbre (Marseille) qui vous a député. Je vous remercie! car tous nous gagnerons à cette accusation. On m'a désigné comme le chef d'un parti qu'on signale à l'animadversion de la France comme aspirant à la tyrannie. Il est des hommes qui succomberaient sous le poids d'une pareille accusation. Je ne crains pas ce malheur. Grâces soient rendues à tout ce que j'ai fait pour la liberté : c'est moi qui ai combattu toutes les factions pendant trois ans dans l'Assemblée constituante; c'est moi qui ai combattu la cour, dédaigné ses présents, méprisé les caresses du parti plus séduisant qui, plus tard, s'était élevé pour opprimer la liberté! »

Des voix nombreuses, fatiguées de ce vague panégyrique de lui-même, interrompirent Robespierre en le sommant de rentrer dans la question. Tallien réclama l'attention pour le député de Paris. Robespierre, qui ne trouvait plus la faveur et le respect dont il jouissait aux Jacobins, s'embarrassa un moment dans ses paroles. Il implora le silence de la générosité de ses accusateurs. Il rappela de nouveau ses services à la Révolution.

« Mais c'est là, ajouta-t-il, que commencèrent mes crimes; car un homme qui lutta si longtemps contre tous les partis avec un courage âcre et inflexible sans se ménager aucun parti à lui-même, celui-là devait être en butte à la haine et aux persécutions de tous les ambitieux et de tous les intrigants. Quand ils veulent commencer un système d'oppression, leur première pensée doit être d'écarter cet homme. Sans doute d'autres citoyens ont défendu mieux que moi les droits du peuple, mais je suis celui qui a pu s'honorer de plus d'ennemis et de plus de persécution. — Robespierre! lui cria-t-on de toutes parts, dis-nous simplement si tu as aspiré à la dictature ou au triumvirat! » Robespierre s'indigne des limites étroites qu'on prescrit à sa défense. La Convention murmure et témoigne sa lassitude par son inattention. « Abrége, abrége! crie-t-on de tous les bancs à Robespierre. — Je n'abrégerai pas, reprend Robespierre. Je vous rappelle à votre dignité. J'invoque la justice de la majorité de la Convention contre certains membres qui sont mes ennemis... — Il y a ici unité de patriotisme, et ce n'est point par haine qu'on interrompt, » lui répond Cambon. Ducos demande que, dans l'intérêt même des accusateurs, l'accusé soit entendu avec attention.

XXI

Robespierre reprend au milieu des rires et des sarcasmes : « Que ceux qui me répondent par des éclats de rire et par des murmures se forment en tribunal et prononcent ma condamnation, ce sera le jour le plus glorieux de ma vie! Ah! si j'avais été homme à m'attacher à un de ces partis, si j'avais transigé avec ma conscience, je ne subirais ni ces insultes ni ces persécutions! Paris est l'arène où j'ai soutenu ces combats contre mes ennemis et contre les ennemis du peuple; ce n'est donc pas à Paris qu'on peut dénaturer ma conduite, car là elle a le peuple pour témoin. Il n'en est pas de même dans les départements. Députés des départements, je vous en conjure au nom de la chose publique, détrompez-vous et écoutez-moi avec impartialité! Si la calomnie sans réponse est la plus redoutable des préventions contre un citoyen, elle est aussi la plus nuisible à la patrie! On m'a accusé d'avoir eu des conférences avec la reine, avec la Lamballe; on m'a rendu responsable des phrases irréfléchies d'un patriote exagéré (Marat), qui demandait que la nation se confiât à des hommes dont pendant trois ans elle avait éprouvé l'incorruptibilité! Depuis l'ouverture de la Convention, et même avant, on renouvelle ces accusations. On veut perdre dans l'opinion publique les citoyens qui ont juré d'immoler tous les partis. On nous soupçonne d'aspirer à la dictature; et nous, nous soupçonnons la pensée de faire de la république française un amas de républiques fédératives qui seraient sans cesse la proie des fureurs civiles ou de nos ennemis. Allons au fond de ces soupçons. Qu'on ne se contente pas de calomnier, qu'on accuse et que l'on signe ces accusations contre moi ! »

XXII

L'impatient Barbaroux se lève avec l'emportement de la jeunesse. « Barbaroux, de Marseille, se présente, dit-il en regardant Robespierre en face, pour signer la dénonciation... Nous étions à Paris. Nous venions de renverser le trône avec les Marseillais. On nous recherchait dans tous les partis comme les arbitres de la puissance. On nous conduisit chez Robespierre. Là, on nous désigna cet homme comme le citoyen le plus vertueux, seul digne de gouverner la république. Nous répondîmes que les Marseillais ne baisseraient jamais le front devant un dictateur. (On applaudit.) Voilà ce que je signerai et ce que je défie Robespierre de démentir. Et l'on ose vous dire que le projet de dictature n'existe pas ! Et une commune désorganisatrice ose lancer des mandats d'arrêt contre un ministre, contre Roland, qui appartient à la république tout entière ! Et cette commune se coalise par correspondances et par commissaires avec toutes les autres communes de la république ! Et l'on ne veut pas que les citoyens de tous les départements se réunissent pour protéger l'indépendance de la représentation nationale! Citoyens! ils se réuniront, ils vous feront un rempart de leurs corps! Marseille a prévenu vos décrets : elle est en mouvement. Ses enfants marchent! S'ils devaient être vaincus, si nous devions être bloqués ici par nos ennemis, déclarez d'avance que nos suppléants se rassembleront dans une ville désignée : et nous, mourons ici! Quant à l'accusation que j'ai portée contre Robespierre, je déclare que j'aimais Robespierre, que je l'estimais. Qu'il reconnaisse sa faute, et je retire mon accusation! Mais qu'il ne parle pas de calomnie! S'il a servi la liberté par ses écrits, nous l'avons défendue de nos bras! Citoyens! quand le moment du péril sera venu, alors vous nous jugerez! Nous verrons si les faiseurs de placards sauront mourir avec nous! »

Cette allusion méprisante à Robespierre et à Marat fut couverte d'applaudissements.

Cambon, de Montpellier, âme droite et fougueuse, qui se jetait avec toute l'énergie de ses convictions du côté où lui apparaissait la justice, soutint Barbaroux. Il signala les scandales d'usurpation de pouvoir que s'était permis la commune de Paris. « On veut nous donner le régime municipe de Rome! s'écria-t-il. Je le dis, les députés du Midi veulent l'unité républicaine! » Ce cri du patriotisme fut répété, comme le mot d'ordre de la nation, par toutes les parties de la salle. « L'unité, nous la voulons tous! tous! tous! »

Panis, l'ami de Robespierre, voulut répliquer à Barbaroux. Il raconta que ses entrevues avec les chefs des Marseillais n'avaient eu d'autre but que de tramer le siège des Tuileries. « Président, dit-il à Pétion, vous étiez alors à la mairie. Vous vous souvenez que je m'écriai, quelques jours avant le 10 août : « Il faut purger le château des conjurés » qui le remplissent; nous n'avons de salut que dans une » sainte insurrection. » Vous ne voulûtes pas me croire. Vous me répondîtes que le parti aristocrate était abattu et qu'il n'y avait rien à craindre. Je me séparai de vous. Nous formâmes un comité secret. Un jeune Marseillais, brûlant de patriotisme, vint nous demander des cartouches. Nous ne pouvions lui en donner sans votre signature. Nous n'osions vous la demander, parce que vous étiez trop confiant. Il se mit le pistolet sous la gorge et cria : *Je me tue si vous ne me donnez pas les moyens de défendre ma patrie.* Ce jeune homme nous arracha des larmes. Nous signâmes. Quant à Barbaroux, j'atteste par serment que je ne lui ai jamais parlé de dictature ! Quels sont ses témoins ? — Moi, reprend Rebecqui. — Vous êtes l'ami de Barbaroux : je vous récuse. Quant aux opérations du comité, je suis prêt à les justifier. — Par quel motif, lui demande Brissot indigné, avez-vous lancé un mandat d'arrêt contre un député ? N'était-ce pas pour le faire immoler avec les prisonniers de l'Abbaye ? — Nous vous avons sauvés, et vous nous calomniez ! reprend Panis. On se reporte assez aux circonstances terribles où nous nous trouvions. Nous étions entourés de citoyens irrités des trahisons de la cour. On nous criait : « Voici un aristocrate qui se sauve; il faut l'arrêter, » ou vous êtes vous-mêmes des traîtres. » Par exemple, beaucoup de bons citoyens vinrent nous dire que Brissot partait pour Londres avec des preuves écrites de ses machinations. Je ne croyais pas moi-même à cette inculpation; mais elle était affirmée par d'excellents citoyens, reconnus pour tels par Brissot lui-même. J'envoyai chez lui des commissaires chargés de lui demander fraternellement communication de ses papiers. Oui, nous avons illégalement sauvé la patrie ! »

XXIII

Marat demande à son tour à être entendu. Au nom, à l'aspect, à la voix de Marat, un murmure de dégoût s'élève et des cris : *A bas de la tribune !* ferment quelque temps la bouche à l'*ami du peuple.* Lacroix réclame le silence même pour Marat. La curiosité plutôt que la justice l'obtient de l'Assemblée.

« J'ai dans cette Assemblée un grand nombre d'ennemis personnels, dit Marat en débutant. — Tous, tous ! s'écrie la Convention presque entière en se levant de ses bancs. — J'ai dans cette Assemblée un grand nombre d'ennemis, reprend Marat; je les rappelle à la pudeur. Qu'ils n'accablent pas de huées et de menaces un homme qui s'est dévoué pour la patrie et pour leur propre salut ! Qu'ils m'écoutent un instant en silence. Je n'abuserai pas de leur patience. Je rends grâce à la main cachée qui a jeté parmi nous un vain fantôme pour intimider les âmes faibles, pour diviser les citoyens, pour dépopulariser la députation de Paris et pour l'accuser d'aspirer au tribunat. Cette inculpation ne peut avoir aucune vraisemblance qu'en s'appliquant à moi. Eh bien, je déclare que mes collègues, notamment Robespierre et Danton, ont constamment improuvé l'idée d'un tribunat, d'un triumvirat, d'une dictature.

» Si quelqu'un est coupable d'avoir jeté dans le public cette idée, c'est moi! j'appelle sur moi la vengeance de la nation; mais, avant de faire tomber sur ma tête l'opprobre ou le glaive, écoutez-moi.

» Au milieu des machinations, des trahisons dont la patrie était sans cesse environnée, à la vue des complots atroces d'une cour perfide, à la vue des menées secrètes des traîtres enfermés dans le sein même de l'Assemblée législative, me ferez-vous un crime d'avoir proposé le seul moyen que je crusse propre à nous retenir au bord de l'abîme toujours ouvert? Lorsque les autorités constituées ne servaient plus qu'à enchaîner la liberté, qu'à protéger les complots, qu'à égorger les patriotes avec l'arme de la loi, me ferez-vous un crime d'avoir provoqué sur la tête des traîtres la hache vengeresse du peuple? Non; si vous me l'imputiez à crime, le peuple vous démentirait. Car, obéissant à ma voix, il a senti que le moyen que je proposais était le seul qui pût sauver la patrie; et, devenu dictateur lui-même, il a su se débarrasser seul des traîtres. J'ai frémi moi-même des mouvements impétueux et désordonnés du peuple lorsque je les vis se prolonger, et, pour que ces mouvements ne fussent pas éternellement vains et aveugles, j'ai demandé que le peuple nommât un bon citoyen, sage, juste et ferme, connu par son ardent amour de la liberté, pour diriger ses actes et les faire servir au salut public! Si le peuple avait pu sentir la justesse de cette mesure et l'adopter le lendemain de la prise de la Bastille, il aurait abattu à ma voix cinq cents têtes de machinateurs; tout aujourd'hui serait tranquille: les traîtres auraient frémi; la liberté et la justice seraient établies dans l'empire. J'ai donc plusieurs fois proposé de donner une autorité momentanée à un homme sage et fort, sous la dénomination de tribun du peuple, de dictateur : le nom n'y fait rien. Mais la preuve que je voulais l'enchaîner à la patrie, c'est que je proposais qu'on lui mît un boulet aux pieds et qu'il n'eût d'autorité que pour abattre des têtes criminelles! Telle est mon opinion. Je n'en rougis pas; j'y ai mis mon nom. Si vous n'êtes pas encore à la hauteur de m'entendre, tant pis pour vous! Les troubles ne sont pas finis. Déjà cent mille patriotes ont été égorgés parce qu'on n'a pas entendu ma voix; cent mille autres seront égorgés encore. Si le peuple faiblit, l'anarchie n'aura point de fin. M'accuse-t-on de vues ambitieuses? Voyez-moi et jugez-moi. » Il montra de l'index le mouchoir sale qui enveloppait sa tête malade, et secoua les basques débraillées de sa veste sur sa poitrine nue.

« Si j'avais voulu, poursuivit-il, mettre un prix à mon silence; si j'avais voulu quelque place, j'aurais pu être l'objet des faveurs de la cour. Eh bien, quelle a été ma vie? Je me suis enfermé volontairement dans des cachots souterrains, je me suis condamné à la misère, à tous les dangers! Le glaive de vingt mille assassins était suspendu sur moi, et je prêchais la vérité la tête sur le billot!....

» Je ne vous demande en ce moment que d'ouvrir les yeux. Ne voyez-vous pas un complot pour jeter la discorde parmi nous et distraire l'Assemblée des grands objets qui doivent l'occuper? Que ceux qui ont fait revivre aujourd'hui le fantôme de la dictature se réunissent à moi et qu'ils marchent avec les vrais patriotes aux grandes mesures seules capables d'assurer le bonheur du peuple, pour lequel je sacrifierais tous les jours de ma vie? »

XXIV

Un silence de stupeur suivit ce discours. Marat, qui avait surpassé en audace Danton, et surtout Robespierre, avait dominé ses deux rivaux et étonné la Convention. Seul contre tous, il avait osé parler en tribun qui se dévoue aux poignards d'une assemblée de patriciens, sûr que le peuple est à la porte pour le défendre ou pour le venger. Ses paroles distillaient le sang du 2 septembre. Il demandait un bourreau national pour toute institution. Le crime dans sa bouche avait une telle confiance, la fureur dans son âme ressemblait tellement au sang-froid d'un homme d'État, qu'il était dangereux et lâche de laisser une assemblée à son début flottante entre l'horreur et l'admiration, et qu'il fallait lui arracher une protestation unanime contre ce théoricien du meurtre. Le peuple aurait cru ou qu'on craignait ou qu'on admirait Marat. Vergniaud recueillit son horreur, et gravit, la tête inclinée, les marches de la tribune.

XXV

« S'il est un malheur pour un représentant du peuple, dit-il d'une voix affaissée, c'est sans doute celui d'être

obligé de remplacer à cette tribune un homme chargé de décrets de prise de corps qu'il n'a pas purgés! — Je m'en fais gloire! s'écria Marat. — Sont-ce les décrets du despotisme? dit Chabot. — Sont-ce les décrets dont il a été honoré pour avoir terrassé La Fayette?» dit Tallien. Vergniaud reprit froidement : « C'est le malheur d'être obligé de remplacer à cette tribune un homme contre lequel il a été rendu un *décret d'accusation* et qui a élevé sa tête audacieuse au-dessus des lois! un homme enfin tout dégouttant de calomnie, de fiel et de sang!... » Des murmures s'élèvent contre les expressions de Vergniaud. Ducos s'écrie : « Si l'on a fait l'effort d'entendre Marat, je demande qu'on entende Vergniaud. » Les tribunes trépignent et vocifèrent pour Marat; le président est obligé de rappeler les spectateurs au respect de la représentation. Vergniaud lit la circulaire de la commune aux départements pour provoquer à l'imitation des massacres des prisons. Il rappelle que la commune, par l'organe de Robespierre, a dénoncé un complot tramé, selon lui, par Ducos, Vergniaud, Brissot, Guadet, Lasource, Condorcet, et dont le but était de livrer la France au duc de Brunswick. « Robespierre, reprend-il, sur lequel jusque-là je n'avais prononcé que des paroles d'estime...
— Cela est faux! s'écrie Sergent. — Comme je parle sans amertume, poursuit Vergniaud, je me félicite d'une dénégation qui me prouvera que Robespierre aussi a pu être calomnié. Mais il est certain que dans cet écrit on appelle les poignards sur l'Assemblée. Que dirai-je de l'invitation formelle qu'on y fait au meurtre et à l'assassinat?... Le bon citoyen jette un voile sur ces désordres partiels. Il cherche à faire disparaître autant qu'il est en lui les taches qui pourraient ternir l'histoire d'une si mémorable Révolution. Mais

que des hommes chargés par leurs fonctions de parler au peuple de ses devoirs et de faire respecter la loi prêchent le meurtre et en fassent l'apologie, c'est là un degré de perversité qui ne peut se concevoir que dans un temps où toute morale serait bannie de la terre! »

Boileau, ami des Girondins, succède à Vergniaud, et lit à la Convention des phrases du journal de Marat qui provoquent au massacre des députés : « O peuple, n'attends plus rien de cette Assemblée! Cinquante ans d'anarchie t'attendent, et tu n'en sortiras que par un dictateur vrai patriote et homme d'État. » Des cris de fureur éclatent contre Marat. Des voix demandent qu'il soit conduit à l'Abbaye.

Marat affronte avec intrépidité cet orage : « On invoque contre moi des décrets, dit-il; le peuple les a anéantis en m'envoyant ici. Les condamnations qu'on allègue contre moi, je m'en fais gloire, j'en suis fier. Je les avais méritées en démasquant les traîtres et les conspirateurs. J'ai vécu dix-huit mois sous le glaive de La Fayette. Si les souterrains où je vivais ne m'avaient dérobé à sa fureur, il m'aurait anéanti, et le plus zélé défenseur du peuple n'existerait plus! Les lignes que l'on vient de lire contre moi ont été écrites il y a dix jours, quand je m'indignais de voir élire à la Convention cette faction de la Gironde qui veut me proscrire aujourd'hui. » Il lit lui-même une page de son journal du matin, où il parle avec plus de modération et de décence : « Vous le voyez, ajoute-t-il, à quoi tient la vie des patriotes les plus éprouvés? Si, par la négligence de mon imprimeur, ma justification n'avait pas paru ce matin dans ces pages, vous m'auriez voué au glaive des tyrans! Cette fureur est-elle digne d'hommes libres?... Mais je ne crains rien sous le soleil! » A ces mots, tirant de sa poitrine un pistolet, il applique la bouche du canon sur son front : « Je déclare, dit-il en prolongeant ce geste, que, si le décret d'accusation eût été lancé contre moi, je me brûlais la cervelle au pied de cette tribune... » Puis, attendrissant sa voix, et comme affaissé sous l'ingratitude de ses ennemis : « Voilà donc le fruit de trois années de cachot et d'angoisses essuyées pour sauver ma patrie ! Voilà le fruit de mes veilles, de mes travaux, de ma misère, de mes souffrances, de mes proscriptions !... Eh bien, je resterai parmi vous pour braver vos fureurs ! »

A ces mots, une foule de députés, parmi lesquels on distingue Cambon, Goupilleau, Rebecqui, Barbaroux, s'approchent de la tribune avec des gestes menaçants : « A la guillotine ! à la guillotine ! » lui crient de toutes parts des voix furieuses. Marat croise les bras sur sa poitrine et regarde d'un œil impassible la salle qui bouillonne à ses pieds. On voit à l'impassibilité de son exaltation qu'il se complaît dans ce rôle de martyr du peuple, et que la tribune est le piédestal où il veut être contemplé comme la victime de la Révolution.

On l'en arrache à force de clameurs. Moitié pitié, moitié lassitude, l'Assemblée oublie Marat, vote l'indivisibilité de la république, et se sépare. Le lendemain Marat triompha dans ses feuilles de la faiblesse de ses ennemis : « J'abandonne le lecteur, écrivait-il, à ses réflexions sur la scélératesse de la faction Guadet-Brissot. Je plains quelques-uns de leurs acolytes, et je leur pardonne : ils sont égarés. Quant aux chefs, Condorcet, Brissot, Lasource, Vergniaud, je les crois incapables de repentir, et je les poursuivrai jusqu'à la mort : ils ont juré que je périrais le 25 de ce mois par le glaive de la tyrannie ou par le poignard des brigands. Que les amis de la patrie soient avertis! Si je tombe sous les coups des assassins, ils savent à qui doivent remonter le crime et la vengeance! » Les tribunes de la Convention, remplies de ce que les sections avaient de plus violent, soutenaient Marat du regard et du geste. Un ami de Brissot ayant voulu sortir de la salle avant la fin de la séance, l'officier de garde l'en empêcha. « Gardez-vous de vous montrer à la foule, lui dit-il, elle est pour Marat. Je viens de la traverser. Elle fermente. Si le décret d'accusation est porté contre l'*ami du peuple,* il y aura des têtes abattues ce soir. »

XXVI

Telle fut la première démonstration des Girondins. Mal préparée et mal soutenue par les principaux orateurs, bornée dans son plan, indécise et avortée dans son résultat, elle ne constata pas leur empire. Robespierre en sortit plus populaire, Danton plus important, Marat plus impuni. En rejetant tout l'odieux de l'anarchie sur Marat, les Girondins avaient essayé de déshonorer l'anarchie; mais ils avaient grandi Marat. Cet homme se vantait de leur haine et s'illustrait de leurs coups. Il devenait l'idole du peuple en se présentant à lui comme son martyr. La pitié s'ajoutait à sa popularité. Le rôle de cet homme appelle un regard.

Marat n'avait point de patrie. Né au village de Baudry près de Neuchâtel, de parents obscurs, dans cette Suisse cosmopolite dont les enfants vont chercher fortune par le monde, il avait quitté de bonne heure et pour jamais ses montagnes. Il avait erré jusqu'à l'âge de quarante ans en Angleterre, en Écosse, en France. Poussé et repoussé par cette vague inquiétude qui est le premier génie des ambitieux, instituteur, savant, médecin, philosophe, politique, il avait remué toutes les idées, toutes les professions où l'on peut trouver la fortune ou la gloire. Il n'y avait trouvé que l'indigence et le bruit. Voltaire n'avait pas dédaigné de persifler sa philosophie. Le célèbre professeur Charles avait pulvérisé sa physique. Marat irrité avait répondu par l'injure à la critique. Il avait eu un duel avec Charles. La législation criminelle avait appelé plus tard ses réflexions. Cet apôtre du meurtre en masse avait conclu à l'abolition de la peine de mort. Sans talent dans l'expression de ses idées, sans convenance dans ses rapports avec les hommes, la société ne s'était pas ouverte pour lui. Son orgueil blessé et blessant fermait les cœurs que sa situation et ses travaux auraient intéressés. Poursuivi par le besoin, il avait été quelque temps réduit à vendre lui-même, dans les rues de Paris, un spécifique de sa composition. Ces habitudes de charlatan avaient trivialisé son langage, débraillé son costume, avili ses mœurs ; il avait appris à connaître, à flatter, à émouvoir la populace.

Cependant sa fibre aigrie et souffrante lui avait fait plaindre ce peuple souffrant et méprisé comme lui. Il avait contracté avec les masses la parenté de la misère et de l'oppression. En se vengeant lui-même il avait juré de les venger. Il voulait retourner la société comme on retourne une terre avec la charrue, mettant à l'ombre ce qui est au soleil et au soleil ce qui est à l'ombre. Il ne rêvait pas une révolution, mais un redressement général de toutes les situations et de tous les principes faussés par le désordre social et rétablis violemment et à tout prix. Philosophie, ressentiment, équité, vengeance, haine des hommes, ambition et dévouement, assassinat et martyre, tout se confondait dans son système. C'était l'utopie du bouleversement, éclairée d'en haut par la lumière de la philanthropie, d'en bas par la lueur de l'incendie social.

XXVII

Ce système couvait depuis des années dans son âme. La Révolution vint lui donner de l'air. Marat était alors parvenu à l'emploi infime et humiliant pour son ambition de médecin des écuries du comte d'Artois. Emporté dès les premiers jours de 89 par le mouvement populaire, il s'y jeta pour l'accélérer. Il vendit jusqu'à son lit pour payer l'imprimeur de ses premières feuilles. Il changea trois fois le titre de son journal, jamais l'esprit. C'était le rugissement du peuple rédigé chaque nuit en lettres de sang, et demandant chaque matin la tête des traîtres et des conspirateurs.

Cette voix paraissait venir du fond de la société en ébullition. Nul ne connaissait celui qui la proférait. Marat était un être idéal pour le peuple. Un mystère planait sur son existence. On a vu que madame Roland elle-même en doutait, et demandait à Danton s'il existait en effet un homme appelé Marat. Ce mystère, ces souterrains, ces cachots d'où s'échappaient ses feuilles, ajoutaient un prestige aux écrits, au nom, à la vie de Marat. Le peuple s'attendrissait sur les dangers, les fuites, les asiles ténébreux, les souffrances, les haillons de celui qui paraissait souffrir tout cela pour sa cause. Marat ne sortait d'une retraite que pour entrer dans une autre. Poursuivi, en 1790, par La Fayette, Danton le couvrit de sa protection et le cacha chez mademoiselle Fleury, actrice du Théâtre-Français. Soupçonné dans cet asile, il se réfugia à Versailles, chez Bassal, curé de la paroisse Saint-Louis et plus tard son collègue à la Convention. Ces frères de la religion nouvelle se visitaient et se secouraient les uns les autres. Décrété de nouveau d'accusation par les Girondins Lasource et Guadet pendant l'Assemblée législative, le boucher Legendre le recueillit dans sa cave. Les souterrains du couvent des Cordeliers l'abritèrent ensuite; lui et ses presses, jusqu'au 10 août. Il en sortit, porté en triomphe, pour entrer, sous le patronage de Danton, à la commune, et y combiner les massacres de septembre. Étranger jusque-là à tous les partis, mais redouté de tous, les Jacobins, sur la demande de Chabot et de Taschereau, le recommandèrent aux électeurs de Paris. La terreur de son nom sollicitait pour lui : il fut élu.

Il vivait alors dans un petit appartement d'une rue voisine des Cordeliers, avec une femme qui s'était attachée à ses malheurs. Cette femme, encore jeune, portait dans sa pâleur et dans la maigreur de ses traits les traces des misères qu'elle souffrait avec lui et pour lui. C'était la femme de son imprimeur, que Marat avait séduite et enlevée à son mari. Vouée pour lui à une vie errante et ténébreuse, elle souffrait l'ignominie de ce nom. Maîtresse, complice, servante de Marat, elle avait accepté toutes les servitudes pour souffrir ou pour mourir avec lui. Marat ne communiquait avec la vie extérieure que par cette femme et par le prote d'imprimerie de son journal. Privé de sommeil et d'air, ne renouvelant jamais son âme par l'entretien avec ses semblables, travaillant dix-huit heures par jour, ses pensées, allumées par la tension d'esprit et par la solitude, étaient devenues une véritable obsession. On eût dit dans les temps antiques qu'il était possédé de l'esprit d'extermination. Sa logique violente et atroce aboutissait toujours au meurtre. Tous ses principes demandaient du sang. Sa société ne pouvait se fonder que sur des cadavres et sur les ruines de tout ce qui existait. Il poursuivait son idéal à travers le carnage, et pour lui le seul crime était de s'arrêter devant un crime.

Cependant son cœur n'était pas toujours assez endurci pour ne pas fléchir sous sa théorie. Il avait des éclairs de vertu et des surprises d'attendrissement. Deux traits, longtemps inconnus à l'histoire, attestent que l'homme se retrouvait quelquefois en lui sous l'insensé. Pendant les massacres des prisons, qu'il avait inspirés et dirigés, un des sauveurs de Cazotte, après avoir reconduit le père et la fille à leur demeure, vint avec crainte raconter à Marat cette faiblesse. Marat pleura en écoutant ce récit : « Tu as bien fait, dit-il à l'assassin étonné. Le père méritait la vie à cause d'une telle fille ! Mais quant à ces Suisses que vous avez épargnés, vous avez eu tort ; il fallait les immoler jusqu'au dernier. » Le ressentiment contre sa première patrie, où il avait subi la misère et l'obscurité, ne pouvait s'éteindre que dans le sang de ses compatriotes.

XXVIII

Quelques jours avant ces massacres, une jeune fille, d'une beauté et d'une innocence sans tache, apprit par la rumeur des prisons que les détenus devaient être égorgés. Son père, employé aux Tuileries avant le 10 août, était enfermé à l'Abbaye. Elle n'avait plus de mère. Sa tendresse désespérée la poussait de porte en porte pour obtenir la vie de son père. Aucune ne s'ouvrait. Manuel, Danton, Panis, avaient refusé de la voir. Chaque heure lui paraissait sonner le tocsin de l'égorgement. Elle se dévoua comme Judith, non pour sa ville, mais pour sauver son père. Elle fit dans son âme l'holocauste de sa vertu. Le nom de l'*ami du peuple* s'offrit à son esprit. Elle découvrit une femme qui connaissait Marat. Elle chargea cette femme d'une lettre pour lui. Cette lettre, dans laquelle elle offrait de se donner à lui pour prix des jours de son père, fut remise à l'*ami du peuple*. La messagère lui dépeignit la jeunesse, les charmes, la pureté de celle qui lui écrivait. Marat ouvrit la lettre avec un sourire équivoque. « Dites à cette enfant de se trouver ce soir, seule, sur la terrasse du bord de l'eau. L'homme qui l'abordera sans lui parler et qui lui prendra le bras sera Marat; qu'elle le suive en silence. » La jeune fille obéit. Marat parut. Il entraîna l'inconnue, muette et tremblante, à l'extrémité des Champs-Élysées, entra chez un traiteur, demanda une salle à part, et commanda un léger repas. Pendant qu'on le préparait, Marat s'approcha, prit la main de la jeune fille, qui n'osait lever les yeux. Enfin elle tomba à ses pieds en fondant en larmes. « Je vous fais peur, lui dit Marat d'une voix émue, je vous fais horreur, et vous consentez à vous livrer à moi? — J'accepte tout ce qui sauvera mon père, balbutia la victime. — Eh bien, relevez-vous, lui dit Marat en la rassurant. Ce sacrifice me suffit. J'ai voulu voir jusqu'où irait la vertu filiale ! Je serais un lâche si j'abusais de tant de dévouement. Je ne veux pas souiller ce que j'admire. Demain votre père vous sera rendu... » Il reprit le bras de la jeune fille et la reconduisit jusqu'à la porte de sa maison.

Étranges éclairs dans un tel homme : ils attestent la liberté de l'âme la plus engagée dans le crime et lui maintiennent la responsabilité des actes insensés qu'ils semblent contredire.

XXIX

L'extérieur de Marat révélait son âme. Petit, maigre, osseux, son corps paraissait incendié par un foyer intérieur. Des taches de bile et de sang marquaient sa peau. Ses yeux, quoique proéminents et pleins d'insolence, paraissaient souffrir de l'éblouissement du grand jour. Sa bouche, largement fendue, comme pour lancer l'injure, avait le pli habituel du dédain. Il connaissait la mauvaise opinion qu'on avait de lui et semblait la braver. Il portait la tête haute et un peu penchée à gauche, comme dans le défi. L'ensemble de sa figure, vue de loin et éclairée d'en haut, avait de l'éclat et de la force, mais du désordre. Tous les traits divergeaient comme la pensée. C'était le contraire de la figure de Robespierre, convergente et concentrée comme un système : l'une, méditation constante ; l'autre, explosion continue. A l'inverse de Robespierre, qui affectait la propreté et l'élégance, Marat affectait la trivialité et la saleté du costume. Des souliers sans boucles, des semelles de clous, un pantalon d'étoffe grossière et taché de boue, la veste courte des artisans, la chemise ouverte sur la poitrine, laissant à nu les muscles du cou ; les mains épaisses, le poing fermé, les cheveux gras sans cesse labourés par ses doigts : il voulait que sa personne fût l'enseigne vivante de son système social.

XXX

Tel était l'homme que les Girondins avaient habilement choisi pour flétrir en lui la faction de la commune qui leur était opposée. Attaqué par eux, abandonné par Danton, renié par Robespierre, Marat venait de leur échapper par la seule énergie de son attitude et par la franchise de son langage. Ils sentirent qu'il fallait reprendre le combat, achever la victoire, ou courber la tête devant le triumvirat. C'était le moment pour la Convention de nommer de nouveaux ministres ou de maintenir le ministère du 10 août.

Roland, Danton, Servan, offraient leur démission, à moins qu'une invitation formelle et explicite de la nouvelle Assemblée ne retrempât leur force en légitimant leur autorité.

La discussion s'ouvrit sur ce point. Buzot, organe de Roland, demanda que la Convention déchargeât Servan, ministre de la guerre, de ses fonctions, que la maladie l'empêchait de remplir : « Je prierais Danton de rester à son poste, s'il n'avait pas déclaré trois fois qu'il voulait se retirer. Nous avons le droit de l'inviter, nous n'avons pas le droit de le contraindre. Quant à Roland, c'est une étrange politique que de ne vouloir pas rendre justice, je ne dirai pas aux grands hommes, mais aux hommes vertueux qui ont mérité la confiance. On nous dit : « Les hommes ver- » tueux et capables ne nous manquent pas. » Étranger à ce pays de vertus et d'intrigues, j'interroge mes collègues et je leur demande : « Où sont-ils? » Malgré les murmures, les calomnies, les menaces, je suis fier de le dire, Roland est mon ami ; je le connais homme de bien, tous les départements le connaissent comme moi. Si Roland reste, c'est un sacrifice qu'il fait à la chose publique; car il renonce ainsi à l'honneur de siéger comme député parmi vous. S'il ne reste pas, il perd l'estime des hommes de bien. La nation ne connaît pas vos haines; elle dit aux hommes de bien : « Continuez de me servir, et vous aurez toujours » mon estime. » — Je demande, dit Philippeaux, qu'on étende l'invitation à Danton. — Je déclare, répond Danton, que je me refuse à une invitation, parce que je crois qu'une invitation n'est pas de la dignité de la Convention. — Et moi, reprend Barère, je m'oppose à toute démarche de la Convention pour retenir les ministres. Elle serait contraire à la majesté et à la liberté du peuple. Rappelez-vous le mot de Mirabeau : *Ne mettez jamais en balance un homme et la patrie.* Je rends hommage aux vertus et au patriotisme de Roland. Mais on n'est pas longtemps libre dans un pays où l'on élève par des flatteries un citoyen au-dessus des autres. — Pour moi, ajoute Cambon, je ne vois qu'en tremblant applaudir un homme. » Danton se leva de nouveau, impatient d'une discussion qui, à elle seule, était un hommage au nom de Roland. « Personne, dit-il avec une feinte déférence, ne rend plus de justice que moi à Roland. Mais si vous lui faites une invitation, faites-la donc aussi à sa femme ; car tout le monde sait que Roland n'était pas seul dans son département. Moi j'étais seul dans le mien. » Des éclats d'un rire malveillant contre madame Roland éclatent à ces mots sur les bancs des Jacobins ; les murmures de la majorité étouffent et reprochent à Danton l'inconvenance de son allusion ; il s'irrite de ces murmures. « Puisqu'on me force à dire tout haut ma pensée, je rappellerai, moi, qu'il y eut un moment où la confiance fut tellement détruite qu'il n'y avait plus de ministres, et que Roland lui-même eut l'idée de sortir de Paris. — J'ai connaissance de ce fait, répond Louvet ; c'est quand on tapissait les rues de placards dégouttant de la plus atroce calomnie. (Voix nombreuses : « C'était Marat! ») Effrayé pour la chose publique, effrayé pour Roland lui-même, j'allai lui parler de ses périls. *Si la mort me menace,* me dit-il, *je dois l'attendre, ce sera le dernier forfait de la faction.* Roland pouvait donc avoir perdu quelque confiance, mais il avait conservé tout son courage. » Valazé soutient Louvet et défend Roland. « On vous a cité Aristide. Si les Athéniens frappèrent d'ostracisme cet homme juste, ils expièrent leur injustice en le rappelant. Si Rome exila Camille, Camille fut vengé par son retour dans sa patrie. Les noms de Roland et de Servan sont sacrés pour moi. (On applaudit à cette explosion de l'amitié.) Qu'importe à la patrie, reprend Lasource, que Roland ait une femme intelligente qui lui inspire ses résolutions, ou qu'il les puise en lui-même? (On applaudit.) Ce petit moyen n'est pas digne des talents de Danton. (Nouveaux et plus nombreux applaudissements.) Je ne dirai pas avec Danton que c'est la femme de Roland qui gouverne, ce serait accuser Roland lui-même d'ineptie. Quant au défaut d'énergie, je dirai que Roland a répondu avec courage aux affiches scélérates où l'on cherchait à flétrir la vertu d'un homme intègre. A-t-il cessé de prêcher l'ordre et les lois? A-t-il cessé de démasquer les agitateurs? (On applaudit.) Doit-on néanmoins l'inviter à rester au ministère? Non! Malheur aux nations reconnaissantes! Je le dis avec Tacite : La reconnaissance a fait le malheur des nations, parce que c'est elle qui a fait les rois! » (Nouveaux applaudissements.)

Cette habile intervention d'un ami de Roland éluda la question sans la résoudre, et laissa aux Girondins les honneurs de la magnanimité. Le lendemain Roland écrivit à la Convention une de ces lettres lues en séance publique, et qui lui donnaient indirectement la parole dans la Convention et l'influence du talent de sa femme dans l'opinion. Ces lettres aux autorités constituées, aux départements, à la Convention, étaient les discours de madame Roland. Elle rivalisait ainsi avec Vergniaud, elle luttait avec Robespierre, elle écrasait Marat. On sentait le génie, on ignorait le sexe. Elle combattait masquée dans la mêlée des partis.

« La Convention, disait Roland dans sa lettre, a montré sa sagesse en ne voulant pas accorder à un homme l'importance que semblerait donner à son nom l'invitation solennelle de rester au ministère. Mais sa délibération m'honore, et elle a prononcé assez clairement son vœu. Ce vœu me suffit. Il m'ouvre la carrière. Je m'y lance avec courage. Je reste au ministère. J'y reste parce qu'il y a des dangers à courir. Je les brave, et je n'en crains aucun dès qu'il s'agit de sauver ma patrie... Je me dévoue jusqu'à la mort. Je sais quelles tempêtes se forment : des hommes ardents, peut-être égarés, prennent leurs passions pour des vertus, et, croyant que la liberté ne peut être bien servie que par eux, sèment la défiance contre toutes les autorités qu'ils n'ont pas créées, parlent de trahisons, provoquent les séditions, aiguisent les poignards et méditent les proscriptions. Ils se font un droit de leur audace, un rempart de la terreur qu'ils essayent d'inspirer; ils traîneraient à la dissolution un empire assez malheureux pour n'avoir pas de citoyens capables de les démasquer et de les arrêter! Combien serait coupable l'homme supérieur, par sa force ou ses talents, à cette horde insensée, qui voudrait la faire servir à ses desseins ambitieux! qui tantôt, avec l'apparence d'une indulgence magnanime, excuserait ses torts, tantôt atténuerait ses excès!... Telle a été la marche des usurpateurs depuis Sylla jusqu'à Rienzi!... On vous a dénoncé des projets de dictature, de triumvirat : ils ont existé!... On m'a accusé de manquer de courage : je demanderai où fut le courage dans les jours lugubres qui suivirent le 2 septembre, dans ceux qui dénonçaient ou dans ceux qui protégeaient les assassins? »

Ces allusions directes à la commune de Paris, à Danton, à Robespierre, étaient une déclaration de guerre où l'irritation de la femme outragée l'emportait sur le sang-froid du politique. Elle repoussa ainsi Danton indécis dans les rangs des ennemis des Girondins. Danton devint irréconciliable. On essaya de l'ébranler encore, et de le ramener au parti qui avait le plus d'analogie avec sa nature d'homme d'État. Il s'y prêta pour un moment. L'anarchie prolongée lui répugnait. Il feignait pour Robespierre plus de déférence qu'il n'en avait. Il avouait tout haut son dégoût pour Marat. Il estimait Roland. L'éloquence de Vergniaud l'enthousiasmait. Il était trop fort pour connaître l'envie. Son alliance avec les Girondins était facile et aurait armé les théories de Vergniaud de la force d'exécution qui manquait à cet orateur platonique. La Gironde n'avait que des têtes, Danton eût été sa main. Il inclinait vers ces hommes. Il aimait la Révolution comme un affranchi qui ne veut pas retomber dans la servitude.

XXXI

Dumouriez rêvait aussi cette réconciliation de Danton et des Girondins. Elle donnait à la France un gouvernement dont il eût été l'épée. Il réunit à sa table Danton et les principaux chefs de la Gironde. On parla d'imposer silence aux ressentiments, de ne plus remuer le sang de septembre, d'où ne sortaient que des exhalaisons mortelles à la république; de reléguer Robespierre et Marat dans l'impuissante idolâtrie des factions, d'appeler une force départementale imposante à Paris, d'intimider les Jacobins et de plier la commune au joug de la loi. A Paris, les comités de la Convention dominés par les amis de Roland et de Danton; aux frontières, Dumouriez assurant l'armée à la Convention, et éblouissant l'opinion de l'éclat de nouvelles victoires, devaient sauver la nation au dehors et consolider le gouvernement au dedans. Ce plan, développé par Dumouriez et adopté par la majorité des convives, séduisit tous les esprits. Pétion y adhérait; Sieyès, Condorcet, Gensonné, Brissot, en reconnaissaient la nécessité. Vergniaud, plus politique et plus homme d'État que l'indolence de son caractère ne le laissait soupçonner, consentait à mettre un sceau sur ses lèvres, et à sacrifier l'indignation de son âme aux nécessités de la patrie. Plusieurs fois, dans le cours de la soirée, l'alliance parut cimentée.

Mais Buzot, Guadet, Barbaroux, Ducos, Fonfrède, Rebecqui, dont le républicanisme avait alors toute l'inflexibilité d'une idée sans tache, ne se liaient qu'avec une répugnance visible à des concessions qui leur faisaient tacitement accepter la solidarité des assassinats de septembre. « Tout, excepté l'impunité aux égorgeurs et à leurs complices! » s'écria Guadet en se retirant. Danton, irrité, mais dominant sa colère par son sang-froid, alla à lui et essaya de le ramener à des vues plus conciliantes.

« Notre division, lui dit-il en lui prenant la main, c'est le déchirement de la république. Les factions nous dévoreront les uns après les autres, si nous ne les étouffons pas dès le premier moment. Nous mourrons tous, vous les premiers! — Ce n'est pas en pardonnant au crime qu'on obtient le pardon des scélérats, répondit sèchement Guadet. Une république pure ou la mort : c'est le combat que nous allons livrer. » Danton laissa retomber tristement la main de Guadet. « Guadet, lui dit-il d'une voix prophétique, vous ne savez point faire à la patrie le sacrifice de vos ressentiments. Vous ne savez pas pardonner. Vous serez victime de votre obstination. Allons chacun où le flot de la Révolution nous pousse. Nous pouvions la dominer unis; désunis, elle nous dominera. Adieu ! » La conférence fut rompue; Danton fut refoulé vers Robespierre, et la direction de la Convention remise au plus audacieux.

Néanmoins Danton, qui prévoyait l'anarchie et qui redoutait Robespierre, fit seul avec Dumouriez une alliance offensive et défensive contre leurs ennemis communs. Un coup d'œil avait suffi au vainqueur de Valmy pour juger les Girondins. « Ce sont des Romains dépaysés, dit-il à Westermann, son confident. La république comme ils l'entendent n'est que le roman d'une femme d'esprit. Ils vont s'enivrer de belles paroles pendant que le peuple s'enivrera de sang ! Il n'y a ici qu'un homme, c'est Danton. » A dater de ce jour, Dumouriez et Danton concertèrent secrètement toutes leurs pensées. Ces deux hommes, désormais unis, eurent cependant encore une dernière entrevue avec les Girondins chez madame Roland. On eût dit que l'instinct de leur avenir les avertissait des dangers de leur rupture, et cherchait encore à les rapprocher. Madame Roland couvrit de séductions et d'enivrement l'abîme qui séparait les deux partis. Vergniaud tendit sa main généreuse à la main de Danton repentant. Louvet immola Robespierre et Marat sous ses sarcasmes, au rire amer de ses amis et au mépris de son rival. Dumouriez raconta sa guerre et promit au printemps la Belgique à la république, si la république voulait seulement vivre jusque-là. Les cœurs parurent s'ouvrir. L'enthousiasme de la patrie transporta un moment les esprits dans une région inaccessible aux divisions des factions. Mais chaque fois qu'on retombait sur le terrain de la réalité et sur la question du jour, on y retrouvait le sang de septembre. Danton l'expiait par son embarras. Les Girondins l'accusaient par leur horreur. On évita d'y toucher. On se sépara en se regrettant, mais on se sépara sans retour.

LIVRE TRENTE ET UNIÈME

Diplomatie de Dumouriez. — Westermann. — L'*ami du peuple.* — Brissot tente de s'opposer aux factieux. — Louvet. — Son portrait. — Il accuse Robespierre. — Il flétrit Marat. — Réponse de Robespierre. — Barère. — Fabre d'Églantine. — Lettre confidentielle de Vergniaud. — Fonfrède. — Les partis se disputent la popularité.

I

C'était le moment où Dumouriez savourait le triomphe à Paris, et où tous les partis se disputaient l'honneur d'entraîner avec eux le sauveur de la république. Dumouriez, avec la grâce martiale de son extérieur, de son caractère, de son esprit, se prêtait à tous et ne se donnait à aucun. Il laissait espérer à chacun des chefs de factions que son épée pèserait de leur côté. Il les intéressa ainsi à sa gloire, et s'assura, par leur ascendant dans les conseils, les hommes, les armes, les munitions, les subsides, la confiance dont il avait besoin pour préparer ses conquêtes. L'habileté diplomatique qu'il avait acquise en traitant jadis avec les factions des confédérés en Pologne lui rendit facile le maniement des factions révolutionnaires à Paris. Son génie jouait avec les intrigues, et le fil de son ambition mêlé à toutes, sans se perdre dans aucune, lui donnait une chance dans la trame de tous les partis. Marat seul poursuivait Dumouriez de ses menaces et de ses accusations anticipées.

Dumouriez, de son côté, méprisait Marat. Mais celui-ci bravait la faveur publique qui entourait Dumouriez, et s'attachait, comme les insulteurs gagés de Rome, aux pas du triomphateur. Le général avait fait désarmer et punir un bataillon républicain qui avait massacré des émigrés prisonniers de guerre à Rethel. Un certain Palloy, architecte, était lieutenant-colonel de ce bataillon. Palloy avait trempé dans les excès de ses soldats. Destitué par Beurnonville, le lieutenant et l'ami de Dumouriez, Palloy était revenu se plaindre à Paris.

C'était un homme qui jetait son nom dans tout pour le faire retentir. Il avait fait une industrie de l'enthousiasme, en démolissant la Bastille et en vendant les pierres de cette forteresse aux patriotes comme des reliques et des dépouilles du despotisme. Il était ami de Marat. Marat prit sa cause en main. Il fit nommer par les Jacobins une commission d'enquête composée de Bentabolle, vociférateur de clubs; de Montaut, aristocrate de sang, qui rachetait sa naissance par son exaltation démagogique, et de lui-même, pour examiner cette affaire, gourmander Dumouriez et venger Palloy.

Le général ayant refusé de les recevoir, Marat et ses deux collègues harcelèrent Dumouriez jusqu'au milieu d'une fête triomphale que madame Simons-Candeille, l'amie de Vergniaud et des Girondins, donnait au vainqueur de Valmy. Marat, interrompant brusquement la fête au moment où la musique, le festin, la danse, enivraient tous les conviés, au nombre desquels était Danton, s'approcha de Dumouriez et l'interpella du ton d'un juge qui interroge un accusé sur l'excès de pouvoir qu'on lui reprochait envers des patriotes éprouvés. Dumouriez dédaigna de répondre; mais abaissant un regard de curiosité méprisante sur la personne et sur le costume de Marat : « Ah! c'est vous, lui dit-il avec un accent et un sourire d'insolence militaire, c'est vous qu'on appelle Marat, je n'ai rien à vous dire. » Et il lui tourna le dos. Marat se retira plein de rage à travers les ricanements et les chuchotements de ses ennemis. Le lendemain il s'en vengeait dans le journal de la république qu'il rédigeait alors.

« N'est-il pas humiliant pour des législateurs, écrivait-il, d'aller chercher chez des courtisanes le généralissime de la république, et de le trouver là entouré d'aides de camp dignes de lui : l'un, ce Westermann, capable de tous les forfaits, pourvu qu'on les lui paye; l'autre, ce Saint-Georges, spadassin en titre du duc d'Orléans! »

Louvet et Gorsas lui répondirent sur le même ton dans les journaux girondins la *Sentinelle* et le *Courrier des Départements* : « Comme il est démontré que la nation te regarde comme un reptile venimeux et comme un maniaque sanguinaire, lui dit ironiquement Gorsas, continue d'ameuter le peuple contre la Convention! Continue de dire qu'il faut que les députés soient lapidés et les lois faites à coups de pierres! Continue à demander que les tribunes soient rapprochées de l'enceinte, afin que ton peuple ait les représentants sous sa main! Quand les députés, à l'exception de dix ou douze de tes séides, seront immolés, ton peuple se portera chez les ministres que tu n'as pas choisis! chez ce Roland surtout, qui a osé te refuser les fonds de la république pour payer et distribuer tes poisons! chez tous les journalistes, chez tous les modérés qui n'ont pas applaudi aux massacres des 2 et 3 septembre! Paris sera ainsi balayé par tout ce qu'il y a d'impur! Quelle joie pour toi, ô Marat, de voir ruisseler le sang dans les rues! quel délicieux spectacle que de les voir jonchées de cadavres, de membres épars, d'entrailles encore palpitantes! Et quelle jouissance pour ton âme de te baigner dans le sang chaud de tes ennemis, et de rougir les pages de tes feuilles du récit de ces glorieuses expéditions! Des poignards! des poignards! mon ami Marat! Mais des torches! des torches aussi! Il me semble que tu as trop négligé ce dernier moyen de crime. Il faut que le sang soit mêlé aux cendres! *Le feu de joie du carnage, c'est l'incendie!* C'était l'avis de Masaniello, ce doit être le tien! »

II

Pendant que les écrivains girondins, subventionnés par Roland et inspirés par sa femme, traînaient ainsi le nom de Marat dans le ridicule sanglant de ses propres théories, les soldats de Dumouriez en garnison à Paris, et surtout la cavalerie, prenaient parti pour leur général et insultaient le féroce démagogue partout où ils le trouvaient. On le pendit en effigie au Palais-Royal. Une bande de Marseillais et de dragons, casernés à l'École militaire, défilèrent ensemble dans la rue des Cordeliers et s'arrêtèrent sous les fenêtres de l'*ami du peuple,* demandant sa tête et celles des députés de Paris, et menaçant de mettre le feu à sa maison. Marat, tremblant, se réfugia de nouveau dans son souterrain.

Un jour qu'il s'était hasardé à sortir, escorté de quelques hommes du peuple, afficheurs de ses placards, il fut rencontré par Westermann sur le Pont-Neuf. Westermann, homme de main légère, indigné des outrages que Marat lui prodiguait tous les jours dans ses feuilles, saisit l'*ami du peuple* par le bras et laboura ses épaules à coups de plat de sabre. Le peuple, que l'uniforme éblouit et que l'audace intimide, laissa martyriser son tribun. L'action de Westermann encouragea les sarcasmes de Louvet. « Peuple, écrivit le lendemain le jeune journaliste dans le cabinet de Roland, peuple, je vais te faire un apologue bizarre, mais qui te fera toucher au doigt la démence de ton ami Marat. Je suppose qu'un poil de ma barbe eût la faculté de parler et qu'il me dît : « Coupe ton bras droit parce qu'il a défendu ta vie.
» Coupe ton bras gauche, parce qu'il a porté le pain à ta
» bouche. Coupe ta tête, parce qu'elle a dirigé tes mem-
» bres. Coupe tes jambes, parce qu'elles ont porté ton
» corps! » Dis-moi à présent, peuple souverain, si je n'aurais pas mieux fait de garder mes bras, mes jambes et ma tête, et de ne couper que ce poil de barbe qui me donnait de si absurdes conseils? Marat est le brin de barbe de la république! Il dit : « Tuez les généraux qui chassent les
» ennemis! Tuez la Convention qui dirige l'empire! Tuez
» les ministres qui font marcher le gouvernement! Tuez

» tout, excepté moi ! » Le misérable sait qu'il ne peut devenir grand qu'en restant seul ! »

Marat, de son côté, accusa, non sans vraisemblance, les Girondins de fomenter des troubles dans Paris pour trouver dans ces troubles mêmes l'occasion d'une réaction contre la commune. Un détachement d'émigrés prisonniers de guerre traversa en effet Paris en plein jour, précédé d'un trompette sonnant la marche et escorté seulement de quelques soldats, comme pour provoquer l'émotion et la vengeance des faubourgs. Plus de vingt mille hommes de troupes de ligne ou de fédérés des départements furent rassemblés sous différents prétextes dans Paris, ou au camp sous Paris. Les enrôlements patriotiques continuèrent dans la ville et purgèrent la capitale de plus de dix mille prolétaires, licenciés de la sédition, qui partaient pour la frontière. La commune rendit compte non du sang versé, mais des prisonniers et des dépouilles qu'elle avait accumulés dans ses dépôts depuis le 10 août. Indépendamment des victimes de cette journée, et des huit ou dix mille détenus que les assassins de septembre avaient immolés dans les prisons, quinze cents nouveaux prisonniers pour crime de contre-révolution avaient été écroués dans les différentes geôles de Paris. Sur ce nombre, la commune seule en avait décrété d'arrestation arbitraire près de quatre cents. Les prisons des départements ne suffisaient plus aux incarcérations. Toutes les villes convertissaient d'anciens monastères en maisons de force.

La municipalité de Paris se recomposa, et les élections pour nommer un maire attestèrent l'immense majorité du parti de l'ordre dans les sections, quand elles n'étaient pas intimidées par les agitateurs qui les dominaient. Pétion, représentant du parti modéré et ami de Roland, obtint quatorze mille votes; Antonelle, Billaud-Varennes, Marat, Robespierre, candidats des Jacobins, n'obtinrent qu'un nombre imperceptible de suffrages. Mais Pétion déclara dans une lettre à ses concitoyens qu'appelé à la Convention nationale il croyait devoir obéir à la nation, et qu'il ne voulait pas cumuler deux fonctions incompatibles.

Brissot, expulsé des Jacobins, attaqua la société mère de Paris dans une adresse à tous les Jacobins de France. Son épigraphe, empruntée à Salluste, rappelait les temps les plus désespérés de Rome : *Qui sont ceux qui veulent asservir la république? Des hommes de sang et de rapines! Ce qui est union entre les bons citoyens est faction entre les pervers.* « L'intrigue, disait Brissot, m'a fait rayer de la liste des Jacobins de Paris. Je viens les démasquer. Je dirai ce qu'ils sont et ce qu'ils méditent. Elle tombera, cette superstition pour la société mère dont quelques scélérats disposent pour s'emparer de la France. Voulez-vous connaître ces désorganisateurs : lisez Marat, écoutez Robespierre, Collot-d'Herbois, Chabot à la tribune des Jacobins; voyez les placards qui salissent les murs de Paris; fouillez les registres de proscription du comité de surveillance de la commune; remuez les cadavres du 2 septembre; rappelez-vous les prédications des apôtres de l'assassinat dans les départements! Et l'on m'accuse parce que je crois à ce parti! Accusez donc la Convention, qui les juge; la France entière, qui les exècre; l'Europe, qui gémit de voir souiller par eux la plus sainte des révolutions! Ils m'appellent factieux! J'appartiens à cette faction qui voulait la république et qui ne fut longtemps composée que de Pétion, de Buzot et de moi! Voilà la faction de Brissot, la faction de la Gironde, la faction nationale de ceux qui veulent l'ordre et la sûreté des personnes !... Vous ne connaissez pas ceux que vous calomniez d'appartenir à une faction. Guadet a l'âme trop fière! Vergniaud porte trop haut cette insouciance du génie qui se fie à ses forces et qui marche seul! Ducos est trop spirituel et trop probe! Gensonné pense trop profondément par lui-même pour soumettre sa pensée à un chef! Ils m'accusent d'avoir calomnié le 2 septembre! Dites plutôt que le 2 septembre a calomnié la révolution du 10 août, avec laquelle vous voudriez le confondre. L'un le plus beau jour, l'autre le plus exécrable de nos fastes! Mais la vérité luira sur ce jour !... Tous les satellites de Sylla ne moururent pas dans leur lit! Et où étaient-ils au 10 août, nos calomniateurs? Marat implorait Barbaroux pour qu'il le conduisît à Marseille. Robespierre voulait écarter de sa maison le comité d'insurrection qui s'y tenait chez Antoine, dans la crainte d'être accusé de complicité avec les conspirateurs de la république! Les autres, ils se cachaient, à l'abri des balles, pendant que cette timide faction de la Gironde triomphait par eux. Ces Merlin, ces Chabot, où étaient-ils alors? Ce Collot, qui appelait les rois des soleils resplendissants de gloire, où était-il? Il ne leur a manqué que du courage pour monter au tribunat, le 2 septembre, sur les cadavres de Roland, de Guadet, de Vergniaud et sur le mien? Ils m'accusent de fédéralisme! Écoutez : dans le temps où Robespierre, qui n'était pas républicain, se défendait, dans son discours du 14 juillet 1791, des soupçons de républicanisme, j'avouais, moi, la république, la république unitaire, et je raillais le rêve insensé qui voudrait faire en France quatre-vingt-trois républiques confédérées. Achever de vaincre, abattre les trônes, instruire les peuples à conquérir et à maintenir leur liberté, voilà notre œuvre. L'Europe a les yeux ouverts sur la Convention. La journée du 2 septembre impunie a repoussé l'Europe de nos principes. Qu'il se lève, qu'il paraisse aux yeux de la France, le scélérat qui peut dire : « J'ai ordonné ces massacres ; j'ai » exécuté de ma main vingt, trente de ces victimes ; » qu'il se lève : et si la terre ne s'entr'ouvre pas pour ensevelir ce monstre, si la France le récompensait au lieu de l'écraser, il faudrait fuir au bout de l'univers et conjurer le ciel d'anéantir jusqu'au souvenir de notre Révolution !... Je me trompe, il faudrait se transporter à Marseille. Marseille a effacé l'horreur du 2 septembre. Cinquante-trois individus, arrêtés là par le peuple, ont été jugés par le tribunal populaire. Ils ont été absous. Le peuple n'a pas assassiné. Il a exécuté lui-même la sentence, ouvert les prisons, embrassé les malheureux qui y gémissaient, et les a reconduits dans leurs maisons. Voilà les vrais républicains !... Les calomniateurs garderont-ils maintenant le silence ? »

III

Brissot, emporté jusqu'au 10 août par la logique de ses principes républicains, montrait depuis la conquête de la république une force de résistance aux factions égale à la force d'impulsion qu'il avait communiquée jusque-là à l'opinion. L'ambition dont on l'avait accusé pendant deux ans s'évanouit aux yeux des personnes impartiales. Son prosélytisme n'était pas celui d'un ambitieux, il n'affectait ni l'influence ni l'empire. Il se dévouait à modérer et à régulariser la victoire. Philosophe autant que politique, il ne croyait pas à la liberté sans l'honnêteté. Il voulait donner la morale et la justice pour base à la république. Étranger au pouvoir, les mains pures de tout sang, de toutes dépouilles, aussi pauvre après trois années de révolution que le jour où il avait commencé à combattre pour cette cause, il vivait depuis cinq ans dans un appartement au quatrième étage, presque sans meubles, au milieu de ses livres et des berceaux de ses enfants. Tout attestait dans cet asile la médiocrité, presque l'indigence. Après les orages de la journée et les fatigues du travail que lui donnait son journal, Brissot allait à pied retrouver le soir sa femme et ses jeunes enfants abrités dans une chaumière de Saint-Cloud. Il les nourrissait de son travail comme un ouvrier de la pensée. Dépourvu de cette éloquence extérieure qui s'allume au feu des discussions et qui jaillit en gestes et en accents, il laissait la tribune à Vergniaud. Il s'était créé à lui-même une tribune dans son journal. Là, il luttait tous les matins avec Camille, Robespierre et Marat. Ses articles étaient des discours. Il s'y dévouait volontairement lui-même à la haine et aux poignards des Jacobins. Le sacrifice de sa vie était fait. Il s'immolait à la pureté de la république. Il méritait l'injure du nom d'*homme d'État* que lui jetaient ses ennemis. Homme d'État, en effet, par la profondeur de la pensée, par la science de l'histoire, par l'étendue du plan, par l'énergie de la volonté; s'il avait eu la parole de Vergniaud, ou l'épée de Dumouriez, il pouvait donner un gouvernement à la république le lendemain de son avénement.

Mais la nature l'avait créé pour remuer des idées plutôt que des hommes. Sa taille petite et grêle, sa figure méditative et concentrée, la pâleur et l'ascétisme de ses traits, la gravité mélancolique de sa physionomie, l'empêchaient de répandre au dehors l'âme antique qui brûlait au dedans. Il avait dans la Convention plus d'influence que d'action. Il inspirait, il n'agitait pas. Il avait besoin de la solitude et du silence de son cabinet pour s'échauffer. Sa pensée était comme ces feux de lampe qui ne brillent que dans l'intérieur des murs, et que les grands souffles de l'air libre font vaciller et éteignent. Mais il retrouvait toute son intrépidité dans le recueillement, où Vergniaud et Gensonné venaient chaque jour s'éclairer à son génie.

IV

Telle était l'irritation entre les partis et les hommes, quand Brissot, Vergniaud, Condorcet et leurs amis décidèrent Roland à apporter à la Convention son rapport sur la situation de Paris. Le combat y était franchement offert aux factions. Il fut lu à la séance du 29 octobre. Ce rapport, favorablement écouté par la majorité, intimida Marat, Robespierre, Danton lui-même, et rendit la confiance aux Girondins. Les fédérés des départements se présentèrent le lendemain à la barre, et demandèrent que l'Assemblée réprimât les agitateurs de Paris et fît prévaloir le gouvernement national sur l'usurpation de quelques scélérats. Ils se répandirent ensuite dans les lieux publics en demandant à grands cris les têtes de Marat, de Robespierre et de Danton. Legendre dénonça ces attentats des amis de la Gironde dans la séance du 3 novembre. Bentabolle raconta que la veille six cents dragons, passant le sabre à la main sur le boulevard, avaient menacé les citoyens et crié : *Point de procès au roi, mais la tête de Robespierre !*

Aux Jacobins, Bazire dénonça le parti de Brissot comme uniquement occupé de s'assurer de la domination. Robespierre le jeune dénonça Roland pour avoir fait imprimer aux frais de l'État l'accusation de Louvet contre son frère, et pour l'avoir fait distribuer aux départements. « Citoyens, dit Saint-Just, je ne sais quel coup se prépare. Tout fermente dans Paris. C'est au moment où il s'agit de juger le roi et de perdre Robespierre qu'on appelle tant de troupes à Paris. L'influence des ministres est si grande, que dès qu'ils paraissent à la Convention on convertit leurs désirs en lois. On propose des décrets d'accusation contre les représentants du peuple. Barbaroux propose de juger le peuple souverain. Quel gouvernement que celui qui veut planter l'arbre de la liberté sur les échafauds ! Dénonçons à la nation tous ces traîtres ! »

V

Robespierre cependant, depuis quelques jours, ne paraissait plus ni à la Convention ni aux Jacobins. Humilié de la supériorité de Marat et de Danton dans la première lutte qu'il avait eu à soutenir avec eux contre les Girondins, il attendait dans le recueillement le moment de se relever. Une chute oratoire lui était plus douloureuse qu'une chute du pouvoir. Ses ennemis n'avaient pas tardé à lui fournir l'occasion de se replacer dans la lumière où il aimait à se présenter au peuple.

« Je demande la parole pour accuser Robespierre, s'écria inopinément le téméraire Louvet. — Et moi aussi je me présente de nouveau pour l'accuser, » dit Barbaroux. On voyait à leur impatience que leur accusation était prête et qu'il épiaient l'occasion. « Écoutez mes accusateurs, » répondit froidement Robespierre. Louvet et Barbaroux se disputaient déjà la tribune, quand Danton s'élança pour s'interposer une dernière fois. « Il est temps que nous connaissions, dit Danton, il est temps que nous sachions de qui nous sommes les collègues; il est temps que nos collègues sachent ce qu'ils doivent penser de nous. Des germes de défiance mutuelle existent dans l'Assemblée. Il faut qu'elle cesse. S'il y a un coupable parmi nous, il faut que vous en fassiez justice! Je déclare à la Convention, à la nation entière, que je n'aime point l'individu Marat. J'ai fait l'expérience de son tempérament. Non-seulement il est acerbe et volcanique, mais il est insociable. Après un tel avis, qu'il me soit permis de dire que moi aussi je suis sans parti et sans faction. Si quelqu'un peut me prouver que j'appartiens à une faction, qu'il me confonde à l'instant! Si, au contraire, il est vrai que ma pensée est à moi, que je suis fortement décidé à mourir plutôt que de devenir la cause d'un déchirement de la république, qu'on m'accorde d'énoncer ma pensée tout entière sur notre situation actuelle.

» Sans doute, il est beau qu'un sentiment d'humanité fasse gémir le ministre de l'intérieur sur les malheurs inséparables d'une grande révolution. Mais jamais un trône fut-il fracassé sans que ses éclats blessassent quelques citoyens? Jamais révolution complète fut-elle opérée sans que cette vaste démolition de l'ordre de choses existant ait été funeste à quelqu'un? Faut-il donc imputer à la ville de Paris des désastres qui, je ne le nie pas, furent peut-être l'effet de vengeances particulières, mais qui furent bien plus probablement la suite de cette commotion générale, de cette fièvre nationale dont les miracles étonneront la postérité? Le ministre Roland a cédé à un ressentiment que je respecte, sans doute; mais son amour passionné pour l'ordre et les lois lui a fait voir sous la couleur de faction et de complot d'État ce qui n'est que la réunion de petites et misérables intrigues dont le but dépasse les moyens. Pénétrez-vous de cette vérité qu'il ne peut exister de faction dans une république. Et où sont donc ces hommes qu'on présente comme des conjurés, comme des prétendants à la dictature et au triumvirat? Qu'on les nomme! je déclare que tous ceux qui parlent de la faction Robespierre sont à mes yeux ou des hommes prévenus ou de mauvais citoyens! »

VI

Les premiers mots de Danton avaient été accueillis avec une faveur que la franchise de son attitude et la mâle énergie de sa parole inspiraient involontairement autour de lui. En désavouant Marat, il jetait un gage de réconciliation aux Girondins. Ses dernières paroles expirèrent au milieu des murmures. Il couvrait Robespierre qu'on voulait frapper. Buzot demanda dédaigneusement que Robespierre s'adressât aux tribunaux s'il se trouvait calomnié par Roland; Robespierre l'interrompit, et se précipita à la tribune. « Je demande, s'écria Rebecqui, qu'un individu n'exerce pas ici le despotisme de la parole qu'il exerce ailleurs! » Robespierre insista en vain. Un jeune homme de vingt-huit à vingt-neuf ans, de petite stature, aux formes féminines, aux traits délicats, aux cheveux blonds, aux yeux bleus, au teint pâle, au front pensif, à l'expression mélancolique, mais où la tristesse, au lieu de ressembler à l'abattement, rappelait le recueillement qui précède les fortes résolutions, parut à la tribune. Il pressait un rouleau de papier dans sa main gauche. Sa main droite, appuyée sur le marbre, semblait prête au combat. Son regard assuré se promenait sur les bancs de la Montagne. Il attendait le silence. Ce jeune homme était Louvet.

VII

Louvet était de ces hommes dont toute la destinée politique ne se compose que d'un jour; mais ce jour leur conquiert la postérité, car il attache à leur nom le souvenir d'un sublime talent et d'un sublime courage. L'orateur et le héros se confondent quelquefois dans un seul acte et dans un seul moment. Louvet était né à Paris d'une de ces familles de bourgeoisie placées aux limites de l'aristocratie et du peuple, aimant l'ordre comme les fortunes établies, détestant les supériorités sociales comme ce qui monte déteste ce qui est au-dessus. Dédaignant le trafic de son père, le jeune homme avait cherché le niveau de son esprit dans les lettres. Il avait écrit un livre alors célèbre, *Faublas*, manuel du libertinage élégant. Ce livre, calqué sur la société corrompue du temps, était l'idéal renversé d'une société qui rit d'elle-même et qui ne s'admire plus que dans ses vices.

Ce scandale était devenu une renommée pour Louvet. Son esprit seul avait pris part à cette œuvre. Son cœur avait gardé le germe de la vertu en nourrissant un fidèle amour. Presque adolescent, il avait aimé et avait été aimé avec une égale passion. Ce penchant mutuel de deux cœurs avait été contrarié par les deux familles. La femme qu'il chérissait avait été donnée à un autre. Les deux amants avaient cessé de se voir, non de s'adorer.

Lodoïska, c'était le nom qu'il lui donnait, ayant recouvré sa liberté, s'était réunie à son amant. Elle avait pour les lettres, pour la liberté, pour la gloire, le même enthousiasme que Louvet. Elle l'assistait dans ses études. Ils n'avaient qu'une âme et qu'un génie à deux. L'amour n'était pas seulement pour eux une félicité; il était une inspiration. Ils vivaient cachés dans une petite retraite sur la lisière des grandes forêts royales qui entourent Paris. Lodoïska, c'était madame Roland plus tendre et plus heureuse. L'imagination tenait moins de place dans sa vie que le sentiment. Ce qu'elle adorait dans la Révolution, c'était avant tout la fortune et la célébrité de Louvet. Son amour était pour tout dans ses opinions. Ils s'enivraient, dans les livres, de philosophie et de républicanisme avant que l'heure sonnât de s'en occuper en action. Aussitôt que la presse fut libre et que la salle des Amis de la constitution fut ouverte, Louvet, quittant le jour sa retraite, où il retournait tous les soirs, se mêla au mouvement des partis. Il changea la plume licencieuse qui avait écrit les *Aventures de Faublas* contre la plume du publiciste et contre la tribune des Jacobins. Mirabeau, licencieux comme lui, aima et encouragea ce jeune homme. Robespierre, qui ne comprenait pas la liberté sans les mœurs, vit avec peine cet écrivain de boudoir parler de vertu après avoir popularisé le vice. Il voulait qu'on chassât de la république toute cette jeunesse plus infectée que parfumée de littérature et d'athéisme. Dès le temps de l'Assemblée constituante, le député d'Arras avait provoqué l'expulsion de Louvet des Jacobins.

Sous l'Assemblée législative, Louvet s'était rangé du parti de Brissot contre Robespierre. Lanthenas, l'ami et le commensal de madame Roland, l'avait introduit dans l'intimité de cette femme. « O Roland! Roland! s'écriait-il plus tard, que de vertus ils ont assassinées en toi! que de vertus, de charmes, de génie ils ont immolés dans ta femme, plus grand homme que toi! » Ces mots de Louvet témoignent de l'impression que madame Roland fit sur lui. Madame Roland ne dépeint pas avec moins de grâce le penchant qui l'entraîna vers Louvet. « Louvet, dit-elle, pourrait bien quelquefois, comme Philopœmen, payer le tribut de son extérieur. Petit, frêle, la vue courte, l'habit négligé, il ne paraît rien au vulgaire, qui ne remarque pas au premier abord la noblesse de son front, le feu qui s'allume dans ses yeux et l'impressionnabilité de ses traits à l'expression d'une grande vérité ou d'un beau sentiment. Il est impossible de réunir plus d'intelligence et plus de simplicité et d'abandon. Courageux comme le lion, doux comme l'enfant, il peut faire trembler Catilina à la tribune, tenir le burin de l'histoire, ou répandre la tendresse de son âme sur la vie d'une femme aimée. »

Une amitié ferme et virile les attacha bientôt l'un à l'autre. Louvet découvrit à madame Roland le mystère de son amour et lui fit connaître Lodoïska. Ces deux femmes se comprirent par la politique et par l'amour. Elles se virent peu et furtivement. La maîtresse de Louvet cachait sa vie dans l'ombre. L'épouse respectée du ministre ne pouvait avouer l'intimité avec une femme que l'amour seul unissait à Louvet.

VIII

Louvet écrivit pour Roland la *Sentinelle*, journal des Girondins, où le plus ardent républicanisme s'associait au culte de l'ordre et de l'humanité. Au 10 août, il avait sauvé des victimes. Au 2 septembre, il avait flétri les bourreaux. Élu à la Convention, il avait quitté son ermitage. Il habitait maintenant un modeste appartement dans la rue Saint-Honoré, près de la salle des Jacobins. Dévoué de conviction et d'amitié aux opinions de la Gironde, il formait avec

Barbaroux, Buzot, Rebecqui, Salles, Lasource, Ducos, Fonfrède, Rabaut Saint-Étienne, Lanthenas et quelques autres, l'avant-garde de ce parti de la jeunesse des départements impatient de purifier la république. Vergniaud, Pétion, Condorcet, Sieyès, Brissot, s'efforçaient en vain de modérer ces jeunes gens. L'âme de madame Roland brûlait en eux. Engager leur parti malgré lui dans une lutte décisive était toute leur tactique. La temporisation leur paraissait aussi impolitique que lâche. Louvet s'était offert pour le premier coup. Le discours qu'il portait sur lui depuis plusieurs jours avait été concerté en commun dans le conciliabule de madame Roland. Elle avait allumé les sentiments, aiguisé les paroles : Louvet n'était que la voix. Ce discours était moins le discours d'un homme que l'explosion de haine de tout un parti.

IX

Robespierre, en voyant Louvet, affecta le dédain, et triompha intérieurement de voir qu'aucun orateur déjà célèbre n'avait voulu se charger de l'acte d'accusation contre lui. Ce ménagement de Vergniaud, de Gensonné et de Guadet se trahissait dans leur attitude et inspirait confiance à Robespierre. Louvet bravait même le mécontentement de son propre parti. Il sentait derrière lui la main de madame Roland qui le poussait à la lutte. Le silence rétabli, il parla ainsi :

« Une grande conspiration menaçait de peser sur la France et avait trop longtemps pesé sur la ville de Paris. Vous arrivâtes. L'Assemblée législative était méconnue, avilie, foulée aux pieds. Aujourd'hui on veut avilir la Convention nationale, on prêche ouvertement l'insurrection contre elle. Il est temps de savoir s'il existe une faction dans sept ou huit membres de cette Assemblée, ou si ce sont les sept cent trente membres de l'Assemblée qui sont eux-mêmes une faction. Il faut que de cette lutte insolente vous sortiez vainqueurs ou avilis. Il faut, pour rendre compte à la France des raisons qui vous font conserver dans votre sein cet homme sur lequel l'opinion publique se développe avec horreur, il faut ou que par un décret solennel vous reconnaissiez son innocence, ou que vous nous purgiez de sa présence; il faut que vous preniez des mesures contre cette commune désorganisatrice qui prolonge une autorité usurpée. En vain prodigueriez-vous des mesures partielles, si vous n'attaquez pas le mal dans les hommes qui en sont les auteurs. Je vais dénoncer leurs complots. J'aurai tout Paris pour témoin. Je pourrais m'étonner d'abord de ce que Danton, que personne n'attaquait, se soit élancé ici pour déclarer qu'il était inattaquable et pour désavouer Marat, dont on s'est servi comme d'un instrument et d'un complice dans la grande conjuration que je dénonce. » (On murmure.) Danton : « Je demande qu'il soit permis à Louvet de toucher le mal et de mettre le doigt dans la blessure. » Louvet continue : « Oui, Danton, je vais le toucher; mais ne crie donc pas d'avance.

» Ce fut au mois de janvier dernier qu'on vit aux Jacobins succéder aux discussions profondes et brillantes qui nous avaient honorés devant l'Europe ces misérables débats qui faillirent nous perdre, et que l'on commença à calomnier l'Assemblée législative. On vit un homme qui voulait toujours parler, parler sans cesse, exclusivement parler, non pour éclairer les Jacobins, mais pour jeter entre eux la division et surtout pour être entendu de quelques centaines de spectateurs dont on voulait obtenir les applaudissements à tout prix. Des affidés de cet homme se relayaient pour présenter tel ou tel membre de l'Assemblée aux soupçons, à l'animadversion des spectateurs crédules, et pour offrir à leur admiration un homme dont ils faisaient le plus fastueux éloge, à moins qu'il ne le fît lui-même. C'est alors qu'on vit des intrigants subalternes déclarer que Robespierre était le seul homme vertueux en France et que l'on ne devait confier le salut de la patrie qu'à cet homme, qui prodiguait les plus basses flatteries à quelques centaines de citoyens fanatisés qu'il appelait le peuple. C'est la tactique de tous les usurpateurs, depuis César jusqu'à Cromwell, depuis Sylla jusqu'à Masaniello. Nous, cependant, fidèles à l'égalité, nous avancions, bien résolus de ne pas souffrir qu'on substituât à la patrie l'idolâtrie d'un homme. Deux jours après le 10 août, je siégeais dans le conseil général provisoire; un homme entre, il se fait un grand mouvement devant lui : c'était lui-même, c'était Robespierre. Il vient s'asseoir au milieu de nous; je me trompe, il va s'asseoir à la première place du bureau. Stupéfait, je m'interroge moi-même; je n'en crois pas mes yeux. Quoi! Robespierre, l'incorruptible Robespierre, qui dans les jours du danger avait quitté le poste où ses concitoyens l'avaient placé, qui depuis avait pris vingt fois l'engagement solennel de n'accepter aucune fonction publique, Robespierre prend place tout à coup au conseil général de la commune! Dès lors je compris que ce conseil était destiné à régner !

» Robespierre, vous savez, s'attribue l'honneur de cette journée du 10 août. La révolution du 10 août est l'ouvrage de tous. Elle appartient aux faubourgs, qui se sont levés tout entiers, à ces braves fédérés que, dans le temps, il n'avait pas tenu à certains hommes qu'on ne reçût pas à Paris. Elle appartient à ces courageux députés qui, là même, au bruit des décharges de l'artillerie, votèrent le décret de suspension de Louis XVI. Elle appartient aux généreux guerriers de Brest et à l'intrépidité des enfants de la fière Marseille. Mais celle du 2 septembre... conjurés barbares! elle est à vous, elle n'est qu'à vous. (Mouvement d'horreur.)

» Eux-mêmes s'en glorifient, eux-mêmes avec un mépris féroce ne nous désignent que comme les patriotes du 10 août, se réservant le titre de patriotes du 2 septembre. Ah! qu'elle reste, cette distinction digne, en effet, de l'espèce de courage qui leur est propre! qu'elle reste, et pour notre justification durable et pour leur long opprobre! Ce peuple de Paris sait combattre et ne sait pas assassiner. Il était tout entier aux Tuileries, dans la magnifique journée du 10 août; il est faux qu'on le vit aux prisons dans l'horrible journée du 2 septembre. Combien y avait-il d'égorgeurs dans les prisons? Pas deux cents. Combien de spectateurs au dehors? Pas le double. Interrogez Pétion, il vous l'attestera lui-même. Pourquoi ne les a-t-on pas empêchés? Parce que Roland parlait en vain! parce que le ministre de la justice, Danton, ne parlait pas!... parce que Santerre, commandant des sections, attendait!... parce que des officiers municipaux en écharpe présidaient à ces exécutions!...

parce que l'Assemblée législative était dominée et qu'un insolent démagogue venait à sa barre lui signifier les décrets de la commune et la menaçait de faire sonner le tocsin si elle n'obéissait pas! » Billaud-Varennes se lève et essaye de protester. Un frémissement général d'indignation se répand contre lui dans l'Assemblée. Un grand nombre de membres montrent du doigt Robespierre. Cambon se fait remarquer par la colère de son attitude. Il montre son bras à la Montagne et s'écrie : « Misérables! voilà l'arrêt de mort du dictateur. — *Robespierre à la barre! Robespierre en accusation!* » crient de toutes parts des voix accusatrices. Le président modère cette impatience. Louvet continue. Il accuse Robespierre de tous les crimes de la commune, puis regardant Danton : « C'est alors, poursuit-il, qu'on afficha ces placards où l'on désignait comme des traîtres tous les ministres, un seul excepté, un seul et toujours le même, et puisses-tu, Danton, te justifier de cette exception devant la postérité! C'est alors qu'on vit avec effroi reparaître à la lumière du jour un homme unique jusqu'ici dans les fastes du crime. (On regarde Marat.) Et ne croyez pas nous apaiser en désavouant aujourd'hui cet enfant perdu de l'assassinat! Comment serait-il sorti de son sépulcre si vous ne l'en aviez tiré? Comment l'auriez-vous récompensé s'il ne vous avait servi? Comment le produisîtes-vous sous vos auspices à cette assemblée électorale où vous me fîtes insulter pour avoir eu le courage de demander la parole contre Marat? Dieu! je l'ai nommé! (Mouvement d'horreur.) Oui, les gardes du corps de Robespierre, ces hommes armés de sabres et de bâtons qui l'accompagnaient partout, m'insultèrent en sortant de l'Assemblée électorale et m'annoncèrent qu'avant peu ils me feraient payer cher l'audace de combattre l'homme que Robespierre protégeait ! Et par quelle voie les conjurés marchaient-ils de concert à l'exécution préméditée de leur plan de domination ? Par la terreur. Il leur fallait encore des massacres pour qu'elle fût complète et pour écarter les généreux citoyens plus attachés à la liberté qu'à leur vie. On fit courir des listes de proscription signées de complaisance et au hasard par des Montagnards égarés. On convoitait le sang, on se partageait en espoir les dépouilles des victimes. Pendant quarante-huit heures la consternation fut générale. Trente mille familles sont là pour l'attester. Quand je vis tant d'atrocités liberticides, je me demandai si dans la journée du 10 août j'avais rêvé notre victoire, ou si Brunswick et ses colonnes contre-révolutionnaires étaient déjà dans nos murs ! Non ! mais c'étaient de farouches conjurés qui voulaient cimenter par le sang leur autorité naissante. Les barbares, il leur fallait encore, disaient-ils, vingt-huit mille têtes ! Je me ressouviens de Sylla, qui commença par frapper quelques citoyens désarmés, mais qui bientôt fit promener devant la tribune aux harangues et dans le forum les têtes des plus illustres citoyens ! Ainsi s'avançaient vers leur but ces scélérats, dans le chemin du pouvoir suprême, mais où les attendaient quelques hommes de résolution qui, nous l'avions juré par Brutus, ne leur auraient pas laissé la dictature plus d'un jour !... (Applaudissements unanimes.) Qui les arrêta cependant ? Ce furent quelques patriotes intrépides. Qui les combattit ? Ce fut Pétion ; ce fut Roland, qui prodigua à les dénoncer devant la France plus de courage qu'il ne lui en avait fallu pour dénoncer un roi parjure... Robespierre ! je t'accuse d'avoir calomnié sans relâche les plus purs patriotes ! Je t'accuse d'avoir répandu ces calomnies dans la première semaine de septembre, c'est-à-dire dans des jours où les calomnies étaient des coups de poignard! Je t'accuse d'avoir, autant qu'il était en toi, avili et proscrit les représentants de la nation, leur caractère, leur autorité! Je t'accuse de t'être constamment produit toi-même comme un objet d'idolâtrie, d'avoir souffert que devant toi on te désignât comme le seul homme vertueux en France qui pût sauver le peuple, et de l'avoir dit toi-même! Je t'accuse d'avoir évidemment marché au pouvoir suprême! »

X

Tous les regards, tous les gestes se dirigent sur Robespierre comme autant de témoins muets de l'accusation que l'orateur foudroie contre lui. Robespierre, pâle, agité, les traits contractés par la colère, se voit abandonner de ses collègues et sent autour de lui cette atmosphère où pèse la réprobation d'une grande assemblée. Mais au fond de sa physionomie on entrevoit la joie secrète d'être jugé digne d'une accusation de dictature, qui, dans quelques termes qu'elle fût portée, était un témoignage de la puissance de son nom et une désignation nominale à l'attention du peuple. Louvet suspend un moment son discours comme pour le laisser porter de tout son poids sur l'accusé et sur la pensée des juges. Il reprend, en se tournant avec une expression de mépris sur les lèvres du côté de Marat : « Mais au milieu de vous il y a un autre homme dont le nom ne souillera plus ma langue, un homme que je n'ai pas besoin d'accuser, car il s'est accusé lui-même, et il n'a pas craint de vous dire que son opinion est qu'il faut faire tomber encore deux cent soixante mille têtes !... et cet homme est encore au milieu de vous ? La France en rougit. L'Europe s'étonne de votre longue faiblesse. Je demande que vous rendiez contre Marat un décret d'accusation. »

XI

Louvet descendit de la tribune au bruit des applaudissements. Les uns applaudissaient son éloquence, les autres son courage, ceux-ci par haine de Robespierre, ceux-là par horreur de Marat. L'âme de l'orateur semblait avoir passé dans l'Assemblée. Les tribunes mêmes, ordinairement vendues à la commune et disciplinées au geste de Robespierre, restaient consternées sous le retentissement de cette voix, et croyaient voir dans la Convention debout la France se soulever tout entière contre la tyrannie de Paris et arracher le pouvoir sanglant des mains des maîtres de la commune. Robespierre, instruit par une première défaite de l'insuffisance d'une parole improvisée contre une accusation méditée et aiguisée d'avance, demanda qu'on lui accordât quelques jours pour préparer sa défense. L'Assemblée l'accorda avec une indulgence trop semblable au mépris.

Le lendemain, Barbaroux aggrava et précisa les complots de Robespierre.

Les Jacobins et les sections tremblèrent pour leur idole. Le peuple se répandit tous les soirs après ces discours autour de la maison de Robespierre. On répandit dans les faubourgs le bruit qu'il avait été assassiné. On ne l'avait vu ni aux Jacobins ni à la Convention, depuis la dénonciation de Louvet. Il devait répondre le lundi 5 novembre. Les tribunes de la Convention, assiégées dès le point du jour par les attroupements des deux partis, étaient partagées en deux camps, qui préludaient aux combats de la parole par les gestes, les menaces. Le président appela enfin Robespierre à la tribune. Il y monta plus pâle que jamais. En attendant le silence, ses doigts convulsifs frappaient la table de la tribune, comme le musicien qui interroge avec distraction les notes d'un clavier. Aucun geste, aucun sourire affectueux ne l'encourageaient dans l'Assemblée. Tous les regards étaient hostiles, toutes les bouches dédaigneuses, tous les cœurs fermés. Il commença d'une voix grêle et aiguë, où l'on sentait le tremblement de la colère étouffé par la décence du sang-froid.

XII

« Citoyens ! de quoi suis-je accusé ? dit-il après un court appel à la justice de ses collègues. D'avoir conspiré pour parvenir à la dictature, au tribunat ou au triumvirat. On conviendra que, si un pareil projet était criminel, il était encore plus hardi ; car, pour l'exécuter, il fallait d'abord renverser le trône, anéantir la législation, empêcher la formation d'une Convention nationale surtout. Mais alors, comment se fait-il que j'aie le premier, dans mes discours et dans mes écrits, appelé une Convention nationale comme le seul remède aux maux de la patrie? Pour arriver à la dictature, il fallait d'abord maîtriser Paris et asservir les départements. Où sont mes trésors? où sont mes armées? où sont les grandes places dont j'étais sans doute pourvu? Tout cela est dans les mains de mes accusateurs. Pour que leur accusation pût acquérir le moindre caractère de vraisemblance, il faudrait préalablement démontrer que j'étais complétement fou. Or, si j'étais fou, il resterait à expliquer comment des hommes sensés auraient pu se donner la peine de composer tant de beaux discours, tant de belles affiches, de déployer tant d'efforts pour me présenter à la Convention nationale comme le plus dangereux de tous les conspirateurs. Venons aux faits. Que me reproche-t-on? L'amitié de Marat? Je pourrais faire ma profession de foi sur Marat, sans vous en dire ni plus de bien ni plus de mal que je n'en pense. Mais je ne sais pas trahir ma pensée pour flatter l'opinion régnante. J'ai eu, en 1792, un seul entretien avec Marat. Je lui reprochai une exagération et une violence qui nuisaient à la cause qu'il pouvait servir. Il déclara en me quittant qu'il n'avait trouvé en moi *ni les vues ni l'audace d'un homme d'État*. Ce mot répond aux calomnies de ceux qui veulent me confondre avec cet homme.

» Ne me suis-je donc pas fait assez d'ennemis par mes combats pour la liberté, et faut-il m'imputer encore des excès que j'ai toujours évités et des opinions que je n'ai cessé de condamner? Mais j'ai parlé, dit-on, sans relâche aux Jacobins, et j'ai exercé une influence exclusive sur ce parti. Depuis le 10 août, je n'ai pas abordé dix fois la tribune des Jacobins. Avant le 10 août, je travaillais avec eux à préparer la sainte insurrection contre la tyrannie et la trahison de la cour et de La Fayette. Mais les Jacobins alors, c'était la France révolutionnaire! Et vous qui m'accusez, vous étiez avec La Fayette! Les Jacobins ne suivaient pas vos conseils, et vous voudriez faire servir la Convention nationale à venger les disgrâces de votre amour-propre. La Fayette aussi demandait des décrets contre les Jacobins. Voulez-vous, comme lui, diviser le peuple en deux peuples, l'un adulé, l'autre insulté et intimidé, les honnêtes gens et les sans-culottes ou la canaille? — Mais j'ai accepté le titre d'officier municipal? — Je réponds d'abord que j'ai abdiqué, dès le mois de janvier 1791, la place lucrative et nullement périlleuse d'accusateur public. — J'entrai dans la salle en maître? C'est-à-dire qu'en entrant j'allai faire vérifier mes pouvoirs au bureau.

» Je ne fus nommé que le 10 août. Je suis loin de prétendre à ravir l'honneur du combat et de la victoire à ceux qui siégeaient à la commune avant moi dans cette nuit terrible, qui armèrent les citoyens, dirigèrent les mouvements, déconcertèrent la trahison, arrêtèrent Mandat, porteur des ordres perfides de la cour! Il y avait des intrigants dans le conseil général, dit-on; qui le sait mieux que moi? Ils sont au nombre de mes ennemis. On reproche à ce corps des arrestations arbitraires? Quand le consul de Rome eut étouffé la conspiration de Catilina, Clodius l'accusa d'avoir violé les lois. J'ai vu ici de tels citoyens qui ne sont pas des Clodius, mais qui, quelque temps avant la journée du

10 août, avaient eu la prudence de se réfugier hors de Paris, et qui dénoncent, depuis qu'elle a triomphé pour eux, la commune de Paris. — Des actes illégaux? Est-ce donc le code criminel à la main qu'on sauve la patrie? Que ne nous reprochez-vous aussi d'avoir brisé les plumes mercenaires dont le métier était de propager l'imposture et d'outrager la liberté? Que ne nous reprochez-vous aussi d'avoir consigné les conspirateurs hors de Paris, d'avoir désarmé nos ennemis? Tout cela était illégal, sans doute. Oui, illégal comme la chute de la Bastille, illégal comme la chute du trône, illégal comme la liberté!

» Citoyens, voulez-vous une révolution sans révolution? Quel est cet esprit de persécution qui veut reviser, pour ainsi dire, celle qui a brisé nos fers? et qui peut donc, après coup, marquer le point précis où devaient se briser les flots de l'insurrection populaire? Quel peuple, à ce prix, pourrait jamais secouer le despotisme? Les hommes du 10 août ne pourraient-ils pas dire à leurs accusateurs : « Si » vous nous désavouez, désavouez donc aussi la victoire! » Reprenez votre joug, vos lois, votre trône antique. Res- » tituez-nous, avec le sang que nous avons versé, le prix de » nos sacrifices et de nos combats!... »

» Quant aux journées des 2 et 3 septembre, ceux qui ont dit que j'avais eu la moindre part à ces événements sont des hommes ou bien crédules ou bien pervers! J'abandonne leur âme au remords, si leur âme peut connaître le remords! — A cette époque, j'avais cessé de siéger à la commune et j'étais renfermé chez moi!... » Robespierre explique ici, sans justifier ces horreurs, la connexité du 10 août et du 2 septembre, et l'impossibilité où était la commune de prévenir les conséquences de l'agitation générale.

» On assure qu'un innocent a péri! un seul! c'est trop sans doute! Citoyens, pleurez cette méprise cruelle! Nous l'avons pleurée déjà longtemps. C'était un bon citoyen, c'était donc l'un de nos amis! Pleurez même les victimes coupables réservées à la vengeance des lois et qui sont tombées sous les coups de la justice populaire. Mais que votre douleur ait un terme comme toutes les choses humaines! Gardons quelques larmes pour des calamités plus touchantes! Pleurez cent mille patriotes immolés par la tyrannie! Pleurez nos concitoyens expirants sous leurs toits embrasés! et les fils des citoyens massacrés au berceau ou dans les bras de leurs mères! N'avez-vous pas aussi des frères, des enfants, des épouses à venger? La famille des législateurs français, c'est la patrie, c'est le genre humain tout entier, moins les tyrans et leurs complices! La sensibilité qui gémit presque exclusivement sur les ennemis de la liberté m'est suspecte. Cessez d'agiter sous mes yeux la robe sanglante du tyran, ou je croirai que vous voulez remettre Rome dans les fers. Calomniateurs éternels! voulez-vous donc venger le despotisme? Voulez-vous flétrir le berceau de la république?...

» Ensevelissons, dit en finissant Robespierre, ces méprisables manœuvres dans un éternel oubli. Pour moi, je ne prendrai aucune conclusion qui me soit personnelle. Je renonce à la juste vengeance que j'aurais le droit de poursuivre contre mes calomniateurs. Je ne veux pour vengeance que le retour de la paix et de la liberté. Citoyens! parcourez d'un pas ferme et rapide votre superbe carrière, et puissé-je, aux dépens de ma vie et de ma réputation même, concourir avec vous à la gloire et au bonheur de notre commune patrie! »

XIII

A peine Robespierre avait-il fini de parler, que Louvet et Barbaroux, impatients des applaudissements dont l'Assemblée et les spectateurs couvraient l'orateur et le discours, s'élancèrent à la tribune pour répliquer; mais l'impression du discours était déjà votée par la Convention. La répétition affaiblie des mêmes accusations, la modération des conclusions de Robespierre, le besoin d'éteindre, s'il était possible, un feu qui menaçait d'incendier l'opinion publique, tout pressait la Convention de terminer le débat. Aux yeux de Vergniaud, de Pétion, de Brissot, de Condorcet, de Gensonné, de Guadet, les plus sages d'entre les Girondins, leur ennemi en sortait déjà trop grand; ils répugnaient à le grandir davantage.

Marat vit sa propre victoire dans la victoire de Robespierre, malgré les désaveux adoucis dont ses opinions avaient été l'objet. Danton triompha intérieurement de voir justifier la dictature de la commune, et voiler les crimes de septembre sous le drapeau du salut public. Robespierre avait couvert Danton. Le parti indécis de la Convention, au milieu duquel siégeait Barère, craignit d'avoir à se prononcer, et se réjouit d'humilier les Girondins, sans avoir à innocenter leurs ennemis. Le silence convenait à tous, excepté aux accusateurs.

Mais Barbaroux, indigné du refus obstiné de la parole

qu'on oppose à ses supplications et à celles de Louvet, quitte son siége dans l'enceinte et descend à la barre, afin d'avoir comme citoyen la parole qu'on lui refuse comme député. « Vous m'entendrez, s'écrie-t-il en frappant de ses deux poings sur la barre, comme pour faire violence à la Convention, vous m'entendrez! Si vous ne m'entendez pas, je serai donc réputé calomniateur? Eh bien! je graverai ma dénonciation sur le marbre! »

Les murmures, les sarcasmes, les rires des tribunes couvrent la voix de Barbaroux. On l'accuse d'avilir le caractère de représentant du peuple, en s'en dépouillant pour accuser individuellement un ennemi. Barère, un de ces hommes qui observent longtemps la fortune afin de ne pas se prononcer au hasard, et qui ne se prononcent jamais assez pour être entraînés dans la chute du parti même qu'ils ont adopté, se leva du milieu de la Plaine pour demander la parole. Jeune, élégant de formes, d'une stature élevée, d'un geste libre, d'une parole fluide, on voyait dans sa physionomie ce mélange de réserve et d'audace qui caractérise les Séjan : tout l'extérieur de l'inspiration couvrant tout le calcul de l'égoïsme. Ces hommes sont les limiers des grands ambitieux; mais avant de se donner à eux, ils veulent faire sentir leur importance, afin qu'on les estime un plus haut prix. Tel était Barère : caractère de haute comédie jeté, par une méprise de la destinée, dans la tragédie.

XIV

Barère, né à Tarbes d'une famille respectable, avocat à Toulouse, lettré à Paris, décorant son nom plébéien du nom de Vieuzac, avait apporté du fond de sa province ce nom, ces formes, ce langage, qui ouvraient les salons et qui étaient alors une sorte de candidature naturelle à toutes les fortunes. Madame de Genlis l'avait accueilli et introduit dans la familiarité du duc d'Orléans. Ce prince, pour l'attacher à sa maison, lui avait confié la tutelle d'une jeune Anglaise d'une extrême beauté, qui passait pour sa fille naturelle. Madame de Genlis donnait à cette pupille des soins de mère. Elle se nommait Paméla. Barère était gracieux, éloquent. Sa philosophie sentimentale ressemblait à une parodie de Bernardin de Saint-Pierre. La teinte pastorale des montagnes où il était né se réfléchissait sur ses écrits. Les salons, les théâtres, les académies, affectaient alors cette mollesse ; c'était comme la langueur de l'agonie de cette société mourante. Elle croyait se rajeunir en se puérilisant ; mais c'était la puérilité de la vieillesse. Barère, Robespierre, Couthon, Marat, Saint-Just, toutes ces âmes si âpres avaient commencé par être fades.

Bailly, Mirabeau, le duc d'Orléans, avaient été les patrons de Barère pour le faire nommer à l'Assemblée nationale. Il y avait rempli avec assiduité et talent un rôle plus littéraire que politique ; il avait semé ses nombreux rapports de maximes philosophiques; il avait ensuite rédigé le *Point du jour* et demandé un des premiers la république, quand il avait vu le trône chanceler. Dans la journée du 10 août, envoyé avec Grégoire au-devant du roi dans le jardin des Tuileries, il avait porté avec sollicitude dans ses bras le jeune Dauphin. Nommé à la Convention, ses opinions républicaines, ses études, ses liaisons, son origine méridionale, son talent plus fleuri que populaire, semblaient devoir l'attacher aux Girondins. Il penchait en effet de leur côté pendant les premiers jours; il croyait à leur génie, il admirait leur éloquence, il sentait la dignité de leur esprit, il goûtait la modération de leur système. Mais il avait vu la force du peuple au 10 août et au 2 septembre, le regard du lion l'avait fasciné. Il avait peur de Marat, Danton l'étonnait, il se défiait de Robespierre. L'étoile de ces trois hommes pouvait avoir des retours. Il ne voulait pas se dévouer en victime à leur vengeance, s'ils venaient à triompher.

Il s'était placé à égale distance des deux partis, au centre, qu'on appelait la Plaine : médiateur ou auxiliaire tour à tour, selon les hommes, selon le jour, selon la majorité. Cette Plaine, composée d'hommes prudents ou d'hommes médiocres, qui se taisaient par prudence ou par médiocrité, avait besoin d'un orateur. Barère s'offrit. Il se levait pour la première fois, et l'on retrouvait dans son attitude, dans son acte et dans ses paroles, toute l'hésitation équivoque des âmes qui empruntaient sa voix :

« Citoyens, dit Barère, en voyant descendre à la barre Barbaroux, un de nos collègues, je ne puis m'empêcher de m'opposer à ce qu'il soit entendu. Veut-il être pétitionnaire? Il oublie donc qu'il doit juger comme député les pétitions qu'il formulerait comme citoyen? Veut-il être accusateur? Ce n'est pas à la barre, c'est ici ou devant les tribunaux qu'il doit s'expliquer. Que signifient toutes ces accusations de dictature et de triumvirat? Ne donnons pas d'importance à des hommes que l'opinion publique saura mettre à leur place. Ne faisons pas des piédestaux à des pygmées! Citoyens! s'il existait dans la république un homme né avec le génie de César ou l'audace de Cromwell, un homme qui, avec le talent de Sylla, en aurait les dangereux moyens, un tel homme pourrait être à craindre, et je viendrais l'accuser devant vous. S'il existait ici quelque législateur d'un grand génie ou d'une ambition vaste, je demanderais d'abord s'il a une armée à ses ordres, ou un trésor public à sa disposition, ou un grand parti dans le sénat ou dans la république. Mais des hommes d'un jour, de petits entrepreneurs de révolutions, des politiques qui n'entreront jamais dans le domaine de l'histoire, ne sont pas faits pour occuper le temps précieux que nous devons à la nation. » On applaudit. Il propose l'ordre du jour, signe de mépris. « Gardez votre ordre du jour, répond sèchement Robespierre, je n'en veux pas, s'il doit contenir un préambule injurieux contre moi! » La Convention vote l'indifférence et la neutralité entre les accusateurs et l'accusé. « Périssent les ambitieux, et avec eux nos soupçons et nos défiances! » s'écrie Rabaut Saint-Étienne.

XV

La nouvelle du triomphe de Robespierre se répandit comme une joie publique dans la foule qui se pressait aux abords des Tuileries pour plaindre ou pour venger son tribun. La présence de Robespierre ramena le soir l'affluence aux Jacobins. A son entrée dans la salle, les spectateurs battirent des mains. « Que Robespierre parle, dit Merlin; lui seul peut rendre compte de ce qu'il a fait aujourd'hui.
— Je connais Robespierre, dit un membre du club, je suis sûr qu'il se taira. Ce jour est le plus beau qu'ait vu éclore la liberté. Robespierre, accusé, persécuté comme un factieux, triomphe. Son éloquence mâle et naïve a confondu ses ennemis. La vérité guide sa plume et son cœur. Barbaroux s'est réfugié à la barre. Le reptile ne pouvait soutenir les regards de l'aigle. »

Manuel demande à lire le discours qu'il avait préparé pour défendre Robespierre. « Robespierre n'est point mon ami, dit-il dans ce discours. Je ne lui ai presque jamais parlé, et je l'ai combattu dans le moment de sa plus grande puissance. Mais il est sorti vierge de l'Assemblée constituante. Toujours assis à côté de Pétion, ces deux hommes étaient les généraux de la liberté. Robespierre peut nous dire ce que disait un Romain : « On m'attaque dans mes » discours, tant je suis innocent dans mes actions. » Robespierre n'a jamais voulu être rien. Il est pur de ces journées de septembre, où le peuple pervers comme les rois voulut aussi faire sa Saint-Barthélemy. Qui le sait mieux que moi? Monté sur des monceaux de cadavres, je prêchai le respect pour la loi. »

Collot-d'Herbois justifie les massacres. Barère les excuse. Étonné déjà de l'ivresse populaire qui s'attache à Robespierre, dédaigné par lui le matin : « Citoyens, dit-il, et moi aussi, dans le discours que j'avais préparé sur Robespierre, j'émettais une opinion aussi politique et aussi révolutionnaire que Collot-d'Herbois. Cette journée, disais-je, présente un crime aux yeux de l'homme vulgaire; aux yeux de l'homme d'État, elle a deux grands effets : elle fait disparaître les conspirateurs que la loi ne pouvait atteindre; elle anéantit le feuillantisme, le royalisme, l'aristocratie. » Ce repentir de Barère fut à peine accueilli. Il ne retrouva pas ce jour-là la popularité qu'il allait chercher jusque dans le sang répandu par d'autres mains.

Fabre d'Églantine accusa les Girondins de vouloir transporter le siége de la représentation nationale ailleurs qu'à Paris. « J'ai vu de mes yeux, dit-il, dans le jardin du ministère des affaires étrangères, le ministre Roland, pâle, abattu, la tête appuyée contre un arbre, demandant avec instance que la Convention fût transférée à Tours, à Blois. J'ai vu ces mêmes hommes qui s'acharnent aujourd'hui contre le 2 septembre venir chez Danton et témoigner leur joie au récit de ces meurtres. L'un d'entre eux même (il indiquait Brissot, ennemi du libelliste Morande) désirait que Morande fût immolé. Danton seul montra dans ces journées la plus grande énergie de caractère. Seul il ne désespéra pas du salut de la patrie. En frappant du pied la terre, il en fit sortir des milliers de soldats. »

Fabre d'Églantine poussa la flatterie jusqu'à dénoncer madame Roland, qu'il encensait la veille.

Fabre, secrétaire de Danton, moins son ami que son courtisan, était né au pied des Pyrénées comme Barère. D'abord comédien, puis complaisant de société, son talent à jouer de divers instruments, son esprit qui excellait à plaire, ses vers comiques et sa verve de débauche l'avaient fait rechercher des hommes de plaisir. Deux pièces de théâtre applaudies avaient consacré sa réputation d'écrivain. L'amitié de Danton, de Lacroix et des meneurs subalternes de la commune, avait élevé sa fortune et élargi son ambition. Pauvre avant les massacres de septembre, il eut des hôtels, des voitures, des courtisans après ces journées. Toujours abrité derrière les hommes forts, il montrait le goût plus que le courage des grands crimes. La peur le poussait au moins autant que l'ambition. Danton s'en servait. Robespierre le méprisait.

XVI

Pétion, qui n'avait pu parler à la Convention et qui ne voulait plus parler aux Jacobins, fit imprimer le lendemain le discours qu'il avait préparé, moins pour accuser que pour juger Robespierre. Il y flétrissait Marat, il y gourmandait la commune, il y rejetait avec horreur le sang de septembre aux assassins. « Quant à Robespierre, disait-il, son caractère explique son rôle. Ombrageux, défiant, voyant partout des complots et des abîmes, son tempérament bilieux, son imagination atrabilaire lui colorent de crime tous les objets. Ne croyant qu'en lui, ne parlant que de lui, toujours convaincu qu'on conspire contre lui, ambitieux surtout de la faveur du peuple, affamé d'applaudissements, cette faiblesse de son âme pour la popularité a fait croire qu'il aspirait à la dictature. Il n'aspire qu'à l'amour exclusif et jaloux du peuple pour lui. Le peuple, c'est son ambition ! »

Ce portrait vrai de Robespierre était vrai de Pétion. Il y avait alors entre les deux partis de la Montagne et de la Gironde plus de soupçons que de conflits réels. Les amis communs qui voulaient les rapprocher étaient les confidents de ces accusations mutuelles.

Garat venait d'être nommé ministre de l'intérieur après que Danton eut quitté la justice. C'était un écrivain né aussi dans les Pyrénées, révolutionnaire par philosophie, lettré de profession : un de ces hommes que les circonstances entraînent à contre-sens de leur esprit. Trop timide pour résister avec les Girondins, trop scrupuleux pour agir avec les Montagnards, Garat essayait de s'entremettre, toléré, aimé, dédaigné des deux partis.

« Je me suis souvent rappelé avec effroi, dit-il dans ses *Souvenirs*, deux entretiens qu'à deux ou trois jours d'intervalle j'ai eus avec Salles et avec Robespierre. Je les avais connus l'un et l'autre à l'Assemblée constituante ; je les croyais très-sincèrement dévoués également à la Révolution. Je n'avais aucun doute sur leur probité. S'il m'avait fallu douter de la probité de l'un des deux, le dernier que j'aurais soupçonné c'était Robespierre. Salles était une imagination inquiète, agitée de la fièvre de la Révolution. Dans

le verbiage confus, insignifiant et vague de Robespierre quand il parlait d'inspiration, je croyais apercevoir les germes d'un talent qui pouvait grandir. Il martelait patiemment la langue pour la façonner sur les formes de l'antiquité et de Jean-Jacques Rousseau. La lecture continuelle de ces philosophes devait pénétrer et améliorer son esprit. L'un et l'autre de ces deux hommes avaient ce tempérament atrabilaire d'où sont sorties dans tous les siècles les tempêtes populaires. Je crois que Robespierre a de la religion; mais jamais homme sachant écrire des phrases élégantes et persuasives n'eut un esprit plus faux. Un jour que je le priais de réfléchir sur quelques idées que je lui soumettais : « Je n'ai pas besoin de réfléchir, me répondit-
» il, c'est toujours à mes premières impressions que je m'en
» rapporte. Tous ces députés de la Gironde, me dit-il, ce
» Brissot, ce Louvet, ce Barbaroux, sont des contre-révo-
» lutionnaires et des conspirateurs. — Et où conspirent-ils?
» lui dis-je. — Partout, reprit Robespierre, dans Paris,
» dans la France, dans toute l'Europe! La Gironde a formé
» dès longtemps le projet de se séparer de la France pour
» redevenir la Guyenne et s'unir à l'Angleterre. Gensonné
» dit tout haut, à qui veut l'entendre, qu'ils ne sont pas ici
» des représentants, mais des plénipotentiaires de la Gi-
» ronde. Brissot conspire dans son journal, qui est un toc-
» sin de guerre civile. Il est allé à Londres, et on sait pour-
» quoi. Clavière, son ami, a conspiré toute sa vie. Roland
» est en correspondance avec le traître Montesquiou. Ils
» travaillent ensemble à ouvrir la Savoie et la France aux
» Piémontais. Servan n'est nommé général de l'armée des
» Pyrénées que pour livrer la clef de la frontière aux Espa-
» gnols. Dumouriez menace plus Paris que la Belgique et

» la Hollande. Ce charlatan d'héroïsme, que je voulais faire
» arrêter, dîne tous les jours avec les Girondins. *Ah! je
» suis bien las de la Révolution!* Je suis malade; jamais la
» patrie ne fut dans un plus grand danger, et je doute
» qu'elle puisse être sauvée! — N'avez-vous aucun doute
» sur les faits que vous venez d'énoncer? lui demandai-je.
» — Aucun, » me répondit Robespierre.

XVII

» Je me retirai consterné et épouvanté, raconte Garat.
Je rencontrai Salles sortant de la Convention. « Eh bien,
» lui dis-je, n'y a-t-il aucun moyen de prévenir ces divi-
» sions mortelles à la patrie? — Je l'espère, me dit-il; je
» lèverai bientôt tous les voiles qui couvrent les projets
» de ces scélérats. Je connais leurs plans. Leurs complots
» ont commencé avant la Révolution. C'est d'Orléans qui
» est le chef caché de cette bande de brigands. C'est La-
» clos qui a tissu leurs trames. La Fayette est leur com-
» plice. C'est lui qui, en feignant de le proscrire, envoya
» d'Orléans en Angleterre nouer l'intrigue avec Pitt. Mira-
» beau trempait dans ces menées. Il recevait de l'argent
» du roi pour cacher ses liaisons avec d'Orléans; il en re-
» cevait davantage de d'Orléans pour le servir. Il fallait
» faire entrer les Jacobins dans leurs complots. Ils ne l'ont
» pas osé. Ils se sont adressés aux Cordeliers. Les Corde-
» liers ont toujours été la pépinière des conspirateurs.

» Danton les façonne à la politique, Marat les apprivoise
» aux forfaits. Ils négocient avec l'Europe ; ils ont des
» émissaires dans les cours. J'en ai des preuves. Ils ont
» englouti un trône dans le sang, ils veulent faire sortir
» d'un nouveau sang un nouveau trône. Ils savent que le
» côté de la Convention où sont toutes les vertus est aussi
» le côté où sont tous les républicains. Ils nous accusent de
» royalisme, pour déchaîner sous ce prétexte contre nous
» les fureurs de la multitude. Le côté droit tout entier doit
» être égorgé. D'Orléans montera sur le trône. Marat, Ro-
» bespierre et Danton l'assassineront. Voilà les triumvirs!
» Danton, le plus habile et le plus scélérat des trois, se
» défera de ses collègues et dominera seul ; d'abord dicta-
» teur, et bientôt roi !... »

» J'étais stupéfait de la crédulité d'un tel homme. « Pense-
» t-on donc ces choses-là parmi vos amis? dis-je à Salles.
» — Tous ou presque tous, répondit-il. Condorcet doute
» encore, Sieyès s'ouvre peu, Roland voit la vérité. Tous
» sentent la nécessité de prévenir ces crimes et ces mal-
» heurs. » J'essayai de dissuader Salles. La haine et la peur
aveuglaient les deux partis. »

XVIII

Vergniaud seul, plus calme parce qu'il était plus fort, conservait le sang-froid de l'impartialité au milieu des préventions et des haines. Il écrivait dans ce temps à ses amis de Bordeaux ces lignes d'une sereine mélancolie, restituées pour la première fois à l'histoire; elles peignent l'état de la patrie par l'état de son âme : « Dans les circonstances difficiles où je me trouve, c'est un besoin pour mon cœur de s'ouvrir à vous. Quelques hommes qui se vantaient d'avoir fait seuls le 10 août crurent avoir le droit de se conduire comme s'ils avaient conquis la France et Paris; je ne voulus pas m'abaisser devant ces ridicules despotes. On m'appela aristocrate. Je prévis que, si l'existence de la commune révolutionnaire se prolongeait, le mouvement révolutionnaire se prolongerait aussi et entraînerait les plus horribles désordres. On m'appela aristocrate, et vous connaissez les événements déplorables du 2 septembre. Les dépouilles des émigrés et des églises étaient en proie aux plus scandaleuses rapines, je les dénonçai. On m'appela aristocrate. Le 17 septembre, on commença de renouveler les massacres; j'eus le bonheur de faire rendre un décret qui plaçait la vie des détenus sous la responsabilité de l'Assemblée. On m'appela aristocrate. Dans les commissions, mes amis et moi, nous nous occupions nuit et jour des moyens de réprimer l'anarchie et de chasser les Prussiens du territoire. On nous menaçait nuit et jour du glaive des assassins. La Convention s'ouvrit. Il était facile de prévoir que, si elle gardait dans son sein les hommes de septembre, elle serait agitée de perpétuels orages. Je l'annonçai. Ma dénonciation ne produisit aucun effet...

» Jamais je n'ai ressenti la moindre émotion des misérables clameurs élevées contre moi; néanmoins je me dis à moi-même : « Peut-être ces hommes qui accusent sans » cesse la prétendue faction de la Gironde, qui depuis le

» 10 août provoquent contre nous les poignards, ne sont-ils
» tourmentés que par l'ambition de paraître sans cesse à la
» tribune; peut-être qu'ils auront le talent et le bonheur
» d'y servir la chose publique mieux que nous. N'empê-
» chons pas par orgueil le bien qu'ils pourraient faire. Ah!
» que désirons-nous autre chose que de servir notre mal-
» heureuse patrie? » Alors je me voue au silence et me renferme dans les travaux des comités. Une autre raison me tient dans le silence. Dans le choc des passions personnelles, qui peut répondre qu'il sera toujours maître des mouvements de son âme? Tôt ou tard on paye tribut à la faiblesse humaine, et nous devons compte à la république de tous nos écarts. Eh bien, que font ces éternels diffamateurs? Ils redoublent de fureur pour calomnier, dans la Convention, dans les armées, dans toutes les places importantes, les hommes qui ont été utiles à la république. Ils accusent tout l'univers d'intrigues, pour que l'attention générale se détourne ainsi de leurs propres complots. Qui n'applaudit pas aux massacres est un aristocrate pour eux. Qui les applaudit est vertueux. Ils nous pressent de prononcer d'acclamation sur le sort de Louis XVI, sans formes, sans preuves, sans jugement. Il font circuler d'infâmes libelles contre la Convention, des panégyriques ridicules du duc d'Orléans. Ils provoquent dans les sections de nouvelles insurrections du 10 août. Ils prônent des lois agraires. Les tueurs du 2 septembre, associés à des prêtres se disant patriotes, méditent et affichent des listes de proscription. Ils parlent hautement de se donner un chef et à la république un maître. Le zèle de pareils hommes à demander la mort de Louis XVI me paraît, je l'avoue, suspect. Ils veulent, par la précipitation d'un jugement qui

ressemblerait à leurs violences, nous faire légaliser les assassinats de l'Abbaye.

» Je vous écris rarement. Pardonnez-moi. Ma tête est souvent remplie de pensées pénibles et mon cœur de sentiments douloureux. A peine me reste-t-il quelquefois assez de force morale pour remplir mes devoirs. Votre pensée est ma consolation. Étranger, vous le savez, à toute espèce d'ambition, n'ayant ni les prétentions de la fortune ni celles de la gloire, je ne forme pour moi qu'un seul désir, c'est de pouvoir un jour avec vous jouir dans la retraite du triomphe de la patrie et de la liberté ! »

XIX

L'accent de cette lettre avait la gravité, la tristesse et le désintéressement des pensées de Vergniaud. Boyer-Fonfrède et Ducos, ses deux jeunes amis, épanchaient leurs âmes par des confidences semblables dans le sein de leurs amis de Bordeaux. « Le département de la Gironde, écrivait en ce moment Ducos, doit beaucoup au zèle et à l'activité de cet excellent jeune homme (Fonfrède, son beau-frère et son ami). S'il continue, comme je l'espère, à marcher dans sa carrière d'un pas ferme, la république tout entière lui aura de grandes obligations. — Pourquoi, mon ami, m'appelles-tu silencieux? Si ton reproche porte sur mon éloignement de la tribune, je te répondrai que quand on a peu de respect pour sa propre raison et beaucoup d'amour pour la chose publique, on aime mieux travailler, parler et servir que paraître. J'ai cherché à rendre quelques services, jamais à remporter des succès. J'ai peu satisfait mon amour-propre; j'ai quelquefois contenté ma conscience. Ma santé, d'ailleurs, toujours languissante depuis le mois de septembre, ne m'a pas laissé l'usage de mes facultés, je ne dis pas oratoires, mais discutantes. Car tu sais que les poumons de Duchesne sont plus puissants dans une assemblée que la raison même avec une voix grêle et aiguë. »

XX

Fonfrède écrivait à son père à la même époque : « Nous sommes environnés de traîtres et assiégés de cabales. Sieyès, Brissot et Condorcet, nos amis, sont les seules têtes de France capables de nous donner une bonne constitution. Vous connaissez les talents, le patriotisme et la probité de Vergniaud. Je le vois de près. C'est la gloire de la Convention. Il est inaccessible à toute séduction comme à toute crainte. Je ne lui connais qu'un défaut, un peu d'apathie dans le caractère et quelque propension au découragement. Guadet, homme d'un magnifique talent et d'un sublime courage, s'est immortalisé au 10 août. Sa vie répond aux calomnies dont on l'abreuve. Grangeneuve est le patriotisme vivant. Sa tête s'allume trop vite, mais il éclaire en brûlant. Gensonné est un homme de ressources. Il discute bien. Il a eu quelque temps la passion de gouverner. Cette passion est éteinte en lui. »

Enfin Brissot, affilié par ses jeunes amis aux patriotes du Midi, se plaignait à eux dans ces lignes retrouvées dans les papiers de la Gironde : « Les ennemis de la vraie liberté m'abreuvent d'amertume. Je soutiens jour et nuit un rude combat contre les hommes qui ont juré la perte de la république. Nos convulsions ne sont point à leur terme. La faction de l'anarchie prend de la consistance. Il nous sera plus difficile maintenant de la vaincre. Je l'ai dit dès l'origine de cette Convention : c'est la troisième révolution que nous ayons à faire, la révolution de l'anarchie. O mes amis, persévérez. Vous avez senti que l'ordre et la loi pouvaient seuls garantir la liberté. Au milieu des orages qui nous entourent ici et qui agitent la ville d'où je vous écris, c'est une douce consolation pour moi de contempler la tranquillité dont vous jouissez. C'est l'apologie la plus éloquente du système de république que déshonorent les dissensions et le despotisme de Paris. »

XXI

Vergniaud, Ducos, Fonfrède, Grangeneuve, Condorcet, Sieyès, s'entretenaient tous les soirs de la situation de la république dans la maison d'une femme remarquable par son esprit et par son républicanisme, à laquelle les députés de la Gironde avaient été recommandés par leur banquier de Bordeaux. Mariée à un homme opulent, elle habitait le quartier de la Chaussée-d'Antin, non loin de la maison où Mirabeau était mort après avoir tenté, comme les Girondins, de modérer et de constituer la Révolution. Mais le métal en fusion ne prend sa forme qu'en se refroidissant. La Révolution bouillonnait encore. Ces hommes semblaient ignorer qu'il lui restait trop d'efforts à faire au dehors pour que la surexcitation de ses forces ne prolongeât pas ses convulsions. Dans ces réunions, Condorcet était sentencieux; Vergniaud, éloquent, de cette éloquence sereine et philosophique qui plane de haut sur les orages, comme si la parole pouvait les calmer en les jugeant; Fonfrède et Ducos, bouillants, téméraires, gracieux, comme l'inexpérience et la jeunesse; Sieyès, profond, concis, lumineux, nourri de la moelle des historiens antiques, lançant du fond de sa taciturnité habituelle des éclairs de prévision qui illuminaient l'avenir. « Homme d'intuition souveraine, quand Sieyès parlait, nous disait la femme qui présidait à ces entretiens, il me semblait qu'une intelligence supérieure se levait dans mon âme et me faisait comprendre ce qui me paraissait incompréhensible avant qu'il eût parlé. » Les Girondins écoutaient Sieyès avec respect; le prestige de l'Assemblée constituante et de l'amitié de Mirabeau l'enveloppait à leurs yeux. Il leur conseillait les plus viriles entreprises. Inflexible comme un principe, il ne tenait aucun compte des difficultés du jour, des obstacles et des périls que susciteraient ses plans. Abstrait comme un oracle, il promulguait ses axiomes et dédaignait de les discuter. Épurer les comités législatif et exécutif de la Convention, expulser les démagogues, écraser Robespierre, séduire ou abattre Danton, réprimer la commune, concentrer vingt mille hommes, choisis dans les départements, pour entourer la Convention et foudroyer le peuple ; risquer une journée contre les faubourgs ; s'emparer de l'hôtel de ville, cette bastille du despotisme populaire ; concentrer le pouvoir dans un directoire républicain ; lancer Dumouriez en Belgique, Custine en Allemagne ; faire trembler tous les trônes, toutes les théocraties, toutes les aristocraties du continent sur leur existence ; négocier secrètement avec la Prusse et avec l'Angleterre ; sauver Louis XVI et sa famille, les garder en otage jusqu'à la paix et les condamner ensuite à un ostracisme éternel : tels étaient les plans pour lesquels Sieyès flattait et enflammait les Girondins.

Derrière ces plans républicains, et dans l'ombre de ses dernières pensées ou de ses réticences, se cachait peut-être un trône constitutionnel et l'avénement d'une dynastie révolutionnaire. Mais il était loin de les laisser entrevoir aux Girondins. Sieyès, qui avait été l'âme de l'Assemblée constituante, dont Mirabeau était la parole, espérait reprendre son ascendant sur les opinions et sur les affaires par l'organe de Vergniaud.

« Ce Sieyès est la taupe de la Révolution, disait avec aigreur Robespierre. L'abbé Sieyès ne se montre pas, mais il ne cesse d'agir dans les souterrains de l'Assemblée. Il dirige et brouille tout. Il soulève les terres, et il disparaît. Il crée les factions, les met en mouvement, les pousse les unes contre les autres, et se tient à l'écart pour en profiter ensuite, si les circonstances le servent. »

Condorcet, Brissot, Vergniaud, n'avaient point de préjugés contre la monarchie, et le dégoût des convulsions populaires commençait à reporter leur esprit vers la concentration de l'autorité publique. Mais le nom seul de la royauté était une injure aux oreilles des hommes du 10 août, et la haine fanatique des rois était presque toute la politique des jeunes députés de la Gironde. La république ou la mort était pour eux le cri de la nécesssité.

XXII

Fonfrède, fils d'un négociant de Bordeaux, négociant lui-même, n'avait que vingt-sept ans. Il avait passé sa jeunesse en Hollande ; il y avait respiré la vieille tradition républicaine de ces Provinces-Unies, où la richesse et la liberté sont nées l'une de l'autre. Rentré en France, Fonfrède venait d'épouser une jeune femme, sœur de Ducos, qui servait de lien à ces deux amis et à ces deux frères. Ils vivaient, aimaient et pensaient ensemble. Riches et établis à Paris, ils donnaient l'hospitalité à Vergniaud. Leur enthousiasme révolutionnaire les emportait bien plus loin que lui. Vergniaud permettait à son républicanisme les larmes sur le sort des rois et des émigrés. Fonfrède et Ducos avaient l'exaltation de jeunes Jacobins.

Les autres Girondins, Pétion, Buzot, Louvet, Salles, Lasource, Rebecqui, Lanthenas, Lanjuinais, Valazé, Durand de Maillane, Féraud, Valady, l'abbé Fauchet, Kervélégan, Gorsas, se réunissaient plus habituellement chez madame Roland. Moins ardents que Fonfrède, Ducos et Grangeneuve, moins prudents que Vergniaud, ils réglaient leurs actes sur l'intérêt de leur parti plus que sur l'émotion de leur âme. Triompher des Jacobins en leur disputant à tout prix la popularité, enlever à Danton et à Robespierre les prétextes dont ils s'armaient pour accuser les modérés de royalisme, noyer Marat dans le sang de septembre sans cesse remué pour soulever l'indignation de la Convention, créer et garder dans leurs mains une force armée et un pouvoir exécutif, introduire leurs amis en masse dans les comités, et lier la majorité à leurs intérêts par des fils que la main de Roland ferait mouvoir : tel était tout leur plan. Les intérêts de la patrie étaient sans doute pour beaucoup dans leurs pensées, mais ils confondaient aisément l'ambition de leur parti avec l'intérêt de la république. C'est le danger des réunions de ce genre, républicaines ou parlementaires, de changer dans l'âme des meilleurs citoyens le patriotisme en faction, et de rétrécir l'empire aux proportions d'une opinion. Une partie de la puissance de Robespierre tenait, au contraire, à ce qu'il communiquait sans cesse avec la multitude par la salle des Jacobins, tandis que les Girondins s'enfermaient dans leur propre atmosphère. Le seul avantage des réunions chez Roland était de donner de la discipline au parti girondin, d'imprimer un même esprit à leurs journaux, et de diriger, d'une main invisible, les suffrages de la Convention sur les noms de leurs amis pour les comités. Par cette tactique, ils gouvernaient les comités par les Jacobins; mais Robespierre gouvernait l'esprit public. On sentait des deux côtés que la victoire resterait au parti le plus populaire. C'était donc la popularité qu'il fallait se disputer. Les deux partis la cherchaient partout.

XXIII

Les Jacobins, en ce moment, croyaient la trouver au Temple. Celui des deux partis, selon eux, qui déclarerait par ses actes la haine la plus irréconciliable à la royauté, et qui servirait le mieux le ressentiment et la vengeance de la nation en lui jetant la tête du roi, acquerrait un titre tel à la confiance et donnerait un tel gage à la république, que la nation et la république se livreraient à lui. Le prix de la tête de Louis XVI, c'était la dictature. L'ambition ne marchande pas. La peur marchande moins encore. Or, celui des deux partis qui refuserait de donner ce gage à la république trahirait par ce seul fait son penchant ou sa superstition pour la royauté. Cette hésitation serait réputée complicité. Avouer la pitié pour un roi, c'était se déclarer hostile à la république. La patrie ne voulait ni ennemis ni amis douteux. Lui refuser sa vengeance, c'était s'y dévouer. Ainsi la rivalité des deux partis se posait sur une tête. L'empire devait rester au plus implacable. Ces deux partis allaient lutter devant la république à qui lui sacrifierait le plus vite et le plus complétement sa plus grande victime : sinistre conjonction de circonstances, où l'idéal humain est pour ainsi dire déplacé, et où la terreur et le ressentiment renversent tellement l'âme du peuple, qu'au lieu de placer sa force et sa gloire dans la générosité, la passion publique voit sa grandeur dans sa colère et sa sûreté dans l'immolation.

XXIV

Robespierre n'avait aucune haine personnelle contre le roi. Il avait même bien espéré des vertus de ce prince à l'aurore d'un avénement au trône qui promettait un règne à la philosophie. Danton aurait aimé à sauver Louis XVI. Les rapports mystérieux de cet homme avec la reine, avec Madame Élisabeth; les promesses qu'il leur avait faites de veiller sur leurs jours du milieu de leurs ennemis; la pitié pour ce prince, dont le seul crime était d'être né à une époque de révolution, trop dénué de génie pour la comprendre, trop clément pour la combattre, trop faible pour la diriger; l'attendrissement pour ces enfants, qui trouvaient en naissant un crime dans leur nom et une prison dans leur berceau; le secret orgueil de sauver une famille couronnée; la pensée politique de garder ces grands otages et de faire de leur vie et de leur liberté un objet de négociation avec les puissances : tout portait Danton à la modération. Il ne s'en cachait pas avec ses familiers. « Les nations se sauvent, mais ne se vengent pas, disait-il un jour à un groupe de Cordeliers qui lui reprochaient de ne pas insister sur le procès de Louis XVI; je suis un révolutionnaire, je ne suis pas une bête féroce. Je n'aime pas le sang des rois vaincus. Adressez-vous à Marat. » Marat lui-même était indifférent au jugement de Louis XVI. Il ne demandait le jugement du roi dans ses feuilles que pour jeter un défi de plus aux Girondins et pour se montrer plus politique que Robespierre et plus impitoyable que Danton.

Ce défi jeté, il devenait impossible aux Girondins d'éluder la question. Proposer l'amnistie pure et simple de Louis XVI à la Convention, c'était se présenter aux yeux du peuple irrité comme des traîtres qui ne pardonnaient au tyran que pour lui restituer bientôt la tyrannie. Leur parti se divisait en deux opinions sur cette question. Vergniaud, Roland, Lanjuinais, Brissot, Sieyès, Condorcet, Pétion, Fauchet, sentaient une répugnance invincible à élever l'échafaud d'un roi au seuil de la république. L'équité, la justice, les formes du jugement, la magnanimité, la générosité, protestaient dans leur cœur. Ils ne se dissimulaient pas, en hommes déjà expérimentés sur les exigences des révolutions, que cette concession du sang de Louis XVI ne ferait qu'entraîner la nécessité d'autres concessions, et qu'une république née dans le combat du 10 août, inaugurée dans le sang de septembre et sanctionnée de sang-froid par un supplice, ne promettait que la terreur au dedans et n'imprimerait que la répulsion au dehors. Ils penchaient à contester à la nation le droit de juger le roi, tout en lui reconnaissant le droit de le vaincre et de l'emprisonner. A leurs yeux, il y avait dans Louis XVI un vaincu, mais point d'accusé, dans le peuple un vainqueur, mais point de juge, dans le supplice une vengeance, mais point de nécessité.

XXV

L'autre opinion, tout en confessant l'inutilité de ce meurtre après le combat, regardait Louis XVI comme un criminel de lèse-nation que la nation avait le droit de frapper en vengeance du peuple et en exemple aux rois. Fonfrède, Ducos, Valazé et quelques esprits rigides, que l'exemple des tyrans antiques immolés pour cimenter la liberté des peuples fascinait, et que le spectacle des vicissitudes humaines et l'attendrissement sur les victimes n'avaient pas encore fléchis, opinaient dans ce sens : « Louis XVI va laisser sa tête sur l'échafaud, écrivait vers ce temps Fonfrède à ses frères de Bordeaux. Cet événement, simple en lui-même, envisagé par chacun de nous sous différents aspects, est aussi diversement attendu de chacun. Un reste de superstition mêlé à je ne sais quelle inquiétude sur l'avenir le fait redouter de quelques âmes timorées; mais le grand nombre le désire, et la liberté, l'égalité, le commandent autant que la JUSTICE universelle. Le sacrifice est grand. Condamner un homme à la mort! Mon cœur se révolte, il gémit; mais le devoir parle, je fais taire mon cœur. La peine est juste, très-juste; je n'en veux point d'autre garant que la sécurité de ma conscience. Quelques membres de l'Assemblée croient qu'il serait utile de surseoir jusqu'à la paix. C'est une demi-mesure. Elle ne vaut rien. Nous nous perdons si nous nous épouvantons de notre courage. C'est au moment où les potentats de l'Europe se liguent contre nous que nous leur offrirons le spectacle d'un roi supplicié ! » C'est ainsi que le sophisme peut se surexciter lui-même jusqu'au crime.

« Nous voulons diriger la Révolution, de peur que la Révolution ne nous emporte, ajoutaient les Girondins de ce parti. Pour diriger une révolution, il faut rester à la tête de la passion qui la pousse. Cette passion, c'est la passion de la liberté. La liberté veut se venger et se défendre. Le peuple ne sera sûr d'être libre que quand il aura passé sur le cadavre d'un roi. La victime est coupable, il n'y a point de crime à l'immoler. Les Jacobins, les Cordeliers, la commune, le parti patriote de la Convention, les clubs, les journaux, les pétitions des départements, nous imposent de juger l'ennemi de la nation. Si nous résistons à cette voix du peuple, il nous désavouera; il se jettera tout entier à Robespierre, à Danton, à Marat. Notre pitié sera notre crime. L'échafaud du roi sera le trône de leur faction. Nous périrons sans sauver la tête de Louis XVI. Nous laisserons l'empire à des scélérats. Notre fatal scrupule aura perdu la Révolution. Gardons notre sensibilité pour nos femmes et pour nos enfants, dans notre vie privée. N'apportons aux affaires politiques que l'inflexibilité des hommes d'État. On sauve quelquefois les empires avec une goutte de sang, jamais avec des larmes. »

XXVI

Ces tiraillements se prolongèrent longtemps entre les deux factions de la Gironde. Elles menaçaient d'en rompre l'unité. Sieyès les concilia. Esprit sans haine et sans amour, il n'apportait que sa raison dans les affaires. Il répugnait autant que Vergniaud à ce jugement d'un roi que la victoire avait jugé. Il ne reconnaissait à la Convention ni le droit ni l'impartialité nécessaires à un jugement. Il ne voyait dans l'immolation de Louis XVI qu'un de ces actes de colère nationale qui font plus tard rougir les peuples de sang-froid et qui jettent une tache de sang sur le berceau de leur liberté. Sieyès espérait que la réflexion et la justice ramèneraient pendant la durée d'un long procès le sentiment public à l'opinion de l'ostracisme, seul jugement et seul supplice des pouvoirs tombés. Mais Sieyès, qui avait le sang-froid de l'intelligence, n'avait pas l'intrépidité de l'âme. La politique et la timidité l'empêchaient de prendre des partis absolus. Il se réservait toujours la possibilité de pactiser avec la peur et de subir la nécessité des circonstances. Ses opinions étaient des avis plus que des résolutions. Il conseilla donc aux Girondins, ses amis, d'ajourner la difficulté par un atermoiement qui laisserait à chacun sa liberté d'opinion sur le jugement du roi, et qui renverrait au peuple le jugement définitif et en dernier ressort. Ainsi les Girondins conserveraient le crédit nécessaire à leur influence dans la Convention ; ils parleraient et voteraient individuellement, chacun selon l'exaltation de son patriotisme ou la magnanimité de sa modération, sans que l'opinion d'aucun des membres du parti pût caractériser l'opinion du parti lui-même. Les opinions dans le jugement seraient individuelles ; mais une fois le jugement rendu, tous s'accorderaient à demander que ce jugement fût revisé souverainement par le peuple. Ils déchargeraient ainsi leur responsabilité. C'est ce que l'on appela l'*appel au peuple*. Sous la réserve de cette mesure, qui apaisait la conscience des uns, qui abritait la popularité des autres, et qui concédait aux circonstances non la tête, mais le jugement du roi, le procès fut résolu. Le procès accordé sous l'empire d'un ressentiment national que trois mois n'avaient pu calmer, et sous la menace des armées étrangères, qui poussait le peuple aux coups désespérés, il était facile de prévoir qu'aucun parti ne pourrait sauver la victime.

XXVII

Ainsi ni Robespierre, ni Danton, ni Marat, ni les Girondins n'avaient soif du sang de Louis XVI, et ne croyaient à l'utilité politique de son supplice. Isolés, chacun de ces hommes et chacun de ces partis aurait sauvé le roi. Mais, face à face et luttant de popularité et de républicanisme entre eux, ces partis et ces hommes acceptaient le défi qu'ils se jetaient mutuellement. Tous auraient préféré que le défi ne fût pas porté; mais, une fois porté, celui qui aurait reculé était perdu et laissait non-seulement sa popularité, mais sa vie, dans les mains de l'autre. Ils allaient se frapper ou se défendre à travers le corps du roi. Ce n'était aucune faction, ce n'était aucune opinion, ce n'était aucun homme qui immolait le roi; c'était l'antagonisme de toutes ces opinions et de toutes ces factions. Son procès devenait le champ de bataille des partis. Sa tête n'était pas la dépouille, mais le signe apparent et cruel du patriotisme. Nul ne voulait laisser ce signe à ses adversaires. Dans cette lutte, le roi devait tomber sous les mains de tous.

Ce parti adopté, les Girondins, et Roland surtout, voulurent se hâter d'enlever ce texte de trouble et de division dans la république. Maîtres du comité de législation, ils firent charger d'abord Valazé, puis Mailhe, de faire le rapport à la Convention sur les *crimes*, puis sur le jugement du roi. Ils voulaient enlever à Robespierre l'initiative de l'accusation, et imprimer un caractère judiciaire au procès du roi, pour que la lenteur et la solennité des formes donnassent du temps au sang-froid, à la justice et au retour d'opinion en faveur de la clémence.

Valazé fit ce premier rapport, long catalogue des *crimes* de Louis XVI. Danton se leva après la lecture de ce rapport, et demanda l'impression et l'étude approfondie de toutes les pièces et de toutes les opinions qui se rapporteraient à cette grande cause. L'intention cachée d'éluder la discussion par des délais d'instruction était visible dans les paroles de Danton. « Dans une pareille matière, disait-il, il ne faut pas épargner les frais d'impression. Toute opinion qui paraîtrait mûrie, quand elle ne contiendrait qu'une bonne idée, doit être publiée. La dissertation du rapporteur sur l'inviolabilité n'est pas complète. Il y aura beaucoup d'idées à y ajouter. Il sera facile de prouver que les peuples aussi sont inviolables, qu'il n'y a pas de contrat sans réciprocité, et qu'il est évident que, si le ci-devant roi a voulu violer, trahir, perdre la nation française, il est dans la justice éternelle qu'il soit condamné. »

Pétion et Barbaroux firent également des motions temporisatrices, tout en couvrant, comme Danton, leur secrète humanité d'imprécations contre les trahisons du roi.

XXVIII

L'impatience réelle ou feinte du jugement de Louis XVI agitait également les sections, le journalisme, les Jacobins et les Cordeliers. Des orateurs nomades se dressaient des tribunes portatives au milieu des jardins publics, et altéraient la multitude de vengeance et de sang. Le peuple, interrompant ses travaux avant la fin du jour, ondoyait, à la voix de ces meneurs et à l'inspiration de ces affiches, de la porte de la Convention à la porte des Jacobins et des Cordeliers, prenant de plus en plus parti pour Robespierre, et demandant à grands cris l'épreuve des traîtres dans le jugement du roi. La commune soufflait ces agitations, et donnait pour mot d'ordre aux sections les trahisons de Roland et de la Gironde. L'insurrection en permanence était suspendue sur la Convention.

Tantôt la rumeur publique accusait les Girondins d'affamer Paris en refusant d'établir un *maximum* du prix des subsistances au profit du peuple, tantôt de désorganiser les armées et d'amortir l'élan patriotique de la nation sur la Savoie, sur le comté de Nice, sur la Belgique et sur l'Allemagne, tantôt enfin de pactiser avec les royalistes, et d'épargner dans la personne du roi la victime du peuple et l'holocauste de la patrie. Marat jetait tous les jours sur ces ferments de haine l'étincelle de sa parole. Ses feuilles éclataient chaque matin comme ces cris d'insurrection qui sortent par intervalles d'une foule ameutée. C'était l'écho grossissant et multiplié de la fureur de la nation. Danton, tout en se tenant sur la réserve, en silence, et un peu à l'écart des deux partis, conservait un certain ascendant aux Cordeliers et des intelligences cimentées par une terrible complicité avec les chefs de la commune. Robespierre, glorieux d'être à lui seul une faction, se tenait immobile dans ses principes et dans son désintéressement; n'aspirant à rien en apparence, il attendait que tout vînt à lui. Chaque jour, en effet, depuis l'accusation prématurée de Louvet, quelques membres indécis de la Convention se détachaient du parti de Roland et de Brissot et venaient se rallier à l'homme des principes, ceux-ci par peur, ceux-là par estime, le plus grand nombre par cette puissance d'attraction qu'exercent, indépendamment de leur caractère ou de leur talent personnels, les hommes qui comprennent le mieux les dogmes d'une révolution, qui s'y attachent avec le plus de foi, et qui les professent avec le plus de persévérance et d'intrépidité, à travers toutes les circonstances, toutes les fortunes et tous les partis. Ainsi, d'un côté, Marat, Danton, Robespierre, les Jacobins, les Cordeliers, la commune, le peuple de Paris; de l'autre,

Roland, Pétion, Brissot, Vergniaud, les députés girondins, les fédérés des départements, les Marseillais de Barbaroux et la bourgeoisie de Paris, se formaient en deux factions qui allaient se déchirer en se disputant la république. Tel était l'aspect de la Convention.

XXIX

Mais ce n'était pas seulement l'ambition de gouverner la république qui créait ces deux grandes factions. Ces divisions avaient leur cause dans la différence de dogmes révolutionnaires professés par chacun des deux partis, et dans la politique diverse que cette diversité de dogmes inspirait à leurs chefs. Les Girondins n'étaient que des démocrates de circonstance. Robespierre et les Montagnards étaient des démocrates de principes. Les premiers n'aspiraient, comme l'Assemblée constituante et Mirabeau, qu'à renverser les vieilles aristocraties de l'Église, de la noblesse et de la cour, pour les remplacer par les aristocraties plus modernes de l'intelligence, des lettres et de la fortune. Le bouleversement social provoqué par les Girondins s'arrêtait aux premières couches de la société. Un trône, une église et une noblesse une fois supprimés au sommet de l'État, ils voulaient garder tout le reste. Leur génie et leur orgueil satisfaits, ils prétendaient arrêter la Révolution, poser la borne de la démocratie derrière eux, et laisser subsister en bas toutes les inégalités et toutes les injustices, au-dessus desquelles ils se seraient élevés seuls par le mouvement qu'ils auraient imprimé.

Ils ne cachaient pas leur prédilection pour la forme du gouvernement anglais ou pour des institutions sénatoriales qui constitueraient, sinon la royauté d'un homme, du moins la suprématie d'une classe. Les plus avancés de ces hommes d'État révélaient des tendances américaines et fédératives, qui, en divisant la république en groupes distincts et indépendants, permettraient aux influences et aux familles provinciales de devenir des oligarchies de département.

Sans descendre jusqu'à la turbulente démagogie de Marat, la politique de Robespierre embrassait dans ses plans d'émancipation et d'organisation le peuple tout entier. Tous les hommes citoyens, tous les citoyens souverains, et exerçant, selon des formes déterminées par la constitution, leur part égale de souveraineté, la justice et l'égalité parfaites, fondées sur les droits de la nature, et distribuant à parts équitables entre toutes les conditions et tous les individus les bénéfices et les charges de l'association commune; les fruits héréditaires du travail conservés dans la propriété, base de la famille; mais la loi des successions et l'équité de l'État frappant sans cesse le riche de charges plus lourdes, soulageant sans cesse le pauvre de secours plus abondants, et tendant sans cesse ainsi à niveler les fortunes à l'exemple des droits et des castes nivelés; une religion civique renfermant dans son symbole, exprimant dans son culte les dogmes rationnels, les formules morales et les aspirations pieuses qui font croire, espérer et agir l'humanité; en trois mots, un peuple, un magistrat, un Dieu; la loi divine, autant que possible, exprimée et pratiquée dans la loi sociale : voilà l'idéal de la politique de Robespierre.

C'était, comme nous l'avons dit, la politique de Jean-Jacques Rousseau. En remontant plus haut, on en retrouve le germe dans le christianisme mal appliqué. Un idéal divin mille fois trahi par l'imperfection des instruments et des institutions qui tentèrent de le réaliser, mille fois noyé dans le sang des martyrs du perfectionnement social, mais qui traverse néanmoins toutes les déceptions, toutes les tyrannies, toutes les époques, tous les rêves, et que l'humanité revoit sans cesse briller devant elle, sinon comme un port, du moins comme un but !

Une telle politique devait fasciner le peuple. Cette doctrine avait des complices dans toutes les injustices, dans toutes les inégalités, dans toutes les souffrances des classes déshéritées de la fortune et du pouvoir, et dans toutes les aspirations généreuses des hommes. Cette double complicité de tout ce qui souffre du présent et de tout ce qui aspire à l'avenir était la force de Robespierre. Le peuple ne voyait dans les Girondins que des ambitieux ; il voyait dans Robespierre un libérateur.

XXX

Mais les membres de la commune et des Cordeliers avaient un autre motif de haïr et de renverser les Girondins. Maîtres de Paris depuis le 10 août, ils ne voulaient pas céder l'empire à la Convention. L'instinct de la Révolution leur disait qu'il fallait imprimer une dictature à la France, tendre tous ses ressorts à la fois et communiquer aux départements, membres éloignés et refroidis de la république, cette chaleur et cette fièvre qui se concentrent toujours en certains moments dans la tête des nations. Paris seul, centre et foyer des idées révolutionnaires depuis un demi-siècle, avait assez d'ardeur, de passion, de fanatisme et d'autorité sur le reste de la république pour se faire imiter ou obéir, et pour exercer sur les députés incertains ou épars des départements une pression de volonté, de terreur et quelquefois d'insurrection, qui ferait d'eux, malgré eux, les instruments de l'énergie désespérée des principes. Les Cordeliers, la commune et Danton, d'accord en cela avec eux, méprisaient dans les Girondins cette modération d'esprit et ces scrupules de légalité, propres, selon eux, à tout énerver dans un moment où tout devait être tendu et violent comme les circonstances. Ils haïssaient surtout dans ces hommes de département cet esprit d'isolement et ce tiraillement du centre aux extrémités qui tendaient à mettre chaque département au niveau de Paris, et à ne pas laisser à la capitale plus de droits et plus d'action qu'au dernier chef-lieu du Nord ou du Midi. « Que nous importent vos lois et vos théories, disait brutalement Danton à Gensonné, quand la seule loi est de triompher, quand la seule théorie pour la nation est la théorie de vivre ? Sauvons-nous d'abord, et nous disserterons après. La France en ce moment n'est ni à Lille, ni à Marseille, ni à Lyon, ni à Bordeaux ; elle est tout entière où l'on pense, où l'on agit, où l'on combat pour elle ! Il n'y a plus de départements, plus d'intérêts séparés, plus de géographie ; il n'y a qu'un peuple, il ne doit y avoir qu'une république! Est-ce à Lyon qu'on a pris la Bastille? Est-ce à Marseille qu'on a fait le 20 juin? Est-ce à Bordeaux qu'on a fait le 10 août? Partout où on a à la sauver, là est la France, là est la nation, une, entière, indivisible. Que parlez-vous de tyrannie de Paris? C'est la tyrannie de la tête sur les membres, c'est-à-dire c'est la tyrannie de la vie sur la mort. Allez! vous êtes des hommes de démembrement! Vous nous accusez d'asservir les départements, nous vous accusons de décapiter la république! Lesquels de nous sont les plus coupables? Vous voulez morceler la liberté, pour qu'elle soit faible et vulnérable dans tous ses membres ; nous voulons déclarer la liberté indivisible comme la nation, pour qu'elle soit inattaquable dans sa tête. Lesquels de nous sont des hommes d'État? » Évidemment c'était Danton.

LIVRE TRENTE-DEUXIÈME

Louis XVI et la famille royale au Temple. — Description du Temple.
— Manuel. — Tison et sa femme. — Le cordonnier Simon et son
aide Rocher. — Le roi séparé de sa famille. — Cléry. — Toulan.

I

Pendant que la république, déchirée en naissant par les factions au dedans, menacée au dehors par la coalition des trônes, poussait ses bataillons sur toutes ses frontières, s'agitait dans ses spasmes à Paris, et, ne sachant sur qui tourner sa fureur, demandait à grands cris une tête comme pour la dévouer au génie irrité du peuple, le roi et sa famille, enfermés au Temple, entendaient confusément, du fond de leur prison, le bruit sourd de ces convulsions. De jour en jour elles s'approchaient davantage et les menaçaient de plus près.

II

Il y a toujours dans ces grands chocs d'idées et d'événements qui produisent les révolutions quelques êtres expiatoires, quelques familles, quelques âmes en qui se personnifie le malheur commun, et dans qui, par un déplorable privilége d'infortune, les haines des deux causes acharnées, les coups qu'elles se portent, les terreurs ou les fureurs qu'elles se renvoient, les factions qui les déchirent, les calamités, le sang, les larmes de tout un empire viennent, pour ainsi dire, se concentrer, éclater, se déchirer, pleurer, saigner, souffrir et mourir dans un seul cœur! C'est le point où les révolutions les plus nécessaires se résolvent en angoisses, en tortures et en supplices, dans les victimes qui personnifient les institutions immolées. C'est là aussi que l'opinion se tait, que la théorie cesse d'être implacable, et que l'histoire elle-même, oubliant un moment sa partialité pour la cause des peuples, n'a plus d'autre cause, d'autre gloire et d'autre devoir que la pitié. Car l'histoire aussi, cette interprète du cœur humain, a des larmes; mais ses larmes l'attendrissent, et ne l'aveuglent pas.

III

Nous avons laissé Louis XVI au seuil du Temple, où Pétion l'avait conduit, sans que le roi pût savoir encore s'il y entrait comme suspendu du trône ou comme prisonnier. Cette incertitude dura quelques jours.

Le Temple était une antique et sombre forteresse bâtie par l'ordre monastique des *Templiers,* dans le temps où ces théocraties sacerdotales et militaires, unissant la révolte contre les princes à la tyrannie contre les peuples, se construisaient des châteaux forts pour monastères, et marchaient à la domination par la double force de la croix et de l'épée.

Depuis leur chute, leur demeure fortifiée était restée debout, comme un débris d'un autre temps négligé par le temps nouveau. Le château du Temple était situé près du faubourg Saint-Antoine, non loin de la Bastille ; il enfermait, avec ses bâtiments, son palais, ses tours, ses jardins, un vaste espace de solitude et de silence, au centre d'un quartier fourmillant de peuple. Les bâtiments se composaient du *prieuré* ou palais de l'ordre, dont les appartements servaient d'hôtellerie passagère au comte d'Artois, quand ce prince venait de Versailles à Paris. Ce palais délabré renfermait des appartements garnis de quelques meubles antiques, de lits et de linge pour la suite du prince. Un concierge et sa famille en étaient les seuls hôtes. Un jardin l'entourait, inculte et vide comme le palais. A quelques pas de cette demeure s'élevait le donjon ou château autrefois fortifié du Temple. Sa masse abrupte et noire se dressait d'un seul jet du sol vers le ciel; deux tours carrées, l'une plus grande, l'autre plus petite, accolées l'une à l'autre comme un faisceau de murs, portant chacune à leurs flancs d'autres tourelles suspendues, et se couronnant autrefois de créneaux à leur extrémité, formaient le groupe principal de cette construction. Quelques bâtiments bas et plus modernes s'y adossaient, et ne servaient, en disparaissant sous leur ombre, qu'à en relever la hauteur. Ce donjon et cette tour étaient construits en larges pierres taillées de Paris, dont les excoriations et les cicatrices marbraient les murailles de taches jaunâtres et livides sur le fond noir qu'impriment la pluie et la fumée aux monuments du nord de la France.

La grande tour, presque aussi élevée que les tours d'une cathédrale, n'avait pas moins de soixante pieds de la base au faîte. Elle renfermait entre ses quatre murs un espace de trente pieds carrés. Un énorme pilier en maçonnerie occupait le centre de la tour et montait jusqu'à la flèche de l'édifice. Ce pilier, s'élargissant et se ramifiant à chaque étage, allait appuyer ses arceaux sur les murs extérieurs, et formait quatre voûtes successives qui portaient quatre salles d'armes. Chacune de ces salles communiquait à des réduits plus étroits nichés dans les tourelles. Les murs de l'édifice avaient neufs pieds d'épaisseur. Les embrasures des rares fenêtres qui l'éclairaient, très-larges à l'ouverture dans la salle, s'enfonçaient en se rétrécissant jusqu'à la croisée de pierre, et ne laissaient qu'un air rare et une lumière lointaine pénétrer dans l'intérieur. Des barreaux de fer assombrissaient encore ces appartements. Deux portes, doublées l'une en bois de chêne très-épais et garnie de clous à large tête de diamant, l'autre en lames de fer fortifiées de barres du même métal, séparaient chaque salle de l'escalier par lequel on y montait.

Cet escalier tournant se dressait en spirale jusqu'à la plate-forme de l'édifice.

Sept guichets successifs ou sept portes solides, fermées à la clef ou au verrou, étaient étagés, de palier en palier, depuis la base jusqu'à la terrasse. A chacun de ces guichets veillaient une sentinelle et un porte-clefs. Une galerie extérieure régnait au sommet de ce donjon. On y faisait dix pas sur chaque face. Le moindre souffle d'air y grondait comme une tempête. Les bruits de Paris y montaient en s'affaiblissant. De là la vue se portait librement, par-dessus les toits bas du quartier Saint-Antoine ou de la rue du Temple, sur le dôme du Panthéon, sur les tours de la cathédrale, sur les toits des pavillons des Tuileries, ou sur les vertes collines d'Issy ou de Choisy-le-Roi, descendant avec leurs villages, leurs parcs et leurs prairies, vers le cours de la Seine.

La petite tour était adossée à la grande. Elle portait aussi deux tourelles à chacun de ses flancs. Elle était également carrée et divisée en quatre étages. Aucune communication intérieure n'existait entre ces deux édifices contigus. Chacun avait son escalier séparé. Une plate-forme en plein ciel régnait au lieu de toit sur la petite tour comme sur le donjon. Le premier étage renfermait une antichambre, une salle à manger, et une bibliothèque de vieux livres rassemblés par les anciens prieurs du Temple, ou servant de dépôt aux rebuts des bibliothèques du comte d'Artois. Le deuxième, le troisième et le quatrième étage offraient à l'œil la même disposition de pièces, la même nudité de murs et le même délabrement de mobilier. Le vent y sifflait, la pluie y tombait à travers les vitres brisées, les hirondelles y volaient en liberté. Ni lits, ni tables, ni fauteuils, ni tentures. Un ou deux grabats pour les aides du concierge, quelques chaises dépaillées et quelque vaisselle de terre dans une cuisine abandonnée, formaient tout l'ameublement. Deux portes basses et cintrées, dont les moulures de pierre de taille imitaient un faisceau de colonnes surmontées de l'écusson brisé du Temple, donnaient entrée aux vestibules de ces deux tours.

De larges allées pavées circulaient autour du monument. Ces allées étaient séparées par des barrières en planches. Le jardin était souillé d'une végétation touffue de mauvaises herbes, sali de tas de pierres et de gravois, débris de démolitions. Une muraille haute et sombre comme le mur d'un cloître attristait cette enceinte en la renfermant de toutes parts. Cette muraille ne s'ouvrait qu'à l'extrémité d'une large avenue sans arbres sur la Vieille-Rue-du-Temple. Tels étaient l'aspect extérieur et la disposition intérieure de cette demeure, où les hôtes des Tuileries, de Versailles et de Fontainebleau, arrivaient à la tombée de la nuit. Ces salles désertes n'attendaient plus d'hôtes, depuis que les Templiers les avaient quittées pour aller au bûcher de Jacques Molay. Ces tours pyramidales, vides, froides et muettes pendant tant de siècles, ressemblaient moins à une demeure qu'aux chambres d'une pyramide, dans le sépulcre d'un Pharaon de l'Occident.

IV

A son arrivée au Temple, le roi fut remis par Pétion à la surveillance des municipaux et à la garde de Santerre. Le procureur-syndic de la municipalité, Manuel, homme susceptible d'attendrissement comme d'exaltation révolutionnaire, accompagna le roi. On voyait à son attitude que la pitié l'avait déjà saisi, et que son respect intérieur pour la grandeur déchue luttait en lui contre l'austérité officielle de son langage. Son front baissé, sa rougeur, trahissaient la honte secrète qu'il éprouvait d'écrouer ce roi, cette reine, ces enfants, cette princesse, dans une demeure si différente du palais qu'ils venaient de quitter. Une certaine hésitation donnait de l'incertitude au rôle de Santerre, de Manuel et des municipaux chargés d'installer la famille royale au Temple. Cette installation ressemblait à une exécution. Les magistrats du peuple étaient aussi troublés que les captifs. Les canonniers des sections, qui avaient servi d'escorte à la voiture du roi et en qui les souvenirs du 10 août, l'ivresse du triomphe, les cris et les gestes du peuple sur la route avaient étouffé tout respect, voulaient enfermer le roi dans la petite tour et le reste de la famille dans le palais. Pétion rappela ces hommes à l'humanité. La famille royale fut déposée tout entière dans le château. Les concierges l'y reçurent silencieux et mornes, et firent avec un zèle hâtif toutes les dispositions pour un long séjour.

Le roi ne doutait pas que ce·ne fût la résidence que la nation lui assignait jusqu'au dénoûment de sa destinée. Il n'y entrait pas sans cette sorte de joie intérieure qui fait trouver à l'homme ballotté par le mouvement et fatigué d'incertitude un bonheur dans l'immobilité sur l'écueil même où il s'est brisé. S'il ne croyait pas à la sûreté, il croyait du moins à la paix dans ce séjour. Il se hâta d'en prendre possession et d'y conformer par la pensée les habitudes de sa vie. Il mesura de l'œil les jardins pour les promenades de ses enfants et pour l'exercice quotidien dont sa forte nature et ses goûts de chasseur lui imposaient à lui-même le besoin. Il se fit ouvrir les appartements, examina le linge, les meubles, choisit les pièces, marqua la chambre de la reine, la sienne, celle des enfants, celle de sa sœur, de la princesse de Lamballe et des personnes que leur tendresse ou leur fidélité attachaient à ses pas jusque dans cet asile.

V

On servit le repas du soir à la famille royale. Le roi soupa avec une apparence visible de détente d'esprit et de sérénité. Manuel et les municipaux assistèrent debout au souper. Le jeune Dauphin s'étant endormi sur les genoux de sa mère, le roi ordonna de l'emporter. On se disposait à coucher l'enfant, quand un ordre de la commune, provoqué non par Manuel et Pétion, mais par une dénonciation des canonniers de garde, arriva à Manuel et troubla cette première joie de la captivité : c'était l'ordre d'évacuer immédiatement le palais et de renfermer, dès la première nuit, la famille royale dans la petite tour du Temple. Le roi sentit ce coup avec plus de douleur peut-être qu'il n'en avait senti à sa sortie des Tuileries. On s'attache souvent à un débris de sa destinée avec plus de force qu'à sa destinée tout entière. Tous les préparatifs d'établissement furent interrompus. Des canonniers et des municipaux transportèrent à la hâte quelques matelas et quelque linge dans les salles inhabitées de la tour. Des corps de garde s'y établirent. Le roi, la reine, les princesses, les enfants, réunis dans le salon et rassemblant autour d'eux les objets nécessaires à chacun, attendirent plusieurs heures en silence que leur prison fût prête à les recevoir.

A une heure après minuit, Manuel vint les inviter à s'y rendre. La nuit était profonde. Des municipaux portaient des lanternes devant le cortége; des canonniers, le sabre nu, formaient la haie. Ces faibles lumières n'éclairaient que quelques pas devant eux et laissaient tout le reste dans l'obscurité ; seulement, des lampions allumés aux fenêtres et aux cordons de la forteresse du Temple faisaient entrevoir ses hautes flèches et la masse noire des tours vers lesquelles on se dirigeait silencieusement. L'édifice, ainsi éclairé, présentait des profils gigantesques et fantastiques inconnus au roi et à ses serviteurs. Un valet de chambre du roi ayant demandé à voix basse à un officier municipal si c'était là qu'on conduisait son maître : « Ton maître, lui répondit le municipal, était accoutumé aux lambris dorés; eh bien, il va voir comment on loge les assassins du peuple. »

VI

On entra dans la tour par la porte étroite et oblique de la tourelle qui renfermait l'escalier en limaçon. A chaque étage, on déposa une partie de la famille royale et des serviteurs dans le logement qui leur était affecté : Madame Élisabeth, dans une cuisine pourvue d'un seul grabat, au rez-de-chaussée; les hommes de service, au premier étage; la reine et ses enfants, au second; le roi, au troisième. Un lit de chêne sans rideaux et quelques siéges étaient les seuls meubles de cette pièce. Les murs étaient nus; quelques gravures obscènes, restes de l'ameublement d'un valet de pied du comte d'Artois, étaient suspendues à des clous contre la muraille. Le roi, en entrant, parcourut de l'œil, sans aucun signe de répugnance ou de faiblesse, ce logement; il regarda les gravures, les détacha de sa propre main, et les retournant contre la muraille : « Je ne veux pas, dit-il, laisser de pareils objets sous les yeux de ma fille! » La chambre de la reine et des enfants offrait la même sordidité.

Le roi se coucha et s'endormit. Deux de ses serviteurs, MM. Hue et Chamilly, passèrent la nuit sur des chaises auprès de son lit; la princesse de Lamballe, au pied du lit de la reine; les autres femmes attachées au service de la famille royale, dans la cuisine, sur des matelas étendus autour du grabat où couchait la jeune sœur du roi. Des gardiens et des municipaux surveillaient à vue ces chambres.

La nuit s'écoula, chez la reine et chez les princesses, en chuchotements, en larmes contenues et en présages sinistres échangés à voix basse sur le sort qu'un tel avilissement de leur rang et de leur sexe annonçait aux captives. Les enfants seuls dormirent d'un sommeil paisible et prolongé, comme sous les lambris de Versailles. Le lendemain et les jours suivants, la reine et les princesses eurent la liberté de se voir dans l'appartement du roi, et de se transporter sans obstacle d'un étage à l'autre, dans l'intérieur de la tour. Ils en visitèrent toutes les pièces; ils y disposèrent définitivement le logement de chacune des personnes de la famille, amies ou domestiques. Ils y resserrèrent leur vie, ils y plièrent leurs habitudes, comme un prisonnier enchaîné s'arrange dans ses fers pour en moins sentir le poids. On apporta quelques meubles, on tendit quelques tapisseries sur l'humide nudité des murailles; on dressa quelques lits. Ceux de la reine et du roi furent empruntés au mobilier usé du palais du Temple : c'étaient les lits des écuyers du comte d'Artois. Un seul, celui du roi, avait des rideaux de damas vert éraillés et déchirés, comme il convenait à un si misérable réduit.

Après le premier déjeuner, servi encore avec un certain luxe dans la salle à manger du premier étage, le roi passa dans la tourelle à côté, feuilleta avec intérêt les vieux livres latins entassés dans cette partie de la tour par les archivistes de l'ordre des Templiers, volumes endormis depuis si longtemps sous la poussière. Il y trouva Horace, ce poëte de la volupté insouciante, oublié là comme une ironie de ces grandeurs détruites, de ces jeunesses ensevelies, de ces beautés découronnées. Il y découvrit Cicéron, cette grande âme où la philosophie sereine domine les vicissitudes de la politique, et où la vertu et l'adversité, luttant dans un génie digne de les contenir, sont données en spectacle et en leçons aux âmes qui ont à s'exercer avec la fortune. Enfin il y déterra quelques livres religieux, que sa piété, ravivée par le malheur, lui fit recevoir comme un don du ciel; de vieux bréviaires contenant dans leurs versets de psaumes, distribués pour chaque jour, tous les gémissements de la terre; une *Imitation du Christ,* ce vase de douleur du chrétien, où toutes les larmes se changent, par la résignation, en apaisement du cœur et en joies anticipées d'immortalité. Le roi emporta précieusement ces livres dans son cabinet de travail, enfoncement pris sur la tourelle à côté de sa chambre. Il voulait s'en nourrir lui-même et s'en servir à exercer la mémoire et l'intelligence de son fils dans l'étude de la langue latine.

VII

Les princesses se réunirent dans l'appartement de la reine, au second étage, au-dessous de la chambre du roi. La reine fit dresser son lit et celui de son fils dans la salle qui occupait le centre de la tour; Madame Élisabeth, sa nièce, la princesse de Lamballe, s'établirent dans une pièce plus petite et plus obscure, qui servait, le jour, de passage aux municipaux, aux gardiens, aux hommes de service de tout cet étage, pour se rendre dans les autres pièces consacrées aux plus vils usages. Les cuisines du rez-de-chaussée restèrent vides ainsi que le quatrième étage de la tour. Une autre cuisine, placée au troisième étage et contiguë à la chambre du roi, reçut les lits de ses deux serviteurs, MM. Hue et Chamilly.

Une promenade d'une heure dans le jardin, sous une sombre allée de marronniers antiques, fut permise à la famille avant le dîner : ce repas fut servi à deux heures. Santerre et deux de ses aides de camp y assistèrent sans insolence et sans respect. Les heures qui séparent le milieu du jour de la nuit furent occupées par des entretiens, des lectures, les leçons données à son fils par le roi ; par les jeux et par la prière des enfants, les tendres épanchements de famille entre les captifs. A neuf heures, on apporta le souper dans la chambre du roi, pour que le bruit de ce dernier repas ne troublât pas le sommeil des enfants, déjà endormis dans l'étage de la reine. Après le souper et les adieux échangés par de tendres serrements de main entre le roi, la reine et sa sœur, les princesses redescendirent ; et le roi, entrant dans son cabinet de lecture, s'y renferma pour réfléchir, lire et prier jusqu'à minuit.

VIII

Ainsi s'écoula cette première journée de la captivité. La présence et les consolations de la princesse de Lamballe ;

l'assiduité, le dévouement de la duchesse de Tourzel et de sa fille Pauline; l'affection de serviteurs éprouvés, volontairement enfermés avec leurs maîtres et heureux de leurs sacrifices; le culte pieux de Madame Élisabeth pour son frère; la nouveauté du malheur, les diversions, les tristes sourires que donnèrent plusieurs fois aux prisonniers les arrangements de leurs chambres et le renversement de leurs habitudes dans ce morne séjour; la lassitude des tumultes passés, le sentiment d'une plus grande sûreté pour leur vie dans cette forteresse, le vœu de la reine à Danton ainsi providentiellement accompli : « Il faut nous enfermer trois mois dans une tour; » l'approche certaine des étrangers, l'ignorance des triomphes de Dumouriez; le sentiment de tant d'attachement, de tant de compassion, de tant de vœux qui les suivaient du fond de la nation dans ces cachots; l'espoir vague mais confiant d'un changement possible dans les dispositions du peuple, répandirent quelque charme sur leurs heures et quelque adoucissement sur leur tristesse. Tant que l'infortune a des témoins qui la contemplent, des confidences qui l'écoutent, des amitiés qui la partagent, elle peut avoir même ses joies. Cette famille, ces amies, ces serviteurs, resserrés ensemble par ces murs, se donnaient réciproquement cette consolation.

IX

Le jour suivant, les prisonniers allèrent, par distraction à leur gêne actuelle, visiter les salles plus vastes de la grande tour du Temple, où Santerre leur avait annoncé qu'on leur préparait leur habitation définitive. Manuel, Santerre et une forte escorte de municipaux les accompagnèrent dans cette visite à leur prison, et de là dans les jardins. En traversant les rangs des municipaux et les groupes des gardes nationaux pressés sur leur passage, le roi et la reine entendirent des murmures menaçants contre la présence de la princesse de Lamballe, de madame de Tourzel et des femmes de service qu'on leur laissait comme une ombre de la royauté « qu'on ne pouvait tolérer après les crimes de la cour, et qui semblait un outrage au peuple en conservant une apparence de superstition à la souveraineté. »

Ces propos, rapportés à la commune, firent prendre un arrêté qui ordonnait le renvoi de toutes ces personnes. L'humanité de Manuel suspendit quelques jours l'exécution de cette mesure rigoureuse. Manuel espérait faire révoquer un ordre qui allait déchirer si cruellement tant de cœurs. Mais dans la nuit du 19 au 20 août, pendant le premier sommeil des prisonniers, un bruit inusité réveilla en sursaut la famille royale. Des municipaux entrèrent dans les chambres du roi et de la reine, et leur lurent un arrêté plus impératif, qui ordonnait l'expulsion immédiate de tous les individus étrangers à la famille royale, sans en excepter les femmes de service et les deux serviteurs attachés à leur personne. Cet ordre, promulgué à une pareille heure avec des termes et des gestes qui en redoublaient la cruauté, frappa tous les détenus de stupeur et de consternation. Hue et Chamilly, se précipitant à demi vêtus dans la chambre de leur maître, se tenaient mutuellement les mains, debout devant le lit du roi. Ils exprimaient par ce geste muet leur horreur de se séparer. « Prenez garde, leur dit un officier municipal, la guillotine est permanente et frappe de mort les serviteurs des rois. »

Madame de Tourzel, gouvernante du Dauphin, apporta l'enfant assoupi sur le lit de la reine éplorée. Mademoiselle Pauline de Tourzel était serrée dans les bras de la jeune princesse royale, à laquelle l'âge et l'amitié l'attachaient comme à une sœur. Madame de Navarre, dame de Madame Élisabeth; les trois femmes de service de la reine, des princesses, des enfants; mesdames Saint-Brice, Thibault, Bazire, fondaient en larmes aux pieds de leur maîtresse. Marie-Antoinette et la princesse de Lamballe, enlacées dans les bras l'une de l'autre, sanglotaient de douleur. La violence seule put les séparer. Les municipaux entraînèrent madame de Lamballe évanouie sur l'escalier, hors de ces murs où elle laissait sa reine et son amie. Le roi ne put se rendormir. Madame Élisabeth et la jeune princesse royale passèrent le reste de la nuit à pleurer dans la chambre de la reine. De ce jour seulement Marie-Antoinette se sentit captive. On venait de lui enlever l'amitié.

X

Pour remplacer ces femmes, ces serviteurs, ces amis, besoin des cœurs comme des habitudes, les commissaires de la commune installèrent dans la tour un homme et une femme nommés Tison. Ils étaient chargés seuls du service des prisonniers. Ce Tison, vieillard morose, était un ancien commis aux barrières de Paris, homme accoutumé par son état au soupçon, à l'inquisition et à la rudesse envers les personnes. Cette rudesse changeait tous ses services en injures.

La femme de Tison, plus jeune et moins insensible, flottait entre son attendrissement sur les malheurs de la reine et la crainte que cet attendrissement ne fût imputé à crime à son mari. Elle passait sans cesse du dévouement à la trahison, et des larmes versées aux genoux de la reine aux délations contre sa maîtresse. Son cœur était faible; cette reine de France à sa merci exaltait et troublait ses idées. Cette lutte de la sensibilité et de la terreur dans un esprit faible finit par égarer la raison de cette malheureuse femme.

Un cordonnier nommé Simon, commissaire de la commune pour inspecter les travaux et les dépenses, était le seul des municipaux qui ne fût jamais relevé de son service au Temple. Tous ces serviteurs, ces geôliers, ces porte-clefs, prenaient les ordres de cet homme. Ouvrier rougissant du travail et ambitieux d'un rôle, même du plus abject, Simon briguait celui de geôlier et l'exerçait en bourreau. Il avait pour aide un ancien sellier du nom de Rocher.

XI

Rocher était un de ces hommes pour qui l'infortune est un jouet et qui aiment à aboyer aux victimes comme des chiens aux haillons. On l'avait choisi à la masse de la stature, à l'apparence sinistre, à la férocité des traits. C'était l'homme qui avait forcé la chambre du roi le 20 juin et levé la main sur lui pour le frapper. Hideux de visage, insolent de regard, grossier de geste, ordurier de propos, un bonnet de poil, une longue barbe, une voix rauque et souterraine, l'odeur du tabac et du vin qui s'exhalait de ses habits, le nuage de la pipe qui l'enveloppait sans cesse, faisaient de lui l'apparition visible du cachot. Il traînait un grand sabre sur les dalles et sur les marches des escaliers. Une ceinture de cuir tenait suspendu à ses flancs un énorme trousseau de clefs. Le bruit de ces clefs, qu'il faisait résonner à dessein; le fracas des verrous, qu'il tirait et refermait tout le jour, lui plaisaient comme à d'autres le bruit des armes. Il semblait que ce cliquetis, qui faisait retentir son importance, faisait retentir aussi leur captivité plus rudement aux oreilles des prisonniers. Quand la famille royale sortait pour sa promenade au milieu du jour, Rocher, feignant de choisir parmi son trousseau de clefs et d'essayer vainement les serrures, faisait attendre longtemps le roi et les princesses debout derrière lui. A peine la porte du premier guichet était-elle ouverte, qu'il descendait précipitamment l'escalier en froissant du coude le roi et la reine, et qu'il allait se placer en factionnaire à la dernière porte. Là, debout, obstruant l'issue, examinant les figures, il lançait de sa pipe des nuages de fumée au visage de la reine, de Madame Élisabeth et de la princesse royale, regardant à chaque bouffée si l'intention de son insulte était comprise et si les témoins de sa bassesse l'en récompensaient par des sourires d'intelligence.

Ses outrages applaudis l'encourageaient à les renouveler tous les jours. Les gardes nationaux de service avaient soin de se rassembler chaque fois, à la sortie du roi, pour jouir de ce supplice de la dignité royale livrée aux outrages d'un porte-clefs. Ceux que révoltait cette lâcheté renfermaient dans leur cœur une indignation qui eût paru un crime à leurs camarades. Les plus cruels ou les plus curieux se faisaient apporter des chaises du corps de garde. Ils s'asseyaient, le chapeau sur la tête, quand le roi passait, rétrécissant avec affectation le passage, pour que le monarque déchu contemplât de plus près leur irrévérence et sa dégradation. Des éclats de rire, des chuchotements, des épithètes grossières ou obscènes couraient dans les rangs sur le passage du roi et des princesses. Ceux qui n'osaient pas prononcer ces injures les écrivaient avec la pointe des baïonnettes sur les murs du vestibule et des escaliers. On y lisait à chaque marche des allusions outrageantes à la grosseur du roi, aux prétendus désordres de la reine, des menaces de mort aux enfants, *louveteaux à étrangler avant l'âge où ils dévoreraient le peuple!*

Pendant la promenade, les canonniers, quittant leurs pièces, et les ouvriers leurs truelles, se rassemblaient le plus près possible des prisonniers, et dansaient des rondes aux refrains révolutionnaires et aux couplets des chansons les plus obscènes, que l'innocence des enfants ne comprenait pas.

XII

Cette heure de communication avec le ciel et la nature, que la pitié des lois les plus sévères accorde aux plus grands criminels, était ainsi transformée en heure d'humiliation et de tortures pour les captifs. Le roi et la reine auraient pu s'y soustraire en restant enfermés dans leur prison intérieure, mais leurs enfants auraient dépéri dans cette reclusion et dans cette immobilité. Il fallait à leur âge de la respiration et du mouvement. Leurs parents achetaient volontairement au prix de ces outrages le peu d'air, de soleil et d'exercice nécessaire à ces jeunes vies.

Santerre et les six officiers municipaux de service au Temple précédaient dans ces promenades la famille royale et la surveillaient de près pendant la sortie. Les nombreuses sentinelles devant lesquelles il fallait passer faisaient le salut militaire au commandant de la force armée de Paris, et portaient les armes aux municipaux. Elles renversaient leurs armes et portaient la crosse du fusil en l'air, en signe de mépris, à l'approche du roi.

Les pas de la famille royale étaient comptés et bornés dans le jardin à une moitié de la longueur d'une allée de marronniers. Les démolitions, les constructions, les ouvriers, obstruaient l'autre moitié. Ce court et étroit espace, parcouru lentement par le roi, sa femme et sa sœur, servait aux courses et aux jeux de la jeune princesse royale et de son frère. Le roi feignait de participer à ces jeux pour les encourager. Il jouait au palet et au ballon avec le Dauphin. Il posait le but, le prix aux courses. Pendant ces jeux, la reine et sa sœur s'entretenaient à voix basse ou s'efforçaient de distraire les enfants des chants scandaleux qui les poursuivaient jusque sous l'ombre de ces arbres.

Un jour, pendant ces promenades, la reine, causant avec Cléry de l'inutilité des efforts que la cour avait tentés pour amollir ou corrompre les républicains, et surtout Pétion, Danton et Lacroix, lui confia, pour qu'il en rendît témoignage un jour, un acte de dévouement dont son cœur paraissait profondément ému.

A l'époque d'une de ces crises désespérées, où Louis XVI, épuisé de ressources, cherchait son dernier espoir de salut dans l'attachement désintéressé et dans la bourse de quelques amis, le commandeur d'Estourmel, descendant d'un de ces croisés qui avaient monté les premiers à l'assaut de Jérusalem, était procureur général de l'ordre de Malte à Paris. Il apprit le dénûment du roi, réalisa en quelques heures une somme de cinq cent mille francs, et la fit porter à Louis XVI. Le roi accepta cette somme, l'employa à solder quelques jours de plus les intermédiaires qui lui répondaient du peuple, et fut trompé par eux. Cette dette de reconnaissance pesait sur le cœur du roi et de la reine dans la prison du Temple ; ils se reprochaient souvent d'avoir accepté tant de sacrifices inutiles, et d'entraîner dans leur catastrophe la fortune des amis de leur maison. Quelquefois aussi, et surtout dans les premiers temps, les princesses avaient dans ces promenades de douces intelligences avec le dehors. La vigilance des bourreaux ne pouvait intercepter les regards. Du haut des étages supérieurs des maisons qui bordaient l'enclos du Temple, les yeux plongeaient sur le jardin. Ces maisons, habitées par de pauvres familles, n'offraient aucun prétexte de suspicion ni de violence à la commune. Ce peuple de petits trafics, d'ouvriers, de femmes revendeuses, ne pouvait être accusé de complicité avec la tyrannie ni de trames contre l'égalité. On n'avait pas osé faire interdire l'ouverture de ces fenêtres. Aussitôt que l'heure de la promenade du roi fut connue dans Paris, la curiosité, la pitié et la fidélité les remplirent de nombreux spectateurs, dont on ne pouvait de si loin reconnaître les visages, mais dont l'attitude et les gestes révélaient la tendre curiosité et la compassion. La famille royale élevait des regards furtifs vers ces amis inconnus. La reine, pour correspondre silencieusement aux désirs de ces visiteurs, écartait avec intention le voile de son visage, s'arrêtait pour entretenir le roi sous le regard des plus empressés, ou dirigeait les pas et les jeux du jeune Dauphin, comme par hasard, du côté où la charmante figure de l'enfant pouvait être le mieux aperçue. Alors quelques fronts s'inclinaient, quelques mains faisaient, en se rapprochant l'une de l'autre, le geste muet de l'applaudissement. Quelques fleurs tombaient, comme par hasard, des petits jardins suspendus aux toits du pauvre ; quelques écriteaux en caractères majuscules se déroulaient à une ou deux mansardes et laissaient lire un mot tendre, un présage heureux, une espérance, un respect.

Des gestes contenus, mais plus intelligibles, répondaient d'en bas. Une ou deux fois le roi et les princesses crurent avoir reconnu parmi ces visages les traits d'amis dévoués, d'anciens ministres, de femmes de haut rang attachées à la cour, et dont l'existence était devenue incertaine pour eux. Cette intelligence mystérieuse, établie ainsi entre la prison et la partie de la nation restée fidèle au malheur, était si douce aux captifs qu'elle leur fit braver pour en jouir tous les jours la pluie, le froid, le soleil et les insultes plus intolérables des canonniers de garde. Le fil de leur existence proscrite leur semblait ainsi se renouer avec l'âme de leurs anciens sujets. Ils se sentaient en communication avec quelques cœurs, et l'air extérieur, imprégné d'attachement pour eux, leur apportait du moins du dehors cette pitié qu'on leur refusait au dedans. Ils montaient sur la plateforme; ils se présentaient souvent aux fenêtres de la tour. Ils formaient des intimités à distance, des amitiés anonymes. La reine et sa sœur se disaient entre elles : « Telle maison nous est dévouée, tel étage est à nous. Telle chambre est royaliste, telle fenêtre est amie. »

XIII

Mais si quelque joie leur venait du dehors, la tristesse et la terreur leur arrivaient aussi par le retentissement des bruits de la ville. Ils avaient entendu jusqu'au pied de la tour les hurlements des assassins de septembre voulant forcer les consignes, couper la tête de la reine, ou tout au moins étaler à ses pieds le corps tronqué et mutilé de la princesse de Lamballe.

Le 21 septembre, à quatre heures du soir, le roi étant endormi après son dîner, à côté des princesses, qui se taisaient pour ne pas interrompre son sommeil, un officier municipal, nommé Lubin, vint, accompagné d'une escorte de gendarmerie à cheval et d'un flot tumultueux de peuple, faire au pied de la tour la proclamation de l'abolition de la royauté et de l'établissement de la république. Les princesses ne voulurent pas éveiller le roi. Elles lui racontèrent la proclamation après son réveil. « Mon royaume, dit-il à la reine avec un triste sourire, a passé comme un songe, mais ce n'était pas un songe heureux! Dieu me l'avait imposé, mon peuple m'en décharge; que la France soit heureuse, je ne me plaindrai pas. » Le soir du même jour, Manuel étant venu visiter les prisonniers : « Vous savez, dit-il au roi, que les principes démocratiques triomphent, que le peuple a aboli la royauté, et qu'il a adopté le gouvernement républicain? — Je l'ai entendu dire, répliqua le roi avec une sereine indifférence, et j'ai fait des vœux pour que la république soit favorable au peuple. Je ne me suis jamais mis entre son bonheur et lui. »

Le roi, en ce moment, portait encore son épée, ce sceptre du gentilhomme en France, et les insignes des ordres de chevalerie, dont il était le chef, étaient encore attachés à son habit. « Vous saurez aussi, reprit Manuel, que la nation a supprimé ces hochets. On aurait dû vous dire d'en dépouiller les marques. Rentré dans la classe des autres citoyens, vous devez être traité comme eux. Au reste, demandez à la nation ce qui vous est nécessaire, la nation vous l'accordera. — Je vous remercie, dit le roi, je n'ai besoin de rien. » Et il reprit tranquillement sa lecture.

XIV

Manuel et les commissaires, pour éviter toute peine inutile et toute dégradation violente de la dignité personnelle du roi, se retirèrent en faisant signe à son valet de chambre de les suivre. Ils chargèrent ce fidèle serviteur d'enlever les insignes de l'habit du roi, quand il l'aurait déshabillé pour la nuit, et d'envoyer à la Convention ces dépouilles de la royauté et ces blasons de la noblesse. Le roi en donna lui-même l'ordre à Cléry. Seulement il se refusa à se séparer de ces insignes, qu'il avait reçus au berceau avec sa vie et qui lui semblaient tenir plus à sa personne que le trône même. Il les fit renfermer dans un coffret, et les garda, soit comme un souvenir, soit comme une espérance. Le fougueux Hébert, si fameux depuis sous le nom de *Père Duchesne*, alors membre de la commune, avait demandé à être de service ce jour-là, pour jouir de cette rare dérision du sort, et pour contempler dans les traits du roi le supplice moral de la royauté dégradée. Hébert scrutait de l'œil, avec un sourire cruel, la physionomie du roi. Le calme de l'homme dans les traits du souverain déchu déjoua la curiosité d'Hébert. Le roi ne voulut pas donner à ses ennemis la joie de saisir une émotion sur son visage. Il affecta de lire tranquillement l'histoire de la décadence de l'empire romain dans Montesquieu, pendant que sa propre histoire s'accomplissait et qu'on lui lisait sa catastrophe, plus attentif aux revers d'autrui qu'à ses propres revers. Le roi fut grand d'indifférence ; la reine, sublime de fierté. Pleurer sa grandeur lui parut plus humiliant que d'en descendre. Cette déchéance de son caractère l'aurait plus avilie que la déchéance de son rang. Aucune faiblesse d'âme ne réjouit les spectateurs de cette exécution. Les trompettes ayant sonné dans les cours, après l'installation de la république, le roi parut un moment à la fenêtre, comme pour voir l'apparence du nouveau gouvernement. La multitude l'aperçut. Les imprécations, les sarcasmes, les injures, s'élevèrent comme un dernier adieu à la monarchie du sein de cette foule. Les gendarmes, agitant leurs sabres aux cris de « Vive la république! » firent le signe impérieux au roi de se retirer. Louis XVI ferma la fenêtre. Après tant de siècles de monarchie, ainsi se séparèrent le peuple et le roi.

XV

La Convention avait assigné une somme de cinq cent mille livres pour les dépenses relatives à l'établissement et à l'entretien de la famille royale dans sa prison. La commune, par l'intermédiaire de commissions successives, avait employé la plus grande partie de ce subside alimentaire à des constructions de sûreté et de resserrement de captivité. Ce qui devait servir à consoler l'existence des prisonniers servit à aggraver leurs fers et à salarier leurs geôliers. Le roi n'avait à sa disposition aucune somme pour vêtir la reine, sa sœur, ses enfants, pour récompenser les services qu'il avait à demander au dehors, ou pour procurer à sa famille, dans les meubles, dans les occupations de la prison, ces adoucissements que la fortune privée des détenus laisse pénétrer jusque dans les cachots des criminels. Sortis inopinément des Tuileries sans autres vêtements que ceux qu'ils portaient sur leurs corps dans la matinée du 10 août, leurs garde-robes, leurs habillements, leurs cassettes ayant été pillés pendant le combat; transportés de là au Temple sans autre linge que le linge envoyé au Manége par l'ambassadrice d'Angleterre ou prêté à la famille royale par quelques serviteurs, les prisonniers, à l'entrée d'un rigoureux hiver, présentaient l'apparence d'un véritable dénûment. La reine et Madame Élisabeth passaient leurs journées comme de pauvres ouvrières à raccommoder le linge du roi et des enfants et à rapiécer leurs robes d'été.

Au moment où les négociateurs prussiens avaient exigé de Dumouriez, pour colorer leur retraite, un rapport secret sur le Temple et des adoucissements respectueux propres à déguiser l'emprisonnement aux yeux de l'Europe, Manuel et Pétion, à la prière de Westermann, se rendirent au Temple et accomplirent avec égards les prescriptions de Dumouriez. Ni l'un ni l'autre de ces magistrats supérieurs de la commune ne partageaient le honteux besoin de vengeance et de sévices des municipaux contre celui qui avait été leur roi. L'élévation des idées donne de la dignité aux ressentiments, de la décence à la haine. Manuel et Pétion, hommes de pensées républicaines, voyaient dans Louis XVI un principe à proscrire, mais un homme à épargner; dans la reine, dans les princesses, dans le Dauphin, des femmes, des enfants, victimes d'une vicissitude des choses humaines, que le peuple devait plaindre et soutenir plutôt que broyer dans leur chute. Ils eurent avec le roi un entretien secret, dans lequel, tout en confessant la république, ils ne désavouèrent ni l'intérêt pour ses malheurs, ni l'espoir de voir ses jours préservés par l'apaisement des craintes publiques après la victoire et la paix. Louis XVI et la reine elle-même, frappés par la terreur de septembre, parurent comprendre que leur vie était plus dans la main du peuple que dans l'armée des rois coalisés; ils joignirent leurs vœux à ceux des républicains humains et modérés pour une prompte évacuation du territoire. Le roi demanda que Pétion lui fît délivrer une somme en numéraire pour ses besoins personnels et pour ceux de sa famille. Pétion lui envoya cent louis, aumône de la république au souverain tombé dans l'indigence. On dressa une liste des objets nécessaires à la famille royale en linge, meubles, vêtements, chauffage, aliments, livres, et il fut pourvu, aux frais de la commune et par l'entremise de ses commissaires, à ces dépenses, dans une proportion convenable, non aux besoins d'une famille, mais aux respects dus à la grandeur déchue.

XVI

Mais Pétion et Manuel n'étaient plus que les magistrats officiels de la commune. Ils adoucissaient ses ordres en les exécutant, ils ne les inspiraient pas. L'esprit de représailles, de vengeance, de soupçon et de basse persécution des démagogues illettrés, prévalait dans les commissions. Chaque jour des délateurs nouveaux venaient se populariser dans le conseil de l'hôtel de ville par des dénonciations contre les prisonniers du Temple. Le conseil général choisissait les commissaires délégués par lui à la surveillance de Louis XVI parmi les plus prévenus et les plus acharnés. Les hommes de quelque générosité d'âme déclinaient ces fonctions odieuses. Elles devaient échoir aux cœurs abjects et aux mains impitoyables. Ces geôliers enchérissaient les uns sur les autres par les mesures de rigueur et de vexations nécessaires, selon eux, pour prévenir l'évasion des captifs et leurs correspondances avec l'étranger. Bien que ces mesures répugnassent souvent au bon sens et à l'humanité du conseil général, nul n'osait les contester, de peur d'être accusé de mollesse ou de complicité avec les royalistes. Ainsi ce qui répugnait individuellement à chacun était voté par tous. Quand la terreur plane sur une époque, elle ne pèse pas moins sur le corps qui l'inspire que sur la nation qui la subit.

L'administration et le régime intérieurs du Temple étaient

ainsi dévolus à un petit nombre d'hommes, l'écume du conseil de la commune ; presque tous artisans sans éducation, sans pudeur, jouissant avec orgueil de cet arbitraire que la fortune leur donnait sur un roi *descendu* au-dessous d'eux, et croyant avoir sauvé la république chaque fois qu'ils avaient arraché une larme.

XVII

Vers la fin de septembre, au moment où le roi allait sortir de la chambre de la reine, après le souper, pour remonter dans son appartement, six officiers municipaux entrèrent avec appareil dans la tour. Ils lurent au roi un arrêté de la commune qui ordonnait sa translation dans la grande tour et sa séparation complète du reste de sa famille. La reine, Madame Élisabeth, la princesse royale, le jeune Dauphin, enlaçant le roi dans leurs bras et couvrant ses mains de baisers et de larmes, essayèrent en vain de fléchir les municipaux et d'obtenir cette dernière consolation des infortunés : souffrir ensemble. Les municipaux, Simon, Rocher lui-même, quoique attendris, n'osèrent modifier l'inflexibilité de l'ordre. On fouilla avec la plus stricte inquisition les meubles, les lits, les vêtements des prisonniers ; on les dépouilla de tous les moyens de correspondance au dehors : papier, encre, plumes, crayons ; faisant cesser ainsi les leçons que le prince royal commençait à recevoir de ses parents, et condamnant l'héritier d'un trône à l'ignorance de l'art d'écrire; ignorance dont rougissent les derniers enfants du peuple.

Le roi, arraché aux embrassements et aux cris de sa famille, fut conduit dans l'appartement à peine achevé qu'on lui avait destiné dans la grande tour. Les ouvriers y travaillaient encore. Un lit et une chaise au milieu des déblais, des gravois, des planches et des briques, en formaient tout l'ameublement. Le roi se jeta tout habillé sur ce lit. Il passa les heures à compter les pas des sentinelles qu'on relevait à sa porte et à essuyer les premières larmes que la prison eût encore arrachées à sa fermeté. Cléry, son valet de chambre, passa la nuit sur la chaise, dans l'embrasure de la fenêtre, attendant avec impatience le jour, pour savoir s'il lui serait permis d'aller donner aux princesses les soins dont elles avaient l'habitude. C'était lui qui peignait le Dauphin et qui bouclait les longs cheveux de la reine et de Madame Élisabeth depuis la captivité.

Ayant demandé à sortir pour ce service : « Vous n'aurez plus de communication avec les prisonnières, lui répondit brutalement le commissaire de la commune Véron. Votre maître ne doit pas même revoir ses enfants ! »

Le roi ayant adressé quelques observations touchantes aux commissaires sur une barbarie qui outrageait la nature, qui suppliciait cinq cœurs pour punir un seul, et qui donnait à des êtres vivants la torture d'une séparation plus cruelle que la mort, les commissaires ne daignèrent pas lui répondre. Ils se détournèrent de lui comme des hommes sans oreilles, importunés des murmures suppliants.

XVIII

Un morceau de pain insuffisant pour la nourriture de deux personnes et une carafe d'eau où l'on avait exprimé le jus d'un citron furent ce jour-là tout le déjeuner apporté au roi. Ce prince s'avança vers son serviteur, rompit le pain et lui en présenta la moitié. « Ils ont oublié que nous sommes encore deux, lui dit le roi, mais je ne l'oublie pas ; prenez ceci ; j'ai assez du reste. » Cléry refusait ; le roi insista. Le serviteur prit enfin la moitié du pain de son maître. Ses larmes arrosaient les morceaux qu'il portait à sa bouche. Le roi vit ces pleurs et ne put retenir les siens. Ils mangèrent ainsi en pleurant et en se regardant, sans rien dire, le pain des larmes et de l'égalité.

Le roi supplia de nouveau un municipal de lui donner des nouvelles de sa femme et de ses enfants, et de lui procurer quelques livres pour l'arracher aux lassitudes d'esprit de son isolement. Louis XVI indiqua quelques volumes d'histoire et de philosophie religieuse. Ce municipal, plus humain que les autres, consulta ses collègues et les entraîna pour remplir cette mission chez la reine. Cette princesse avait passé la nuit à se lamenter dans sa chambre entre les bras de sa belle-sœur et de sa fille. La pâleur de ses lèvres, les sillons de ses pleurs, sa chevelure épaisse où l'on voyait des veines blanches de cheveux morts, comme des déchirures de sa jeunesse ; la fixité de ses yeux secs, l'obstination avec laquelle elle avait refusé de toucher aux aliments de son déjeuner, jurant de se laisser mourir de faim si l'on persistait à la séparer du roi, émurent et intimidèrent les municipaux. La responsabilité de la vie de leurs prisonniers pesait sur eux. La commune elle-même leur demanderait compte d'une victime enlevée par une mort volontaire au jugement et à l'échafaud du peuple. La nature aussi parlait dans leur cœur cette langue des larmes qui se fait obéir des plus endurcis. Les princesses, à genoux devant ces hommes, les conjuraient de permettre qu'elles fussent réunies au roi au moins pendant quelques instants du jour et aux heures des repas. Des gestes, des cris du cœur, des larmes tombant des yeux sur le plancher, prêtaient leur toute-puissance à ces supplications. « Eh bien, ils dîneront ensemble aujourd'hui, dit un officier municipal, et demain la commune en décidera. » A ces mots, les cris de douleur des princesses et des enfants se changèrent en cris de joie et de bénédiction. La reine, tenant ses enfants dans ses bras, les précipita à genoux, et s'y précipita avec eux pour remercier le ciel. Les membres de la commune s'entre-regardèrent avec des regards mouillés ; Simon lui-même, s'essuyant les yeux : « Je crois, s'écria-t-il, que ces scélérates de femmes me feraient pleurer ! » Puis se retournant vers la reine, et comme honteux de sa faiblesse : « Vous ne pleuriez pas ainsi, lui dit-il, quand vous faisiez assassiner le peuple au 10 août ! — Ah ! le peuple est bien trompé sur nos sentiments, » répondit la reine.

Ces hommes jouirent un moment du spectacle de leur *clémence*. Les prisonniers se revirent à l'heure du repas, et sentirent plus que jamais combien le malheur les rendait nécessaires les uns aux autres.

XIX

La sensibilité du roi se développait dans les disgrâces, l'âme de la reine se sanctifiait dans l'adversité; toutes les vertus de Madame Élisabeth se convertissaient en pitié active pour son frère et pour sa belle-sœur. La raison des enfants s'attendrissait dans les cachots constamment arrosés par les larmes de leurs parents. Un jour de captivité leur enseignait plus de la vie qu'une année de cour. L'infortune hâte la maturité de ses victimes. Cette famille souffrait et jouissait de tout comme un seul cœur. La commune ne réclama pas contre la réunion des prisonniers, motivée sur la crainte d'un suicide de la reine. De ce moment les captives furent amenées trois fois le jour dans la grande tour pour y prendre leur repas avec le roi. Seulement des municipaux présents à ces entrevues en interceptaient la douceur en s'opposant à toute confidence intime des prisonniers entre eux. Il leur était sévèrement interdit de parler bas ou de s'entretenir en langues étrangères. Ils devaient parler haut et en français,

Madame Élisabeth, ayant une fois oublié cette prescription et dit quelques mots à voix basse à son frère, fut violemment gourmandée par un municipal. « Les secrets des tyrans, lui dit cet homme, sont des conspirations contre le peuple. Parlez haut, ou taisez-vous. La nation doit tout entendre. »

Ces deux prisons pour une seule famille accroissaient les difficultés de surveillance et les ombrages des geôliers ; mais elles accroissaient aussi les facilités pour les serviteurs du roi de tromper les consignes de la prison. Cléry était parvenu à nouer quelques relations furtives avec le dehors. Trois employés des cuisines du roi aux Tuileries, nommés Turgy, Marchand et Chrétien, qui, en affectant le patriotisme, avaient réussi à se faire admettre dans les cuisines du Temple pour y rendre à leurs anciens maîtres tous les bons offices de la captivité, secondaient Cléry. Cléry, en se familiarisant avec les municipaux de garde et en leur rendant tous les petits services de la domesticité pendant les nuits qu'ils passaient au Temple, découvrait quelquefois parmi eux des signes d'intérêt pour la famille royale. Il faisait, tantôt par leur entremise, tantôt par celle de sa femme, admise une fois par semaine à le voir au guichet, passer des billets de Madame Élisabeth et de la reine aux personnes que ces princesses lui désignaient. Elles avaient soustrait un crayon aux recherches des commissaires. Des feuilles blanches déchirées des pages de leurs livres de prières recevaient ces rares confidences de leurs cœurs. Ce n'étaient que quelques mots innocents de tout complot, destinés à donner à leurs amis d'autrefois des nouvelles de leur situation et à s'informer du sort des personnes qu'elles avaient aimées.

Madame Élisabeth, malgré sa beauté, n'avait jamais permis à son cœur d'autres sentiments que l'amitié. Mais l'amitié dans son âme était une passion : elle avait l'inquiétude et la chaleur de l'amour. L'objet de sa plus tendre affection était la marquise de Raigecourt (mademoiselle de Causans), une de ses dames d'honneur dans le temps de sa prospérité. Cette jeune femme, douée de la grâce des cours, du courage de l'adversité, et dont l'esprit, à la fois sensé, enjoué et nourri de l'antiquité, rappelait les jours de Louis XIV, avait été élevée avec la princesse. La vie avait noué leurs cœurs et leur sort dès l'enfance. Mariée par les bienfaits de Madame Élisabeth à un gentilhomme des premières maisons de Lorraine, la marquise de Raigecourt avait été obligée de rejoindre son mari en émigration. Madame Élisabeth avait exigé elle-même cet éloignement, que nécessitait un état avancé de grossesse, dans la crainte que les malheurs prévus par elle dès les premiers troubles de la monarchie ne retombassent sur d'autres cœurs. Les deux amies s'écrivaient tous les jours des lettres où un attachement de sœurs s'épanchait à travers les tristes appréhensions du temps. Cette correspondance, seule consolation de Madame Élisabeth, avait duré jusqu'à la journée du 10 août. Les derniers mots de la princesse à son amie attestaient même, à ce moment suprême, des espérances de salut que les heures suivantes avaient cruellement trompées.

Cléry parvint à faire passer à la marquise de Raigecourt encore un ou deux soupirs de la prison; puis le silence de la tombe s'interposa entre ces deux âmes et devança d'un an l'échafaud.

La reine reçut et laissa échapper par le même moyen quelques rares communications avec le dehors. C'étaient des phrases à double signification; des volumes d'angoisses et de tendresse s'y pressaient dans un seul mot. Ces mots ne pouvaient être traduits que par les yeux habitués à lire dans le cœur d'où ils étaient tombés.

Cléry réussit également à informer quelquefois le roi de

la situation des choses publiques en lui faisant lire les journaux introduits dans le guichet par ruse, et en transmettant les faits du jour à l'oreille de son maître aux heures de son coucher ou de son lever. Quand ces moyens d'information vinrent à manquer à la famille royale, des crieurs publics affidés et payés par des amis du dehors venaient le soir, aux heures du silence des rues, vociférer sous les murs de l'enceinte du Temple les principaux événements de la journée. Le roi, averti par Cléry, ouvrait sa fenêtre et saisissait ainsi à mots interrompus les décrets de la Convention, les victoires et les défaites des armées, les condamnations et les exécutions de ses anciens ministres, les arrêts ou les espérances de sa destinée.

Cependant cette privation des feuilles publiques n'était pas absolue. Souvent, par une intention cruelle des municipaux, les feuilles atroces qui provoquaient au meurtre du roi se trouvaient comme par hasard déposées sur le marbre de sa cheminée ; ses regards en tombant sur ces feuilles étaient ainsi poursuivis jusque dans son intérieur par ces menaces et par ces imprécations. Ce prince lut ainsi un jour la pétition d'un canonnier qui demandait à la Convention la tête du tyran pour en charger sa pièce et pour la lancer à l'ennemi. « Quel est, dit tristement le roi en lisant cette pétition, le plus malheureux de moi ou du peuple qu'on trompe ainsi? »

XX

Les princesses et les enfants furent enfin réunis au roi dans la grande tour. Le second et le troisième étage de ce monument, divisés chacun en quatre pièces par des cloisons en planches, furent assignés à la famille royale et aux personnes chargées du service ou de la surveillance. La chambre du roi contenait un lit à rideaux, un fauteuil, quatre chaises, une table, une glace au-dessus de la cheminée. Le plafond était de toile. La fenêtre, garnie d'un treillis en barres de fer, était obscurcie par des plateaux de chêne disposés en entonnoir, qui interceptaient tout regard sur les jardins ou sur la ville, et qui ne laissaient voir que le ciel. La tenture de la chambre du roi, en papier peint, comme pour supplicier deux fois le regard du prisonnier, représentait l'intérieur d'une prison avec des geôliers, des chaînes, des fers et tout le hideux appareil des cachots. L'odieuse imagination de l'architecte Palloy avait ajouté avec raffinement les tortures de l'œil à celles de la réalité.

L'appartement de la reine, au-dessus de celui du roi, était disposé avec la même avarice de lumière, d'air et d'espace. Marie-Antoinette couchait dans la même chambre que sa fille; Madame Élisabeth dans une chambre obscure, à côté; le geôlier Tison et sa femme dans un réduit contigu; les municipaux dans la première pièce servant d'antichambre. Les princesses étaient obligées de traverser cette pièce pour passer les unes chez les autres, à travers les regards et les chuchotements des gardiens. Deux guichets, encombrés de porte-clefs et de sentinelles, étaient établis entre l'appartement de la reine et celui du roi, sur l'escalier. Le quatrième étage était inhabité. La plate-forme, au-dessus du roi, avait été disposée pour servir de préau. Mais, de peur que les promeneurs ne fussent aperçus des maisons de la ville ou que leurs yeux ne fussent égayés par l'horizon de Paris, on avait fait établir de hautes cloisons de planches, pour mesurer même le ciel aux regards des prisonniers.

XXI

Tel était le logement définitif de la famille royale. Elle jouit néanmoins de s'y voir installée, à cause du rapprochement de tous ses membres dans les mêmes murs. Cette courte joie fut changée en larmes, le soir de ce jour, par un arrêté de la commune qui ordonnait d'enlever le Dauphin à sa mère et de le loger avec le roi. Le cœur de la reine éclata en vain en supplications et en douleur. La commune ne voulut pas que « le fils fût nourri plus longtemps par la mère de la haine de la Révolution. » On remit l'enfant à son père, en attendant qu'on le remît à Simon. La reine et les princesses conservèrent néanmoins la liberté de voir le Dauphin tous les jours chez le roi, aux heures des repas et à la promenade, en présence des commissaires. Leur vie sembla s'adoucir et leur douleur s'asseoir, comme pour respirer dans ce logement. Les captifs y prirent des habitudes régulières, qui rappelaient le cloître des rois emprisonnés de la première race.

Le père de famille survivait seul au roi dans Louis XVI. Les princesses oubliaient qu'elles avaient été reine, sœur ou fille de rois, pour se souvenir seulement qu'elles étaient femme, sœur ou fille, d'un mari, d'un frère, d'un père captif. Leurs cœurs se renfermaient tout entiers dans ces devoirs, dans ces tristesses, dans ces joies de la famille. Cette dynastie n'était plus qu'un ménage de prisonniers.

Le roi se levait avec le jour et priait longtemps à genoux au pied de son lit. Après sa prière, il s'approchait de la fenêtre ou de la réverbération de son foyer; il lisait avec recueillement les psaumes dans le *Bréviaire*, recueil de prières et de cantiques indiqués pour chaque jour de l'année aux fidèles par la liturgie catholique. Il suppléait ainsi à l'habitude qu'avaient les rois d'assister tous les matins au sacrifice de l'autel dans leur palais. La commune lui avait refusé la présence d'un prêtre et les cérémonies de sa foi. Pieux, mais sans superstition et sans faiblesse, Louis XVI s'élevait à Dieu sans l'intermédiaire d'un autre homme, et se plaisait seulement à se servir pour ses prières des mots et des formes consacrés par la religion de sa race et de son trône. La reine et sa sœur se livraient aux mêmes pratiques. On les surprenait souvent les mains jointes, leurs livres de dévotion mouillés de larmes, priant auprès de leur lit : l'une, comme précipitée de sa hauteur, à genoux, par le coup de son désespoir; l'autre, comme prosternée naturellement au pied du Dieu dont elle reconnaissait et baisait la main partout. Après ses prières, le roi lisait, dans sa tourelle, tantôt des ouvrages latins, tantôt Montesquieu, tantôt Buffon, tantôt l'histoire, tantôt des récits de voyages autour du monde. Ces pages semblaient absorber complétement son esprit, soit que ce fût pour lui un moyen d'échapper à l'importune attention des commissaires toujours présents, soit qu'il cherchât en effet, dans la nature, dans la politique, dans les mœurs des peuples et dans leur histoire, des diversions à ses peines, des instructions pour son rang, ou des analogies avec sa situation. A neuf heures, sa famille descendait auprès de lui pour déjeuner. Le roi embrassait sa femme, sa sœur, ses enfants sur le front. Après le déjeuner, les princesses, dénuées de femmes de toilette, faisaient peigner leurs cheveux dans la chambre du roi par Cléry. Pendant ce temps, le roi donnait à son fils les premières leçons de grammaire, d'histoire, de géographie, de latinité, évitant avec soin, dans ces leçons, tout ce qui pouvait rappeler à l'enfant qu'il était né dans un rang au-dessus des autres citoyens, et ne lui donnant que les connaissances applicables à la destinée du dernier de ses sujets. On eût dit que ce père se hâtait de profiter de l'adversité et de l'éloignement des cours pour élever son fils, non en prince, mais en homme, et pour lui faire une âme adaptée à toutes les fortunes.

XXII

L'enfant, précoce comme les fruits d'un arbre blessé, semblait devancer de l'intelligence et de l'âme les enseignements de la pensée et les délicatesses du sentiment. Sa mémoire retenait tout, sa sensibilité lui faisait tout comprendre. Les secousses que tant d'événements sinistres avaient données à son imagination et à son cœur, ces larmes constamment surprises dans les yeux de sa mère et de sa sœur plus âgée que lui, ces scènes tragiques dont il avait été témoin dans les bras de sa gouvernante, ces fuites de Versailles et des Tuileries, cette exposition de trois jours, au milieu des armes, des menaces, des cadavres, dans la tribune de l'Assemblée législative; cette prison, ces geôliers, ces dégradations de son père, cette reclusion de tous les instants avec les êtres dont il voyait les peines sans les comprendre toutes, cette obligation de surveiller ses gestes, ses larmes mêmes devant des ennemis qui les épiaient, l'avaient initié comme par instinct à la situation de ses parents et à la sienne. Ses jeux mêmes étaient graves, ses sourires tristes. Il saisissait avec rapidité les moments d'inattention des geôliers pour échanger à voix basse quelques signes, quelques mots d'intelligence avec sa mère ou avec sa tante. Il était le complice adroit de toutes ces ruses pieuses que les victimes inventent pour échapper à l'œil et aux dénonciations de leurs surveillants. Il tremblait d'aggraver leurs peines. Il jouissait du moindre éclaircissement de leur front. Il évitait, avec un tact plus développé que ses années, de leur rappeler dans la conversation les circonstances douloureuses de leur vie ou les temps heureux de leur grandeur, comme s'il eût deviné ce que la mémoire des jours heureux jette d'amertume dans les disgrâces.

Un jour ayant paru reconnaître un des commissaires de la commune dans la chambre de son père, ce commissaire s'approcha et lui demanda s'il se souvenait de l'avoir vu et dans quelle circonstance. L'enfant fit un signe de tête affirmatif, mais refusa obstinément de répondre. Sa sœur, l'ayant pris à part dans un coin de l'appartement, lui demanda pourquoi il refusait de dire dans quelle circonstance il avait vu ce commissaire. « C'est au voyage de Varennes, lui répondit à l'oreille le Dauphin. Je n'ai pas voulu le dire tout haut, de peur de le rappeler à ma mère et de faire pleurer nos parents. »

Lorsqu'il reconnaissait dans l'antichambre de son père un commissaire plus respectueux envers les prisonniers et moins odieux à la reine que ses collègues, il se hâtait de courir au-devant de sa mère, quand elle descendait chez le roi, et de lui annoncer, en battant des mains, cette bonne journée. La vue de cet enfant attendrissait presque toutes ces haines. La royauté, sous la figure d'un enfant innocent et prisonnier, n'avait pour ennemis que des brutes. Les commissaires les plus prévenus, les canonniers de garde, les geôliers, le féroce Rocher lui-même, jouaient avec le Dauphin. Simon seul lui parlait avec rudesse et le regardait d'un œil défiant et sinistre, comme un tyran caché dans un enfant. Les traits du visage de ce jeune prince rappelaient en les confondant la grâce un peu efféminée de Louis XV, son aïeul, et la fierté autrichienne de Marie-Thérèse. Les yeux bleu de mer, le nez d'aigle, les narines relevées, la bouche fendue, les lèvres bombées, le front large du haut, étroit vers les tempes; les cheveux blonds, séparés en deux ondes au sommet de la tête et jouant en boucles sur ses deux épaules et jusque sur ses bras, retraçaient sa mère avant les années de larmes. Toute la beauté de sa double race semblait refleurir dans ce dernier rejeton.

XXIII

A midi on venait chercher la famille royale pour qu'elle respirât l'air du jardin. Quel que fût le froid, le soleil ou la pluie, les prisonniers descendaient. Ils accomplissaient cette promenade, sous les regards et sous les outrages, comme un des plus rigoureux devoirs de leur captivité. L'exercice violent dans ces cours, les jeux de l'enfant avec sa sœur dans l'intérieur de l'appartement, la vie régulière et sobre, les études familières et douces entre les genoux de son père, les tendres soins de ces trois femmes, lui conservaient l'ardeur de vie et la fraîcheur de teint de l'enfance. L'air de la prison le caressait jusque-là autant que l'air des forêts de Saint-Cloud. Les regards de la reine et du roi se rencontraient et se consolaient sur cette tête, où la rigueur des hommes n'empêchait pas la nature de croître et de s'embellir tous les jours.

La princesse royale touchait déjà à l'âge où la jeune fille

sent qu'elle devient femme, et recueille en soi-même son rayonnement. Pensive comme son père, fière comme sa mère, pieuse comme sa tante, elle retraçait dans son âme ces trois âmes au milieu desquelles elle avait grandi. Sa beauté, svelte et pâle comme les apparitions fantastiques de la Germanie, tenait plus de l'idéal que de la matière. Toujours attachée au bras et comme enfouie au sein de sa mère ou de sa tante, elle semblait intimidée de la vie. Ses cheveux blonds, encore pendants sur ses épaules comme ceux d'un enfant, l'enveloppaient presque tout entière. Elle regardait du fond de ce voile d'un regard craintif, ou baissait les yeux. Elle imprimait une admiration muette aux plus endurcis. Les porte-clefs et les sentinelles se rangeaient sur son passage. Ils éprouvaient une sorte de tressaillement religieux quand ils étaient effleurés dans les corridors ou dans les escaliers par sa robe ou par ses cheveux. Sa tante achevait son éducation et lui apprenait la piété, la patience, le pardon. Mais le sentiment de son rang inné dans son âme, les humiliations de son père et les supplices de sa mère se gravaient profondément en cicatrices toujours saignantes dans son cœur, et s'y recueillaient, sinon en ressentiment, du moins en éternelle tristesse.

XXIV

A deux heures la famille rentrait pour dîner. Les joies intimes et les épanchements familiers dont ces repas sont le signal dans la maison du pauvre lui étaient refusés. Le roi lui-même ne pouvait se livrer impunément à l'appétit de sa forte nature. Des yeux comptaient ses morceaux, des ricanements les lui reprochaient. La robuste santé de l'homme était une honte de plus pour le roi. La reine et les princesses mangeaient peu et lentement, pour laisser au roi le prétexte de satisfaire sa faim et de prolonger le dîner. Après ce repas la famille se réunissait. Le roi jouait avec la reine à ces jeux de cartes inventés jadis en France pour amuser l'oisiveté d'un roi prisonnier. Le plus souvent ils jouaient au jeu rêveur et contemplatif des échecs; jeu dont les pièces principales, par leurs noms de *roi* ou de *reine*, et les manœuvres sur le damier, qui ont pour but de faire le roi prisonnier, étaient pleines d'allusions significatives et souvent sinistres à leur propre captivité. Ils cherchaient moins dans ces jeux une diversion machinale à leurs peines qu'une occasion de s'entretenir à mots couverts sans éveiller l'inquiet espionnage de leurs gardiens. Vers quatre heures, le roi s'endormait quelques moments dans son fauteuil. Les jeunes enfants cessaient, au signe de leur mère, leurs jeux bruyants. Les princesses reprenaient leurs travaux d'aiguille. Le plus profond silence régnait dans la chambre pendant ce sommeil du roi. On n'entendait que le léger froissement des étoffes travaillées par la reine et sa sœur, la respiration du roi et le pas régulier des sentinelles à la porte de l'appartement et au pied de la tour. On eût dit que les persécuteurs et la prison elle-même tout entière se taisaient pour ne pas enlever au roi prisonnier la seule heure qui rendît la liberté à ses pensées et l'illusion des rêves à son âme. A six heures le roi reprenait ses leçons à son fils, et s'amusait avec lui jusqu'au souper. La reine alors déshabillait elle-même l'enfant, lui faisait réciter ses prières et le portait dans son lit.

Quand il était couché, elle se penchait, comme pour l'embrasser une dernière fois, et lui soufflait à l'oreille une courte prière, que l'enfant répétait tout bas pour que les commissaires ne pussent l'entendre.

Cette prière, composée par la reine, a été retenue et révélée par sa fille : « Dieu tout-puissant, qui m'avez créé et racheté, je vous aime! Conservez les jours de mon père et de ma famille! Protégez-nous contre nos ennemis! Donnez à ma mère, à ma tante, à ma sœur, les forces dont elles ont besoin pour supporter leurs peines! »

XXV

Cette simple prière des lèvres d'un enfant demandant la vie pour son père et la patience pour sa mère était un crime dont il fallait se cacher.

L'enfant endormi, la reine faisait une lecture à haute voix pour l'instruction de sa fille et pour le délassement du roi et des princesses. C'était ordinairement dans un livre d'histoire qui reportait la pensée sur les grandes catastrophes des peuples et des souverains. Lorsque de trop fréquentes allusions à leur propre situation venaient à se présenter dans le cours du récit, la voix de la reine se voilait ou se trempait de larmes intérieures, et les prisonniers échangeaient entre eux un regard, comme si le livre, d'intelligence avec eux, leur eût révélé la crainte ou l'espérance cachée dans le cœur de tous. Le roi, à la fin de la journée, remontait un instant dans la chambre de sa femme, lui prenait la main en la regardant tendrement, et lui disait adieu. Il embrassait ensuite sa sœur et sa fille, et redescendait s'enfermer dans la tour à côté de sa chambre, où il lisait, méditait et priait jusqu'à minuit.

Le ciel seul avait le secret de ces heures nocturnes consacrées par ce prince à ce recueillement dans la solitude de son propre cœur. Peut-être réfléchissait-il aux actes de son règne, aux fautes de sa politique, à ses alternatives de confiance excessive dans son peuple ou de défiance malhabile contre la Révolution. Peut-être cherchait-il à conjecturer le sort de la France et l'avenir de sa race après la crise du moment, à laquelle il se flattait peu de survivre lui-même. Peut-être se repentait-il de ses luttes inégales pour et contre la liberté, et se reprochait-il de n'avoir pas fait héroïquement son choix, dès le premier jour, entre l'ancien et le nouveau régime, et de ne s'être pas déclaré le chef du peuple nouveau. Car ce prince, au fond, avait péché plutôt faute de comprendre que faute d'aimer la Révolution. Peut-être se réservait-il ces heures secrètes pour épancher librement, devant les murs seuls, ces larmes sur sa femme, sur son fils, sur sa sœur, sur sa fille et sur lui-même, qu'il dérobait le jour à leur sensibilité et à la joie de ses surveillants. Quand il sortait de ce cabinet pour se coucher, son visage était serein, quelquefois souriant; mais son front plissé, ses yeux contusionnés, la trace de ses doigts imprimée sur ses joues, annonçaient à son valet de chambre qu'il avait appuyé sa tête entre ses mains, et que des pensées graves s'étaient entretenues dans son esprit.

XXVI

Avant de s'endormir, le roi attendait toujours que le municipal du lendemain, qu'on relevait à minuit, fût arrivé, pour savoir le nom de ce nouveau surveillant, et pour connaître par ce nom ce que la journée suivante présageait de douceur ou de rudesse à sa famille. Il s'endormait ensuite d'un sommeil paisible, car le poids des jours d'infortune ne lasse pas moins l'homme que la fatigue des jours heureux. Depuis que ce prince était captif, les défauts de sa jeunesse avaient peu à peu disparu. La bonhomie un peu rude de son caractère s'était changée en sensibilité et en grâce pour ceux qui l'entouraient. Il semblait vouloir racheter, à force de patience pour lui-même et de tendre intérêt pour les autres, le tort de leur faire partager ses malheurs. On ne reconnaissait plus ses brusqueries de roi. Tous ses petits défauts de caractère s'étaient effacés devant la grandeur de sa patience. La solennité tragique de son abaissement donnait à sa personne la dignité que le trône lui avait refusée. La chute l'avait attendri, la prison l'avait ennobli, l'approche de la mort le consacrait. Il pressait dans cet étroit espace, dans ce cercle de famille, dans ce peu de jours qui lui restaient, tout ce que la nature, l'amour et la religion, avaient mis dans son âme de tendresse, de courage et de vertus. Ses enfants l'adoraient, sa sœur l'admirait. La reine s'étonnait des trésors de douceur et de force qu'elle lui découvrait dans le cœur. Elle déplorait que tant de vertus eussent brillé si tard et seulement dans l'obscurité d'une prison. Elle se reprochait amèrement, et elle l'avouait à sa sœur, d'avoir laissé trop distraire son âme aux jours de la prospérité, et de n'avoir pas assez senti alors le prix de l'amour du roi.

Ses geôliers eux-mêmes ne reconnaissaient pas, en l'approchant, l'homme sensuel et vulgaire que le préjugé public leur avait dépeint. En voyant un si bon père, un époux si tendre, un frère si compatissant, ils commençaient à ne plus croire qu'un homme pareil eût pu contenir un tyran. Quelques-uns même semblaient l'aimer en le persécutant et le martyriser avec respect. Sa bonhomie apprivoisait les hommes les plus rudes, instruments passifs de sa captivité.

Un jour un factionnaire des faubourgs, vêtu en paysan, était en sentinelle dans l'antichambre de ce prince. Le valet de chambre Cléry s'aperçut que cet homme le contemplait d'un œil de respect et de compassion. Cléry s'avança vers lui. Le factionnaire s'incline, présente les armes, et balbutie d'une voix tremblante et comme à regret : « Vous ne pouvez pas sortir. — Vous me prenez donc pour le roi ? répond Cléry. — Quoi ! reprend l'homme du peuple, vous n'êtes pas le roi ? — Non, sans doute, vous ne l'avez donc jamais vu ? — Hélas, non, et je voudrais bien le voir ailleurs qu'ici. — Parlez bas ! je vais entrer dans sa chambre, je laisserai la porte entr'ouverte, et vous verrez le roi. Il est assis près de la fenêtre un livre à la main. » Cléry avait averti la reine de la bienveillante curiosité de la sentinelle, la reine en parla au roi. Ce prince interrompit sa lecture et se promena complaisamment plusieurs fois d'une chambre à une autre, en affectant de passer près du factionnaire, et en lui adressant un signe muet d'intelligence. « Oh! monsieur, dit cet homme à Cléry quand le roi se fut retiré, que le roi est bon! Comme il aime ses enfants! Non, je ne croirai jamais qu'il nous ait fait tant de mal! »

Une autrefois un jeune homme, placé en sentinelle à l'extrémité de l'allée des Marronniers, exprimait par la bienveillance peinte dans sa physionomie et par ses larmes la douleur que lui inspirait la captivité de la famille de ses rois. Madame Élisabeth s'approcha de ce jeune homme pour échanger quelques mots furtifs avec cet ami inconnu de son frère. Il fit signe à la princesse qu'un papier était sous les décombres qui jonchaient cette partie de l'allée. Cléry se pencha pour ramasser ce papier, en feignant de chercher des briques plates pour servir de palets au Dauphin. Les canonniers s'aperçurent du geste de ce factionnaire. Ses yeux humides l'accusaient. On le conduisit à l'Abbaye et de là au tribunal révolutionnaire, qui lui fit payer cette larme de son sang.

XXVII

Toute la famille ayant été malade et alitée tour à tour par suite de l'humidité des murs et des premiers froids de l'hiver, la commune autorisa, après de longues formalités, l'introduction dans la prison du premier médecin du roi, M. Lemonnier. Ses soins rétablirent promptement la reine,

Madame Élisabeth et les enfants. La maladie du roi se prolongea davantage et inspira même des alarmes à ses gardiens. La reine et sa fille ne quittaient pas le chevet du roi, et retournaient elles-mêmes son lit. Cléry veillait dans la chambre de son maître toutes les nuits. Quand la fièvre eut cessé, Cléry lui-même tomba dangereusement malade et ne put se lever pour servir le roi convalescent et pour habiller le Dauphin. Le roi, remplissant pour la première fois les devoirs d'une mère, levait, habillait et peignait son fils. L'enfant, passant toute la journée dans la chambre obscure et glacée de Cléry, lui donnait à boire et lui rendait tous les soins que son âge et sa faiblesse permettent à un enfant de rendre à un malade. Le roi lui-même, se relevant dans la nuit et épiant le sommeil du commissaire qui veillait dans son antichambre, allait, pieds nus et en chemise, porter un verre de tisane à son serviteur. « Mon pauvre Cléry, lui disait-il, que je voudrais veiller à mon tour auprès de votre lit! Mais vous voyez combien nous sommes observés. Prenez courage et conservez-vous pour vos amis, car vous n'avez plus de maîtres! » Le serviteur attendri pleurait sur les mains du roi.

XXVIII

La commune ayant ordonné des resserrements plus étroits de captivité dans l'enceinte même de la tour, on fit monter un tailleur de pierre. L'ouvrier creusa des trous dans l'embrasure de la porte de l'antichambre du roi pour y faire jouer des verrous. A l'heure de midi, cet homme étant descendu pour prendre son repas, le Dauphin se mit à jouer avec les outils déposés sur le seuil de la porte. Le roi, survenant, prit des mains de l'enfant le marteau et le ciseau du tailleur de pierre, et, se souvenant de son ancienne habileté dans les ouvrages de serrurerie et de ses goûts d'artisan, il montra à son fils comment il fallait tenir ces outils et creusa lui-même la pierre entamée. L'ouvrier, étant remonté et voyant le roi faire son ouvrage avec le sérieux d'un homme du métier, ne put regarder sans se sentir ému ce renversement de la fortune. « Quand vous sortirez de cette tour, dit-il au roi avec un instinct de compassion qui donnait l'espérance pour une certitude, vous pourrez dire que vous avez travaillé vous-même à votre prison. — Hélas! mon ami, répondit le roi en lui remettant le marteau et le ciseau, quand et comment en sortirai-je? » Et, reprenant son fils par la main, il rentra dans sa chambre et s'y promena longtemps en silence.

XXIX

Insensible aux privations qui ne tombaient que sur lui-même, la comparaison de la splendeur passée où il avait vu sa femme et sa sœur avec leur dénûment présent revenait souvent à son esprit et lui échappait quelquefois du cœur. Les anniversaires de ses jours heureux, de son couronnement, de son mariage, de la naissance de sa fille et de son fils, de la fête de son nom, étaient pour lui des jours marqués par plus de tristesse, souvent aussi par plus d'outrages : le jour de saint Louis, les fédérés et les canonniers de garde vinrent avec une ironie cruelle danser des rondes et chanter l'air du *Ça ira* sous ses fenêtres. Le roi rappelait mélancoliquement à la reine ces jours de leur union et de leur félicité, et lui demandait de pardonner à son sort qui les avait changés pour elle en jours de deuil.

« Ah ! madame, lui disait-il un soir en voyant la reine balayer elle-même le pavé de la chambre de son fils malade, quel métier pour une reine de France ! Et si on le voyait à Vienne ! Ah ! qui eût dit en vous unissant à mon sort que je vous faisais descendre si bas ? — Et comptez-vous pour rien, lui dit Marie-Antoinette, la gloire d'être la femme du meilleur et du plus persécuté des hommes ? De tels malheurs ne sont-ils pas les plus majestueuses de toutes les grandeurs ? »

Une autre fois il vit Madame Élisabeth, qui raccommodait la robe de la reine et à qui on avait enlevé jusqu'à ses ciseaux, obligée de couper avec ses dents le fil de son aiguille ! « Ah ! ma sœur, lui dit-il, quel contraste ! vous ne manquiez de rien dans votre jolie maison de Montreuil ! » Il faisait allusion à une délicieuse résidence qu'il s'était plu à embellir pour sa sœur de toutes les élégances de la vie rustique, au temps de sa prospérité. Ce furent ses seuls retours sur le passé. Il l'évitait comme un choc de l'âme qui pouvait arracher un cri involontaire à sa fermeté.

XXX

L'uniformité de cette vie commençait à la changer en habitude et en tranquillité d'esprit. La présence quotidienne des êtres aimés, la tendresse mutuelle plus sentie depuis que l'étiquette des cours ne s'interposait plus entre les sentiments de la nature, la régularité des mêmes actes aux mêmes heures, les passages d'un appartement dans l'autre, les leçons des enfants, leurs jeux, les sorties dans le jardin souvent consolées par des regards compris, les repas en commun, les conversations, les lectures, ce silence profond dans les murs autour des prisonniers, pendant que tant de bruit se faisait loin d'eux autour de leurs noms; quelques visages de commissaires attendris, quelques intelligences furtives avec le dehors, quelques complots obscurs d'évasion grossis par l'espérance, ce mirage des cachots, accoutumaient insensiblement les détenus à leur adversité, et leur faisaient même découvrir le côté consolant du malheur, quand un redoublement de rigueurs dans leur emprisonnement et de rudesse dans leurs geôliers vint agiter de nouveau leur vie intérieure et leur faire conjecturer de sinistres événements.

La surveillance devint odieuse et outrageante pour la pudeur des princesses. On rompait le pain des prisonniers pour y découvrir des billets cachés. On coupait les fruits, on fendait jusqu'aux noyaux de pêche, de peur qu'une ruse adroite n'y eût glissé des correspondances. Après chaque repas, on retirait les couteaux et les fourchettes nécessaires pour découper les aliments. On mesurait la longueur des aiguilles de femme, sous prétexte qu'elles pouvaient se transformer en armes de suicide. On voulut suivre la reine chez Madame Élisabeth, où elle allait tous les jours, à midi, pour dépouiller sa robe du matin. La reine, obsédée par ce regard injurieux, renonça à changer de vêtement pendant le jour. Le linge était déplié pièce à pièce. On fouilla le roi. On lui enleva jusqu'aux petits ustensiles de toilette en or à l'aide desquels il roulait ses cheveux et soignait ses dents. Il fut obligé de laisser croître sa barbe. Les poils rudes et retournés contre la chair échauffèrent douloureusement sa peau et le forcèrent de se laver plusieurs fois par jour le visage dans de l'eau fraîche. Tison et sa femme espionnaient et rapportaient sans cesse aux commissaires les moindres chuchotements, les gestes, les regards. On laissait entrer dans la cour du Temple des vociférateurs qui demandaient à grands cris la tête de la reine et du roi. Rocher chantait la *Carmagnole* aux oreilles du roi et enseignait au Dauphin des couplets crapuleux contre sa mère et contre lui-même. L'enfant répétait innocemment ces couplets, qui faisaient monter la rougeur au front de sa tante. Cet homme, un moment adouci, avait repris sa nature et puisait une nouvelle insolence dans le vin; l'ivrognerie dans laquelle il s'assoupissait tous les soirs recommençait tous les matins. Les princesses, obligées de traverser sa chambre pour passer dans celle du roi et pour en sortir, trouvaient cet homme toujours couché, à l'heure du souper, souvent même au milieu du jour. Il vomissait contre elles des imprécations, et les forçait d'attendre, les yeux baissés, qu'il eût jeté sur son corps ses vêtements. Les ouvriers qui travaillaient à l'extérieur de la tour se répandaient en menaces contre le roi. Ils brandissaient leurs outils au-dessus de sa tête. Un d'eux leva sa hache sur le cou de la reine, et lui aurait abattu la tête si l'arme n'eût été détournée.

Un municipal éveilla un soir le Dauphin en le tirant avec rudesse par le bras pour s'assurer, disait-il, de la présence de l'enfant. La reine se précipita entre cet homme et son fils et perdit sa patience. Elle foudroya le commissaire de son regard. Pour la première fois la reine humiliée disparut, la mère se montra.

Une députation de la Convention vint visiter le Temple. Chabot, Dubois-Crancé, Drouet, Duprat, en faisaient partie. A l'aspect de Drouet, ce maître de poste de Sainte-Menehould qui, en reconnaissant le roi et en le faisant arrêter à Varennes, avait été la cause première de tous leurs malheurs, la reine, Madame Élisabeth et les enfants pâlirent et crurent voir ce mauvais génie qui avait apparu à Brutus la veille de Pharsale. Chabot et Drouet s'assirent irrespectueusement devant les femmes debout. Ils interrogèrent la reine, qui dédaigna de leur répondre. Ils demandèrent au roi s'il avait des réclamations à faire. « Je ne me plains de rien, répondit le roi; je demande seulement qu'on fasse parvenir à ma femme et à mes enfants le linge et les vêtements dont vous voyez qu'ils ont besoin. » Les robes des princesses tombaient en lambeaux. La reine était obligée, pour que le roi ne fût pas vêtu de haillons, de rapiécer son habit pendant son sommeil. Toutes ces rigueurs et tous ces dénûments avaient été la conséquence des ordres de jour en jour plus sévères de la commune. Tison et sa femme dénoncèrent la famille royale à la Convention. Ils affirmèrent que les prisonniers entretenaient une correspondance avec le dehors; qu'ils avaient des chuchotements suspects avec certains commissaires; que Madame Élisabeth, un soir, au souper, avait laissé tomber un crayon de son mouchoir; qu'on avait trouvé chez la reine des pains à cacheter et une plume. Les recherches recommencèrent. On fouilla dans les oreillers et dans les matelas. Le Dauphin fut impitoyablement enlevé tout endormi de sa couchette pour qu'on la visitât jusque sous son corps. La reine prit l'enfant et le réchauffa, pendant ce temps-là, tout nu et tout grelottant dans ses bras.

XXXI

Cependant, plus la haine et la persécution sévissaient autour des captifs, plus l'émotion de leur chute et le saisissement de leur situation inspiraient d'intérêt à quelques âmes et de témérité à quelques dévouements. La vue journalière des souffrances, de la dignité, et peut-être aussi de la touchante beauté de la reine, avait fait des transfuges dans la commune elle-même. Si les grands crimes tentent quelquefois des âmes ardentes, les grands dévouements tentent aussi des cœurs généreux. La compassion a son fanatisme. Arracher à sa prison, à ses persécuteurs, à l'échafaud, la famille des rois, et la rendre, par une ruse héroïque, à la liberté, au bonheur, au trône peut-être, était une tentative qui devait séduire par la grandeur même des difficultés et des périls, et trouver des imaginations capables de la rêver et de l'oser. Elle en trouva.

Il y avait alors parmi les membres de la commune un jeune homme nommé Toulan ; ce jeune homme était né à Toulouse, dans une condition subalterne. Passionné pour ces études littéraires qui ennoblissent le cœur, il était venu s'établir à Paris. Le commerce de la librairie, qu'il y exerçait, satisfaisait à la fois ses goûts et ses besoins. Ses volumes, sans cesse feuilletés pour son trafic, avaient communiqué à son imagination la passion de la liberté et ces émanations romanesques qui sortent des livres et qui enivrent l'esprit. Il s'était jeté dans la Révolution comme dans un rêve en action. Son ardeur et son éloquence l'avaient popularisé dans sa section ; un des premiers à l'assaut des Tuileries le 10 août, il avait été un des premiers aussi au conseil de la commune. Signalé à ses collègues par sa haine fougueuse contre la tyrannie, il avait été choisi à ce signe pour commissaire au Temple. Entré avec l'horreur du tyran et de sa famille, il en était sorti dès le premier jour avec une adoration passionnée pour les victimes. La vue de Marie-Antoinette surtout, cette majesté relevée par sa dégradation, cette physionomie où la langueur d'une captive tempérait la fierté d'une reine, cette tristesse jetée tout à coup comme un voile sur des traits où respiraient encore tant de grâces, cette dernière lueur de la jeunesse qui allait s'éteindre dans l'humidité des cachots, cette tête charmante sur laquelle la hache était suspendue de si près, et qui lui semblait déjà tenue par les cheveux et présentée au peuple dans la main du bourreau, tout cela avait remué profondément la sensibilité de Toulan. C'était une de ces âmes que les émotions jettent du premier coup à l'extrémité opposée de leurs pensées, et qui ne discutent pas contre un sentiment. Avant d'avoir réfléchi, il s'était dévoué dans son cœur. Tout ce qui était beau lui paraissait possible. Il avait recherché et brigué, par de fausses démonstrations de fureur contre le roi, des missions plus fréquentes et plus assidues à la tour du Temple : on les lui avait prodiguées. Il avait cherché en toute occasion à se faire remarquer de Marie-Antoinette par des signes muets, qui, sans donner d'ombrage à ses collègues, fissent reconnaître à la reine qu'elle avait un ami parmi ses persécuteurs : il avait réussi.

Toulan, très-jeune, petit de taille, frêle de stature, avait une de ces physionomies délicates et expressives du Midi où la pensée parle dans les yeux et où la sensibilité palpite dans la mobilité des muscles du visage. Son regard était un langage. Depuis longtemps la reine l'avait compris. La présence d'un second commissaire, toujours attaché aux pas de Toulan, l'empêchait de s'expliquer davantage. Il parvint à séduire un de ses collègues du conseil de la commune, nommé Lepitre, et à l'entraîner, par la grandeur du projet et par la splendeur de la récompense, dans un complot d'évasion de la famille royale.

La reine vit les deux commissaires de service ensemble dans la prison tomber à ses genoux et lui offrir, dans l'ombre de son cachot, un dévouement que le lieu, le péril, la mort présente, élevaient au-dessus de tous les dévouements prodigués à sa prospérité. Elle l'accepta et l'encouragea ; elle remit de sa propre main à Toulan une mèche de ses cheveux avec cette devise en langue italienne : « Celui qui craint de mourir ne sait pas assez aimer. » C'était la lettre de crédit donnée par elle à Toulan auprès de ses amis du dehors. Elle y joignit bientôt après un billet de sa main pour le chevalier de Jarjais, son correspondant secret et le chef invisible de ce complot. « Vous pouvez prendre confiance, lui disait-elle, dans l'homme qui vous parlera de ma part ; ses sentiments me sont connus ; depuis cinq mois il n'a pas varié. »

Un certain nombre de royalistes sûrs, cachés dans Paris et répandus dans les bataillons de la garde nationale, fut initié vaguement à ce plan d'évasion. Il consistait à corrompre à prix d'or quelques-uns des commissaires de la commune chargés de la surveillance de la prison ; à dresser une liste des royalistes les plus dévoués parmi les bataillons de garde nationale de chaque section ; à prendre des mesures pour que ces hommes, indiqués comme par le hasard, se trouvassent au jour marqué composer la majorité dans le détachement de garde à la tour du Temple ; à faire désarmer par ces conspirateurs déguisés le reste du détachement pendant la nuit ; à délivrer la famille royale et à la conduire par des relais préparés jusqu'à Dieppe, où une barque de pêcheur l'attendrait et la porterait en Angleterre avec ses principaux libérateurs.

Toulan, intrépide et infatigable dans son zèle, muni de sommes considérables qu'un signe du roi avait mises à sa disposition dans Paris, mûrissait son plan dans le mystère, transmettait à la reine les trames de ses partisans, reportait au dehors les intentions du roi, sondait avec réserve les principaux chefs de parti à la Convention et dans la commune, essayait de deviner partout des complicités secrètes, même chez Marat, chez Robespierre et chez Danton ; tentait la générosité des uns, la cupidité des autres, et, de jour en jour plus heureux dans ses entreprises et plus certain du succès, comptait déjà plusieurs des gardiens de la tour et cinq membres de la commune parmi les complices de ses périlleux desseins. De ce côté un rayon pénétrait donc dans l'ombre de la prison et entretenait dans l'âme des captifs sinon l'espérance, du moins le rêve de la liberté.

LIVRE TRENTE-TROISIÈME

Les Jacobins forcent les Girondins à se prononcer dans le procès du roi. — Saint-Just. — Son portrait. — Il demande la mort du roi. — La Montagne. — Sa pensée. — Thomas Payne. — Disette à Paris. — Le clergé salarié. — L'armoire de fer. — Dénonciations. — La populace autour du Temple. — Madame Roland à la barre. — Robespierre demande que le roi soit jugé sans appel. — Vergniaud lutte pour la vie du roi.

I

Cependant les Jacobins étaient pressés d'arracher aux Girondins, à la face du peuple, leur secret sur la vie ou la mort du roi. Impatients de s'armer contre eux du soupçon de royalisme, il leur fallait la discussion immédiate sur ce grand texte pour ranger leurs ennemis parmi les faibles ou parmi les traîtres. Ils connaissaient la répugnance de Vergniaud à cette immolation de sang-froid à la vengeance plus qu'au salut de la république. Ils suspectaient les intentions de Brissot, de Sieyès, de Pétion, de Condorcet, de Guadet, de Gensonné. Ils brûlaient de voir éclater au grand jour ces répugnances et ces scrupules, pour en faire un signe de réprobation contre les amis de Roland. Le procès du roi allait séparer les faibles des forts; le peuple demandait ce jugement comme une satisfaction, les partis comme un dernier combat, les ambitieux comme le gage du gouvernement de la république entre leurs mains.

II

Pétion demanda le premier à la Convention que la question d'inviolabilité du roi fût posée, et qu'on délibérât avant tout sur ce préliminaire indispensable à tout jugement : « Le roi peut-il être jugé? » Morisson prétendit que l'inviolabilité déclarée par la constitution de 1791 couvrait la personne du souverain contre tout autre jugement que le jugement de la victoire, et que toute violence de sang-froid contre sa vie serait un crime. » Si, le 10 août, dit-il, j'avais trouvé Louis XVI le poignard à la main, couvert du sang de mes frères; si j'avais vu bien clairement, ce jour-là, que c'était lui qui avait donné l'ordre d'égorger les citoyens, j'aurais été le frapper moi-même. Mais plusieurs mois se sont écoulés depuis ce jour. Il est entre nos mains, il est sans armes, sans défense, et nous sommes Français. Cette situation est la loi des lois. »

III

Saint-Just se leva à ces mots. Saint-Just était dès lors comme la pensée de Robespierre, que Robespierre faisait marcher à quelques pas en avant de lui. Ce jeune homme, muet comme un oracle et sententieux comme un axiome, semblait avoir dépouillé toute sensibilité humaine pour personnifier en lui la froide intelligence et l'impitoyable impulsion de la Révolution. Il n'avait ni regards, ni oreilles, ni cœur pour tout ce qui lui paraissait faire obstacle à l'établissement de la république universelle. Rois, trônes, sang, femmes, enfants, peuples, tout ce qui se rencontrait entre ce but et lui disparaissait ou devait disparaître. Sa passion avait, pour ainsi dire, pétrifié ses entrailles. Sa logique avait contracté l'impassibilité d'une géométrie et la brutalité d'une force matérielle. C'était lui qui, dans des conversations intimes et longtemps prolongées dans la nuit sous le toit de Duplay, avait le plus combattu ce qu'il appelait les faiblesses d'âme de Robespierre et sa répugnance à verser le sang du roi. Immobile à la tribune, froid comme une idée, ses longs cheveux blonds tombant des deux côtés sur son cou, sur ses épaules, le calme de la conviction absolue répandu sur ses traits presque féminins, comparé au *saint Jean du Messie du peuple* par ses admirateurs, la Convention le contemplait avec cette fascination inquiète qu'exercent certains êtres placés aux limites indécises de la démence ou du génie. Attaché aux pas de Robespierre seul, Saint-Just se communiquait peu aux autres. Il sortait de sa place à la Convention pour apparaître comme un précurseur des opinions de son maître. Son discours fini, il y rentrait silencieux et impalpable, non comme un homme, mais comme une voix.

IV

« On vous dit, murmura froidement Saint-Just, que le roi doit être jugé en citoyen ; et moi j'entreprends de vous prouver qu'il doit être jugé en ennemi. Nous n'avons pas à le juger, nous avons à le combattre. La plus funeste des lenteurs que nos ennemis nous recommandent serait celle qui nous ferait temporiser avec le roi. Un jour des peuples aussi éloignés de nos préjugés que nous le sommes des préjugés des Vandales s'étonneront qu'un peuple ait délibéré pour savoir s'il avait le droit de juger ses tyrans. On s'étonnera qu'au dix-huitième siècle on ait été moins avancé que du temps de César. Le tyran fut immolé en plein sénat, sans autre formalité que vingt-deux coups de poignard, sans autre loi que la liberté de Rome ; et aujourd'hui on fait avec respect le procès d'un homme, assassin du peuple, pris la main dans le sang, la main dans le crime ! Ceux qui attachent quelque importance au juste châtiment d'un roi ne feront jamais une république. Parmi nous la mollesse des caractères est un grand obstacle à la liberté. Les uns semblent craindre dans cette occasion de porter un jour la peine de leur courage. Les autres n'ont point renoncé finalement à la monarchie. Ceux-ci craignent un exemple de vertu qui serait un lien de responsabilité commune et d'unité de la république. Citoyens, si le peuple romain, après six cents ans de vertus et de haine des rois, si l'Angleterre, après Cromwell mort, virent renaître les rois malgré leur énergie, que ne doivent pas craindre les bons citoyens en voyant la hache trembler dans nos mains, et un peuple, dès le premier jour de sa liberté, respecter le souvenir de ses fers! On parle d'inviolabilité! Elle existait, peut-être, cette inviolabilité mutuelle, de citoyen à citoyen; mais de peuple à roi il n'y a plus de rapport naturel. Le roi était en dehors du contrat social qui unissait entre eux les citoyens. Il ne peut être couvert par ce contrat, auquel seul il faisait une tyrannique exception.

« Et l'on invoque les lois en faveur de celui qui les a toutes détruites! Quelle procédure, quelle information voulez-vous faire de ses crimes, qui sont partout écrits avec le sang du peuple? Ne passa-t-il point avant le combat les troupes en revue? Ne prit-il pas la fuite au lieu de les empêcher de tirer sur la nation? Mais à quoi bon chercher des crimes? Il est telle âme généreuse qui dira dans un autre temps que le procès doit être fait à un roi, non pour les crimes de son gouvernement, mais pour le seul crime d'avoir été roi! Car la royauté est un crime pour lequel l'usurpateur est justiciable devant tout citoyen! Tous les hommes ont reçu de la nature la mission secrète d'exterminer la domination. On ne peut régner innocemment : tout roi est un rebelle. Et quelle justice pourrait lui faire le tribunal auquel vous remettriez son jugement? Aurait-il la faculté de lui restituer la patrie et de citer devant lui, pour lui faire réparation, la volonté générale? Citoyens, le tribunal qui doit juger Louis est un conseil politique. C'est le droit des nations qui juge les rois. N'oubliez pas que l'esprit dans lequel vous jugerez votre maître sera l'esprit dans lequel vous établirez votre république. La théorie de votre jugement sera celle de vos magistratures. La mesure de votre philosophie dans ce jugement sera aussi la mesure de votre liberté dans votre constitution. A quoi bon même un appel au peuple? Le droit des hommes contre les rois est personnel. Le peuple tout entier ne saurait contraindre un seul citoyen à pardonner à son tyran. Mais hâtez-vous! car il n'est pas de citoyen qui n'ait sur lui le droit qu'avait Brutus sur César! le droit d'Ankarstroem sur Gustave! Louis est un autre Catilina. Le meurtrier jurerait, comme le consul de Rome, qu'il a sauvé la patrie en l'immolant. Vous avez vu ses desseins perfides, vous avez compté son armée; le traître n'était pas le roi des Français, mais le roi de quelques conjurés. Il faisait des levées de troupes; il avait des ministres particuliers; il avait proscrit secrètement tous les gens de bien et de courage; il est le meurtrier de Nancy, de Courtrai, du Champ de Mars, des Tuileries. Quel ennemi étranger nous a fait plus de mal? Et l'on cherche à remuer la pitié! On achètera bientôt des larmes comme aux enterrements de Rome! Prenez garde à vos cœurs! Peuple! si le roi est jamais absous, souviens-toi que nous ne sommes plus dignes de ta confiance, et ne vois en nous que des traîtres! »

V

La Montagne s'appropria ces paroles par l'enthousiasme avec lequel elle les applaudit. On eût dit qu'une main hardie venait de déchirer le nuage des lois écrites, et de faire apparaître la juridiction du glaive sur le front de tous les rois. Fauchet, bravant le délire de l'Assemblée, prononça, mais sans pouvoir les faire entendre, de courageuses paroles sur l'inutilité de la mort et sur la vertu politique de la magnanimité. « Non, conservons, dit-il, cet homme criminel qui fut roi. Qu'il reste un spectacle vivant de l'absurdité et de l'avilissement de la royauté. Nous dirons aux nations : « Voyez-vous cette espèce d'homme anthropo-
» phage, qui se faisait un jeu de nous, de vous? C'était un
» roi. Aucune loi antérieure n'avait prévu son crime. Il a
» passé les bornes des attentats prévus dans notre Code
» pénal. La nation se venge en lui infligeant un supplice
» plus terrible que la mort : elle l'expose à perpétuité à
» l'univers, en le plaçant sur un échafaud d'ignominie. »

Grégoire, dans une des séances suivantes, attaqua la théorie de l'inviolabilité des rois. « Cette fiction ne survit pas à la fiction constitutionnelle qui la crée. » Il demanda non la mort, mais le jugement avec toutes ses conséquences, fût-ce la mort; et il préjugea l'arrêt par ces paroles terribles : « Est-il un parent, un ami de nos frères immolés sur nos frontières, qui n'ait le droit de traîner

son cadavre aux pieds de Louis XVI et de lui dire : « Voilà
» ton ouvrage ! » Et cet homme ne serait pas justiciable du
peuple !

» Je réprouve la peine de mort, continua Grégoire, et
j'espère que ce reste de barbarie disparaîtra de nos lois. Il
suffit à la société que le coupable ne puisse plus nuire. Vous
le condamnerez, sans doute, à l'existence, afin que le remords et l'horreur de ses forfaits le poursuivent dans le
silence de sa captivité. Mais le repentir est-il fait pour les
rois ? L'histoire qui burinera ses crimes pourra le peindre
d'un seul trait. Aux Tuileries, le 10 août, des milliers
d'hommes étaient égorgés, le bruit du canon annonçait un
carnage effroyable ; et ici, dans cette salle, il mangeait !...
Ses trahisons ont enfin amené notre délivrance. L'impulsion est donnée au monde. La lassitude des peuples est à
son comble. Tous s'élancent vers la liberté. Le volcan va
faire explosion et opérer la résurrection politique du globe.
Qu'arriverait-il si, au moment où les peuples vont briser
leurs fers, vous proclamiez l'impunité de Louis XVI ? L'Europe douterait de votre intrépidité et les despotes repren-
draient confiance dans cette maxime de notre servitude,
qu'ils tiennent leur couronne de Dieu et de leur épée ! »

De nombreuses adresses des départements et des villes
furent lues dans les séances suivantes, demandant toutes
la tête de l'assassin du peuple. Le premier besoin de la nation ne semblait pas tant de se défendre que de se venger.

VI

Un étranger siégeait parmi les membres de la Convention nationale : c'était le philosophe Thomas Payne. Né en Angleterre, mêlé aux luttes de l'indépendance américaine, ami de Franklin, auteur du *Bon sens*, des *Droits de l'homme* et de l'*Age de raison*, son nom avait une grande autorité parmi les novateurs des deux mondes. Sa réputation lui avait servi de naturalisation en France. La nation qui pensait, qui combattait alors non pour elle seule, mais pour l'univers tout entier, reconnaissait pour compatriotes tous les zélateurs de la liberté et de l'égalité. Le patriotisme de la France, comme celui des religions, n'était ni dans la communauté de langue ni dans la communauté des frontières, mais dans la communauté des idées. Payne, lié avec madame Roland, avec Condorcet et Brissot, avait été élu par la ville de Calais. Les Girondins le consultaient et l'avaient introduit au comité de législation. Robespierre lui-même affectait pour le radicalisme cosmopolite de Payne le respect d'un néophyte pour des idées qui viennent de loin.

Payne avait été comblé d'égards par le roi lorsqu'il était venu à Paris pour implorer le secours de la France en faveur de l'Amérique. Louis XVI avait fait don de six millions à la jeune république. Payne n'eut ni la mémoire ni la convenance de sa situation. Ne pouvant s'énoncer en français à la tribune, il écrivit et fit lire à la Convention une lettre ignoble dans les termes, cruelle dans l'intention : longue injure jetée jusqu'au fond du cachot à l'homme dont il avait jadis sollicité la généreuse assistance et à qui il devait le salut de sa patrie adoptive. « Considéré comme individu, cet homme n'est pas digne de l'attention de la république ; mais comme complice de la conspiration contre les peuples, vous devez le juger, disait Payne. A l'égard de l'inviolabilité, il ne faut faire aucune mention de ce motif. Ne voyez plus dans Louis XVI qu'un homme d'un esprit borné, mal élevé comme tous ses pareils, sujet, dit-on, à de fréquents excès d'ivrognerie, et que l'Assemblée constituante rétablit imprudemment sur un trône pour lequel il n'était pas fait. »

L'ingratitude s'exprimait en outrages. La philosophie se dégradait au-dessous du despotisme dans le langage de Payne. Madame Roland et ses amis applaudirent à la rudesse républicaine de cet acte et de ces expressions. La Convention ordonna à l'unanimité l'impression de cette lettre.

VII

Le duc d'Orléans, qu'Hébert avait baptisé la veille à la commune du nom de *Philippe-Égalité*, et qui avait accepté ce nom pour dépouiller jusqu'aux syllabes qui rappelaient la race de Bourbon, monta à la tribune après la lecture de la lettre de Thomas Payne. « Citoyens, dit-il, ma fille, âgée de quinze ans, a passé en Angleterre au mois d'octobre 1791, avec la citoyenne de Genlis-Sillery, son institutrice, et deux jeunes personnes élevées avec elle depuis son enfance, dont l'une est la citoyenne Henriette Sercey, orpheline, et l'autre la citoyenne Paméla Seymour, naturalisée Française depuis plusieurs années. La citoyenne Sillery a fait l'éducation de tous mes enfants, et la manière dont ils se comportent prouve qu'elle les a formés de bonne heure aux idées républicaines. Un des motifs de ce voyage de ma fille a été de la soustraire à l'influence des principes d'une femme (sa mère), très-estimable sans doute, mais dont les opinions sur les affaires présentes n'ont pas toujours été conformes aux miennes. Lorsque des raisons si puissantes retenaient ma fille en Angleterre, mes fils étaient aux armées. Je n'ai cessé d'être avec eux au milieu de vous, et je puis dire que moi, que mes enfants, ne sommes pas les citoyens qui auraient couru le moins de dangers si la cause de la liberté n'avait pas triomphé. Il est impossible, il est absurde d'envisager le voyage de ma fille comme une émigration. Mais le plus léger doute suffit pour tourmenter un père. Je vous prie donc, citoyens, de calmer mes inquiétudes. Si, par impossible, et je ne puis le croire, vous frappiez de la rigueur de la loi ma fille, quelque cruel que fût ce décret pour moi, les sentiments de la nature n'étoufferaient pas les devoirs du citoyen, et en l'éloignant de la patrie pour obéir à la loi, je prouverais de nouveau tout le prix que j'attache à ce titre de citoyen, que je préfère à tout. »

L'Assemblée renvoya dédaigneusement la demande du duc d'Orléans au comité de législation. La Convention, qui n'avait plus besoin de complices, commençait à s'inquiéter de compter un Bourbon dans son sein. Trop voisin du trône pour qu'elle pût s'en servir sans danger, trop fidèle à la Révolution pour qu'elle osât l'accuser, elle le couvrait d'une tolérance qui ressemblait à l'oubli. Elle voulait l'effacer; il voulait s'effacer lui-même. Mais son nom trop éclatant le dénonçait à l'attention de la république. C'était le seul crime dont sa prostration devant le peuple ne pût l'absoudre. Ce nom, quoique répudié, l'écrasait. La France et l'Europe attentives se demandaient comment son patriotisme subirait la terrible épreuve du procès de son parent et de son roi. La nature le récusait, l'opinion lui demandait une tête. On tremblait de dire qui triompherait, de la nature ou de l'opinion.

VIII

Au même moment, Paris et les départements, menacés de la famine, s'agitaient par l'effet de la panique plus encore que par la réalité de la disette. Le discrédit où étaient tombés les assignats, monnaie de papier, idéale comme la confiance, faisait resserrer les blés; le resserrement des blés amenait la violation des marchés et des domiciles. Toutes les petites villes autour de Paris, ce grenier de la France, étaient dans une perpétuelle sédition. Les commissaires de la Convention envoyés sur les lieux étaient injuriés, menacés, chassés. Le peuple leur redemandait du pain et des prêtres. Ils revenaient à la Convention étaler leurs alarmes, leurs injures et leur impuissance. « On nous conduit à l'anarchie, disait Pétion. Nous nous déchirons de nos propres mains. Il y a des causes cachées à ces troubles. C'est dans les départements les plus abondants en blé que les troubles éclatent. Conspirateurs, qui avilissez la Convention, dites-nous donc ce que vous voulez de nous. Nous avons aboli toutes les tyrannies, nous avons aboli la royauté ; que voulez-vous de plus? »

Les idées religieuses, froissées dans les consciences, agitaient au même moment les départements. Des séditions prenaient la croix pour étendard. Danton s'en émut. « Tout le mal n'est pas dans les alarmes sur les subsistances, dit-il à la Convention. On a jeté dans l'Assemblée une idée imprudente : on a parlé de ne plus salarier les prêtres. On s'est appuyé sur des idées philosophiques qui me sont chères, car je ne connais d'autre Dieu que celui de l'univers, d'autre culte que celui de la justice et celui de la liberté. Mais l'homme maltraité de la fortune cherche des jouissances idéales. Quand il voit un homme riche se livrer à tous ses goûts, caresser tous ses désirs, alors il croit, et cette idée le console, il croit que dans une autre vie les jouissances se multiplieront en proportion de ses privations dans ce monde. Quand vous aurez eu pendant quelque temps des officiers de morale qui auront fait pénétrer la lumière dans les chaumières, alors il sera bon de parler au peuple de morale et de philosophie. Mais jusque-là il est barbare, c'est un crime de lèse-nation, de vouloir enlever au peuple des hommes dans lesquels il espère encore trouver quelques consolations. Je penserais donc qu'il serait utile que la Convention fît une adresse pour persuader au peuple qu'elle ne veut rien détruire, mais tout perfectionner ; et que, si elle poursuit le fanatisme, c'est qu'elle veut la liberté des opinions religieuses. Mais il est encore un objet qui exige la prompte décision de l'Assemblée, ajouta Danton, plus contraint qu'emporté à cette manifestation contre Louis XVI. Le jugement du ci-devant roi est attendu avec impatience. D'une part, le républicain s'indigne de ce que ce procès semble interminable ; de l'autre, le royaliste s'agite en tout sens, et, comme il a encore sa fortune et son orgueil, vous verrez peut-être, au grand scandale de la liberté, deux partis s'entre-choquer. Tout vous commande d'accélérer le jugement du roi.

IX

Robespierre, ne voulant pas laisser à Danton la priorité de sa motion, se joignit à lui pour demander que « le dernier tyran des Français, le point de ralliement de tous les conspirateurs, la cause de tous les troubles de la république, fût promptement condamné à la peine de ses forfaits. » Marat, Legendre, Jean-Bon Saint-André jetèrent le même cri d'impatience, et poussèrent contre le roi seul le flot de colère, d'inquiétude et d'agitation qui menaçait la république. Le procès devint l'ordre du jour permanent de la Convention.

Il était aussi celui des Jacobins. Là Chabot invectivait Brissot, lui reprochait de s'être réjoui secrètement des massacres de septembre, dans l'espoir que son complice d'autrefois et son ennemi d'aujourd'hui, le libelliste Morande, dépositaire de ses secrets, périrait sous la hache du peuple. « Et tu te vantes avec tes amis, lui disait Chabot, d'être le héros du 10 août, toi qui t'es caché dans ton comité jusqu'au moment où il fut question de t'emparer du ministère sous la responsabilité de Roland et de Clavière ! Le héros du 10 août, toi qui quelques jours auparavant lisais un discours applaudi des royalistes, où tu te déclarais le défenseur du roi ! Les héros du 10 août, toi et tes amis ! Est-ce ton ami Vergniaud, qui concluait son discours sur la déchéance par un message au roi, destiné à endormir la nation jusqu'à l'arrivée de Brunswick ? Est-ce Jérôme Pétion, qui avait empêché l'insurrection du 28 juillet et qui me gourmandait, le 9 août, parce que je voulais sonner le tocsin ! Est-ce ton ami Lasource, qui demandait, le 8 août, le renvoi des fédérés, vainqueurs le 10 ? Est-ce Vergniaud encore, qui, président de l'Assemblée, le matin de cette journée, jurait de mourir pour maintenir les droits constitutionnels du roi ? Est-ce ton parti enfin, qui, pendant que le canon du peuple renversait le château, faisait décréter qu'il serait nommé un gouverneur au prince royal ? Va, je laisse l'opinion publique juger entre l'ex-capucin Chabot et l'ancien espion de police Brissot ! » La conclusion de toutes ces philippiques des Jacobins contre Roland, Brissot, Pétion, Vergniaud, était le défi porté aux Girondins de reculer dans le procès de Louis XVI et de refuser cette tête au peuple, à moins de s'avouer traîtres à la patrie.

Dans la même séance des Jacobins, Robespierre repoussa, comme Danton l'avait fait à la Convention, la pensée de retirer le salaire de l'État aux prêtres. Robespierre et d'autres reculaient timidement, dans un intérêt de parti, devant l'application rationnelle du dogme de l'indépendance des croyances religieuses et de l'émancipation absolue de la raison des peuples en matière de culte par la liberté. Ils proclamaient la religion du peuple un mensonge, et ils demandaient que la république salariât des prêtres chargés de prêcher et d'administrer ce qu'ils appelaient un mensonge. Ainsi les hommes les plus fermes dans la foi révolutionnaire, qui ne reculaient ni devant le sang de leurs concitoyens, ni devant les armées de l'Europe, ni devant leur propre échafaud, reculaient devant la puissance d'une habitude nationale, et ajournaient la solution dans les rapports de l'homme avec Dieu, plutôt que d'ajourner leur puissance. Que la faiblesse est voisine de la force ! « Mon Dieu, à moi, disait Robespierre dans une lettre à ses commettants, c'est celui qui créa tous les hommes pour l'égalité et le bonheur. C'est celui qui protége les opprimés et qui extermine les tyrans. Mon culte est celui de la justice et de l'humanité. Je n'aime pas plus qu'un autre le pouvoir des prêtres. C'est une chaîne de plus donnée à l'humanité ; mais c'est une chaîne invisible attachée aux esprits. Le législateur peut aider la raison à s'en affranchir, mais il ne peut la briser. Notre situation sous ce rapport me semble favorable. L'empire de la superstition est presque détruit. Déjà c'est moins le prêtre qui est l'objet de la vénération que l'idée de la religion que le prêtre personnifie aux yeux de la foule. Déjà le flambeau de la philosophie, pénétrant jusqu'aux classes les plus ténébreuses, a chassé tous ces ridicules fantômes que l'ambition des prêtres et la politique des rois nous ordonnent d'adorer au nom du ciel. Il ne reste guère plus dans les esprits que ces dogmes éternels, qui prêtent un appui aux idées morales, et la doctrine sublime et touchante de la charité et de l'égalité, que le Fils de Marie enseigna jadis à ses concitoyens. Bientôt, sans doute, l'évangile de la raison et de la liberté sera l'évangile du monde. Le dogme de la Divinité est gravé dans les esprits. Ce dogme, le peuple le lie au culte qu'il a jusqu'ici professé. Attaquer ce culte, c'est attenter à la moralité du peuple. Or, rappelez-vous que notre Révolution est basée sur la justice, et que tout ce qui tend à affaiblir ce sentiment moral dans le peuple est antirévolutionnaire. Souvenez-vous avec quelle sagesse les plus grands législateurs de l'antiquité surent manier ces ressorts cachés du cœur humain; avec quel art sublime, ménageant la faiblesse ou les préjugés de leurs concitoyens, ils consentirent à faire sanctionner par le ciel l'ouvrage de leur génie! Quel que soit notre enthousiasme, nous ne sommes point encore arrivés aux limites de la raison et de la vertu humaine. Mais combien est-il impolitique de jeter de nouveaux ferments de discorde dans les esprits, en faisant croire au peuble qu'en attaquant ses prêtres on attaque le culte lui-même! Ne dites pas qu'il ne s'agit point ici d'abolir le culte, mais seulement de ne le plus payer ; car ceux qui croient au culte croient aussi que ne plus le payer ou le laisser périr, c'est la même chose. Ne voyez-vous pas d'ailleurs qu'en livrant les citoyens à l'individualité des cultes, vous élevez le signal de la discorde dans chaque ville et dans chaque village? Les uns voudront un culte, les autres voudront s'en passer, et tous deviendront les uns pour les autres des objets de mépris et de haine. »

X

Ainsi Danton et Robespierre lui-même, par une étrange et lâche concession de leurs principes, voulaient rétablir au nom de la république cette uniformité officielle des consciences qu'ils reprochaient à la politique des rois. Ils enlevaient un roi au peuple, et ils n'osaient déclarer qu'ils cesseraient de salarier le clergé !

Cette inconséquence de Robespierre, masquant sa faiblesse sous un sophisme, prêtait aux sarcasmes de ses ennemis. Carra, Gorsas, Brissot, rédacteurs des principaux journaux de la Gironde, prirent en pitié *sa superstition* et traduisirent sa complaisance en ridicule. « On se demande, disaient-ils, pourquoi tant de femmes à la suite de Robespierre, chez lui, à la tribune des Jacobins, aux Cordeliers, à la Convention? C'est que la Révolution française est une religion, et que Robespierre veut faire une secte. C'est une espèce de prêtre qui a ses dévots, ses Maries, ses Madeleines, comme le Christ. Toute sa puissance est en quenouille. Robespierre prêche, Robespierre censure; il est furieux, grave, mélancolique, exalté à froid, suivi dans ses pensées et dans sa conduite. Il tonne contre les riches et les grands. Le texte de ses sermons est celui du Christ : Il faut dépouiller tous les coquins de bourgeois de Jérusalem pour revêtir les sans-culottes. Il vit de peu. Il ne connaît pas les besoins physiques. Il n'a qu'une seule mission, c'est de parler, et il parle toujours. Il crée des disciples, il a des gardes pour sa personne. Il harangue les Jacobins quand il peut s'y faire des sectateurs. Il se tait quand sa parole pourrait nuire à sa popularité. Il refuse les places où il pourrait servir le peuple, et brigue les postes d'où il pourrait le persuader. Il se montre quand il peut faire sensation ; il disparaît quand la scène est remplie par d'autres. Il a tous les caractères d'un chef de religion. Il s'est fait une réputation de sainteté. Il parle de Dieu et de la Providence ! Il se dit l'âme des pauvres et des opprimés. Il se fait suivre par les femmes et par les faibles d'esprit. Robespierre est un prêtre et ne sera jamais autre chose ! »

XI

De son côté, Marat, absent de la Convention et rentré dans son souterrain des Cordeliers depuis l'insulte de Westermann et les menaces des fédérés, dénonça de là au peuple la faction de la Gironde comme une conjuration permanente contre la patrie. « Ce n'est pas moi seulement, écrivait-il, qu'ils contraignent à chercher sa sûreté dans un sombre caveau pour se mettre à l'abri du fer de leurs brigands ; l'atroce faction s'acharne contre Robespierre, Danton, Panis et tous les députés qu'ils ne peuvent amener à composer avec la peur. Ils dressent leurs listes de proscrits sous les auspices de leur patron Roland. Et qui sont ces ennemis publics de tout homme de bien? Ce sont ceux qui sous l'Assemblée constituante ont sacrifié à la cour les droits et les intérêts du peuple, les Camus, les Grégoire, les Roland, les Sieyès, les Buzot; ce sont ceux qui, dans l'Assemblée législative, ont conspiré avec le pouvoir exécutif et fait déclarer une guerre désastreuse de concert avec Narbonne, La Fayette et Dumouriez; ce sont ceux qui demandent le démembrement de la France et la translation de l'Assemblée nationale à Rouen : je parle des Lasource, des Lacroix, des Fauchet, des Gensonné, des Vergniaud, des Brissot, des Kersaint, des Barbaroux, des Guadet, ces vils mannequins conventionnels de Roland! Et l'on me reproche de m'être soustrait aux poignards des assassins aux gages de ces hommes en me réfugiant dans mon souterrain! Quand ma mort pourra cimenter le bonheur du peuple, on verra si je pâlis. »

Marat ne tarda pas en effet à reparaître escorté d'hommes du peuple armés de sabres et de bâtons, et suivi par des groupes d'enfants et de femmes en haillons. Il parut dans ce cortége à la porte de la Convention. « Et l'on m'accuse, écrivait-il le lendemain, de prêcher le meurtre et l'assassinat! moi qui n'ai jamais demandé quelques gouttes de sang impur que pour préserver des flots du sang innocent! C'est le pur amour de l'humanité qui m'a fait voiler quelques moments ma sensibilité pour crier mort à ces ennemis du genre humain. Cœurs sensibles et justes! c'est à vous que j'en appelle contre les calomnies de ces hommes de glace, qui verraient sans s'émouvoir immoler la nation pour une poignée de scélérats! C'est sur le quai des Théatins, à l'ancien hôtel de Labriffe, dont le nom a été effacé, que se rassemblent journellement ces meneurs,

Buzot, Kersaint, Gensonné, Vergniaud, Sieyès, Condorcet. Là ils complotent leurs projets. Plus souvent ces conjurés se réunissent chez la Saint-Hilaire, maîtresse de Sillery. C'est un de leurs repaires habituels. On commence par le conciliabule; on finit par l'orgie. Car les nymphes de l'émigration s'y rendent pour corrompre ces pères conscrits de la Convention. Saladin y a dîné le 27 avec plusieurs députés de la clique, tels que Buzot et Kersaint. Lasource y a soupé avec ces courtisanes contre-révolutionnaires et Veimerange, ancien administrateur des postes. C'est dans la maison de campagne de celui-ci, aux Thilles, près du village de Gonesse, que se rassemblent, une fois la semaine, les chefs de cette faction, au même lieu et à la même table où se rassemblaient, il y a deux ans, Chapelier, Dandré, Maury et Cazalès! »

XII

A la même époque Camille Desmoulins, s'associant à Merlin de Thionville, publia un journal pour défendre la cause de Robespierre, avec cette épigraphe, qui révélait chaque jour à ses lecteurs la pensée quotidienne des Jacobins : *Il n'y a pas de victime plus agréable aux dieux qu'un roi immolé.* « Je ne sais, disait Camille Desmoulins, si Robespierre ne doit pas trembler des succès qu'il a obtenus contre ses lâches accusateurs. C'est sa seconde philippique, ce sublime discours de Cicéron, dit Juvénal, qui a fait assassiner ce grand homme. Robespierre aussi a trop vaincu, ses ennemis sont trop écrasés pour que tant de succès ne présagent pas une catastrophe. Il n'est pas possible d'avoir plus humilié ses ennemis. Louvet était au carcan. Pétion paraissait crucifié au triomphe de son rival. Qu'est-ce que la vertu, si Robespierre n'en est pas l'image? qu'est-ce que l'éloquence et le talent, si le discours de Robespierre n'en est pas le chef-d'œuvre, ce discours où j'ai trouvé réunies l'ironie de Socrate et la finesse de Pascal, avec deux ou trois traits comparables aux plus belles explosions de Démosthène? Robespierre, Lacroix t'accusait d'avoir dit un mot condamnable; mais telle est l'idée que j'ai de ta vertu, que j'en ai conclu qu'il fallait bien que ce mot ne fût pas criminel, puisque tu l'avais prononcé. Quant à Marat, qui m'appelle quelquefois son fils, cette parenté n'empêche pas que je ne me tienne quelquefois à distance de ce père. Mais Marat n'est pas un parti. Marat vit seul. Brissot! Brissot! voilà un parti! Jetez les yeux sur les comités de la Convention! Brissot partout! Robespierre nulle part! Savez-vous ce qui réunit les Girondins? La haine de Paris! la haine du peuple! Ils haïssent Paris, parce que Paris est la tête de la nation et renferme un peuple immense, la terreur des traîtres et des intrigants! »

XIII

Un de ces hasards que la fortune jette au milieu des événements, pour les aggraver et les dénouer, vint inopinément donner aux Jacobins de nouvelles armes contre les Girondins, de nouveaux témoignages contre Louis XVI. On a vu précédemment que ce prince, se défiant de la sûreté des Tuileries, quelques jours avant le 10 août, avait fait pratiquer dans la muraille d'un couloir obscur qui conduisait à son cabinet une armoire secrète recouverte d'une porte de fer et d'un panneau de boiserie. Le roi s'était servi pour cette opération du compagnon de ses travaux manuels quand, dans les jours de son oisiveté, il se délassait du trône par le métier de forgeron. Cet homme, dont nous avons déjà parlé, nommé Gamain, était un serrurier de Versailles ; il avait aimé tendrement Louis XVI, et rien n'aurait pu le décider à la trahison, si la démence ou les obsessions de sa femme n'avaient déraciné peu à peu dans son cœur son attachement pour le roi. Mais cet ouvrier robuste, ayant été atteint d'une maladie de langueur presque immédiatement après le scellement de la porte de fer, rechercha, avec l'inquiétude d'une imagination fiévreuse, comment son corps jeune et vigoureux jusque-là avait pu tout à coup s'énerver et s'amaigrir comme si l'ombre de la mort avait passé sur lui, ou comme si un de ces *sorts*, sinistres crédulités du peuple, avait été jeté sur sa vie.

A force de retourner sa pensée dans sa tête, elle finit par s'allumer. Sa mémoire, fidèle ou trompée, lui rappela une circonstance en apparence bien insignifiante, mais qu'il pervertit en soupçon. Du soupçon à l'accusation, dans l'âme de l'homme simple et frappé, il n'y a que l'espace d'un rêve : son imagination le franchit. Gamain se souvint qu'accablé de lassitude et de soif pendant le travail pénible de la forge, le roi lui avait offert de se désaltérer, et lui avait donné à boire, de sa propre main, un verre d'eau froide. Soit que la fraîcheur de l'eau eût glacé ses sens, soit que le commencement du marasme de cet homme eût coïncidé naturellement avec cette époque de sa vie, Gamain se crut empoisonné de la main de son maître et de son ami, intéressé, disait-il, à faire disparaître le seul témoin du dépôt caché dans les murs de son palais.

Gamain confia ses soupçons à sa femme, qui les partagea et les envenima. Il lutta longtemps contre cette obsession de son âme ; mais enfin, vaincu par le désespoir de périr victime d'une si odieuse trahison, ébranlé de plus par les secousses croissantes de la Révolution, et craignant que son silence ne lui fût un jour imputé à crime, il résolut de se venger avant de mourir, et de révéler le mystère auquel il avait concouru. Il alla chez le ministre de l'intérieur, Roland, et lui fit sa déclaration. Soit que Roland fût impatient de saisir de nouvelles pièces de conviction contre la royauté, soit qu'il espérât trouver dans ces confidences de la liste civile des preuves écrites de la corruption de Danton, de Marat, de Robespierre lui-même, soit plutôt qu'il craignît de livrer à la Convention des correspondances qui compromettraient ses propres amis, il se hâta comme un homme qui voit sa proie et qui jette une main aussi prompte que l'œil sur un secret. Roland ne songea pas à l'immense responsabilité qu'appellerait sur lui une découverte dont il écartait tous les témoins. Il n'appela point pour lever ce scellé les membres du comité de la Convention ; il fit monter Gamain seul avec lui dans sa voiture, se rendit aux Tuileries, força la porte de fer, recueillit les papiers que l'armoire contenait, et porta ces pièces au ministère de l'intérieur pour les examiner avant de les déposer à la Convention.

A l'annonce de la découverte de ce trésor d'accusations, un cri de joie s'éleva dans Paris, un murmure sourd gronda dans la Convention contre la témérité du ministre. Tous les partis s'accusèrent mutuellement d'avance de quelques complicités occultes dont l'armoire de fer recélait les preuves contre leurs chefs. Tous tremblèrent que Roland n'eût, à son gré, trié ces témoignages de trahison. Tous, à l'exception des Girondins, lui firent un crime de son impatience et d'avoir substitué la main d'un ministre à l'œil de la nation dans l'examen d'un dépôt de manœuvres et de trahisons contre elle. Bien que Roland eût apporté dans la journée les papiers de l'armoire de fer sur le bureau du président, le fait d'avoir assisté seul à leur découverte et de les avoir parcourus avant de les livrer le rendait suspect de soustraction et de partialité. La Convention chargea son comité des douze de lui faire un rapport sur ces pièces et sur ceux de ses membres qui pourraient s'y trouver impliqués. Ces papiers contenaient le traité secret de la cour avec Mirabeau et les témoignages irrécusables de la corruption de ce grand orateur. La vérité sortait des murs du palais, où elle avait été scellée, pour venir accuser sa mémoire dans son tombeau. Barère, Merlin, Duquesnoy,

Rouyer, les membres les plus éminents de l'Assemblée législative, et sous cette dénomination on entendait Guadet, Vergniaud, Gensonné, étaient, sinon accusés, du moins désignés comme ayant eu des rapports avec Louis XVI. Ces correspondances, pour la plupart, révélaient plutôt ces plans vagues que les aventuriers politiques offrent en échange d'un peu d'or aux pouvoirs en détresse que des plans arrêtés et des complicités réelles; presque toutes finissaient par des demandes énormes de millions au trésor du roi. On promettait à ce prince des noms et des consciences qui ne savaient pas même qu'on les marchandât: Barère, Guadet, Merlin, Duquesnoy, se disculpèrent sans peine d'accusations chimériques. Un seul homme dans l'Assemblée avait négocié sa parole et son crédit avec la cour: cet homme était Danton. Mais la preuve de ses rapports avec la monarchie était en Angleterre, entre les mains d'un ministre de Louis XVI. L'armoire de fer se taisait sur lui.

XIV

Barbaroux, pour faire diversion aux soupçons qui s'élevaient contre Roland, demanda que Louis XVI fût le premier accusé. Robespierre, muet jusque-là, prit la parole, non comme un juge prend la balance, mais comme un ennemi prend l'épée. Il ne reconnut entre Louis XVI et lui d'autre loi que l'antipathie mortelle entre le maître et l'esclave ; oubliant qu'il n'était qu'un homme obligé de consulter dans ses jugements non-seulement les lois écrites, mais encore les lois non écrites de la miséricorde et de l'équité, il posa face à face le salut de la république et la vie d'un roi, et il décida de sa pleine science que la mort de ce roi était nécessaire à ce peuple. Robespierre du moins écarta de ce meurtre d'État l'hypocrisie des formes ordinaires d'un procès. Il condamna Louis XVI comme s'il eût été le juge suprême, et il l'exécuta comme si Louis XVI n'eût été qu'un principe. C'est cette audace qui séduisit tant d'esprits depuis, et qui fit oublier aux admirateurs de Robespierre que dans ce principe il y avait un roi, que dans ce roi il y avait un homme, et que dans cet homme il y avait la vie, la vie que la société n'a le droit d'enlever à personne pour le crime de sa situation, mais pour le crime de sa main et de sa volonté.

« On vous entraîne hors de la question, il n'y a point de procès ici! dit-il. Louis n'est point accusé, vous n'êtes point des juges ; vous n'avez point une sentence à rendre pour ou contre un homme, mais une mesure de salut public à prendre, un acte de providence nationale à exercer ! (On applaudit.) Quel est le parti que la saine politique prescrit pour cimenter la république naissante? C'est de graver profondément dans les cœurs le mépris de la royauté, et de frapper de stupeur tous les partisans du roi. Donc, présenter à l'univers son crime comme un problème, sa cause comme un objet de la discussion la plus imposante, la plus religieuse qui fut jamais, mettre une distance incommensurable entre le souvenir de ce qu'il fut et le titre de citoyen, c'est précisément trouver le moyen de le rendre plus dangereux à la liberté. Louis XVI fut roi, et la république est fondée. La question fameuse qui vous occupe est tranchée par ce seul mot. Louis est détrôné par ses crimes, il a conspiré contre la république; il est condamné, ou la république n'est point absoute. (Applaudissements.) Proposer de faire le procès à Louis XVI, c'est mettre la Révolution en cause. S'il peut être jugé, il peut être absous; s'il peut être absous, il peut être innocent. Mais s'il est innocent, que devient la Révolution? S'il est innocent, que sommes-nous, sinon ses calomniateurs? Les manifestes des cours étrangères contre nous sont justes; sa prison même est un sévice; les fédérés, le peuple de Paris, tous les patriotes de l'empire français sont coupables; et le grand procès pendant au tribunal de la nature depuis tant de siècles, entre le crime et la vertu, entre la liberté et la tyrannie, est enfin décidé en faveur du crime et du despotisme.

» Citoyens, prenez-y garde : vous êtes trompés ici par de fausses notions. Les mouvements majestueux d'un grand peuple, les sublimes élans de la vertu se présentent à nous comme les éruptions d'un volcan et comme le renversement de la société politique. Lorsqu'une nation est forcée de recourir au droit de l'insurrection, elle rentre dans l'état de nature à l'égard du tyran. Comment celui-ci pourrait-il invoquer le pacte social? Il l'a anéanti! Quelles sont les lois qui le remplacent? Celles de la nature : le salut du peuple. Le droit de punir le tyran et celui de le détrôner, c'est la même chose; l'un ne comporte pas d'autre forme que l'autre. Le procès du tyran, c'est l'insurrection; son jugement, c'est la chute de sa puissance; sa peine, celle qu'exige la liberté du peuple. Les peuples lancent la foudre : voilà leur arrêt; ils ne condamnent pas les rois; ils les suppriment, ils les replongent dans le néant! Dans quelle république la nécessité de punir les rois fut-elle litigieuse? Tarquin fut-il appelé en jugement? Qu'aurait-on dit à Rome si des citoyens s'étaient déclarés ses défenseurs? Et nous, nous appelons des avocats pour plaider la cause de Louis XVI? Nous pourrons bien un jour leur décerner des couronnes civiques! car, s'ils défendent une cause, ils pourront espérer de la faire triompher; autrement, nous ne donnerions à l'univers qu'une ridicule comédie de justice. (On applaudit.) Et nous osons parler de république! Ah! nous sommes si tendres pour les oppresseurs parce que nous sommes sans entrailles pour les opprimés! Quelle république que celle que ses fondateurs mettent en cause, et à laquelle ils suscitent eux-mêmes des adversaires pour oser l'attaquer dans son berceau! Il y a deux mois, qui eût pu soupçonner seulement qu'on parlerait ici de l'inviolabilité des rois? Et aujourd'hui un membre de la Convention nationale, le citoyen Pétion, vous présente cette idée comme l'objet d'une délibération sérieuse! O crime! ô honte! la tribune du peuple français a retenti du panégyrique de Louis XVI! Louis combat encore contre nous du fond de son cachot, et vous demandez s'il est coupable et si on peut le traiter en ennemi! Permettez-vous qu'on invoque en sa faveur la constitution? S'il en est ainsi, la constitution vous condamne; elle vous défendait de le renverser! Allez donc aux pieds du tyran implorer son pardon et sa clémence!...

» Mais, nouvelle difficulté, à quelle peine le condamnerons-nous? « La peine de mort est trop cruelle, dit celui-ci.
» — Non, dit l'autre, la vie est plus cruelle encore, il faut
» le condamner à vivre. » Avocats! est-ce par pitié ou par

cruauté que vous voulez le soustraire à la peine de ses crimes? Pour moi, j'abhorre la peine de mort; je n'ai pour Louis ni amour ni haine, je ne hais que ses forfaits. J'ai demandé l'abolition de la peine de mort à l'Assemblée constituante, et ce n'est pas ma faute si les premiers principes de la raison ont paru des hérésies morales et judiciaires. Mais vous, qui ne vous avisâtes jamais de réclamer cette abolition du supplice en faveur des malheureux dont les délits sont individuels et pardonnables, par quelle fatalité vous souvenez-vous de votre humanité pour plaider la cause du plus grand des criminels? Vous demandez une exception à la peine de mort pour celui-là seul qui peut la légitimer?... Un roi détrôné au sein d'une révolution non encore cimentée! un roi dont le nom seul attire sur la nation la guerre étrangère! Ni la prison ni l'exil ne peuvent innocenter son existence. Je prononce à regret cette fatale vérité : Louis doit mourir plutôt que cent mille citoyens vertueux! Louis doit mourir parce qu'il faut que la patrie vive! »

XV

Le discours de Robespierre, interrompu par de sinistres applaudissements, tomba dans l'opinion comme un poids de fer dans la balance. L'éloquence et la hardiesse du sophisme étonnèrent et courbèrent les convictions. On se sentit fier d'être impitoyable comme la nécessité et tout-puissant comme la nature. On mit la nation à la place de la Providence, on se crut autorisé à rendre en son nom des arrêts. On se trompait : le droit des nations ne se compose que de l'ensemble de tous les droits que chacun des membres de la nation porte en lui-même; or, aucun homme ne porte en soi le droit d'immoler un autre homme, si ce n'est dans le combat ou dans le jugement. Dans ses majestueux axiomes, Robespierre ne mettait pas seulement le roi hors la loi, il le mettait hors la nature, et, dans cette invocation magnifique, mais erronée, au droit naturel, l'éloquent sophiste ne voyait pas sans doute qu'il donnait à tout citoyen la faculté de s'armer du glaive et de le frapper lui-même, désarmé et non jugé, du droit de sa doctrine ou de sa colère. Il confondait l'insurrection avec le meurtre, et le droit de combattre avec le droit d'immoler.

XVI

Buzot, dans une des séances qui suivirent ce discours, proposa la peine de mort contre quiconque proposerait de rétablir la royauté sous une forme quelconque. L'allusion faite par ces paroles au projet de domination de Robespierre et des Jacobins souleva un violent tumulte. Ce tumulte s'apaisa, comme toujours, en rejetant sur le roi seul la fureur de tous les partis. Buzot demanda que le roi fût préalablement entendu, ne fût-ce que pour connaître ses complices. Son geste et son sourire indiquaient Robespierre et Danton.

Ruhl reprit la lecture de son rapport sur les papiers trouvés dans l'armoire de fer. Une des pièces de cette correspondance contenait une consultation secrète du roi aux évêques de France, pour leur demander s'il pouvait s'approcher des sacrements aux fêtes commémoratives de la mort et de la résurrection du Christ. « J'ai accepté, leur disait-il, la funeste constitution civile du clergé. J'ai toujours regardé cette acceptation comme forcée, fermement résolu, si je viens à recouvrer ma puissance, à rétablir le culte catholique. » Les évêques lui répondirent par une admonition sévère et par l'interdiction des pratiques saintes jusqu'à ce qu'il se fût lavé par beaucoup de réparations méritoires du crime d'avoir concouru à la Révolution. On demanda que les cendres de Mirabeau, convaincu de vénalité par ces mêmes pièces, fussent retirées du Panthéon. « Mettez, si vous voulez, sa mémoire en arrestation, dit Manuel, mais ne la condamnez pas sans l'entendre. » Camille Desmoulins interpella Pétion et le somma de déclarer pourquoi, comme maire de Paris, il n'avait pas assisté au convoi funèbre de Mirabeau. « J'ai toujours été convaincu, répondit Pétion, que Mirabeau joignait à de grands talents une profonde immoralité. Je crois que, lorsque La Fayette trompait le peuple, Mirabeau avait des relations coupables avec la cour. Je crois qu'il a reçu de Talon une somme de quarante-huit mille livres. Mais quelques indices et quelque persuasion que j'aie de ces faits, je n'en ai pas les preuves. On a vu un plan de Mirabeau pour faire retirer le roi à Rouen. Il est certain qu'il allait souvent à Saint-Cloud et qu'il y avait des conférences secrètes. C'est par ces motifs que je n'assistai pas aux honneurs qu'on rendait à son cercueil. »

XVII

Cependant le peuple des faubourgs, agité par la crainte de la disette et de l'invasion, s'impatientait des lenteurs de l'Assemblée, se pressait en foule à ses portes et déclarait que le blé ne paraîtrait sur les marchés et la victoire sur les frontières qu'après que la mort de Louis XVI aurait expié ses forfaits et enlevé l'espérance aux accapareurs et aux conspirateurs. Des rassemblements tumultueux se portèrent aux abords du Temple et menacèrent de forcer la prison pour en arracher les prisonniers. Ces agitations servirent de prétexte au parti de Robespierre pour demander l'arrêt sans jugement et la mort immédiate.

La Convention nomma vingt et un membres pour rédiger les questions à adresser à Louis XVI et son acte d'accusation. Elle décida en outre que le roi serait traduit à sa barre pour entendre la lecture de cette accusation, qu'il aurait deux jours pour y répondre, et que le lendemain du jour où il aurait comparu et répondu, on prononcerait sur son sort par l'appel nominal de tous les membres présents.

Marat, s'élançant à la tribune après la lecture de ce décret, dénonça Roland et ses amis comme affamant systématiquement le peuple pour le pousser aux excès; puis, se tournant inopinément contre Robespierre et Saint-Just : « On cherche, dit-il, à jeter les patriotes de cette Assemblée dans des mesures inconsidérées en demandant que nous votions par acclamation la mort du tyran. Eh bien, moi, je vous rappelle au plus grand calme. C'est avec sagesse qu'il faut prononcer. » L'Assemblée s'étonne, les députés se regardent et semblent douter de ce qu'ils ont entendu. Marat, élevant plus haut la voix, reprend avec gravité : « Oui, ne préparons pas aux ennemis de la liberté le prétexte des calomnies atroces qu'ils feraient pleuvoir sur nous, si nous nous abandonnions à l'égard de Louis XVI au seul sentiment de notre force et de notre colère. Pour connaître les traîtres, car il y en a dans cette Assemblée (plusieurs voix : « Nommez les traîtres ! »), pour connaître les traîtres avec certitude, je vous propose un moyen infaillible, c'est que le vote de tous les députés sur le sort du tyran soit publié! » Les applaudissements des tribunes poursuivent Marat jusque sur son banc.

XVIII

Chabot, après Marat, sur la dénonciation d'un nommé Achille Viard, aventurier qui cherchait l'importance dans des relations équivoques avec tous les partis, accusa les Girondins, et spécialement madame Roland, de s'entendre avec Narbonne, Malouet et d'autres constitutionnels réfugiés à Londres, pour sauver le roi et pour intimider la Convention par un rassemblement de dix mille républicains modérés qui ne voulaient pas la mort du tyran. Cette conspiration imaginaire, rêvée par Chabot, Bazire, Merlin et quelques autres membres exaltés du comité de surveillance de la Convention, occasionna une scène d'invectives entre les deux partis, dans laquelle les paroles, les gestes, les regards avilirent la dignité des représentants de la république au niveau du plus abject tumulte.

De ce jour la langue changea comme les mœurs. Elle prit la rudesse et la trivialité, cette corruption du peuple, au lieu de la mollesse et de l'affectation, cette corruption des cours. La colère des deux partis ramassa, pour s'outrager mutuellement, les termes ignobles employés par la populace. Le pugilat avait remplacé l'épée. L'échafaud prochain se pressentait dans les menaces des orateurs. Le sang de septembre déteignait sur les discussions. « Ce sont des imbéciles, des fripons, des infâmes! s'écrie Marat en montrant du doigt Grangeneuve et ses amis. — Je te demande avant, toi, réplique Grangeneuve, de dire quelle preuve tu as de mon infamie!. » Les tribunes prennent le parti de Marat et se lèvent en couvrant les Girondins d'imprécations. « Faites regarder dans le côté droit, dit Montaut, si Ramond ou Cazalès n'y sont point encore. — Je m'engage à prouver, repart Louvet, que Catilina est dans le vôtre. — Les hommes purs ne craignent pas la lumière, reprend Marat. — Ils ne se cachent point dans les souterrains, » lui crie Boileau. On décide que deux commissaires accompagneront Marat dans sa demeure pour s'assurer qu'il n'altérera pas les pièces, bases de sa dénonciation. On désigne pour cette mission Tallien, ami de Marat, et Buzot, son ennemi. « Je ne crois pas, dit Buzot avec un geste et un accent de mépris, que la Convention ait le droit de m'ordonner d'aller chez Marat. »

XIX

Au milieu de ces tumultes et de ces outrages mutuels, madame Roland, appelée par la Convention pour être confrontée avec son accusateur Viard, paraît à la barre.

L'aspect d'une femme, belle, chef de parti, réunissant en elle les séductions de la nature au prestige du génie, à la fois rougissante et fière du rôle que son importance dans la république lui décerne, inspire le silence, la décence et l'admiration de l'Assemblée. Madame Roland s'explique avec la simplicité et la modestie d'une accusée sûre de son innocence, et qui dédaigne de confondre son accusateur autrement que par l'éclat de la vérité. Sa voix émue et sonore tremble au milieu du silence attentif et favorable de l'Assemblée. Cette voix de femme, qui pour la première fois succède aux clameurs rauques des hommes irrités, et qui semble apporter une note nouvelle aux accents de la tribune, ajoute un charme de plus à l'éloquence gracieuse de ses expressions. Viard, convaincu d'impudence, se tait. Les applaudissements absolvent et vengent madame Roland. Elle sort au milieu des marques de respect et d'enthousiasme de la Convention. Tous les membres se lèvent et s'inclinent sur son passage. Elle emporte dans son âme, elle montre involontairement dans son attitude la joie et l'orgueil secrets d'avoir paru au milieu du sénat de sa patrie, d'avoir fixé un moment les yeux de la France, vengé ses amis et confondu ses ennemis. « Vois ce triomphe ! disait Marat à Camille Desmoulins, assis près de lui dans la salle ; ces tribunes qui restent froides, ce peuple qui se tait, sont plus sages que nous. » Robespierre lui-même méprisa la ridicule conspiration rêvée par Chabot, et sourit pour la dernière fois à la beauté et à l'innocence de madame Roland.

XX

Les Girondins, à leur tour, voulurent faire une diversion au procès du roi et jeter un défi aux Jacobins en proposant l'expulsion du territoire de tous les membres de la maison de Bourbon, et notamment du duc d'Orléans. Buzot se chargea de proposer cet ostracisme. « Citoyens, dit-il, le trône est renversé, le tyran ne sera bientôt plus, mais le despotisme vit encore. Comme ces Romains qui, après avoir chassé Tarquin, jurèrent de ne jamais souffrir de roi dans leur ville, vous devez à la sûreté de la république le bannissement de la famille de Louis XVI. Si quelque exception devait être faite, ce ne serait pas sans doute en faveur de la branche d'Orléans. Dès le commencement de la Révolution, d'Orléans fixa les regards du peuple. Son buste, promené dans Paris le jour même de l'insurrection, présentait une nouvelle idole. Bientôt il fut accusé de projets d'usurpation, et s'il est vrai qu'il ne les ait pas conçus, il paraît du moins qu'ils existaient, et qu'on les couvrait de son nom. Une fortune immense, des relations intimes avec les grands d'Angleterre, le nom de Bourbon pour les puissances étrangères, le nom d'Égalité pour les Français, des enfants dont le jeune et bouillant courage peut être aisément séduit par l'ambition : c'en est trop pour que Philippe puisse exister en France sans alarmer la liberté. S'il l'aime, s'il l'a servie, qu'il achève son sacrifice, et nous délivre de la présence d'un descendant des Capets. Je demande que Philippe et ses fils, et sa femme et sa fille, aillent porter ailleurs que dans la république le malheur d'être nés près du trône, d'en avoir connu les maximes et reçu les exemples, et de porter un nom qui peut servir de ralliement à des factieux, et dont l'oreille d'un homme libre ne doit plus être blessée. »

Cette proposition, appuyée par Louvet, combattue par Chabot, reprise par Lanjuinais, suspecte à Robespierre, agita quelques jours la Convention et les Jacobins, et fut ajournée, en ce qui concernait le duc d'Orléans, après le procès du roi. Le but des Girondins en faisant cette proposition était double : ils voulaient, d'un côté, s'accréditer dans le parti violent en flattant la passion du peuple et même son ingratitude par un ostracisme plus sévère et plus complet que l'ostracisme du roi seul; ils voulaient, de l'autre, jeter sur Robespierre, sur Danton et sur Marat, le soupçon d'une connivence secrète avec la royauté future du duc d'Orléans. « Si ces démagogues défendent le duc d'Orléans, se disaient-ils, ils passeront pour ses complices; s'ils l'abandonnent, nous aurons dans la Convention son vote, sa personne, sa fortune et sa faction de moins contre nous. » Pétion, Roland et Vergniaud paraissent avoir eu encore une autre pensée : celle d'intimider les Jacobins sur le sort du duc d'Orléans, et de faire de son exil un objet de négociation avec Robespierre pour obtenir en échange la concession de l'appel au peuple et de la vie du roi.

XXI

Mais ces diversions impuissantes égaraient, sans la suspendre, la passion publique, qui revenait toujours au Temple. Pendant que les commissaires nommés par la Convention accomplissaient auprès du roi la mission dont le décret les avait chargés, Robert Lindet, député de l'Eure, une de ces mains qui rédigent avec impassibilité et sang-froid ce que les passions inspirent aux corps politiques, lut un second acte d'accusation. Le procès étant décidé, on se disputait déjà sur la mesure de l'*appel au peuple*. Les Girondins persistaient à demander cette révision du jugement après le procès. Ils étaient soutenus dans cette opinion par tous ceux des membres de la Convention qui, sans appartenir à l'un des deux partis en présence, voulaient refuser à la vengeance cruelle de la république un sang qu'ils ne se croyaient pas en droit de répandre, et dont la république n'avait pas soif. Leurs discours, accueillis, pendant qu'ils les prononçaient, par les sarcasmes et les gestes menaçants des tribunes, se perdaient dans la clameur générale, mais devaient trouver plus tard au moins un écho honorable pour leur nom dans la conscience refroidie du peuple lui-même. Attendre est toute la vengeance de la vérité.

XXII

Buzot, en votant la mort pour peine des *crimes* de Louis XVI, réserva aussi l'appel au peuple. « Vous êtes placés entre deux périls, je le sais, dit-il à ses collègues : si vous refusez l'appel au peuple, vous aurez un mouvement des départements contre l'exécution de votre jugement ; si vous accordez l'appel au peuple, vous aurez un mouvement à Paris, et des assassins tenteront d'égorger sans vous la victime. Mais parce que des scélérats peuvent assassiner Louis XVI, ce n'est pas une raison pour nous de nous charger du fardeau de leur crime. Quant aux outrages qui nous atteindraient nous-mêmes dans ce cas, dussé-je être la première victime des assassins, je n'en aurai pas moins le courage de dire la vérité, et j'aurai du moins en mourant la consolante espérance que ma mort sera vengée. Hommes justes ! donnez votre opinion en conscience sur Louis, et remplissez ainsi vos devoirs ! »

Robespierre, dans un second discours, accusa les Girondins de vouloir perpétuer le danger de la patrie en perpétuant un procès qu'ils voulaient faire juger par quarante-huit mille tribunaux. Puis, laissant la question elle-même pour saisir corps à corps ses ennemis et tourner contre eux l'indulgence qu'ils montraient pour le tyran :

« Citoyens, s'écria-t-il en finissant, il vous a dit une grande vérité, celui qui vous disait hier que vous marchiez à la dissolution de l'Assemblée par la calomnie. Vous en faut-il d'autres preuves que cette discussion? N'est-il pas évident que c'est moins à Louis XVI qu'on fait le procès qu'aux plus chauds défenseurs de la liberté? Est-ce contre la tyrannie de Louis XVI qu'on s'élève? Non, c'est contre la prétendue tyrannie d'un petit nombre de patriotes opprimés. Sont-ce les complots de l'aristocratie qu'on signale? Non, c'est la soi-disant dictature de je ne sais quels députés du peuple qui sont là tout prêts à affecter la tyrannie. On veut conserver le tyran pour l'opposer à des patriotes sans pouvoir. Les perfides! ils disposent de toute la puissance publique, de tous les trésors de l'État, et ils nous accusent de despotisme! Il n'est pas un hameau dans la république où ils ne nous aient diffamés! Ils épuisent le trésor public pour répandre leurs calomnies! Ils violent le secret des lettres pour arrêter toutes les correspondances patriotiques! Et ils crient à la calomnie! Oui, sans doute, citoyens, il existe un projet d'avilir et peut-être de dissoudre la Convention à l'occasion de ce procès. Il existe, ce projet, non dans le peuple, non dans ceux qui comme nous ont tout sacrifié à la liberté, mais dans une vingtaine d'intrigants qui font mouvoir tous ces ressorts, qui gardent le silence, qui s'abstiennent d'énoncer leur opinion sur le dernier roi, mais dont la sourde et pernicieuse activité produit tous les troubles qui nous agitent. Mais consolons-nous! la vertu fut toujours en minorité sur la terre... (La Montagne se lève avec enthousiasme, et les battements de mains des tribunes interrompent longtemps Robespierre.) La vertu fut toujours en minorité sur la terre... Et sans cela la terre serait-elle peuplée de tyrans et d'esclaves? Hampden et Sidney étaient de la minorité, car ils expirèrent sur un échafaud. Les César, les Clodius, étaient de la majorité. Mais Socrate était de la minorité, car il but la ciguë. Caton était de la minorité, car il déchira ses entrailles! Je connais beaucoup d'hommes ici qui serviraient la liberté à la façon de Hampden et de Sidney. (On applaudit dans les tribunes.) Peuple, reprend Robespierre, épargne-nous au moins cette espèce de disgrâce, garde tes applaudissements pour le jour où nous aurons fait une loi utile à l'humanité! Ne vois-tu pas qu'en nous applaudissant tu donnes à nos ennemis des prétextes de calomnie contre ta cause sacrée que nous défendons? Ah! fuis plutôt le spectacle de nos débats! Reste dans tes ateliers. Loin de tes yeux nous n'en combattrons pas moins pour toi! Et quand le dernier de tes défenseurs aura péri, alors venge-les si tu veux, et charge-toi de faire triompher toi-même ta cause!... Citoyens, qui que vous soyez, veillez autour du Temple! Arrêtez, s'il est nécessaire, la malveillance perfide! Confondez les complots de vos ennemis! Fatal dépôt! reprit-il avec un geste désespéré, n'était-ce pas assez que le despotisme eût pesé si longtemps sur cette terre! Faut-il que sa garde même soit pour nous une autre calamité! »

Robespierre se tut en laissant dans les esprits le dernier trait qu'il avait lancé, et l'impatience de terminer par la mort prompte une situation qui pesait sur la république.

XXIII

Vergniaud, dont le silence avait été trop clairement accusé par Robespierre, Vergniaud flottait entre la crainte de rendre les dissensions irréconciliables et l'horreur qu'il éprouvait à immoler de sang-froid un roi qu'il avait abattu; cet orateur ne livrait rien à l'émotion, rien à l'ambition, rien à la peur. Il avait en lui cette puissance de génie qui s'élève jusqu'à l'impartialité; il voyait tout du point de vue de la postérité. Il céda enfin à la prière de ses amis, à l'urgence du supplice prochain, au cri de sa sensibilité, et demanda la parole. L'attention publique lui préparait les esprits. Les tribunes, quoique vendues à Robespierre, éprouvaient du moins une sorte de sensualité involontaire à la voix de son rival. Paris palpitait de l'impatience d'entendre Vergniaud. Tant que Vergniaud n'avait pas parlé, on sentait que les grandes choses n'avaient pas été dites.

Après avoir démontré que le pouvoir de la Convention n'était qu'une délégation du pouvoir du peuple; que, si la ratification tacite de la nation sanctionnait les actes secondaires de gouvernement et d'administration, il n'en était pas de même des grands actes constitutionnels, pour lesquels le peuple réservait l'exercice direct de sa souveraineté; après avoir prouvé que la condamnation ou l'acquittement, le supplice ou la grâce du chef de l'ancien gouvernement, était un de ces actes essentiels de souveraineté que la nation ne pouvait aliéner; enfin, après avoir fait ressortir l'inanité des objections que l'on opposait aux assemblées primaires, auxquelles serait déféré l'appel au peuple, l'orateur girondin se retourna avec toute la puissance de sa dialectique et de sa passion contre Robespierre.

« L'intrigue, vous dit-on, sauvera le roi, car la vertu est toujours en minorité sur la terre. Mais Catilina fut une minorité dans le sénat romain; et si cette minorité insolente avait prévalu, c'en était fait de Rome, du sénat et de la liberté. Mais dans l'Assemblée constituante Cazalès et Maury furent aussi une minorité; et si cette minorité, moitié aristocratique, moitié sacerdotale, eût réussi à étouffer la majorité, c'en était fait de la Révolution, et vous ramperiez encore aux pieds de ce roi qui n'a plus de sa grandeur passée que le remords d'en avoir abusé. Mais les rois sont en minorité sur la terre, et pour enchaîner les peuples ils disent, comme vous, que la vertu est en minorité. Ainsi, dans la pensée de ceux qui émettent cette opinion, il n'y a dans la république de vraiment purs, de vraiment vertueux, de vraiment dévoués au peuple qu'eux-mêmes et peut-être une centaine de leurs amis qu'ils auront la générosité d'associer à leur gloire. Ainsi, pour qu'ils puissent fonder un gouvernement digne des principes qu'ils professent, il faudrait bannir du territoire français toutes ces familles dont la corruption est si profonde; changer la France en un vaste désert, et, pour sa plus prompte régénération et sa plus grande gloire, la livrer à leurs sublimes conceptions! On a senti combien il serait facile de dissiper tous ces fantômes dont on veut nous effrayer. Pour atténuer d'avance la force des réponses que l'on prévoyait, on a eu recours au plus vil, au plus lâche des moyens : la calomnie. On nous assimile aux Lameth, aux La Fayette, à tous ces courtisans du trône que nous avons tant aidé à renverser. On nous accuse; certes je n'en suis pas étonné; il est des hommes dont chaque souffle est une imposture, comme il est de la nature du serpent de n'exister que pour distiller son venin; on nous accuse, on nous dénonce, comme on faisait le 2 septembre, au fer des assassins; mais nous savons que Tibérius Gracchus périt par les mains d'un peuple égaré qu'il avait constamment défendu. Son sort n'a rien qui nous épouvante, tout notre sang est au peuple. En le versant pour lui, nous n'aurons qu'un regret : c'est de n'en avoir pas davantage à lui offrir.

» On nous accuse de vouloir allumer la guerre civile dans les départements, ou du moins de provoquer des troubles dans Paris, en soutenant une opinion qui déplaît à certains amis de la liberté. Mais pourquoi une opinion exciterait-elle des troubles dans Paris? Parce que ces amis de la liberté menacent de mort les citoyens qui ont le malheur de ne pas raisonner comme eux. Serait-ce ainsi qu'on voudrait nous prouver que la Convention nationale est libre? Il y aura des troubles dans Paris, et c'est vous qui les annoncez. J'admire la sagacité d'une pareille prophétie. Ne vous semble-t-il pas, en effet, très-difficile, citoyens, de prédire l'incendie d'une maison, alors qu'on y porte soi-même la torche qui doit l'embraser?

» Oui, ils veulent la guerre civile, les hommes qui font un principe de l'assassinat, et qui en même temps désignent comme amis de la tyrannie les victimes que leur haine veut immoler. Ils veulent la guerre civile, les hommes qui appellent les poignards contre les représentants de la nation et l'insurrection contre les lois. Ils veulent la guerre civile, les hommes qui demandent la dissolution du gouvernement, l'anéantissement de la Convention; ceux qui proclament traître tout homme qui n'est pas à la hauteur du brigandage et de l'assassinat. Je vous entends, vous voulez régner. Votre ambition était plus modeste dans la journée du Champ de Mars. Vous rédigiez alors, vous faisiez signer une pétition qui avait pour objet de consulter le peuple sur le sort du roi ramené de Varennes. Il ne vous en coûtait rien alors pour reconnaître la souveraineté du peuple. Serait-ce qu'elle favorisait vos vues secrètes et qu'aujourd'hui elle les contrarie? N'existe-t-il pour vous d'autre souveraineté que celle de vos passions? Insensés! avez-vous pu vous flatter que la France avait brisé le sceptre des rois pour courber la tête sous un joug aussi avilissant?...

» Je sais que dans les révolutions on est réduit à voiler la statue de la loi qui protége la tyrannie qu'il faut abattre. Quand vous voilerez celle qui consacre la souveraineté du peuple, vous commencerez une révolution au profit de ses tyrans. Il fallait du courage au 10 août pour attaquer Louis dans sa toute-puissance! en faut-il tant pour envoyer au supplice Louis vaincu et désarmé? Un soldat cimbre entre dans la prison de Marius pour l'égorger; effrayé à l'aspect de sa victime, il s'enfuit sans oser la frapper. Si ce soldat eût été membre d'un sénat, pensez-vous qu'il eût hésité à voter la mort du tyran? Quel courage trouvez-vous à faire un acte dont un lâche serait capable? (Immense applaudissement.)

» J'aime trop la gloire de mon pays pour proposer à la

Convention de se laisser influencer dans une occasion si solennelle par la considération de ce que feront ou ne feront pas les puissances étrangères. Cependant, à force d'entendre dire que nous agissions dans ce jugement comme pouvoir politique, j'ai pensé qu'il ne serait contraire ni à votre dignité ni à la raison de parler un instant politique. Soit que Louis vive, soit qu'il meure, il est possible que l'Angleterre et l'Espagne se déclarent nos ennemis ; mais si la condamnation de Louis XVI n'est pas la cause de cette déclaration de guerre, il est certain du moins que sa mort en sera le prétexte. Vous vaincrez ces nouveaux ennemis, je le crois ; le courage de nos soldats et la justice de notre cause m'en sont garants. Mais quelle reconnaissance vous devra la patrie pour avoir fait couler des flots de sang de plus sur le continent et sur les mers, et pour avoir exercé en son nom un acte de vengeance devenu la cause de tant de calamités ? Oserez-vous lui vanter vos victoires ? car j'éloigne la pensée des désastres et des revers ; mais par le cours des événements, même les plus prospères, elle sera épuisée par ses succès. Craignez qu'au milieu de ses triomphes la France ne ressemble à ces monuments fameux qui dans l'Égypte ont vaincu le temps. L'étranger qui passe s'étonne de leur grandeur ; s'il veut y pénétrer, qu'y trouvera-t-il ? Des cendres inanimées et le silence des tombeaux. Citoyens, celui d'entre nous qui céderait à des craintes personnelles serait un lâche ; mais les craintes pour la patrie honorent le cœur. Je vous ai exposé une partie des miennes, j'en ai d'autres encore ; je vais vous les dire.

» Lorsque Cromwell voulut préparer la dissolution du parti à l'aide duquel il avait renversé le trône et fait monter

Charles Ier sur l'échafaud, il fit au parlement, qu'il voulait ruiner, des propositions insidieuses qu'il savait bien devoir révolter la nation, mais qu'il eut soin de faire appuyer par des applaudissements soudoyés et par de grandes clameurs. Le parlement céda ; bientôt la fermentation devint générale, et Cromwell brisa sans effort l'instrument dont il s'était servi pour arriver à la suprême puissance.

» N'entendez-vous pas tous les jours, dans cette enceinte et dehors, des hommes crier avec fureur : « Si le pain est
» cher, la cause en est au Temple ; si le numéraire est rare,
» si nos armées sont mal approvisionnées, la cause en est
» au Temple ; si nous avons à souffrir chaque jour du spec-
» tacle du désordre et de la misère publics, la cause en est
» au Temple? » Ceux qui tiennent ce langage savent bien cependant que la cherté du pain, le défaut de circulation des subsistances, la disparition de l'argent, la dilapidation dans les ressources de nos armées, la nudité du peuple et de nos soldats, tiennent à d'autres causes. Quels sont donc leurs projets? Qui me garantira que ces mêmes hommes ne crieront pas, après la mort de Louis, avec une violence plus grande encore : « Si le pain est cher, si le numéraire
» est rare, si nos armées sont mal approvisionnées, si les
» calamités de la guerre se sont accrues par la déclaration
» de l'Angleterre et de l'Espagne, la cause en est dans la
» Convention, qui a provoqué ces mesures par la condam-
» nation précipitée de Louis XVI? » Qui me garantira que, dans cette nouvelle tempête où l'on verra sortir de leurs repaires les tueurs du 2 septembre, on ne vous présentera pas, tout couvert de sang et comme un libérateur, ce défenseur, ce chef que l'on dit être devenu si nécessaire? Un chef! Ah! si telle était leur audace, ils ne paraîtraient que

pour être à l'instant percés de mille coups. Mais à quelles horreurs ne serait pas livré Paris; Paris dont la postérité admirera le courage héroïque contre les rois, et ne concevra jamais l'ignominieux asservissement à une poignée de brigands, rebut de l'espèce humaine, qui s'agitent dans son sein et le déchirent en tous sens par les mouvements convulsifs de leur ambition et de leur fureur! Qui pourrait habiter une cité où régneraient la désolation et la mort? Et vous, citoyens industrieux, dont le travail fait toute la richesse et pour qui les moyens de travail seraient détruits, que deviendriez-vous? quelles seraient vos ressources? quelles mains porteraient des secours à vos familles désespérées? Iriez-vous trouver ces faux amis, ces perfides flatteurs qui vous auraient précipités dans l'abîme? Ah! fuyez-les plutôt, redoutez leur réponse; je vais vous l'apprendre : « Allez dans les carrières disputer à la terre quelques lam- » beaux sanglants des victimes que nous avons égorgées. » Ou, voulez-vous du sang? Prenez, en voici. Du sang et » des cadavres, nous n'avons pas d'autre nourriture à vous » offrir... » Vous frémissez, citoyens! O ma patrie! je demande acte, à mon tour, pour te sauver de cette crise déplorable!

» Mais non! ils ne luiront jamais sur nous, ces jours de deuil. Ils sont lâches, ces assassins. Ils sont lâches, nos petits Marius. Ils savent que, s'ils osaient tenter une exécution de leurs complots contre la sûreté de la Convention, Paris sortirait enfin de sa torpeur; que tous les départements se réuniraient à Paris pour leur faire expier les forfaits dont ils n'ont déjà que trop souillé la plus mémorable des révolutions. Ils le savent, et leur lâcheté sauvera la république de leur rage. Je suis sûr, du moins, que la liberté n'est pas en leur puissance; que, souillée de sang, mais victorieuse, elle trouverait un empire et des défenseurs invincibles dans les départements. Mais la ruine de Paris, la division en gouvernements fédératifs qui en serait le résultat, tous ces désordres plus probables que les guerres civiles dont on nous a menacés ne méritent-ils pas d'être mis dans la balance où vous pesez la vie de Louis? En tout cas, je déclare, quel que puisse être le décret rendu par la Convention, que je regarderai comme traître à la patrie celui qui ne s'y soumettra pas. Que si en effet l'opinion de consulter le peuple l'emporte et que des séditieux, s'élevant contre ce triomphe de la souveraineté nationale, se mettent en état de rébellion, voilà votre poste; voilà le camp où vous attendrez sans pâlir vos ennemis. »

Ce discours parut un moment avoir arraché à la Convention la vie de Louis XVI.

Fauchet, Condorcet, Pétion, Brissot, séparèrent avec la même générosité l'homme du roi, la vengeance de la victoire, et firent entendre tour à tour des accents dignes de la liberté. Mais le lendemain de ces harangues la liberté n'écoutait plus rien que ses terreurs et ses ressentiments. Les plus sublimes discours ne retentissaient que dans la conscience de quelques hommes calmes. La foule étouffait la raison. Revenons au Temple.

FIN DU TOME TROISIÈME DES GIRONDINS.

TABLE DES SOMMAIRES

LIVRE VINGT-TROISIÈME.

L'Assemblée et le peuple. — Le pouvoir à l'hôtel de ville. — Les chefs sortent de leurs retraites. — Le conseil de la commune, germe de la Convention. — Aspect de l'Assemblée. — Les pétitionnaires à la barre. — Dépouilles du château apportées par les combattants. — La royauté suspendue. — La Convention décrétée. — Camp sous Paris. — Roland, Clavière et Servan réintégrés. — Danton ministre de la justice. — Ses paroles à l'hôtel de ville. — Paris le soir du 10 août. — Le peuple et la bourgeoisie. — Santerre et La Fayette. — Le roi et la famille royale couchent aux Feuillants. —

Le peuple demande encore des meurtres. — Danton ajourne les vengeances populaires. — La famille royale conduite au Temple.. 3

LIVRE VINGT-QUATRIÈME.

Les Girondins forcés d'abdiquer. — Dispositions de l'armée. — La Fayette s'expatrie. — Dumouriez prête serment à la nation. — Couthon. — Westermann émissaire de Danton à l'armée. — Dumouriez remplace La Fayette à l'armée. — Il gagne la confiance des troupes. — La commune de Paris s'attribue le pouvoir exécutif. — Création d'un tribunal criminel. — Marat poursuit sa pensée d'extermination. — Danton l'accomplit.................... 37

LIVRE VINGT-CINQUIÈME.

Paris sans communication avec l'extérieur. — Visites domiciliaires. — Les suspects dans les prisons. — Danton se prépare à l'événement. — Robespierre laisse marcher la Révolution. — Saint-Just et Robespierre. — Le 2 septembre. — Massacres des prisons. — Les Suisses. — Le baron de Reding. — Les gardes du roi. — M. de Montmorin. — M. de Sombreuil et sa fille. — Cazotte et sa fille. — Thierri. — MM. de Maillé, de Rohan-Chabot. — Le jeune Montsabray. — L'abbé Sicard. — L'archevêque d'Arles. — La princesse de Lamballe. — Le nègre Delorme....................... 89

LIVRE VINGT-SIXIÈME.

Proscriptions. — Meurtre du duc de La Rochefoucauld à Gisors. — Massacres à Orléans, à Lyon, à Meaux, à Reims, à Versailles. — — Le maire Richaud. — Danton accepte la responsabilité des journées de septembre.................................... 141

LIVRE VINGT-SEPTIÈME.

L'armée. — Dumouriez se maintient dans l'Argonne. — Kellermann. — Miranda. — Camp de Sainte-Menehould. — Position de Kellermann. — Le duc de Chartres. — Son portrait. — Valmy. — Victoire. — Retraite de l'armée prussienne. — Inaction. — Persévérance de Dumouriez. — Il apaise les murmures de ses troupes. — La république reconnue dans les camps.................. 153

LIVRE VINGT-HUITIÈME.

Négociations secrètes aux armées. — Danton essaye de maîtriser la Révolution. — Dumouriez à Paris. — Il s'entend avec Danton... 195

LIVRE VINGT-NEUVIÈME.

Fin de l'Assemblée législative. — La Convention. — Dissidences. — La royauté. — La république. — Les Girondins. — Collot-d'Herbois demande l'abolition de la royauté. — Les Girondins l'adoptent. — Vergniaud propose la rédaction immédiate de l'acte de déchéance... 217

LIVRE TRENTIÈME.

La république accueillie avec unanimité. — Les Girondins chez madame Roland. — Accusation contre Marat. — Apostrophe de Vergniaud. — Danton. — Robespierre. — Détails intimes. — Scènes tumultueuses. — Marat. — Son portrait. — Rupture entre Danton et les Girondins........................... 239

LIVRE TRENTE ET UNIÈME.

Diplomatie de Dumouriez. — Westermann. — L'*ami du peuple*. — Brissot tente de s'opposer aux factieux. — Louvet. — Son portrait. — Il accuse Robespierre. — Il flétrit Marat. — Réponse de Robespierre. — Barère. — Fabre d'Églantine. — Lettre confidentielle de Vergniaud. — Fonfrède. — Les partis se disputent la popularité.. 311

LIVRE TRENTE-DEUXIÈME.

Louis XVI et la famille royale au Temple. — Description du Temple. — Manuel. — Tison et sa femme. — Le cordonnier Simon et son aide Rocher. — Le roi séparé de sa famille. — Cléry. — Toulan.. 379

LIVRE TRENTE-TROISIÈME.

Les Jacobins forcent les Girondins à se prononcer dans le procès du roi. — Saint-Just. — Son portrait. — Il demande la mort du roi. — La Montagne. — Sa pensée. — Thomas Payne. — Disette à Paris. — Le clergé salarié. — L'armoire de fer. — Dénonciations. — La populace autour du Temple. — Madame Roland à la barre. — Robespierre demande que le roi soit jugé sans appel. — Vergniaud lutte pour la vie du roi....................................... 441

FIN DU ONZIÈME VOLUME

PARIS. — TYPOGRAPHIE COSSON ET COMP., RUE DU FOUR-SAINT-GERMAIN, 43.

www.ingramcontent.com/pod-product-compliance
Lightning Source LLC
Chambersburg PA
CBHW060223230426
43664CB00011B/1529